LA REINE VICTORIA

DU MÊME AUTEUR

Histoire générale

Histoire générale de l'Europe, t. III, *1789-1848,* Paris, PUF, 1980.
Documents d'histoire moderne, Paris, SEDES, 1967 (en coll.).
Documents d'histoire contemporaine, Paris, A. Colin, 1964 (en coll.).

Histoire britannique

Churchill, enfance et adolescence. Naissance d'un destin, Paris, Autrement, 2000.
Histoire de l'Angleterre, Paris, Fayard, 1993.
L'Angleterre de 1914 à 1945, Paris, A. Colin, coll. « Cursus », 1993.
La Révolution industrielle en Grande-Bretagne, Paris, A. Colin, 2e éd. 1992.
L'Angleterre de 1945 à nos jours, Paris, A. Colin, coll. « Cursus », 1991.
Eamon de Valera, Paris, Beauchesne, coll. « Politiques et chrétiens », 1990.
La Grande-Bretagne et le monde au xxe siècle, Paris, Masson, 1987.
L'IRA contre Mountbatten, Paris, Calmann-Lévy, coll. « Du fait divers à l'histoire », 1985.
La Vie quotidienne en Angleterre au temps de l'expérience socialiste, Paris, Hachette, 1982.
La Société britannique de 1660 à nos jours, Paris, PUF, 1981.
La Société victorienne (en coll. avec Monica Charlot), Paris, A. Colin, 1979.
Religion et société en Angleterre de la Réforme à nos jours, Paris, PUF, 1978.
Lexique historique de la Grande-Bretagne, Paris, A. Colin, 1976.
La Grande-Bretagne contemporaine, 1895-1973, Paris, A. Colin, 1973.
Le Déclin de l'économie britannique, 1873-1931, Paris, PUF, coll. « Dossiers Clio », 1973.
L'Angleterre des Révolutions, Paris, A. Colin, 1972.
Documents d'histoire anglaise du xie siècle à 1914, Paris, A. Colin, 1972.

Roland Marx

La reine Victoria

Fayard

© Librairie Arthème Fayard, 2000.

Introduction

Le temps victorien

Une biographie est un choix. Le souci est des plus respectables de distinguer, dans le passé d'une nation, un personnage d'exception, de tenter de tout connaître de lui, des traits de son enfance et de son éducation aux étapes de son élévation et aux hauts faits dont il s'enorgueillit, et dont la postérité reconnaît la valeur ; sa vie privée est parfois inséparable de son action publique, ses loisirs mêmes sont considérés comme une illustration de son caractère et, plus souvent encore, de sa stratégie pour se présenter sous les traits propres à asseoir popularité et sympathie. Sans succomber à l'hagiographie, il peut être passionnant de disséquer une personnalité, de reconnaître ses méthodes, de comprendre la longévité de sa situation. La tâche est plus délicate lorsque le sujet de l'étude se révèle avoir été surtout, davantage que le responsable direct d'options majeures, le symbole vivant d'une continuité, l'incarnation de valeurs, le bénéficiaire d'une popularité qui, tel un bouclier, a protégé les puissants plus que récompensé une action. Dans le cas de monarques, peut-on appliquer les mêmes curiosités à un Louis XIV, un Frédéric II, un Napoléon Ier ou son impérial neveu qu'à tel souverain constitutionnel, respectueux d'une division des pouvoirs qui laisse au Parlement et au gouvernement les responsabilités suprêmes ? Ou, pour prendre une comparaison avec la France, est-il important de connaître Albert Lebrun, deux fois élu président de la IIIe République, autant que Charles de Gaulle, lui aussi élevé à deux reprises à cette position sous « sa » Ve République ? Et s'il convient de ne rien ignorer d'Élisabeth la Grande, est-il justifié d'accorder une importance identique aux faits et gestes de Victoria ?

Le problème, dans le cas de personnalités plus obscures, semble davantage de rechercher les raisons de leur importance, ce qu'elles ont pu incarner aux yeux d'une société changeante et d'un monde politique affronté à des risques graves de déséquilibre. Le biographe d'un souverain ne peut en fait pas renoncer à être, au même degré, celui d'un peuple en marche, moins encore quand les pouvoirs apparents et l'activité réelle d'un début de règne connaissent éclipses, remises en question, voire déclin définitif. On trouvera là la justification des options prises tout au long de cet ouvrage.

Victoria est l'héritière du trône le plus ancien d'Europe, hors le siège de Rome, la parente de la plupart des familles régnantes du Vieux Continent, l'incarnation de gloires et de grandeurs auxquelles les grands États accordent encore mémoire et crainte, la « mère blanche » de tant de peuples colonisés, une femme d'expérience tentée de conseiller ses principaux serviteurs, de les aider de ses avis comme de chercher à les retenir sur les chemins de la prudence. À condition d'agir avec le doigté et la discrétion que recommandait Walter Bagehot en 1867[1], jamais meilleures conditions n'auront été réunies depuis longtemps pour raffermir l'institution monarchique et mettre fin à toute velléité républicaine.

La nouvelle souveraine, née en 1819, a été la jeune contemporaine de l'Europe de Metternich, de la France des Bourbons restaurés, de l'indiscutable hégémonie de son futur royaume. Elle connaît, dans les dernières décennies d'une longue vie de près de quatre-vingt-trois années, l'irruption irrésistible de la démocratie, la montée de socialismes révolutionnaires, les élans des empires aux abois de l'Autriche-Hongrie et de la Russie, la révélation du rang et de la destinée extraordinaires de la jeune nation américaine, les ambitions déchaînées de l'Allemagne wilhelminienne, bien au-delà des appétits bismarckiens, la curée des plus avancés aux dépens des « inférieurs », en Afrique, en Asie, dans le monde entier. Cette veuve triste, qui, depuis la mort de son époux, le prince Albert, en 1861, semble avoir quitté toute joie de vivre, cette souveraine volontairement isolée de son peuple pendant de longues années, cette femme au corps disgracié que nul grand couturier n'aurait su habiller avec élégance et qui, lors même des cérémonies les plus éclatantes, refuse de porter la couronne et entend se contenter de la coiffe noire ou blanche de la femme en deuil, incarne paradoxalement, à la fin du siècle, le destin et les espérances d'une nation dans l'angoisse. Nul grand homme d'État, et il en est de fort remarquables à son service, ne pouvait prétendre lui disputer un tel rôle.

Convient-il, pour comprendre cette situation extraordinaire, de procéder rétroactivement à une psychanalyse collective des Britanniques et de revenir à l'image de la *Mater Patriae*, dont les enfants chercheraient refuge dans le giron de cette mère et grand-mère et se seraient soudain pris d'un amour passionné pour la reine ; laquelle, surprise ou émerveillée de cette loyauté, y aurait trouvé les ressorts d'ultimes efforts qui, à leur tour, justifiant l'attachement des siens, auraient consolidé décisivement le lien dès lors très fort entre le peuple britannique et le trône ? La psychanalyse n'est pas une science exacte et, surtout, aux yeux de l'historien, ne peut émettre que des hypothèses sans preuves. La courbe de la popularité de Victoria et son extraordinaire redressement en fin de règne, tout comme les « creux » de bien des décennies antérieures, ne sont pas mesurables, comme ils le seraient aujourd'hui, à travers des sondages d'opinion, et aucune des visions de contemporains ou de psychologues rétroactifs n'est quantifiable ni vérifiable. Il conviendrait aussi que soit menée à terme, au préalable, avant tout jugement, l'étude des mentalités, des idées, des institutions, des modes de vie, des hiérarchies sociales et de leur évolution tout au long d'un règne qui se prolonge de 1837 à 1901.

Demeurent quelques certitudes. Au sommet de l'ordre hiérarchique, le souverain britannique, au XIXe siècle, a été d'abord rejeté par nombre de citoyens, de plus en plus convaincus de la désuétude d'une monarchie quand l'âge semblait dominé par les idées égalitaires et par la promotion des meilleurs aux dépens de vieilles élites fatiguées et discréditées. Au-dehors, souvent par la violence révolutionnaire, s'imposaient des systèmes constitutionnels et, plus progressivement, dès 1848 pourtant en France, le principe démocratique du suffrage universel masculin. Dans le Royaume-Uni, parfois sous l'effet des troubles extérieurs, triomphaient le régime parlementaire et la pleine responsabilité de Cabinets menés par des Premiers ministres de moins en moins portés au pouvoir par le seul choix du monarque. Même les plus ardents des royalistes, du prince Albert à l'économiste-constitutionnaliste Walter Bagehot en 1867, étaient portés à s'interroger sur les limites et les conditions de la survie des prérogatives royales. Le roi des Belges Léopold, conseiller particulièrement cher aux yeux de la jeune reine, avait cru bon, bien des années plus tôt, pour inspirer à sa nièce une prudence politique nécessaire, de lui rappeler que les trônes sont fragiles et que des républiques, ici et là dans le monde, servaient tout aussi bien l'intérêt général de leurs nations. L'âge de la « bourgeoisie conquérante » était celui d'un grand combat européen contre les « féodalités » aristocratiques dont, par définition, un roi représente le sommet. La civilisation mécanique a d'autres exigences que l'âge préindustriel. Dans la morale laïcisée qui cherchait à se constituer et à s'approprier le fonds encore vigoureux de l'héritage judéo-chrétien, le souvenir des princes qui avaient gouverné la Grande-Bretagne entre 1760 et 1837, de George III à Guillaume IV, pesait négativement au point, longtemps, d'interdire à la Cour d'incarner les valeurs les plus recherchées.

Et pourtant, dès les premières évaluations de son règne, Victoria partagera avec Auguste, Louis XIV et quelques rares autres grands personnages, la gloire d'avoir baptisé de son nom un « siècle ». L'hommage que lui ont rendu ses sujets lors de ses jubilés d'or et de diamant, puis au lendemain de sa mort, se traduisit par d'innombrables hagiographies que les générations postérieures ont, sous les meilleures plumes, prolongées à partir d'images figées ; l'abondance des écrits de la princesse et reine depuis son adolescence, le respect inspiré par un trône aujourd'hui encore prestigieux, la reconnaissance témoignée à juste titre aux membres de la famille royale qui ont, au XXe siècle, facilité l'accès de chercheurs à leurs archives, ont contribué à paralyser le jugement et ont poussé à une « sélection » des meilleurs moments et des traits les plus prometteurs d'une reine idéalisée dès ses premiers pas. Ses défauts évidents ont été évoqués pour mieux faire ressortir, en dépit de tout, la qualité de ses initiatives, intuitions et conduites. On a fait de cette femme, moins bigote que fermée aux innovations même rituelles, le défenseur de la tolérance religieuse, de cette « impérialiste » exemplaire le promoteur de l'idée de l'égalité des races, de ce défenseur de la « Madonne au foyer » une militante de la promotion de la femme, en l'excusant de n'avoir pas compris la nécessité de l'égalité du droit de suffrage entre les sexes ; on a dépeint cette mère et grand-mère dominatrice comme le modèle de l'amour parental; tout au plus quelques retouches ont-elles été apportées, ainsi l'accent mis sur le rôle d'Albert dans la confection d'un paradigme moral que Monica Charlot a proposé de baptiser en conséquence « albertien » plutôt que victorien[2]. Sans nier la réelle grandeur de la reine, on ne peut que refuser l'icône ainsi élaborée par la grande majorité de ses biographes.

Il serait absurde, au prix d'une histoire contrafactuelle de pure fiction, d'imaginer ce que serait devenu le Royaume-Uni sans Victoria et de se demander si, au prix peut-être de tumultes épisodiquement redoutables, sa destinée en aurait été profondément modifiée quand le jeu de forces profondes identiques se serait fait sentir. La réalité s'impose : la Grande-Bretagne du XIXe siècle a vécu le miracle de la consolidation de l'ordre monarchique et il serait vain de chercher en quoi d'autres que Victoria en sont responsables. Mais cette consolidation a exigé des mutations : la reine a dû, de plus ou moins bon gré, adapter l'institution aux besoins de son temps; elle est apparue aux uns comme un moindre mal, à d'autres comme un mal nécessaire, à beaucoup, en nombre ceux-là, comme le lien honorable et irremplaçable d'une société menacée de se déliter; décennie après décennie, elle a été poussée à contribuer, à sa place, à protéger son peuple à l'intérieur de cadres supportables parce que renouvelés. Dans un siècle où l'argent paraissait le maître de toutes choses, elle en est venue à incarner des valeurs d'honneur, de dévouement et de loyauté; au milieu de luttes politiques ardentes, sa présence a signifié une nécessaire stabilité; l'éclat monarchique a conféré à l'impérialisme une noblesse propre à rassembler les masses autour d'un idéal de grandeur et aussi d'un objectif prometteur : les conséquences de sa prospérité en métropole et aussi la chance d'une vie nouvelle pour les émigrants; dans un monde immense, que les techniques contribuent cependant à rapetisser, elle a prêté figure à la fidélité attendue de peuples lointains, même si certains devenaient sensibles par ailleurs aux « démons » de l'autonomie, voire de l'indépendance. Cette action est loin d'être négative et a justifié en grande partie l'appellation « victorienne » d'une période aussi longue. L'unité de son « âge » s'affirme par opposition aux décennies qui l'encadrent : les tumultueuses années 1816-1837, celles de l'accouchement difficile de la société industrielle et de la pénible venue au monde de quelques réformes, et l'époque édouardienne, si proche de la Grande Guerre et qui, au milieu des appétits de jouissance d'une première société de consommation, est aussi l'ère des doutes, des dangers intérieurs et extérieurs, d'un déclin déjà ressenti par beaucoup de contemporains.

L'objet de ce livre n'a pu être que la quête incessante des dissonances et des harmonies qui, autour de la personne de Victoria, ont scandé l'évolution de ce qui fut longtemps la première puissance du monde. Nous aurons tenté de mesurer en quoi, au long de son siècle, la reine a parfois constitué véritablement la pierre de touche de l'édifice national et de reconnaître les moments où elle a pu paraître le symbole d'une structure usée par le temps et condamnée à plus ou moins brève échéance. Tant il nous a semblé que la biographie ne pouvait pas se résumer en un art du portrait individuel ; pour plaisant que puisse paraître le rappel d'images aussi éphémères que brillantes, pour intéressantes que soient les reconstitutions de caractères et d'événements, ils ne peuvent pas convertir l'historien en romancier du réel et ne prennent un sens que sous deux conditions essentielles : insérer tout personnage dans son temps et percevoir en quoi il a pu infléchir certaines orientations, sans que jamais on s'illusionne à l'excès sur son pouvoir de faire bouger à lui seul des structures lourdes.

Une telle quête suppose donc qu'on daigne faire place autant au peuple de Grande-Bretagne qu'à sa souveraine, qu'on évoque les changements du milieu, qu'on s'interroge sur les passions politiques, religieuses, sociales de générations pour lesquelles la question du régime et celle de la loyauté due au souverain n'ont pas toujours paru essentielles. Comment comprendre Victoria sans connaître les Victoriens, ses sujets de toutes classes, de toutes régions, ceux des paroisses rurales comme ceux des immenses cités qui conquièrent rapidement le paysage ? Une souveraine n'est pas une statue évoluant dans un libre espace, sans attaches avec le sol ; retrouver la place qu'elle a tenue réellement dans les esprits et les cœurs exige qu'on n'ignore pas les acteurs si divers de la vie nationale et qu'on ne privilégie pas indûment l'individu que sa naissance a désigné pour incarner Britannia.

Avec le recul du temps, près d'un siècle après sa mort, il sera loisible, par ailleurs, de s'interroger sur la « fortune de l'image victorienne » et de chercher à comprendre pourquoi, dans des circonstances si différentes, Victoria a réussi à léguer à la postérité une icône dont l'éclat se rapproche de celle d'une Élisabeth la Grande ; laquelle avait au moins enseigné à son lointain successeur qu'il n'était pas inutile de commencer à la forger soi-même de son vivant...

CHAPITRE PREMIER

L'héritière et son héritage
1837

Dans la nuit du 19 au 20 juin 1837, vers deux heures du matin, Guillaume IV meurt et Victoria devient reine ; réveillée à 6 heures, elle en est informée par l'archevêque de Cantorbéry et lord Conyngham, le lord-chambellan. Elle avait fêté, le 24 mai précédent, son dix-huitième anniversaire. Un an plus tard, le 28 juin 1838, elle sera couronnée à Westminster.

Elle devient immédiatement « par la grâce de Dieu, reine du Royaume-Uni de Grande-Bretagne et d'Irlande, Défenseur de la Foi » ; elle revêt, au nombre de ses prérogatives, le titre et la fonction de « gouverneur suprême de l'Église d'Angleterre », c'est-à-dire de l'Église nationale « établie », de par la loi, dans les parties anglaise, galloise et irlandaise de son royaume ; en Écosse, elle est « médiateur » de l'Église (presbytérienne) d'Écosse. Toutes les fonctions exécutives lui sont en principe dévolues, du choix du Premier ministre et de l'approbation de la liste de son Cabinet, à la promulgation des lois et des « décrets en Conseil » ; en recevant, le jour de son accession au trône, le Premier ministre, lord Melbourne, elle le confirme dans ses fonctions en lui donnant sa main à baiser ; et tout nouveau chef de son gouvernement ainsi que les membres de son Cabinet devront en passer par ce cérémonial, quand d'autres, avant toute nomination, auront été écartés sur son avis. Ses armées et ses flottes sont soumises à son commandement et elle nomme le « commandant en chef » de l'armée. Toute autorité publique émane d'elle et est exercée en son nom. Elle peut dissoudre la Chambre des communes, qu'elle doit faire réélire au moins tous les sept ans, et elle convoque les sessions du Parlement. Elle est, en revanche, le premier souverain britannique depuis 1714 à ne pas régner sur un autre royaume européen : la règle successorale du Hanovre écarte les femmes du trône et la prive ainsi d'une possession continentale longtemps patrimoniale.

On ne discutera pas longuement du pouvoir apparent que son héritage vaut à une jeune fille de dix-huit printemps. L'important est la réalité de ce que lui réserve le régime, l'essentiel est ce sur quoi elle va régner, territoires, richesses, société.

La princesse inconnue

La manière même dont s'annonçait l'avènement de Victoria n'était pas faite pour susciter par anticipation beaucoup d'enthousiasme. Elle avait passé le plus clair de son enfance et de son adolescence sous la coupe d'une mère aussi autoritaire qu'ambitieuse, qui ne lui passait rien, lui interdisait les relations les plus innocentes et, à dix-huit ans encore, exigeait que la jeune princesse partageât pour la nuit la chambre maternelle. Son éducation avait certes été conforme aux normes en vigueur à l'époque pour des jeunes filles de haute lignée, et, très tôt, on lui avait aussi inculqué l'orgueil de son rang. Confiée à des précepteurs et à des gouvernantes, elle connut peu de compagnes de son âge ; une demi-sœur, Fédore, de douze ans plus âgée qu'elle, se maria lorsqu'elle avait neuf ans et la laissa seule dans son « emprisonnement »; d'occasionnelles visites de parents, jeunes ou moins jeunes, ses conversations avec des dames de la Cour attachées à sa Maison, ne comblèrent pas un vide certain; d'où sans doute son attachement précoce pour les animaux, en particulier les chiens, témoignage alors de l'insuffisance de ses rapports et de ses jeux avec d'autres humains!

La plus influente de ses instructrices fut la baronne (allemande) Louise de Lehzen : elle sut forger avec son élève des liens d'affection qui lui valurent de demeurer en place après l'avènement; ce qui n'alla pas sans heurts très violents avec le prince Albert après le mariage de Victoria. C'est de Mme de Lehzen que la souveraine apprit les bases de ses principes de vie, de ses connaissances historiques; elle lui dut aussi de cultiver ses goûts « artistiques » dans des domaines variés : de la confection de vêtements pour d'innombrables poupées à l'exécution de dessins et de pastels. Les leçons de professionnels devaient lui permettre de perfectionner sa technique graphique et d'atteindre un niveau des plus honorables. Pendant plus d'un demi-siècle, la reine allait représenter, avec beaucoup de sûreté, les scènes de sa vie, les portraits de ses familiers et visiteurs, les costumes des acteurs de pièces de théâtre ou d'opéras qui l'auraient frappée, de plus en plus ses enfants et petits-enfants, et ce sera un immense chagrin pour elle que de devoir renoncer, après 1890, sa vue déclinant, à une distraction et à un art si longtemps pratiqués[1]. Cependant que Mme de Lehzen lui manifestait l'affection, voire l'amour, que sa mère lui apportait si chichement, elle recevait d'autres maîtres des connaissances jugées indispensables : en matière de religion et de morale, en français (qu'elle parla convenablement dès l'âge de sept ans), moins en allemand ou en italien; elle fut très mauvaise élève en latin, discipline où elle brilla surtout par une paresse résolue. On ajoutera à ce bagage d'autres éléments tout aussi nécessaires à la formation d'une jeune personne de qualité : la musique, le chant, la danse (qui lui valut un grand bonheur lors du bal organisé par Guillaume IV en l'honneur de son quatorzième anniversaire). Entre onze et dix-huit ans, son horizon intellectuel s'élargit par sa fréquentation de plus en plus assidue de soirées musicales et d'opéras, mais aussi par la lecture de poètes anglais et écossais, de romanciers du XVIIIe siècle, et surtout de Walter Scott, l'« Alexandre Dumas » écossais du roman historique : il est l'un des principaux responsables et artisans d'une intégration culturelle de l'Écosse à l'ensemble britannique, d'une « aristocratisation » de son folklore et, au prix de la diffusion d'une fausse légende et de la vogue du prétendu tartan clanique, d'une efficace et délibérée ignorance des véritables problèmes nationaux et sociaux de la province[2]. Nous en retrouverons bien des échos dans la suite du règne de Victoria et lors de ses années d'épouse comblée, puis de veuve inconsolable.

Sa formation politique fut bien davantage négligée. Fort peu en contact avec la Cour, que ce soit au temps de George IV ou de Guillaume IV, elle était d'autant plus embarrassée pour répondre à des visiteurs de qualité que sa mère surveillait alors ses propos avec une rare férocité. Surtout, le principal conseiller de la duchesse de Kent, administrateur par ailleurs de ses biens patrimoniaux, sir John Conroy, cherchait à la garder sous son contrôle. Intrigant, peu scrupuleux, voyant sa carrière militaire arrêtée au grade de capitaine, Conroy avait été « légué » par le duc de Kent, mourant, à son épouse ; élevé au rang de baronet en 1827, il nourrissait, en s'en cachant de moins en moins au cours des années 1830, l'ambition de jouer un rôle majeur auprès d'une duchesse de Kent qui serait devenue régente pour sa fille mineure ou d'une Victoria, devenue reine sans expérience et en quête d'un mentor. Presque séquestrée dans le palais de Kensington, Victoria n'en était sortie que pour une série de « chevauchées », les « *royal progresses* », à travers le royaume, destinées à la montrer à ses futurs sujets, et dont le principe même mettait Guillaume IV en rage. Pourtant, en 1835, à l'occasion d'une visite de Léopold, roi des Belges, et de son épouse, la reine Louise, elle contracta avec son oncle l'amitié réelle et profonde qui en fit son principal mentor en politique : jusqu'alors, leurs échanges s'étaient limités à quelques lettres affectueuses ; sa nouvelle relation fut décisive dans la formation de son esprit. Plus qu'accessoirement, elle lui dut, l'année suivante, la visite de ses deux cousins Ernest et Albert de Saxe-Cobourg, neveux de Léopold, ce dernier déjà fort convaincu de la nécessité et de la possibilité de préparer un mariage entre Albert et Victoria.

Les dernières années du règne de Guillaume IV furent le moment de toutes les intrigues. Le roi vieillissant essaya d'arracher sa nièce et successeur aux griffes de sa mère et de Conroy en lui offrant les moyens d'une vie indépendante. Les énormes pressions de la duchesse de Kent sur la jeune princesse firent toutefois échouer ce dessein et, en 1837, Victoria passa souvent, aux yeux du monde extérieur, pour captive, peu au fait des affaires et aux mains d'un clan redoutable. Son salut vint précisément de deux facteurs : nul ne peut forcer une reine à consentir à suivre l'opinion de sa mère, et la haine de Victoria envers Conroy comme son ressentiment contre le poids abusif de sa mère dans sa vie allaient immédiatement après l'avènement mener à la disgrâce de l'un et l'autre de ses « esclavagistes ».

Dans le long débat qui a réuni ou opposé tant d'historiens et de biographes sur la qualité de la formation de Victoria, un argument de bon sens aurait dû depuis longtemps relativiser toutes les critiques. Chacun, du contemporain immédiat aux hagiographes de toujours, s'est extasié sur la maîtrise de soi de la jeune reine, sur sa dignité, son précoce sens de l'autorité, sa capacité à assumer ses diverses fonctions en ayant l'intelligence de recourir en cas de besoin à des conseillers avisés, sur son exceptionnelle mémoire, sur ses réels talents de société. Dès lors, il n'est qu'une alternative : ou bien tous les jugements positifs ont été pure flagornerie et conséquence à tout le moins d'un aveuglement coupable, ou l'éducation de cette fille de la plus haute aristocratie a été à la hauteur des attentes raisonnables et n'a pas été pervertie au point de nuire à sa personnalité et à ses capacités de future reine. Le débat devient dès lors un jeu bien inutile.

Restait à Victoria à faire ses preuves, et aucun républicain ne pouvait alors se laisser convaincre par la seule grâce naturelle d'une nouvelle et jolie souveraine. Ici, il faut bien se garder de se laisser submerger par les étonnements admiratifs, voire les enthousiasmes de ses premiers thuriféraires. On a souvent cité[3] ses premiers pas en politique et le propos de Greville, secrétaire du Conseil privé, qui relate la profonde impression qu'elle produisit par « ses manières et son comportement » sur un Conseil qui guettait ses premiers faux pas et fut surpris, après qu'elle eut tenu à faire son entrée sans aucune escorte, par la qualité de sa courte allocution, « son calme et son contrôle de soi » ; d'autres furent frappés par ce mélange de retenue et de « féminité délicate ». On a aussi rapporté les commentaires du diplomate prussien Heinrich von Bülow qui, dans une lettre à sa femme Gabrielle, décrit le premier discours du Trône de Victoria dans la Chambre des lords, le 14 juillet, son maintien si digne, sa fermeté sous le regard curieux de tant d'assistants. Le concert de louanges est destiné à se prolonger, chacun surpris de la voir si aisément entrer dans la peau de son nouveau personnage, avec toutes les apparences d'un réel bonheur et, en même temps, le terme revient souvent, d'une réserve modeste et touchante ! Nous reviendrons sur la cérémonie du couronnement lors de laquelle le mariage de son extrême jeunesse et d'un cérémonial grandiose firent couler bien des larmes sur les joues de jeunes romantiques comme de vieillards en apparence blasés.

Mais cela suffirait-il à faire oublier le visage détestable revêtu par la famille royale au cours des décennies précédentes ?

La parentèle douteuse

Les Hanovre, avant Victoria, n'avaient rien eu d'un modèle édifiant. Sans songer à évoquer les Atrides, ni les intrigues de la Cour ottomane, on avait connu au palais de Saint-James des débordements et des comportements qui témoignaient d'un dévoiement évident.

Les deux premiers George, avant 1760, s'étaient davantage souciés de leur royaume germanique du Hanovre que de la Grande-Bretagne. George III, en soixante années de règne, tout en s'affirmant « roi-laboureur », amoureux des paysages anglais et passionné d'agronomie, avait accumulé erreurs et malchance. Il avait été pendant les vingt premières années un roi autoritaire, rêvant d'imiter son cousin Frédéric II de Prusse, le modèle des despotes éclairés ; l'aventure américaine, dont il fut largement responsable, entraîna la désastreuse guerre de 1776-1783, soldée par la perte des treize colonies, constituées en États-Unis d'Amérique. Se mettant ensuite davantage à l'écart, laissant, à partir de décembre 1783, gouverner de plus en plus souvent le deuxième William Pitt, « le Jeune », il n'avait guère pris de responsabilité directe dans la guerre contre la France, même si l'exécution de Louis XVI avait contribué de manière décisive à lui inspirer un violent dégoût et à lui insuffler la volonté de soutenir une politique ardemment antifrançaise. Son état de démence définitive, après 1811, lui avait rendu paradoxalement, sous la régence de son fils, quelque amour de la part de ses sujets; mais vingt années de maladie mentale chronique avant cette régence avaient aussi contribué à semer largement le doute sur la compatibilité d'un système monarchique et d'un gouvernement de qualité.

Le régent, devenu George IV en 1820, tira peu de profit personnel de l'aura de la victoire des Alliés sur la France napoléonienne: sa vie privée inspirait de trop vives réprobations. Multipliant maîtresses et favoris, il s'enticha un temps du « Beau Brummel », personnage de piètre qualité, mais devenu l'arbitre de l'élégance des dandys. Modèle d'immoralité, son comportement à l'égard de son épouse est demeuré l'un des scandales publics majeurs de l'époque. Une première fois marié, illégalement, à une Mrs Fitzherbert, il s'était vu contraint d'épouser en 1795 sa cousine Caroline, princesse de Brunswick; un an après, au lendemain de la naissance d'une fille, Charlotte, le prince de Galles avait décidé de mener une vie complètement autonome, sans plus se soucier de son ménage; il intenta dix ans plus tard à sa femme un vain procès en adultère, dont elle sortit acquittée par le Conseil privé en 1807, et restreignit encore davantage ses contacts avec sa fille Charlotte. La malheureuse princesse de Galles fut condamnée en pratique, à partir de 1813, à errer de pays en pays, successivement au Brunswick, en Suisse, en Italie, à Jérusalem, non sans succomber de son côté à bien des extravagances; elle n'échappa pas à de médiocres persécutions du régent et se résolut enfin à rentrer à Londres, où l'opinion lui réserva un accueil enthousiaste. Son mari lui intenta alors un procès en Parlement, pour ensuite y renoncer devant le piètre succès de sa tentative. Mais, en 1821, lorsque George IV organisa son fastueux couronnement à Westminster, Caroline se vit refuser l'entrée de l'abbaye ; elle mourut quelques jours après cette suprême humiliation.

La mort de la princesse Charlotte, en 1817, avait par ailleurs été le signal d'une étrange course au mariage et à la conception. Tant il était certain que le futur George IV n'aurait plus d'héritier direct et que ses frères et leurs descendants avaient une chance à saisir.

Ses six frères avaient vécu des existences fort dissemblables. Le duc d'York, marié et sans enfants, avait mené une vie de bâton de chaise, et il avait organisé un trafic de promotions et nominations militaires, au point d'être suspendu en 1809 de sa charge de commandant en chef... sur dénonciation de son plus jeune frère, le duc de Kent, jaloux de l'avoir vu accéder à cette haute position qu'il convoitait pour lui-même ! Le duc de Cumberland, auteur de nombreux scandales, soupçonné des pires dévoiements, y compris de meurtres et d'actes incestueux, avait une épouse jugée encore pire que lui-même. Le duc de Sussex était marié illégitimement. Trois ducs seulement pouvaient donc prétendre figurer dans l'étrange course à la Couronne : le duc de Clarence, déjà richement pourvu de son « inutile » mais prometteuse progéniture d'une dizaine de bâtards, le duc de Cambridge, fêtard endetté, et le duc de Kent, à la dignité quelque peu écorchée et jusque-là fort peu tenté par le mariage et fidèle à sa bien-aimée Julie de Saint-Laurent, auprès de laquelle il coulait des jours heureux.

Mais Kent cède aux pressions et rompt avec désespoir une liaison qui lui tenait réellement à cœur : il épouse la princesse Victoria de Leiningen, tandis que son plus jeune frère, le duc de Cambridge, convole à la même époque avec Augusta de Hesse-Cassel. Leur aîné à tous deux, le duc de Clarence, s'unit à la princesse Adélaïde de Saxe-Meiningen, qui lui donne deux filles : l'une et l'autre meurent très jeunes, en 1820 et 1821. Alors que l'ordre de succession joue encore en faveur de Frédéric d'York, la mort de ce dernier en 1827 fait de Guillaume de Clarence l'héritier présomptif, mais, surtout, de Victoria, née en 1819, orpheline de son père, le duc de Kent dès l'année suivante, la première ensuite dans l'ordre successoral, l'héritière à huit ans d'un trône sur lequel elle montera dix ans plus tard.

Ces mariages opportunistes, ces deuils nombreux, la connaissance de frasques et de déviations également condamnables aux yeux d'une élite bourgeoise, souvent issue des rangs fort moralisants de sectes protestantes puritaines, n'avaient rien arrangé. En août 1828, navré, le duc de Wellington confie à Robert Peel : « Entre le Roi et ses frères, gouverner notre pays est devenu un objet d'inquiétude propre à vous briser le cœur. Personne n'est jamais en mesure de savoir où il en est, quel que soit le sujet. »

La jeune Victoria s'est souvenue avec quelque émotion de ses rares rencontres avec son oncle George IV, qui aurait apprécié le caractère et l'humeur de la jeune enfant. Guillaume IV, roi en 1830, fit preuve d'une dignité et d'une courtoisie sans égales, sut, malgré un rare entêtement, ne pas s'obstiner dans une vaine résistance à la réforme parlementaire, il fut loin de détester sa nièce et successeur ; mais il ne releva guère le prestige de la monarchie et sa médiocrité de roi inspira à son contemporain, Walpole, le jugement assassin qu'il aurait, « en tant qu'individu privé, été un marin de bonne compagnie ».

L'HÉRITIÈRE ET SON HÉRITAGE, 1837

LE TRÔNE

Le Royaume-Uni, qui incarne, avec la France, son ancienne, et encore future, ennemie « héréditaire », le modèle des monarchies constitutionnelles, est sans contestation possible l'aîné de toutes. Il n'y existe aucune Constitution écrite. De la Grande Charte de 1215 à la Grande Remontrance de 1641, la décisive Déclaration des droits de 1689, les Actes d'union avec l'Écosse, en 1707, et l'Irlande, en 1800, en passant par des textes nombreux, dont l'importance historique demeure, comme la Pétition de (des) droit(s) de 1628 et l'Acte d'établissement (protestant) de 1701, multiples sont les dispositions qui organisent et régissent l'État; constamment évolutif, le régime a pu ainsi faire preuve d'une capacité d'adaptation extraordinaire; il l'a encore démontré quelques années plus tôt, en 1832, avec la grande réforme du Parlement qui, sans instaurer le moins du monde la démocratie, lui en a montré la direction: elle élargit le corps électoral et supprime de nombreux abus dans la répartition des sièges parlementaires, en particulier les circonscriptions si médiocres qu'elles étaient « dans la poche » des grands propriétaires du lieu (*pocket boroughs*) ou si décadentes que, « pourries », elles constituaient l'apanage de quelques puissants (*rotten boroughs*). Le chemin à parcourir demeure encore très long.

Dans un pays où la coutume et le précédent sont sacrés, l'évolution est la règle majeure, et son mécanisme a été exalté par Edmund Burke en 1790, lorsqu'il opposa la France de la Révolution à une Angleterre respectueuse, sans être immobile, des leçons de ses aïeux. En 1837, on n'en est pas même au régime parlementaire, puisque le chef du parti le plus important aux Communes n'est ni garanti d'accéder au pouvoir ni certain de le perdre si, par malheur, sa majorité venait à lui manquer. Malgré la séparation de la Couronne et du Cabinet au xviiie siècle, la jeune reine le démontrera en 1839 en mariant caprice et autorité : refusant de se séparer de ses dames « whigs » au bénéfice de « tories », elle contraignit en fait sir Robert Peel à la démission et put dès lors rappeler aux affaires son homme d'État favori, lord Melbourne. Ce sera, il est vrai, le dernier exemple du genre. Par la suite, seules ses réticences à la nomination de tel personnage à un poste donné du Cabinet ont été suivies d'effet, par exemple en 1845 lorsque, dans la perspective d'un ministère Russell, elle fait connaître son opposition au retour de Palmerston aux Affaires étrangères. Il demeure que la souveraine n'est pas convaincue qu'elle ne doive pas être écoutée et suivie si elle le désire, et que ses ministres ne sont pas assurés en eux-mêmes du contraire ; d'où la volonté, souvent présente chez Victoria, de mettre constamment en avant sa prérogative exécutive, et les relations exécrables qu'elle entretiendra avec ceux de ses Premiers ministres, à commencer par l'« abominable » Gladstone, qui ne s'inclineront pas ou ne sauront pas se contraindre à masquer par des faux-semblants leur refus de le faire !

Le handicap le plus redoutable, pour la jeune reine, n'est pourtant pas ce conflit chronique et de plus en plus dissimulé aux yeux du commun de ses sujets. Les conseils de son oncle Léopold, avec lequel elle entretient la plus confiante et la plus tendre des correspondances, ceux tout aussi avisés, après quelques années, du prince Albert, conduiront la souveraine à se contenter d'interventions relativement discrètes ; Walter Bagehot, en rédigeant en 1867 sa fameuse *Constitution de l'Angleterre* recueillera dans l'observation du comportement monarchique, autant que dans sa propre réflexion théorique, l'axiome fameux qui, depuis lors, réduit à trois les droits d'une reine ou d'un roi dans le Royaume-Uni : « être informé(e), encourager, mettre en garde ».

En fait, la plus grave menace contre l'ordre politique traditionnel vient de l'existence d'un courant républicain qui ne se sépare pas encore du mouvement démocratique et élabore, au moment même de l'avènement de Victoria, la plus dangereuse de ses expressions revendicatives : le chartisme.

La république n'était pas alors, pour nombre de Britanniques, l'« extravagance » qu'elle devint plus tard à leurs yeux jusqu'à la dernière décennie du xxe siècle. Certes, l'exemple de la France, devenue république en 1792 avant de connaître, sous Bonaparte, un retour à une forme monarchique de régime avec la proclamation de l'Empire en 1804, jouait souvent le rôle de repoussoir. Les images de la Terreur et du mépris des libertés aux dépens des « ennemis de la liberté », les passions belliqueuses, et leur récompense sur les champs de bataille, attribuées par Burke et ses disciples à un retour à la barbarie et aux instincts sanguinaires les plus primitifs, le fondement militaire de la légitimité du régime consulaire, puis impérial, tout paraissait, aux yeux des « raisonnables », devoir condamner les dérives en direction d'un système à la vaine recherche de la « vertu ». D'ailleurs, les échecs français ne faisaient que confirmer les leçons du passé britannique. L'exécution de Charles Ier d'Angleterre, en janvier 1649, avait été suivie de la décision de ne pas proclamer son successeur ; d'où la naissance d'un « Commonwealth » (ou République), associant très vite les trois royaumes d'Angleterre, d'Écosse et d'Irlande. Oliver Cromwell, de 1653 à sa mort, en 1658, en avait été le « lord-protecteur » ou régent, son fils Richard lui avait succédé pendant quelques mois, avant la grande anarchie militaire qui mena, en 1660, à la restauration monarchique. L'épisode avait été relativement bref, laissant d'autant moins de bons souvenirs que, parmi les tenants du régime républicain, on avait alors trouvé des « niveleurs » désireux d'instaurer, contre le vœu de la majorité des propriétaires, le gouvernement du peuple par tout le peuple et, comble, des « bêcheurs » ou « vrais niveleurs », avides d'un communisme agraire et, pour commencer, du partage des communaux. Bien des contemporains de Cromwell avaient vu dans l'anarchie militaire des dernières années du Commonwealth la preuve que l'équilibre politique supposait la coopération entre une Couronne héréditaire et un Parlement, et c'était d'ailleurs cette conclusion qui s'était imposée au dernier général vainqueur, Monk, qui se fit dès lors l'artisan de la restauration et de l'installation de Charles II sur le trône.

Éteinte, et même occultée dans les mémoires, la « dérive » républicaine avait pourtant resurgi de ses cendres au temps de la Révolution française. Les « jacobins » anglais et écossais, inspirés par leurs voisins d'outre-Manche, furent outrés de ne recevoir, en réponse à leurs revendications égalitaires, que les arguties réactionnaires des hommes au pouvoir, eux-mêmes à l'écoute des idées de Burke sur l'inégalité naturelle des hommes et des sociétés et sur la nécessité de préserver la tradition. Ils en vinrent, au sein de clubs ou dans les cafés à prêcher un autre Évangile et, selon les espions du pouvoir, même si les rapports de police ne sont pas fiables, à vouer la royauté aux gémonies. À partir de l'entrée en guerre de l'Angleterre, en 1793, ces adversaires de la monarchie furent aisément qualifiés de traîtres. De fait, en Irlande, inspirés par la France, des « Irlandais-Unis », dont le héros romantique fut l'avocat Theobald Wolfe Tone, tentèrent sous la conduite de membres de l'élite protestante, dont Tone faisait partie, de chasser par la force l'Anglais de l'île d'Érin ; cela avec l'appui de milliers de paysans catholiques et avec l'aide militaire du Directoire. Le suicide de Tone, capturé sous un uniforme de général français, contribua à entretenir, dans la mémoire irlandaise nationaliste et dans des esprits sensibles au thème du sacrifice des héros, tant le mythe que les aspirations. Sur le « continent » anglais, l'effet produit ne fut évidemment pas le même. Les élites au pouvoir y trouvèrent un argument supplémentaire pour justifier des poursuites judiciaires contre les fauteurs de désordres et, au prix de lois d'exception et de la suspension de quelques grandes libertés individuelles, d'écraser en définitive le mouvement jacobin.

Pourtant, l'« hydre républicaine » n'était pas morte. Elle survit en Irlande et s'y manifeste bien avant l'avènement de Victoria. En Grande-Bretagne, au lendemain du retour à la paix, les républicains trouvent un support évident parmi les « sans-culottes », c'est-à-dire dans le groupe social composite des artisans vaincus par la révolution industrielle en cours et des ouvriers du nouveau système. Le mouvement « radical » des années 1815-1832 a épousé nombre de revendications des classes défavorisées, même si ses chefs étaient en fait majoritairement des bourgeois. Il avait trouvé dans les destins peu édifiants de la famille royale matière à faire monter une flamme de plus en plus étincelante. Au lendemain du compromis électoral de 1832, satisfaisant pour les classes moyennes, le petit peuple, allié à de jeunes bourgeois romantiques et rebelles à l'ordre établi, avait retrouvé rapidement le même aliment à ses critiques et à ses révoltes. À Birmingham et à Londres, se préparaient des organisations nouvelles dont la concentration et la diffusion aboutiront en 1838 à l'éclosion du chartisme[4].

Dans son héritage, la reine découvre donc rapidement un poison que les élites, sans grande distinction, qualifient de « mortel » quand, dans les masses, il peut apparaître « délicieux », destiné uniquement aux possédants et aux supports d'une société inégalitaire.

L'HÉRITIÈRE ET SON HÉRITAGE, 1837

Le milieu aristocratique

Car Victoria, comme ses prédécesseurs, est certes une reine « constitutionnelle », mais n'en demeure pas moins le fleuron d'une classe sociale, l'aristocratie, alors au moins aussi discutée qu'elle demeure puissante.

Le XVIIIe siècle avait constitué l'« âge aristocratique », et les premières décennies du XIXe n'ont pas consacré sa disparition[5]. Au sommet de l'édifice, les pairs du royaume : ils étaient 163 vers 1700, ils sont 257 en 1800 ; l'énorme majorité des « nouveaux », dans une proportion souvent supérieure, selon les décennies, à 90 %, est recrutée dans les rangs de fils cadets ou de la parentèle proche des héritiers de titres ; avant l'avènement de Victoria, 58 nouvelles créations ont encore été enregistrées. Il a fallu attendre 1835 pour voir promouvoir un bourgeois, en la personne du banquier Alexander Baring devenu baron Ashburton ; au siècle de l'industrie, il faudra attendre 1856 pour qu'un propriétaire d'usine, Edward Strutt, entre à la Chambre haute. Cette dernière accueille aussi les 16 représentants élus des lords écossais et 28 lords irlandais ; elle inclut en son sein 26 archevêques et évêques anglicans.

En matière législative, les pouvoirs des lords sont égaux à ceux des députés, si ce n'est que les lois financières sont d'abord examinées par la Chambre basse. La réforme électorale de 1832, qui élargissait considérablement le nombre de citoyens-électeurs, en l'étendant à l'essentiel des classes moyennes, et qui prévoyait, par ailleurs, une chasse accrue à la corruption, avait entendu faire des Communes une assemblée bien plus représentative ; du coup, la Chambre des lords devait apparaître davantage comme un agrégat d'intérêts moins justifié qu'auparavant. Mais jusqu'en 1837, les électeurs continuent de porter largement leurs voix sur les *gentlemen*, pour la plupart apparentés aux plus grandes familles, éligibles du fait de leurs propriétés foncières, et par là même liés par l'intérêt aux choix des lords.

Le Cabinet de Sa Majesté reflétait fort peu le relatif changement social de l'équilibre parlementaire : le gouvernement dirigé par le vicomte Melbourne, inclut, en 1837-1841, parmi ses dix membres, neuf aristocrates, dont le marquis de Lansdowne, lord-président du Conseil, le vicomte Duncannon, au Sceau privé (le comte de Clarendon lui succédera en 1840), lord John Russell, puis le marquis de Normanby à l'Intérieur, le vicomte Palmerston aux Affaires étrangères, le comte de Minto à l'Amirauté. Dans une Cour évidemment ouverte surtout aux « bien-nés », le personnel gouvernemental n'était pas de nature à persuader la souveraine qu'il n'existait pas d'hommes « nés pour gouverner » et pour lui en faire rencontrer d'autres dont les manières et l'éducation n'auraient pas été élaborées dans le même moule.

Assurément, les roturiers admis dans le saint des saints de la Cour n'auraient eu aucune chance d'y apparaître s'ils avaient été le moins du monde « extravagants ». Quant aux étrangers, ils devaient appartenir presque tous à la grande cohorte internationale des noblesses, aux nombreuses familles dominantes dans les trente-sept États allemands, dans les possessions autrichiennes, les Italies et dans les autres États européens grands et petits. Relations matrimoniales et rencontres mondaines faisaient du Vieux Continent un socle aristocratique, certes ébranlé par les effets de la Révolution en France, mais solide. Tout le règne de Victoria confirmera l'importance, aux yeux de la reine, de sa parfaite connaissance du rang de ses interlocuteurs et des relations de sa propre famille. Édité depuis 1764 (et jusqu'en 1945), l'*Almanach de Gotha* décrivait d'ailleurs avec minutie ceux des Européens ayant droit de figurer sur la liste authentique des aristocrates, il leur attribuait avec une attention, qui n'est pas sans rappeler, dans une autre sphère, les étoiles du *Michelin* d'aujourd'hui, leur rang précis au sein d'une hiérarchie des plus complexes.

Le mode de vie aristocratique a ses normes et ses particularités. Il suppose en Grande-Bretagne la possession de domaines considérables : on en sera à la moitié du sol anglais pour l'ensemble des classes nobiliaires en 1873, les propriétés des uns et des autres parfois d'un seul tenant, parfois réparties entre divers comtés. Même si nombre de nouveaux pairs ne possèdent « pas plus » de trois mille arpents, quelque quinze cents hectares, la propriété aristocratique est écrasante dans le Rutland, le Kent, le Northamptonshire, le Cheshire, le Dorset, l'Hertfordshire. Bien évidemment, la richesse des sols est inégale, et l'Écosse des Highlands comporte d'immenses propriétés souvent fort peu productives. Au cœur des possessions, un château, le plus souvent réaménagé à partir du XVIIIe siècle, tient depuis lors compte des goûts nouveaux en matière de distribution de chambres, de répartition des étages, d'ouverture de vastes fenêtres, d'introduction d'éléments de confort, dont les salles de bain ; les parcs, remaniés selon les principes reconnus de l'art du jardin, doivent donner à leurs heureux possesseurs l'impression d'une nature encore plus « naturelle » ou, aussi, inclure des éléments de décor inspirés autant par le rococo et son amour des grottes et des rochers que par les nouveaux modèles supposés venir de l'Asie orientale. Séjours des riches pendant une partie seulement de l'année, ces demeures sont destinées à s'ouvrir à de multiples activités mondaines et, tout particulièrement, au sport favori de l'élite : la chasse sous toutes ses formes, en particulier à courre. Les lois fort cruelles à l'encontre des braconniers et les interdits séculaires, opposés même aux fermiers sur leurs propres terres de culture lorsqu'il s'agit de gibier, viennent tout juste d'avoir été amendées et adoucies. À la résidence, ou aux résidences des campagnes, s'ajoutent nécessairement des demeures urbaines, dont les plus cotées sont à Londres, dans les quartiers de l'Ouest, et constituent les centres d'autres activités mondaines. Tous les lieux de rencontre des grandes familles desservent un actif marché au mariage : les promises des aristocrates ne peuvent guère apporter, dans les années 1830, moins de 30 000 livres de dot à leurs époux, l'équivalent de six années de revenus d'une famille aristocratique du bas de l'échelle de son groupe ; une roturière, ce fut le cas en 1830 d'Harriett Baring, coûta à son banquier de père 50 000 livres pour pouvoir se fiancer à lord Henry Thynne. Une domesticité nombreuse, se chiffrant par dizaines d'individus, voire davantage, parfois transplantée, lors de la « saison », de la campagne à la ville, puis reconduite sur le domaine, est indispensable.

Victoria partage et fortifiera ces mêmes goûts de l'habitat « à la campagne », dans ses résidences de Windsor, Balmoral ou Osborne, de l'organisation de parties de chasse pour ses invités, de vie de fête (tant qu'elle ne fut pas veuve)... et aura aussi le souci d'arranger des mariages bien assortis pour les membres de sa famille et son entourage immédiat !

Les mutations économiques de la Grande-Bretagne, ses « révolutions » agricole, commerciale, industrielle, cette dernière entrée, au cours des années 1830, dans son second âge de la métallurgie et du chemin de fer, avaient davantage enrichi les grands propriétaires du sol que provoqué une crise de leurs fortunes. L'augmentation de la rente foncière, grâce à la croissance de la production et de la productivité et à l'élargissement du marché de la consommation, avait atteint son sommet entre 1760 et 1815. La crise agricole des années 1816-1832, liée en partie à la déflation monétaire, toucha les fermiers endettés et leurs ouvriers agricoles plus que les *landords*, cramponnés à des baux exorbitants du temps de la prospérité. Ils étaient parfois favorisés par la vente ou, plus souvent encore, la location emphytéotique de terrains à bâtir dans des agglomérations urbaines en constante expansion. Lorsque, en 1830-1831, l'Angleterre connut une situation de jacquerie généralisée, les grandes fortunes triomphèrent de l'épreuve.

Grâce à l'importance des recettes douanières, on a évité, en temps de paix, en l'occurrence depuis 1816, tout impôt sur les revenus. Les revenus fonciers des aristocrates, qui, par ailleurs, participent souvent aux bénéfices du commerce et de l'industrie, sont d'autre part garantis par un système douanier protecteur : même si la liberté des échanges est un axiome libéral largement partagé par les entrepreneurs, les lois applicables aux céréales, les *Corn Laws*, sont résolument protectionnistes. En partie à la racine de la misère des classes populaires, elles incitent certains à prêcher en faveur du « pain bon marché » grâce à l'ouverture des marchés et à dénoncer avec virulence l'« égoïsme aristocratique ». L'année qui suit la montée de Victoria sur le trône connaîtra le lancement de ce qui allait rapidement devenir, à une échelle gigantesque, le premier véritable groupe de pression de l'ère contemporaine : Richard Cobden, manufacturier de Manchester, crée, le 26 septembre 1838, sa Ligue contre les lois sur les grains et présente la réforme des tarifs douaniers comme l'œuvre sacrée qui procurera du pain et du travail à tous. Pas plus les whigs, alors au pouvoir et qui ont donné à Victoria son Premier ministre de dilection lord Melbourne, que les tories dirigés par sir Robert Peel ne sont encore disposés à aller dans ce sens, et la Couronne peut dès lors être identifiée avec les défenseurs d'un système honni.

Ajoutons que, paradoxalement, la philanthropie, souvent présente dans le discours moral des élites, ne corrige pas une impression désastreuse : avant 1834, les revenus fonciers s'arrondissaient par l'utilisation abusive de défauts de la charité publique, les très bas salaires versés sur les grands domaines étant, en vertu de la Loi des pauvres, complétés par l'allocation d'aides aux indigents perçues sur tous les contribuables, et épargnant ainsi relativement les plus nantis que les asséeurs de la taxe des pauvres n'osaient de surcroît pas se risquer à « surtaxer ». La nouvelle Loi des pauvres de 1834 permit de réduire cet avantage, mais, corrélativement, les riches voient diminuer substantiellement le coût des « aides sociales » : désormais attribuées après « enfermement » des indigents dans des asiles, les « *workhouses* », elles sont sollicitées en toute dernière extrémité tant est grande la crainte de subir ce qui constitue l'ordinaire des « bastilles » des pauvres, les mauvais traitements, une discipline de fer, un travail excessif ou la séparation des membres d'une même famille !

L'aristocratie, dont Cobden et ses amis dénoncent de plus en plus vigoureusement le caractère parasitaire, accapare une foule de fonctions fort lucratives. Elle les tient en Irlande, où de grandes et moins grandes familles nobles anglaises sont par ailleurs possessionnées et rentières d'un sol qu'absents, elles ne font rien pour enrichir. Elle est la principale bénéficiaire de l'essor des « vraies » colonies, cet adjectif pour rappeler que l'île d'Érin, décrite par ses nationalistes comme une « dépendance », constitue juridiquement une portion du Royaume-Uni, en principe analogue aux autres territoires métropolitains. La préservation ou le développement de l'appareil militaro-naval indispensable à la maîtrise des mers et aux éventuelles interventions armées lointaines ajoutent aux perspectives ouvertes par l'Empire. Aux postes les plus élevés pour les pairs du royaume, à des emplois plus subalternes pour les cadets de famille, les occasions de vivre

« dignement », de se classer parmi ceux que l'on honorera de décorations, mais aussi de titres nouveaux, sont ainsi innombrables. Les positions lucratives ne sont certes pas réservées à une seule classe : à l'instar d'un John Stuart Mill, dernier secrétaire de la Compagnie des Indes orientales avant la confiscation de la colonie par la Couronne, les directeurs de cette Compagnie, les multiples agents du pouvoir administratif et judiciaire dans les possessions extérieures sont souvent recrutés dans la bourgeoisie. Et l'expansion impériale, que dénonce dès les années 1830 l'école de Manchester, demeure, aux yeux mêmes de tenants de l'anticolonialisme, justifiée quand il s'agit des pays comme l'Inde, riche marché, fournisseur apprécié de textiles bruts comme de thé... et pourvoyeuse de tant de positions lucratives.

L'aristocratie a un intérêt particulier à la préservation et au développement d'un appareil militaire et naval, sans souci de son coût budgétaire. L'intérêt de classe revêt, comme souvent, les oripeaux de quelques nobles vertus, le courage, la discipline, le sacrifice de soi, la loyauté envers la Couronne, le génie des batailles.

Victoria n'a jamais été insensible aux trompettes de la gloire civilisatrice. Même vieillie, elle sentira son cœur battre à l'unisson de celui de ses héros, que ce soit dans la hasardeuse campagne du Soudan du général Gordon en 1884-1885 ou à propos de son parent Alexandre de Battenberg, « Sandro », dont les exploits guerriers, à la tête des forces de sa principauté bulgare, contre les Turcs ou les Russes, provoquent, dans sa correspondance, des cris admiratifs. La reine est réellement touchée par le prestige de l'uniforme et, à toutes époques, partage ainsi les enthousiasmes de ses sujets les plus huppés.

S'opposer au « règne » de l'aristocratie ne pouvait qu'impliquer une remise en question du rôle et du mode de vie de la souveraine.

L'HÉRITIÈRE ET SON HÉRITAGE, 1837

La gardienne du temple

L'héritage de Victoria, c'est aussi, d'aucuns auraient dit surtout, une religion chrétienne omniprésente dans les mentalités comme dans les lois, avec son orthodoxie, son éthique, son rôle social[6]. Même les aristocrates les plus dissipés, même les esprits les plus forts de la « bonne société » ne doutent pas, à l'instar de bien des philosophes du siècle passé, que la religion est socialement nécessaire ; elle est indispensable à la préservation de l'ordre voulu par Dieu, et ses enseignements, la promesse en particulier d'un au-delà plus souriant que la « vallée des larmes » du présent, passent pour être seuls en mesure de contenir les désespoirs et les colères des masses. Ici encore, le souvenir laissé par l'ère cromwellienne contribue à conférer à cette théorie, si répandue dans le monde européen, une coloration nationale : la tolérance relative des années du Commonwealth ne s'était-elle pas accompagnée d'une multiplication extraordinaire de sectes, certaines caractérisées par une gestuelle mystico-délirante et par un message de libération des sens et de refus de la morale familiale traditionnelle allant jusqu'à la perspective d'un « monde à l'envers[7] » ? Le lord-protecteur lui-même avait pris conscience de la menace et avait en vain recherché une parade efficace. La Restauration de 1660 avait seule permis, avec le retour en grâce de l'Église « établie », de redresser une barrière spirituelle contre des désordres qui avaient tendance à glisser du religieux au social. Bien loin de menacer cet ordre, la plupart des sectes non conformistes « respectables » entendirent surtout y ajouter leur propre apport et faire de leur exigence morale comme de leur conception d'un monde guidé par une destinée d'origine divine la base d'un système politique et social sourd à toute révolution. L'évolution des méthodistes wesleyens, passés dès avant 1830, dans le camp de la résistance à toute tentation de révolte et de l'acceptation des hiérarchies « nécessaires », est ici particulièrement éclairante.

Au début des années 1850, un Français, Eugène Rendu, analysera[8] avec beaucoup de finesse le lien entre religion et ordre et le rôle de l'école dans la consolidation de ce lien :

> Le respect de l'autorité entraîne le respect de la tradition ; car la tradition n'est que l'autorité du passé. L'esprit de tradition est aussi distinct de la routine qu'il est éloigné de l'esprit de révolution : la routine est l'idôlatrie des formes, la tradition est le culte des idées. Elle se compose de toutes les influences par lesquelles la société communique à la génération qui s'élève les principes religieux, les intérêts moraux, l'esprit national [...].
>
> C'est par le caractère de l'enseignement religieux en Angleterre qu'on y peut juger la force de l'autorité traditionnelle dans l'éducation.
>
> Où que vous alliez, à Eton ou dans l'école primaire de miss Cutts, à King's College, ou dans l'institut d'éducation professionnelle de Norwood, partout la religion apparaît comme point de départ et comme but. Nul n'est admis dans les écoles normales, portent les règlements, « s'il ne reflète pas dans sa vie le caractère du chrétien » ; et le plus grand établissement de Londres, King's College, inscrit en tête de ses programmes : « Tout système d'éducation, dans un pays chrétien, doit mettre la religion chrétienne au premier rang des études. Sans la science religieuse, les autres sciences ne peuvent donner ni le bonheur à l'individu, ni à l'État la prospérité ».

On ne s'étonnera pas que les contemporains de Victoria, quand ils se veulent progressistes, soient souvent tentés de s'attaquer aussi à la forteresse religieuse. La biographie de Robert Owen le souligne éloquemment.

Ancien modèle des grands entrepreneurs capitalistes, à l'origine de la prospérité des usines cotonnières de New Lanark, en Écosse, il est devenu le plus grand penseur socialiste utopique anglais, le fondateur, dans les années 1830, du premier mouvement syndical d'envergure : il s'est si bien convaincu de la gravité de l'obstacle religieux qu'il passa, à partir de 1835, une bonne partie des dernières décennies de sa vie (il mourut en 1858) à s'attaquer à ce qu'il n'appelait pas l'« opium du peuple », mais qu'il voyait bien comme le grand instrument de toute contre-révolution.

Ses titres, prérogatives et serments engagent Victoria à faire surtout respecter l'anglicanisme. Cependant, elle a hérité de la série de lois qui, depuis 1689, ont garanti la tolérance aux protestants et, depuis 1828 pour les non-conformistes et 1829 pour les catholiques, l'égalité de ses sujets dans l'accès au Parlement comme à tous les emplois publics. Une égalité que leur refus formel de jurer devant le Parlement fidélité à la Couronne selon le mode chrétien rendra vaine pendant encore deux décennies pour les juifs... et près de vingt ans de plus pour les athées déclarés. Dans chaque cas, la majorité des Communes, avant de s'y résigner, s'est réfugiée derrière une commode invocation de la tradition et de l'impossibilité d'envisager une modification de la forme du serment.

L'état religieux du royaume, en 1837-1838, était, aux yeux des croyants, des plus inquiétants. Le rationalisme avait partie liée avec les courants les plus « radicaux » et républicains. Depuis Thomas Paine et son *Âge de la Raison* (1794-1796), relayé par les républicains Richard Carlile et Robert Taylor dans les années 1820 et les premières années 1830, l'athéisme a progressé, et il va connaître un brusque essor dans la décennie 1840 sans pourtant que ses militants constituent, semble-t-il, plus qu'une faible fraction de la population. Plus grave aux yeux des anglicans : des sectes non conformistes gagnaient du terrain aux dépens de l'Église nationale, seule garante, par le sacre, du caractère spécial de la monarchie. Congrégationalistes et baptistes, plus anciens, ne posaient aucun problème aux tenants de l'ordre, ils prospéraient à l'image de nombreux enrichis de la bourgeoisie. Les unitariens attiraient, par exemple à Birmingham, des franges importantes de la haute bourgeoisie, sensible à leur christianisme de la raison et à leur hostilité au mystère, par essence indémontrable, de la Sainte Trinité. Le méthodisme, né de la prédication de John Wesley au XVIIIe siècle, séparé de l'anglicanisme à partir de 1787, fragmenté progressivement en de multiples « connexions » ou branches rivales, a sextuplé le nombre de ses adhérents entre 1792 et 1830 ; ses trois cent à quatre cent mille « militants » de l'aube de l'ère victorienne, dont des milliers de prédicateurs itinérants, séduisaient une part croissante des classes laborieuses et de la petite bourgeoisie anglaises tout en conquérant des positions déterminantes au Pays de Galles ; si nous avons dit la conversion rapide de la branche mère des wesleyens aux valeurs d'ordre, il n'en allait pas de même de la plus dynamique de ses dissidences, les « méthodistes primitifs », dont tout le message est fait de la proclamation de l'égalité des individus dans une confession et dans une société démocratiquement gouvernées. Le catholicisme romain, presque éradiqué en Grande-Bretagne à la fin du siècle précédent, où il ne représentait guère plus d'1 % de la population anglaise, progressait à nouveau, sous l'effet de l'émancipation de 1829, mais surtout de la forte immigration irlandaise. Celle-ci est continue, à partir d'une île qui, jusqu'à la Grande Famine de 1846-1847 et ses suites, regorgeait d'habitants ; ils étaient restés très majoritairement fidèles à leurs croyances, avaient depuis 1778 bénéficié de la plus large tolérance au point de retrouver, dès les années 1790, une hiérarchie épiscopale encore illégale de l'autre côté de la mer d'Irlande[9], et, à partir du début du siècle, un séminaire de formation des prêtres à Maynooth. L'Angleterre, pendant ce temps, demeurait, selon la terminologie romaine, « terre de mission », mais inspirait de vives espérances aux tenants du « papisme ». La doctrine romaine est certes faite de soumission à César et du rejet absolu de toute rébellion, mais les passions politiques de l'île d'Érin ne pouvaient-elles pas faire craindre l'extension à la Grande-Bretagne d'un état d'esprit fort peu inspiré par ces considérations théologiques, le plus souvent déjà « ignorées » par le bas clergé irlandais ?

On s'inquiétait moins des non-chrétiens. Ils constituaient une très faible portion de la nation. Les juifs, réadmis officiellement par Cromwell en 1656, étaient environ trente mille, divisés entre des « sépharades » originaires de la péninsule Ibérique, et une part grandissante d'« ashkénazes », venus d'Europe centrale, et dont la famille des Rothschild constituait déjà le fleuron. Partie des classes moyennes urbaines, dotés d'une assemblée représentative et, en Angleterre, d'un grand rabbin, enrichis du commerce et de la banque, ils s'assimilaient volontiers. Demeuraient l'impossibilité de fait de siéger au Parlement, quand bien même les bourgs, et la Cité de Londres en particulier, refusaient souvent toute discrimination. Leur éloignement de la Cour et des honneurs et le snobisme d'une fraction des classes supérieures à leur encontre n'empêchaient pas leur percée dans des élections municipales, car ils étaient respectés par le monde bourgeois. Les plus ambitieux étaient contraints, à l'instar du père de Benjamin Disraeli, de se convertir s'ils désiraient s'élever vers les strates supérieures.

Le « gouverneur suprême de l'Église d'Angleterre » pouvait s'interroger sur la situation de sa confession. On n'insistera pas à cet endroit sur le cas très particulier de l'Irlande, dont la majorité catholique dénonce la perversité de l'association de l'anglicanisme local avec l'Église établie anglaise dans le cadre d'une grande Église officielle. En Angleterre, ce sont surtout des maux et des déchirements qui expliquent en partie son affaiblissement face aux dissidences. Une « base » de curés et de vicaires paroissiaux, souvent beaucoup plus puritaine que la hiérarchie des évêques, était plus instruite et plus présente qu'autrefois ; mais les curés paraissaient souvent par trop les complices des tenants de l'ordre. Surtout recrutés dans les classes moyennes depuis que la révolution agricole avait gonflé les revenus des bénéfices paroissiaux, ils parlaient un langage de moins en moins compréhensible au commun de leurs ouailles, prononçant des homélies trop savantes. Leurs alliances matrimoniales avec de bonnes familles, leur souci de placer avantageusement leurs filles, leur fréquentation des demeures des riches paroissiens les éloignaient de leur clientèle « populaire ». Les temples, et on n'en compte en 1833 qu'un pour environ douze cents habitants, accentuaient l'impression d'une religion de classe, sans d'ailleurs qu'en la matière les sanctuaires anglicans diffèrent beaucoup de ceux des sectes les plus anciennes : les places assises, les bancs les mieux situés étaient réservés, contre paiement, aux notables, les plus pauvres réduits à demeurer debout ou à s'asseoir à même le sol, et ce *« pew system »*, justifié par les besoins d'argent d'un culte que l'État ne subventionne jamais, jouait contre la ferveur du grand nombre. D'aucuns, à l'instar de Richard Oastler en 1830, stigmatisaient aussi les grandes organisations religieuses anglaises, capables d'envoyer des missionnaires évangéliser les mondes les plus exotiques quand sévissait en Grande-Bretagne même un « esclavage blanc » fait de l'exploitation éhontée des jeunes enfants des classes populaires, sans aucun respect des principes les plus chrétiens !

Les prélats anglicans, une quarantaine en Angleterre et au Pays de Galles, faisaient partie de la haute société.

Vingt-six d'entre eux, dont, de droit, les deux archevêques de Cantorbéry et d'York et les évêques de Londres, de Winchester et de Durham, les autres selon l'ancienneté de leur affectation dans leur diocèse, siégeaient à la Chambre des lords ; ils y retrouvaient quatre des vingt-deux prélats de l'Église anglicane d'Irlande, elle aussi « établie », et qui alternaient à Westminster à chaque session[10]. Si leur action et leur influence politiques avaient quelque peu diminué, leurs tâches temporelles les éloignaient parfois de leur rôle pastoral. Surtout, ils se subdivisaient en groupes divers ; certains se rangeaient dans une minorité favorable à une large tolérance et se montraient ouverts aux réflexions nouvelles : accusés de « laxisme » par leurs adversaires, ils constituaient la « Broad Church » ou Église « large ». À l'opposé, plusieurs avaient été gagnés à un courant développé dans les dernières décennies du XVIIIe siècle, fait d'attachement à la lettre des Écritures, d'étroitesse d'esprit, mais aussi de chaleur du cœur : ils composaient le parti des « évangéliques ». Un petit nombre associait l'esprit d'autorité et l'attrait pour la pompe des cérémonies et, loin d'être sourd aux vœux de rapprochement avec le catholicisme, prolongeait l'« anglo-catholicisme » déjà si vivace avant la Révolution de 1640.

Les années 1830 ont ajouté à ces dissensions. Elles ont produit, à partir de 1833, sous l'impulsion de théologiens d'Oxford, Keble, Newman, Pusey, une intense réflexion sur ce que Keble, en juillet 1833, a dénoncé comme l'« apostasie » d'une Angleterre un temps fière de sa vocation de « Nouvel Israël » ; ces théologiens relisaient les textes sacrés, publiant leurs réflexions dans des brochures ou « *Tracts* », d'où leur surnom de « tractariens ». Ils séduisaient un nombre croissant de professeurs, d'étudiants et de pasteurs au point que le « mouvement d'Oxford » semblait sur la pente la plus dangereuse : quand on affirme la présence réelle du Christ dans l'Eucharistie, qu'on réhabilite confession, absolution et pénitence, il ne suffit pas de présenter ces réflexions comme une tentative de « revitalisation » de la foi pour écarter les doutes sur leur caractère « protestant » et éviter le soupçon de crypto-catholicisme. En 1834, Newman redécouvre la thèse de la « *via media* » : elle fait de l'Église anglicane une institution originale, à mi-chemin de la Réforme et de Rome. Quelques années plus tard, en 1841, le même John Henry Newman publiera le fameux « *tract 90* » par lequel il manifestera avec détermination sa volonté de concilier les Trente-Neuf Articles de Foi anglicans et les dogmes catholiques et entamera sa démarche personnelle de retour à Rome.

La nouvelle reine pouvait croire encore que la masse de ses sujets demeurait étrangère à ces débats d'intellectuels et que, du journalier agricole à l'ouvrier d'usine, des classes défavorisées aux plus riches, le grand nombre demeurait fidèle à la religion nationale et en témoignait dans les temples comme dans les comportements et le langage. Elle pouvait s'enorgueillir de la qualité des « écoles du dimanche », en constant essor depuis les années 1780, qui alphabétisaient et catéchisaient en même temps garçons et filles. Elle n'était pas sans connaître sans doute l'existence de nombreuses sociétés missionnaires privées ou soutenues par la hiérarchie, ainsi la déjà ancienne Société pour la promotion de la connaissance religieuse, la *SPCK*, qui distribuait généreusement ses bibles, ou encore l'Association pour la construction et l'entretien des chapelles, fondée en 1818, ou la plus récente (1836) Société pour le recrutement de curés supplémentaires dans les lieux de fort peuplement, sans parler de la Société pour le plein respect du Jour du Seigneur (1831). Il est trop facile à l'historien, fort de sa connaissance d'enquêtes ultérieures, de souligner combien infondée était la vision optimiste des choses qui en dérivait parfois. Les efforts des années 1830-1840 pour mettre fin, par la voie législative, à nombre d'abus, de la pluralité des bénéfices à l'absentéisme, et pour restaurer les finances cléricales au prix d'une réorganisation de la carte pastorale et de la fixation de règles précises de commutation des dîmes en rentes rachetables, témoignaient pourtant aussi des inquiétudes de bien des contemporains. Au lendemain de l'avènement de Victoria, William Gladstone, publiera, en 1838, *L'État dans ses rapports avec l'Église* : il entendait démontrer que « le plus grand devoir et le plus haut intérêt à la fois d'un corps politique est de se maintenir en étroits rapports de coopération avec l'Église du Christ » et que « l'Église fait descendre du Ciel un divin principe de vie et l'implante au centre du cœur de l'homme pour lui permettre d'œuvrer au-dehors » ; il affirmera la même année, dans un autre texte, que « même dans son état présent », l'Église établie « procure bien davantage de secours positifs pour pénétrer complètement les desseins et l'esprit du Rédempteur que des écoles rivales ». Le jeune député, il est alors âgé de vingt-neuf ans et siège au Parlement depuis 1833, était sans doute sincère, il était lucide dans les contradictions qu'il relevait entre la haute destinée de son Église et ses faiblesses du moment ; mais il manifestait un optimisme que le proche avenir ne confirmera pas.

On ne s'étonnera pas de la place que la reine aura à consacrer, tout au long de son règne et dans des moments de crise, au règlement des troubles internes de l'Église établie comme à la réaffirmation de la prééminence et du rôle de cette Église dans la nation. Il y allait pour la monarchie de bien davantage que d'une simple réaction à la déchristanisation !

Les pressions du « pays réel »

Portée à la tête d'un grand peuple, Victoria est peu préparée à en saisir toute la diversité et encore moins à apprécier la « condition des classes laborieuses ». Il est toutefois permis de penser que la jeune reine a pu être sensible à l'immensité des mutations, au prodigieux enrichissement des terres de sa Couronne, et qu'elle a partagé l'orgueil de ses sujets devant la montée en richesse et en puissance du royaume.

Jusque dans les provinces les plus reculées, celui-ci connaissait depuis plusieurs décennies des mutations majeures. Il n'est pas toujours possible au contemporain d'un moment, la remarque est de l'historien John Rule[11], de saisir la signification de changements souvent très progressifs. Il lui est difficile, même éduqué, de relier des phénomènes épars dans l'espace, de la ruine d'ateliers artisanaux à l'édification des usines ou à la naissance du chemin de fer, de penser en 1837 que l'âge de la diligence et du cheval allait succomber rapidement à la concurrence du rail. Mais les visionnaires ne manquaient pas, capables de faire le point d'une évolution ou de se constituer en prophètes de l'avenir. Certains poètes dénonçaient les agressions contre les paysages, quand d'autres, séduits par la grandeur du génie humain, savaient chanter ses triomphes sur la nature ; tel Wordsworth, en 1833 :

> En dépit de tout ce que la beauté pourrait perdre
> Du fait de vos impitoyables accomplissements, la Nature
>   [englobe effectivement
> Sa légitime progéniture en l'art de l'Homme, et le
>   [Temps,
> Enchanté de vos triomphes sur son frère l'Espace,
> Accepte de vos mains hardies la couronne offerte
> De l'espérance, et vous sourit avec une suprême bonne
>   [grâce.

On n'était pas loin de l'exaltation de l'historien Macaulay, évoquant en 1848 les progrès du royaume avec un lyrisme d'autant plus grand que sa discipline, encore « branche de la littérature », ne cherchait pas à se fonder sur les données chiffrées si chères à ses successeurs[12] :

> On peut aisément prouver que dans notre pays la richesse nationale s'est augmentée sans interruption depuis six siècles au moins ; qu'elle était plus grande sous les Tudors que sous les Plantagenêts, plus grande sous les Stuarts que sous les Tudors ; qu'en dépit des batailles, des sièges et des confiscations, elle était plus grande le jour où s'opéra la restauration que le jour où le long parlement se réunit ; qu'en dépit de la mauvaise administration, de l'extravagance de la cour, de la banqueroute publique, de deux guerres coûteuses et malheureuses, de la peste et de l'incendie, elle était plus grande le jour de la mort de Charles II que le jour de son avènement. Ce progrès [...] devint enfin, vers le milieu du XVIIIe siècle, démesurément rapide, et a marché dans le dix-neuvième avec une impétuosité de plus en plus irrésistible [...]. Sous l'influence bienfaisante de la paix et de la liberté, la science a fleuri et a été appliquée aux choses pratiques dans des proportions inconnues jusqu'alors [...]. Notre pays a subi une métamorphose dont l'histoire du monde ancien n'offre pas d'exemple. Si l'Angleterre de 1685 pouvait être évoquée à nos yeux par quelque procédé magique, nous ne reconnaîtrions pas un paysage sur cent et un édifice sur dix mille. Le gentilhomme campagnard ne reconnaîtrait pas ses propres champs, l'habitant de la ville ne reconnaîtrait pas sa propre rue ; tout a changé, sauf les grands traits de la nature et quelques œuvres solides et durables de l'art humain [...]. Là où nous voyons aujourd'hui des villes manufacturières et des ports de mer renommés jusqu'aux extrémités de la terre, nous verrions des huttes éparses, bâties en bois et couvertes de chaume [...].

Victoria elle-même avait pu personnellement saisir certaines de ces réalités. Après tout, la capitale qu'il lui arrivait de parcourir était le meilleur reflet des progrès généraux du royaume. Elle frappait par son étendue, même si bien des bourgs, aujourd'hui et depuis longtemps partie intégrante d'un « grand Londres », constituaient alors des entités séparées, ainsi Hampstead, Highgate, Tottenham. La métropole anglaise étonnait par une dynamique exceptionnelle, reflétée dans la création incessante de quartiers nouveaux, l'éventrement de districts anciens, l'édification de résidences souvent somptueuses, certaines sièges de grands clubs comme l'Athenaeum. On avait aménagé jardins et parcs. Sous la régence, puis le règne de George IV, sous celui de Guillaume IV, la capitale avait vu achever Regent Street, créer un grand axe menant à Whitehall en passant par un nouveau square, doublement dédié à Nelson par son nom de Trafalgar et par la statue monumentale qui le dominerait en 1843 ; dès 1828, on avait inauguré la National Gallery, cinq ans après le début des travaux de construction d'un nouveau British Museum ; de nouveaux ponts avaient été jetés sur la Tamise, des églises avaient été restaurées ou construites. Dans les années 1830, en même temps que de riches familles continuaient de lancer des lotissements sur leurs terrains urbains, on était entré, à l'intérieur même de la ville, dans l'ère du rail avec la construction, achevée en 1838, de la gare de Euston, aboutissement nouveau du Londres-Birmingham, et l'inauguration, dès 1836, du court tronçon Londres-Greenwich.

La jeune reine qui, le 13 juillet 1837, abandonne le palais de Kensington pour emménager à Buckingham découvre mieux qu'auparavant un palais coûteusement « reconstruit » par ses deux prédécesseurs, sous la conduite successive des architectes Nash, sous Georges IV, puis Decimus Burton sous Guillaume IV ; ils avaient, en fait, entièrement démoli l'ancienne Buckingham House, créé des ailes nouvelles, aménagé les jardins ; Victoria, au départ, est loin d'être satisfaite de la réalisation, et elle se plaindra légitimement du manque d'aération des pièces, d'une hygiène défectueuse, voire du risque de prolifération de rats, nichés dans le grand égout desservant sa demeure. Du moins pouvait-elle espérer à bon droit la continuation et l'extension des travaux d'assainissement. Et, comme ses sujets, admirer sans réserve le dessin délicat des nouveaux lotissements à la mode et les magnifiques frontons gréco-romains des façades les plus récentes.

Mais le paysage anglais ne se résout pas dans la seule vision d'un Londres en plein essor. Les mutations économiques se lisent ailleurs aussi. Les peintres et les graveurs avaient restitué la réalité des nouvelles forges de Vulcain, les politiques avaient été contraints de prendre la mesure des désespoirs sociaux et des risques ou des éruptions de révolte, les économistes d'annoncer, les uns, l'avènement proche d'un Éden terrestre, d'autres d'assumer l'existence d'enfers considérés comme le sol sur lequel pourraient germer d'étroits paradis. Les philanthropes, soucieux de limiter les souffrances des plus démunis et des plus désarmés, avaient arraché des larmes d'attendrissement et d'horreur en évoquant le travail des femmes et des enfants dans les usines et les mines, quand les « owenistes », dénomination alors courante pour désigner ceux qui, plus tard, seront baptisés du terme, tout juste né dans la langue anglaise, de « socialistes », s'emparaient du malheur comme d'un levier pour renverser un système cruel. Les « chevauchées » de la princesse héritière à travers son royaume lui avaient-elles permis de discerner, au-delà des acclamations et des rencontres avec les plus « présentables », la gravité de fractures sociales béantes ? On en doutera, même si les débuts de son règne allaient inévitablement fixer son attention sur cette question brûlante.

Au nombre des réalités où inquiétudes et satisfactions sont palpables et se mêlent inextricablement, l'impression créée par l'abondance des hommes et leur répartition dans l'espace. En 1801, les diverses composantes du Royaume-Uni regroupaient quelque seize millions d'habitants, dont cinq à cinq millions et demi d'Irlandais. Trois décennies plus tard, et quand les opérations de recensement ont concerné l'ensemble des territoires, on est passé à plus de vingt-quatre millions d'âmes, une croissance de l'ordre de 50 %. En 1841, on ne sera pas loin de vingt-sept millions, et, en 1851, après le ralentissement provoqué par la Grande Famine irlandaise, à un peu moins de vingt-huit. Si, dans les cinquante années du début du XXe siècle, on avait connu un rythme de croissance identique, on serait passé d'environ quarante et un millions d'habitants à près de soixante-dix, alors qu'en fait on n'en sera qu'à moins de cinquante-trois[13].

Les pratiques contraceptives étaient encore loin d'avoir pris l'ampleur qu'elles connurent, d'abord dans les classes bourgeoises à partir des années 1860, et, quelque vingt ans plus tard, dans le prolétariat; le *coïtus interruptus,* l'avortement provoqué dans des conditions des plus dangereuses et dans l'illégalité, l'infanticide un temps fort répandu dans les campagnes et à présent moins facile à dissimuler, constituaient des « techniques » d'efficacité variable, et seule l'ampleur des taux de mortalité infantile et la faible espérance de vie de bien des enfants frappés par la malnutrition et la maladie constituaient des remèdes « naturels » à la limitation de la taille des familles ; ce que n'avait pas manqué de relever le prophète des dangers de surpopulation, Thomas Malthus, dès 1798 dans sa grande œuvre, et jusqu'à sa mort survenue en 1833 ; son message est à cette date « intégré » à la pensée libérale. Paradoxalement, au moment même où les écrits de la plupart des économistes soulignaient l'esprit d'imprévoyance et le goût excessif de la sexualité imprudente qui caractériseraient les classes populaires, l'idéologie dominante mettait cependant l'accent sur la nécessité de procréer. En fixant au couple cette ardente obligation inspirée des Écritures saintes, était-il très constructif de demander, la suggestion n'avait pas varié depuis le XVIIe siècle, aux parents déjà suffisamment pourvus d'enfants de pratiquer « la chasteté dans le mariage » s'ils ne désiraient pas accroître leur progéniture ? Laïciser un tel discours, l'adapter à une société d'argent et de profit en proclamant que l'enrichissement promis aux plus entreprenants et aux plus travailleurs passait par la limitation du nombre de bouches à nourrir dans la famille n'avaient guère de chances de convaincre ceux incapables intellectuellement de prêter attention aux nouvelles thèses économiques. Malthus lui-même n'avait guère trouvé à suggérer que la continence, le retard aux mariages, la définition autoritaire par le législateur des conditions à mettre à la formation de nouvelles familles ; ses avertissements ont surtout contribué à l'élaboration, en quelques décennies, de l'état d'esprit anticonceptionnel des classes les plus éduquées. Du haut en bas de l'échelle sociale, le devoir de l'épouse demeurait en général clairement fixé, et Victoria elle-même démontrera qu'elle ne le reniait pas. D'aucuns ne dédaignaient pas l'argument stratégique de toujours : la puissance d'une nation se mesurerait au nombre des hommes qu'elle était prête à aligner pour sa défense ou ses desseins belliqueux. La contradiction était dès lors fatale avec la réalité : un peuple aux souffrances alimentées par le poids du nombre et les difficultés de l'emploi.

Même si les contemporains n'ont pas tous, loin s'en faut, notre amour du chiffre et de la statistique – la naissance de la Société royale de statistiques coïncide presque avec l'avènement de Victoria –, les transformations du paysage étaient là pour leur faire prendre conscience de l'ampleur du changement démographique.

À commencer évidemment par l'extension prodigieuse des villes. Le recensement de 1851 montrera pour la première fois, en Angleterre et au Pays de Galles, une légère majorité des citadins sur les ruraux. La ville n'en est pas moins dès 1837, aux yeux des observateurs contemporains, un milieu de plus en plus présent, et elle a longtemps été vue comme une « pompe », aspirant les forces vives des campagnes, absorbant à tout le moins les surplus de population rurale. Cette situation avait effrayé des observateurs avisés qui, dans les années 1760, n'hésitaient pas à prophétiser l'extinction de la nation anglaise, dont les jeunes générations étaient appelées à combler, très particulièrement à Londres, les déficits creusés par les terrifiants excès de mortalité dans les centres urbains : nourrissant ainsi une sorte d'ogre dont la voracité ne pourrait pas être toujours satisfaite. Vers 1830-1840, les villes contribuaient en fait, par leur fécondité propre, à une croissance impressionnante.

Birmingham, cœur d'une industrie métallurgique, florissante, avait doublé le nombre de ses habitants entre 1801 et 1831, plus que triplé en 1851 avec ses 233 000 âmes ; ce triplement, la plus modeste ville textile de Bradford n'avait eu besoin que des trente premières années du siècle pour l'accomplir et, en 1841, ses 67 000 habitants représentaient cinq fois le chiffre de 1801 ; Liverpool était passée de 82 000 à 202 000 âmes entre 1801 et 1831, Manchester, la capitale du coton, de 75 000 à 185 000 dans le même intervalle, pendant que Glasgow l'écossaise croissait de 77 000 à 222 000. Certes, des centres parfois plus traditionnels connaissaient un essor plus modeste, à l'image de Norwich, vieille capitale lainière, qui n'atteint que 61 000 habitants en 1831 et tout juste 1 000 de plus dix ans plus tard, au lieu des 36 000 du début du siècle, ou encore de Bristol qui eut besoin du demi-siècle pour doubler sa population. Londres, tentaculaire, poursuivait une ascension multiséculaire, qui l'avait fait passer de 50 000 âmes au temps d'Élisabeth à un demi-million quand éclata la Glorieuse Révolution de 1688, à près du million au début du XIXe siècle, pour en arriver, avec ses extensions, à plus de deux millions et demi cinquante ans plus tard. De telles statistiques reflètent souvent davantage la définition administrative des limites d'une cité que les réalités sur le terrain : la Grande-Bretagne est déjà en fait le pays des régions urbaines, où des centres-satellites travaillent en étroite symbiose avec une métropole. Manchester rayonnait de Wigan à l'ouest à Stalybridge à l'est, de Preston et Blackburn au nord à Stockport au sud, dans une aire qui atteint plus de 1 250 000 habitants au cours des années 1840, et, avec sa banlieue proche, elle parvenait déjà à plus de 400 000 âmes en 1844, lorsque Friedrich Engels la visita et en fit un élément essentiel de sa dénonciation de la « condition des classes laborieuses en Angleterre » (1845).

Britanniques comme visiteurs étrangers étaient stupéfaits de découvrir les calamités qui accompagnaient la croissance des villes industrielles, l'accumulation des hommes dans des quartiers anciens surpeuplés et transformés en taudis ou dans de nouvelles aires, où la médiocrité des matériaux employés comme l'absence de tout souci d'urbanisme et d'hygiène aboutissaient rapidement au même résultat. Pourtant libéral, l'économiste Nassau William Senior dénonce, en 1837, ces « villes dans la ville, édifiées dans le mépris le plus total de tous les principes, excepté le profit immédiat des spéculateurs chargés de la construction » ; « les rues de ces banlieues sont sans pavés ; elles ont un tas de fumier ou une petite mare en leur milieu, les maisons sont adossées les unes aux autres sans aération ni drainage du sol et des familles entières en sont réduites à vivre dans le recoin d'une cave ou d'une mansarde ». Inspirées de Manchester, ces considérations seraient également de mise à Liverpool, Nottingham, Sheffield, Glasgow[14].

Le « pays réel », celui d'une majorité de la population, était aussi celui des citoyens « passifs », privés de tout droit de vote et de représentation. Rappelons qu'au lendemain de la Réforme de 1832, pour être électeur, il fallait, dans les bourgs, être propriétaire ou locataire d'un bien immobilier représentant un revenu de dix livres par an et être contribuable local ; dans les comtés, on devait être au moins locataire viager d'un bien de même valeur. Environ huit cent mille citoyens majeurs et mâles, sous la condition de se faire enregistrer, étaient seuls en mesure, pour l'ensemble du Royaume-Uni, de faire entendre la « voix du peuple » : il s'agissait d'environ 10 % des hommes adultes. Les électeurs n'étaient d'ailleurs pas tous éligibles, puisque moins d'un électeur sur huit satisfaisait, dans les bourgs et les comtés, aux critères spécifiques de propriété ou de statut juridique. La plus grande partie de la nation était tenue à l'écart du pouvoir. Les réticences des nantis à élargir les droits civiques tenaient souvent à leur crainte maladive d'une révolution qui, par la force ou par la voie légale, permettrait à une masse aussi longtemps tenue à l'écart des responsabilités de faire aboutir ses revendications sociales.

Cette masse était pourtant loin d'être homogène. Les distinctions n'étaient pas seulement de profession ou de revenu. Devant la Chambre des communes, le 12 juillet 1839, le radical Attwood présente la grande pétition démocratique que les chartistes ont fait signer par un million deux cent quatre-vingt mille personnes. En un temps où savoir signer, donc écrire, valait certificat d'alphabétisation, l'orateur ne manque pas de souligner la qualité des signataires, « l'élite de la classe laborieuse, des hommes sachant écrire, et non pas des vagabonds et des voleurs ». Tant il est vrai que la capacité politique se jugeait à celle de s'informer et de juger en toute indépendance ; et que les plus ardents réformateurs auraient pu admettre la validité d'un système qui n'aurait dès lors inclus que les deux tiers des travailleurs manuels britanniques ! Au nombre des « incapables » politiques on inscrira d'ailleurs longtemps, en fait jusqu'en 1918, les domestiques logés.

Si l'on se penche sur les conditions de vie, la « plèbe » était loin d'être homogène. En 1803, Patrick Colquhoun, dans son *Treatise on Indigence,* estimait à 67 % de la population anglo-galloise les « ordres inférieurs »; en 1867, le statisticien R. Dudley Baxter rangera 77 % de la population du Royaume-Uni dans la « classe des travailleurs manuels »; l'historien J.A. Banks, plus récemment, a employé les critères du recensement pour estimer à 81 % des Britanniques le nombre des membres de la classe laborieuse à l'aube de l'ère victorienne. Entre travailleurs agricoles et prolétaires de l'industrie manufacturière, entre compagnons des ateliers artisanaux, manœuvres et techniciens supérieurs, les différences n'étaient pas minces, de revenu mais aussi de culture et de mentalités. Il serait vain de rechercher une conscience de classe généralisée en un temps où, E.P. Thompson l'a lumineusement démontré, la classe ouvrière est encore en « fabrication » et se définit à travers des luttes et des révoltes sporadiques et d'ampleur inégale. Les origines ethno-religieuses des uns et des autres, particulièrement dans le cas des originaires de l'Irlande, entraînent des prises de position ou des repliements spécifiques. Tout au bas de l'échelle, les indigents, sans doute au moins un dixième de la population dans les années les plus fastes, constituent un groupe hétérogène que le monde bourgeois a trop tendance à confondre avec celui des bas-fonds où se recrutent criminels et petits délinquants. Capables de s'unir un instant au sein de foules séditieuses et d'autant plus menaçantes quand elles sont spontanées et peu encadrées, les classes laborieuses ne sont pas aussi dangereuses que veulent le croire bien des aristocrates et bourgeois, persuadés de naviguer sur un volcan.

La chance de Victoria et de ses gouvernements résidera précisément dans l'incapacité des malheureux de former des ententes cohérentes et durables, et aussi dans la diversité des conditions : les plus favorisés tentés par la mobilité vers le haut et sensibles aux discours de l'élite dominante, les plus pauvres davantage gagnés par la tentation de révoltes violentes et sans lendemain quand ils ne sombrent pas dans l'apathie et la résignation, d'autres enfin capables de s'enthousiasmer à l'écoute ou à la lecture de réformateurs, mais prompts à se démobiliser ou à se décourager. L'habileté des élites, avec l'appui de la Couronne, pouvait tout sauver à condition de ne pas s'accrocher à l'impossible et d'apporter des espérances.

CRISE CULTURELLE ET DUALITÉ DES CULTURES

Victoria trouve dans son héritage une nation soudée, dans ses élites par une langue et une culture aux racines profondes. La gloire du règne devra d'ailleurs beaucoup à l'éclat de la civilisation britannique, même si la souveraine n'a pas été la source du génie créateur, non plus que le seul recours des écrivains et des artistes en quête de mécènes. Parmi les problèmes majeurs, au temps même où se creuse l'écart des conditions entre ce que Disraeli appellera, dans les années 1840, « deux nations » sur le même sol, l'existence d'une semblable dualité des cultures n'est pas le moindre.

Dans les masses, malgré l'alphabétisation de quelque deux tiers des Britanniques (davantage des hommes que des femmes) et les efforts philanthropiques auxquels il a été fait allusion, aucun progrès proche n'était prévisible, et l'illettrisme faisait toujours ses ravages.

L'usage demeure fréquent encore de parlers régionaux, on est fidèle à des traditions, attaché à des mythes particuliers; par-delà cette préservation des folklores, la culture populaire reste souvent orale, propagée par le conte, la chanson, la poésie des coins du feu, les images, marquée par le message chrétien, peu ouverte aux apports savants, dépendante souvent de lectures faites par les plus éclairés; fractures et différences locales et régionales entretiennent aussi esprit de clocher et incompréhensions parmi ceux-là mêmes qui sont tenus à l'écart de la culture savante. La richesse d'une telle culture est généralement mal perçue par des « supérieurs » qui dénoncent plus volontiers des ignorances dont leur négligence en matière d'éducation est pourtant responsable. Dans les décennies suivantes, Matthew Arnold relèvera le degré d'inculture des masses, quand William Morris dénoncera les méfaits d'une civilisation matérialiste, incapable de communiquer aux prolétaires le goût du beau.

La culture savante est-elle en crise? La contradiction est alors totale entre les thuriféraires du rayonnement intellectuel du Royaume-Uni et les analystes nombreux de sa décadence, souvent reliée à la primauté prise par l'apologie de la richesse aux dépens de l'éloge des plus nobles valeurs de l'esprit. Non sans malignité, les Français sont nombreux qui décèlent dans la vie culturelle de leur victorieuse ennemie les signes d'un fatal déclin[15]. En 1815 déjà, bien des réfugiés, comme nombre d'observateurs de toutes sortes, jugeaient que leur pays hôte avait sacrifié sa gloire littéraire à ses avancées commerciales et militaires : ils faisaient preuve d'une surprenante méconnaissance des œuvres de Byron, Wordsworth, Coleridge, pourtant dans tout l'éclat de leur génie. Plus tard, Chateaubriand, visitant Oxford, rapproche le spectacle des prestigieuses constructions gothiques de la grande cité universitaire et celui qui lui avait prodigué tant d'émotion : la contemplation d'Athènes en ruines. Stendhal voulait voir dans la révolution industrielle britannique le signe que Waterloo était vengée. Vigny, dans son *Chatterton* (1830), opposait l'avidité terrifiante du propriétaire bourgeois et la fragilité du poète, finalement acculé au suicide par les exigences de son créancier. La génération romantique française pouvait bien redécouvrir Shakespeare : c'était pour décrire un géant que les générations récentes étaient bien incapables d'égaler. Les années 1830 constituèrent la période bénie d'un Turner, d'un Walter Scott, d'un Macaulay, l'ère triomphante d'un journalisme sans égal dans le monde : cela ne convainquit que bien peu de voyageurs français, à quelques notables exceptions près, ainsi Lamartine ; la plupart préférèrent afficher leurs réserves envers les imitations du gothique à la mode dans l'architecture, ou railler l'absence d'une « musique nationale », en relevant que les grands étaient italiens, allemands et français. La qualité reconnue des maîtres britanniques de la pensée économique, les successeurs d'Adam Smith et de Malthus, le grand David Ricardo, les hommages rendus au prophète de l'utilitarisme, Jeremy Bentham, ne compensaient pas le déficit dénoncé dans les domaines majeurs des arts et des lettres. Londres n'était pas en mesure de concurrencer la « Ville-Lumière » ! On se gardera évidemment de vouloir mesurer sur les plateaux d'une balance les mérites comparés de nations aux aspirations comme aux valeurs et aux œuvres légitimement différentes. Liée pourtant à une insuffisance de l'enseignement dans les écoles comme dans les universités, la crise de la culture n'était pas sans exister réellement en Grande-Bretagne et il n'était pas évident que l'avènement d'une nouvelle souveraine fût annonciatrice d'une renaissance littéraire et artistique.

Ajoutons que le contraste culturel nourrit les préjugés des classes « supérieures » à l'encontre de la capacité politique des masses, il ne facilite pas à celles-ci une évolution en douceur vers davantage d'organisation et de continuité dans les luttes, mais les conduit parfois à des révoltes brutales, fussent-elles sans lendemain. Le rôle dévolu à la monarchie aurait normalement été de participer à une réconciliation des classes autour d'un trône respecté : pour Victoria, compte tenu de la médiocre qualité de l'image royale, assumer ce rôle devait représenter l'une de ses tâches les plus difficiles.

Grandeur et puissance du royaume

La jeune reine semblait, plus facilement, destinée à incarner une nation sans autre grande rivale que la France.

Les Britanniques comme la grande majorité des peuples étrangers étaient surtout impressionnés par la puissance mondiale du Royaume-Uni et la diversité de ses composantes. Depuis les guerres napoléoniennes et le congrès de Vienne, la Grande-Bretagne, dont le rôle dans la victoire des Alliés avait tenu autant à l'« or de Pitt » qu'aux bataillons de Wellington et à la maîtrise des mers, paraissait quasi invincible. Protégée par la tranchée naturelle de la Manche et à l'abri des invasions depuis Guillaume le Conquérant, et, dans une moindre mesure, Guillaume d'Orange en 1688, elle pouvait, pour le bonheur de ses finances publiques, se contenter d'armées permanentes quelque peu squelettiques en comparaison d'autres grands États européens. Sa diplomatie veillait jalousement à l'équilibre des puissances et, toujours inquiète de réveils des ardeurs françaises, à l'intangibilité de la frontière franco-belge, dans le respect, sous la stricte garantie de Londres, de la neutralité de la nouvelle Belgique indépendante.

Soucieux de ne pas se mêler plus que nécessaire aux controverses ou aux conflits civils et extérieurs de puissances continentales, le Royaume-Uni, éloigné de toute alliance permanente en temps de paix, ayant renoncé à l'organisation collective de la sécurité par le concert des « grands », demeure constamment en veille et prêt à agir.

La « liberté des mers », autre principe majeur, est conçue comme une liberté de navigation pour tous sous l'œil du seul « gendarme » britannique et la Flotte, auréolée depuis Trafalgar d'une réputation que son vieillissement ne saurait pas toujours justifier, inspire suffisamment de respect pour qu'on ne discute pas sa prééminence ; des milliers de canons embarqués autoriseraient d'ailleurs des interventions lointaines chaque fois que cela paraîtrait souhaitable.

Né à l'époque élizabétaine, amputé entre 1776 et 1783 par la sécession des colonies américaines, l'Empire a repris depuis lors son expansion territoriale. En Inde, la Compagnie des Indes orientales, privée, mais sous étroit contrôle du cabinet britannique, ne cesse de développer son emprise directe, sa suprématie sur les princes, et de chercher, par de nouvelles acquisitions aux frontières, à garantir la tranquillité de son énorme domaine. Entre la métropole et cette perle de l'Empire, les positions stratégiques sont nombreuses : Gibraltar et Malte permettent de surveiller les accès de la Méditerranée à l'Atlantique, les comptoirs d'Afrique occidentale s'étendent, la colonie du Cap vient d'être complétée par l'annexion du Natal, au prix du grand exode, ou *Trek,* des Boers vers le nord ; alors que n'existe pas encore le canal de Suez, les côtes orientales de l'Afrique, la mer Rouge, attirent encore moins d'appétits. Dans les océans Indien et Pacifique, les explorateurs ont aidé à fixer les ambitions, l'Australie déjà est annexée, réellement occupée à partir de 1786 sous la forme d'une colonie pénitentiaire, peu à peu exploitée aussi par des fermiers et des éleveurs. Encore impressionnée par l'apparence de puissance de la Chine, les commerçants britanniques se contentent des échanges autorisés par le seul port de Canton. En Amérique, le Canada constitue, avec les Antilles britanniques, un fleuron essentiel de la prospérité, les îles à sucre valent aux négociants des profits considérables et la suppression de l'esclavage en 1833 ne vient pas affecter durablement les intérêts des planteurs. Présente aussi en Amérique centrale et au nord du Brésil, en Guyane, l'emprise britannique revêt ailleurs dans l'hémisphère occidental les oripeaux de la pénétration financière, commerciale, technique : l'Amérique latine indépendante est un marché essentiel, le sud des États-Unis, qui exporte son coton brut vers Manchester, s'ajoute à elle pour apparaître, aux yeux de l'historien d'aujourd'hui, comme un grand Empire « informel », un ensemble de colonies sans drapeau ; les États-Unis, dans leur ensemble, sont d'ailleurs liés par d'étroits liens commerciaux avec celle qui fut si longtemps la métropole des colonies américaines. Partout où existent des marchés, la supériorité technique de la première puissance industrielle du monde moderne, ses capacités d'exportation, la qualité de ses flottes marchandes autorisent les plus belles espérances d'élargissement de ce terrain conquis pacifiquement. Il en va de même dans d'autres régions, dont l'Orient encore dominé par un empire ottoman fragile et qui ne doit sa survie, face aux ambitions russes, qu'à la volonté de Londres de ne pas autoriser une expansion de la puissance des tsars vers les mers chaudes ; la France, mieux placée en Égypte, qui n'est que théoriquement la vassale de Constantinople, et toujours attentive aux « Échelles du Levant », ne peut pas remettre en question la supériorité du Royaume-Uni dans la région.

Ici encore, des observateurs étrangers s'interrogent parfois sur la survivance possible de toutes les dominations extérieures de la Grande-Bretagne. Au temps de la floraison des idées libre-échangistes, l'école de Manchester insiste depuis le début des années 1830 sur les coûts exorbitants d'une colonisation quand la supériorité des techniques suffirait à garantir de fructueux marchés extérieurs. John Bull, pour s'engraisser, devrait-il toujours consentir à des dépenses que la modernisation des armes et le renouvellement des flottes menaçaient d'enfler considérablement, alors même que la réduction des droits de douane tant espérée allait diminuer les ressources ordinaires de l'État et poser le problème d'une nouvelle politique fiscale ?

En 1837, ces dilemmes retenaient surtout l'attention d'une minorité de responsables politiques, d'intellectuels, d'économistes. Rétrécir ses responsabilités mondiales, relâcher ses pressions sur le continent européen quand la fièvre des nationalismes s'y faisait de plus en plus alarmante, laisser se déchaîner les appétits russes, français, autrichiens : il s'agissait là de perspectives inconcevables pour une puissance asservie à son propre rôle de géant dominateur.

La reine n'échapperait pas à d'immenses responsabilités et sa gloire dépendrait de sa capacité de mettre relations et prestige dynastiques au service d'une grandeur aussi lourde de périls que d'orgueil.

Chapitre II

Le temps de tous les dangers
1837-1850

Les images se heurtent, les contradictions sont constantes. Les années évoquées dans les deux chapitres qui suivent valent à Victoria certains de ses souvenirs les plus beaux et les plus chers : son couronnement et la liesse de ses sujets, son mariage avec Albert et la découverte de la douceur de l'amour familial, la venue au monde de pas moins de sept enfants, des fêtes nombreuses et les contacts répétés avec les familles royales et princières de toute l'Europe. À quoi s'ajoute le sentiment de la grandeur mondiale, traduit dans l'orgueilleuse comparaison, par Palmerston en 1850, du *civis romanus* d'autrefois et du *civis britannicus* d'aujourd'hui. Sans compter – mais Victoria y a-t-elle été sensible plus que bien de ses contemporains ? – une extraordinaire vitalité de la pensée, des lettres et, dans les arts illuminés par le génie de Turner, la percée difficile, avant sa fondation officielle en 1848, de la nouvelle école des peintres préraphaélites. Cependant, on vit aussi l'âge des contestations politiques les plus vives, l'opinion publique posée en rivale du Parlement par de grands mouvements de masse, les uns anti-aristocratiques, d'autres démocratiques, voire socialistes. C'est l'époque de l'immense misère des victimes de la révolution industrielle, et de ses dépressions récurrentes, qui remplissent les asiles et nourrissent les colères les plus redoutables. Bien sûr également le temps de la tourmente de l'Irlande, exposée à la révolte nationale et démocratique avant de subir l'épreuve meurtrière de la Grande Famine. Une époque si pleine d'incertitudes qu'un Français exilé à Londres, l'ancien ministre républicain Ledru-Rollin, consacre deux gros volumes en 1850 à l'inévitable *Décadence de l'Angleterre,* cinq années après qu'un Allemand, Friedrich Engels, familier de l'Angleterre industrielle, a prédit l'avènement proche, dans les convulsions, d'une nouvelle société qui ferait du Royaume-Uni le modèle d'une société libérée de ses chaînes ; deux ans encore après l'apparition du brûlot de l'ère contemporaine, sous la double plume d'Engels et de Karl Marx, *Le Manifeste du parti communiste.* Les romantiques fiévreux ont alors tôt fait de brandir l'épée de Damoclès de la révolution, celle même qui abat ailleurs les monarchies les plus solides, les gouvernants les plus assurés jusqu'alors de leur pérennité. Le désordre est rampant, la perte du sens moral et religieux s'ajoute à toutes les ombres qui menacent d'engloutir l'ordre établi. Les élites semblent condamnées à guetter l'éruption volcanique et la lave qui les engloutiront. Dans la formation de la souveraine comme dans l'histoire de la monarchie, l'éclat de quelques événements et la profondeur des crises ont-ils contribué, autant que les leçons de ses proches, à faire d'une jeune reine tout juste éclose une souveraine capable de mieux comprendre son temps, de s'y adapter sans renier ses principes, de devenir davantage chaque jour le point d'ancrage et l'espérance de sujets souvent tentés par de sages évolutions plus que par des changements brutaux ? La réponse à cette question devait sceller le devenir de l'ère victorienne.

L'APPRENTISSAGE D'UN MÉTIER

Le « métier de reine » ne s'improvise pas. Adaptant sa vie et ses comportements à sa nouvelle position, Victoria doit se mettre à l'école de conseillers expérimentés et forger peu à peu les outils indispensables à sa fonction.

La griserie des débuts

Tout en s'initiant aux arcanes du pouvoir et en s'enivrant d'y goûter, Victoria est aussi une jeune femme soudain libérée.

Entre l'avènement et le sacre, qui sera fixé au 28 juin 1838, la bienséance et l'étiquette imposent à la Cour un deuil d'abord sévère, puis graduellement allégé. C'est le cas à Buckingham tout comme à Windsor, où la Cour se transporte pendant l'été 1837 et où la souveraine reçoit la visite du roi et de la reine des Belges, Léopold et Louise, ou encore, en octobre, à Brighton que Victoria semble avoir détesté sa vie durant.

Elle sacrifie sans problème aux usages, se réjouit de présider des cérémonies, de passer des troupes en revue, ne manque pas de s'instruire des affaires de l'État, écoutant en particulier les conseils de son oncle Léopold. Le roi des Belges cherche parfois à la guider dans ses comportements :

> Chaque fois qu'une question sera d'importance, il convient de ne pas y répondre le jour même où elle vous est soumise. Quand il n'y a pas urgence, c'est une règle que je me suis fixée, je refuse de me laisser forcer à trancher immédiatement ; on ne se rend pas justice à soi-même à *vouloir décider des questions sur le pouce* [en français, *sic*]. Et même si en mon for intérieur je suis disposé à donner une

réponse favorable, je n'en garde pas moins les documents quelque temps avant de les retourner. La meilleure manière de procéder est que chacun de vos ministres vienne avec sa mallette, qu'il vous soumette son contenu et vous explique les papiers. Ensuite, vous gardez ces papiers, soit pour y réfléchir par vous-même, soit pour consulter quelqu'un, et vous les retournerez lors de votre prochaine entrevue avec le ministre, à moins que vous les lui renvoyiez. Prendre dès à présent de bonnes habitudes que l'on conservera toujours à l'avenir vous les rendra si naturelles que vous ne les jugerez plus du tout lassantes [1].

Dans une autre missive, Léopold met Victoria en garde contre les intrigues de la Cour :

> Selon toutes mes informations, bien des intrigues se tressent en ce moment en Angleterre. La princesse de Lieven [femme du comte de Lieven, ambassadeur russe, politiquement très influente et dans les meilleurs termes avec le czar Nicolas Ier] et un autre individu récemment importé [*sic*] de son pays semblent très actifs dans des domaines qui ne les regardent pas ; méfiez-vous d'eux. Une règle que je ne saurais assez vous recommander est de ne jamais permettre à des gens de parler de sujets qui vous concernent ou ont trait à vos affaires sans que vous en ayiez vous-même exprimé le désir. Au moment même où une personne a un comportement inapproprié dans une telle circonstance, changez de conversation et faites lui sentir qu'elle a commis une erreur [2] [...].

Le « cadeau » le plus important de Léopold à sa nièce fut, davantage que des conseils épistolaires, l'envoi auprès d'elle de celui qui allait aussi devenir le mentor du prince Albert : Christian Friedrich Stockmar, d'origine bourgeoise, médecin de son état, né à Cobourg, et qui, après avoir été le confident et conseiller du futur roi des Belges, allait, dans l'ombre dont il ne chercha pas à sortir, guider bien des comportements et des choix. Dans sa lettre à Victoria du 30 juin 1837, Léopold le présentait comme le mieux à même de parfaire l'éducation de sa nièce, car « il n'est pas de branche où il ne puisse se rendre utile » : l'histoire dans ses applications pratiques, le droit international, l'économie politique, les classiques, les belles-lettres, la science physique ; il présentait, disait le roi des Belges, « l'immense avantage d'être un dictionnaire vivant de tout ce qui s'était passé au cours des trente dernières années ».

Sa collaboration se révélera d'autant plus précieuse qu'inévitablement, des questions politiques viennent, à l'occasion, assombrir les relations entre la Belgique et l'Angleterre et tendre, du même coup, celles entre l'oncle et la nièce. Ainsi en 1839, lorsque le Royaume-Uni fait pression sur la Belgique pour qu'elle ratifie l'accord territorial de 1831 que la Hollande s'est enfin résolue à accepter ; Léopold, qui s'est plaint de la diplomatie britannique, a reçu en retour un rappel sans ambiguïté de sa position de protégé de l'Angleterre et doit ensuite « rattraper » l'amitié de Victoria par des protestations d'affection :

> Oui, ma bien-aimée Victoria, je vous aime tendrement, et avec toute cette puissance d'aimer que l'on trouve chez ceux qui n'en font pas parade. Je vous aime pour vous-même, et j'aime en vous la chère enfant, sur le bonheur de qui j'ai veillé avec grand soin. Mon grand désir est toujours que vous sachiez que je veux vous être utile sans compter en retour sur autre chose qu'un peu d'affection partie de votre cœur ardent et bon[3] [...].

La reine reçoit aussi des « leçons » de ses ministres, attentifs à l'informer et à la mettre en garde. Le 25 février 1838, par exemple, Palmerston lui fait par écrit un véritable cours sur les usages de gouvernement dans les pays dont les ministres ne sont pas soumis au contrôle d'un Parlement :

[Dans ces pays, les ministres] sont souvent tentés de laisser à leur sous-secrétaires d'État et à leurs principaux commis le soin de s'occuper du détail des affaires [...]. Le vicomte Palmerston croit que les ministres des Affaires étrangères de France, d'Autriche, de Prusse et de Russie se préoccupent rarement d'écrire eux-mêmes leurs dépêches, sauf, peut-être, en quelque occasion importante et très spéciale.

Votre Majesté constatera facilement combien un tel système aboutit à remettre entre les mains de membres subordonnés de départements publics le pouvoir de diriger la politique et de dicter les mesures gouvernementales [...].

Cette classe de subordonnés, du fait qu'elle concentre tant de pouvoirs, a été investie dans le jargon à la mode du titre de « bureaucratique » (le nom français de « bureau » étant à son origine).

L'éducation de Victoria se fait ainsi par les chenaux les plus divers et il est passionnant de voir, à travers correspondances et notes d'information, se constituer le bagage intellectuel sur lequel, peu à peu, la souveraine va fonder ses convictions et son comportement dans les affaires de l'État.

Dans ce domaine, son mentor le plus important ne fut pas son oncle : tous les biographes de Victoria s'accordent pour souligner l'exceptionnelle qualité de la véritable affection qu'elle porta très vite à son Premier ministre, lord Melbourne, et que renforça sans aucun doute la conviction que ce dernier la lui rendait en toute sincérité. Entre cet homme, âgé de cinquante-huit ans à l'avènement de Victoria, et la jeune femme de quarante ans sa cadette, la sympathie et la confiance furent quasi totales et immédiates. Que le premier, dont la vie conjugale avait été tourmentée et la vie privée faite de bien des douleurs et déceptions, ait découvert une fille dont il avait peut-être rêvé, que la seconde ait vu en lui le père qui lui avait manqué sous la houlette impérieuse de la duchesse de Kent, c'est tout à fait possible. Victoria elle-même, rapportant dans son Journal les cérémonies de son couronnement, relève qu'à un moment donné, « lord Melbourne [lui] jeta un regard si bon et si *paternel*[4] ». Que les sentiments de l'un et de l'autre aient un moment été inconsciemment plus profonds, rien ne permet réellement de l'affirmer, sauf à se fier à de grossières railleries populaires sur la « jeune lady Melbourne ». Que l'attachement de Victoria pour Melbourne se soit parfois traduit, dans la vie politique, par un enthousiasme trop marqué lorsque, Peel étant contraint en 1839 à une prompte démission, elle put rappeler au pouvoir son grand ami est bien connu ; tout comme est bien relative la prudence de Melbourne quand, éloigné enfin de ce pouvoir, il persiste à entrer dans le jeu dangereux de continuer à conseiller sa reine en ignorant que ce devait être le rôle privilégié du principal des ministres. Il demeure qu'un aristocrate, pour l'époque relativement âgé, sceptique, dilettante, se mua en éducateur, commentateur, conseiller d'une souveraine parfaitement consciente de ses ignorances et de ses faiblesses ; qu'il sut la guider sans la choquer, au point, par exemple en 1838, de lui inspirer une décisive réserve à l'encontre de son oncle Léopold lorsque celui-ci lui demanda une intervention en faveur d'aspirations territoriales belges, lésées à son sens au profit de la Hollande lors de la création de son royaume. Les armes de Melbourne furent moins ses responsabilités gouvernementales que son charme, son intelligence pratique, sa capacité de guider les goûts de sa « pupille » en matière de théâtre ou d'opéra, sa constante disponibilité à partager ses loisirs, à Londres comme à Windsor. Greville a noté combien son comportement s'était modifié et l'attribuait au fait « qu'il était un homme capable d'amour et privé (jusque-là) de toute chose au monde à aimer[5] ». Et il savait « aimer » les distractions chères à Victoria.

C'est que, dans le même temps qu'elle s'instruisait, la reine ne négligeait pas les plaisirs autorisés. Elle dévore des romans et y prend un plaisir jusqu'alors trop souvent interdit. Elle lit : *Oliver Twist* de Dickens, et aussi *Eugene Aram* de Bulwer-Lytton, Bulwer pour ses amis, gros récit publié en 1832 et qui reconstitue la vie d'un instituteur que ses crimes ont mené à l'échafaud en 1759[6]; elle daigne trouver « terriblement intéressant » l'un de ses premiers romans, en 1834, *Les Derniers Jours de Pompéi*, tout en s'avouant mal à l'aise chaque fois que ses lectures l'entraînaient loin de son monde familier. D'avoir goûté cette drogue, elle ne se lassa pourtant jamais, tout au long de son existence, d'y revenir. Elle fait du cheval, avec une passion extraordinaire pour les longues randonnées. Elle s'adonne avec une rare excitation à des jeux de société, à l'enfantin jeu de l'oie, aux dames et avec moins de succès aux échecs, et elle semble adorer les puzzles. Elle ne déteste pas chanter, mais préfère goûter les voix de ses dames de compagnie.

Du Premier ministre, lord Melbourne, à d'autres hauts personnages, dont Palmerston, secrétaire au Foreign Office, et aux membres de la famille royale, chacun rivalise de passion en jouant avec la reine ou en la regardant gagner bien des parties. Mémoires de contemporains et biographies omettent de faire preuve, le plus souvent, du moindre esprit critique devant un enthousiasme pour des jeux souvent puérils que des adultes de qualité semblent redécouvrir avec humilité et reconnaissance ; il y aurait là pourtant belle matière à analyse de mentalités, soit que l'on prête aux hommes du temps, à part Melbourne, manifestement séduit, une innocence naïve disparue depuis, soit que l'on ait là un nouvel exemple, peu original il est vrai, de pure flagornerie courtisane ! La conversation d'une jeune femme à la culture pour le moins encore hésitante n'était pas, il est vrai, de nature à orner les salons. Lytton Strachey a, le premier, dans sa biographie, reproduit, à partir du récit de Greville, secrétaire du Conseil privé, une conversation entre celui-ci et la reine, dans la soirée du 11 mars 1838[7] :

– Êtes-vous monté à cheval aujourd'hui, M. Greville ?
– Non, Madame.
– Nous avons eu une belle journée.
– Oui, Madame, une très belle.
– Il a fait plutôt froid, pourtant.
– C'est vrai, plutôt froid, Madame.
– Votre sœur, Lady Francis Egerton, fait du cheval, je pense, n'est-ce pas ?
– Effectivement, elle monte parfois à cheval, Madame. [après une pause] Votre Majesté s'est-elle promenée à cheval aujourd'hui ?
– [avec animation] Oh oui, très longuement.
– Votre Majesté a-t-elle un bon cheval ?
– Oh, un très bon.

Dans ce dialogue, qu'aucun auteur n'aurait osé imaginer ou écrire, faut-il mettre en cause la réserve de l'interlocuteur ou le vide de la « communication » royale ?

Des distractions de la période de deuil, Victoria passe, sans les oublier, à d'autres loisirs, pour elle plus exaltants. À commencer par les bals, qui lui valent des moments de pur bonheur et pour lesquels elle prolonge ses soirées jusqu'à des heures relativement avancées. En mai 1838, elle avait organisé son premier bal, elle y dansa presque tout sauf les valses, que Melbourne, comme elle, considérait comme des figures trop audacieuses et quelque peu contraires à la nécessaire pruderie d'une jeune dame de qualité. Elle a rapporté ses impressions : « Je n'ai jamais entendu quelque chose d'aussi beau que l'orchestre de Strauss, je n'ai pas quitté la salle de bal avant *quatre* heures moins dix et me suis mise au lit vers quatre heures et demi – le soleil brillait déjà [...]. Je me suis sentie si heureuse et si gaie. »

Dans son Journal privé, les bals tiennent désormais une grande place. Ainsi celui donné à Londres, plus tard, en 1839, en l'honneur de l'héritier du trône de Russie :

> Après souper, ils dansèrent une mazurka pendant, je pense, près d'une demi-heure ; le Grand-Duc m'invita à y prendre part un moment, ce que je fis (sans l'avoir jamais dansée auparavant) et ce fut très plaisant [...]. Après quoi, nous dansâmes (ce fut une révélation pour moi) le « Grossvater » ou « Rerraut », excessivement amusant. J'ai dansé avec le Grand-Duc, nous nous sommes amusés et avons beaucoup ri [...]. Elle commence par une marche solennelle à travers la pièce ; laquelle clôt aussi chaque mouvement ; une figure, dans laquelle une femme et un homme courent en tenant leur mouchoir par un bout chacun, laissant passer sous lui les dames dans un sens et faisant sauter par-dessus les hommes dans l'autre, est des plus drôles [...]. Je ne me suis jamais autant amusée. Nous étions tous si gais. »

Les étapes d'un bonheur : du couronnement au mariage

Les cérémonies du sacre

Le couronnement ne pouvait, par-delà l'événement et son caractère sacré, que porter à un zénith la griserie d'une souveraine en veine d'adulation. Le 28 juin 1838, dès quatre heures du matin, le canon tonne en son honneur. Le soleil sera de la partie, ce qui parut d'excellent augure. En procession, quittant le palais à dix heures, le cortège arrive à Westminster une heure et demi plus tard, au milieu d'une liesse que partage la reine Adélaïde, veuve de Guillaume IV ; elle le dit à sa nièce dans une fort jolie missive datée du jour et de « midi moins le quart » :

Ma très chère nièce,

Les canons annoncent tout juste votre approche de l'abbaye, et, comme je ne suis pas près de vous, et ne peux pas prendre part à la cérémonie sacrée de votre Couronnement, je dois m'adresser à vous par l'écrit pour vous assurer de mes bonnes pensées et vous dire que, de tout cœur, je suis avec vous, et que mes prières sont offertes au Ciel pour votre bonheur, et la prospérité et la gloire de votre règne. Puisse le Père Éternel vous bénir et vous préserver, et Son Esprit-Saint résider en vous pour vous donner la paix que le monde ne peut pas offrir. Veuillez accepter ces bons vœux et la bénédiction de votre tante, toute dévouée et attachée à vous.

Ce que ressent la reine, enchantée des acclamations de ses sujets, c'est, dira-t-elle, sa « fierté » d'être la reine d'« une telle Nation ». Elle consacre à la journée de longues pages de son Journal privé.

> Il faisait beau temps et la foule dépassait tout ce que j'avais vu [...]. La bonne humeur, leur débordant loyalisme dépassait tout ce qu'on peut dire [...]. Je suis arrivée à l'Abbaye au milieu d'acclamations assourdissantes [...].
>
> [Elle en vient au cortège.] Le spectacle était magnifique : les bancs des Pairesses toutes en robe de gala étaient vraiment superbes et les Pairs leur faisaient face. [...] On me fit asseoir sur le trône de Saint-Édouard, où la robe dalmatique fut attachée sur moi par le lord Grand-Chambellan. Les diverses cérémonies eurent lieu ensuite, et tout à la fin la couronne fut placée sur ma tête [...]. Les acclamations qui furent très prolongées, les tambours, les trompettes et les coups de canon, tout cela au même moment, rendirent le spectacle très imposant.
>
> L'intronisation et l'hommage rendu par tous les Évêques d'abord, puis par mes oncles, et enfin par tous les Pairs, par ordre de préséance, tout cela fut très beau. Le duc de Norfolk, qui tenait pour moi le sceptre avec une croix et lord Melbourne étaient debout à ma droite, le duc de Richmond, tenant l'autre sceptre, à ma gauche [...].

Non sans humour, elle rapporte quelques incidents. La chute de lord Rolle, âgé de quatre-vingt-deux ans, qui tomba et roula en arrière en venant prêter hommage. Le retour à la chapelle Saint-Édouard où « ce que l'on appelle un autel était couvert de sandwichs, bouteilles de vin, etc. ». L'archevêque de Cantorbéry qui était censé lui remettre le globe... et l'avait oublié. Le même archevêque, maladroit, passant une bague au doigt où elle n'aurait pas dû être et les difficultés qu'il y eut à l'enlever. Le soir, au souper, lord Melbourne évoqua l'épée de gala qu'il avait portée, et qu'il jugeait « très lourde », à quoi Victoria répondit en parlant de sa couronne qui lui « avait fait beaucoup de mal ». La reine évoqua la présence de... Talleyrand, mort le mois précédent! On papota sur les manteaux et les robes, « si lourdes » à porter, ce qui permit à lord Melbourne de trousser un galant compliment à la reine, qui en éprouva du plaisir, venant d'un « ami excellent et impartial ».

Mais en conclusion, elle redit que « cette journée [qui se termina par des feux d'artifice tirés dans Green Park] restera toujours celle qui m'a donné le plus de fierté! ». Et, le 2 juillet, dans une lettre au roi des Belges, elle la qualifiera de « mémorable et glorieuse »; ce qui autorisera l'oncle Léopold à lui assurer qu'« il n'y a *jamais* [souligné par le roi] rien eu de semblable [8] ».

L'élection d'un époux et la fondation d'un ménage

Le 10 février 1840, une autre foule en liesse, « infinie » aux dires de Victoria, fête à Londres le mariage de sa reine et du prince Albert, célébré dans la chapelle royale, et leur départ pour Windsor juste après le repas de noce à Buckingham Palace.

Frappée par la personnalité d'Albert lors de leur première rencontre, Victoria, au temps de son veuvage, se plut à imaginer qu'elle n'avait jamais ensuite rêvé d'un autre mari possible. Pourtant, en 1839, lorsque le prince, après un tour en Italie en compagnie de Stockmar, est attendu à Londres, elle confie à Melbourne son peu de hâte de se marier et écrit à son oncle, le 15 juillet, qu'une nouvelle rencontre ne devait en aucun cas signifier une décision de fiançailles, encore moins un mariage qu'elle n'envisageait pas « avant deux ou trois années » : « Indépendamment de ma jeunesse et de ma grande répugnance à changer d'état, on ne manifeste aucun désir ici de voir un pareil événement se produire [...] ; la précipitation en cette matière pourrait créer un mécontentement. »

Elle se disait « presque sûre de l'aimer », mais « je puis l'aimer comme un ami, comme un cousin, comme un frère, sans aller plus loin ».

Ce qui ne l'empêche pas, le 8 octobre 1839, de se dire « froissée » du manque d'empressement d'Albert à arriver, et d'écrire, de Windsor, le 12, au roi Léopold que « la beauté d'Albert est vraiment remarquable, et il est si aimable, si simple – en un mot très séduisant ». Et, dès le 15, de reprendre la plume pour annoncer qu'elle a fait part au jeune prince de sa décision de l'épouser.

> Il me semble la perfection, et j'ai en perspective un très grand bonheur. Je l'aime plus que je ne saurais dire [...] je suis très, très heureuse.
>
> [Quant au mariage] il vaut mieux nous marier bientôt après la rentrée du Parlement, vers le commencement de février ; et vraiment, étant donné mon amour pour Albert, je ne saurais décider que cet événement soit retardé.

Nous ne nous attarderons pas sur ce « coup de foudre », non plus que sur les réactions antérieures de la reine. Outre la peur naturelle d'une jeune victorienne devant un acte irréversible, le goût du pouvoir et celui de la fête mêlés pouvaient justifier la réticence à abandonner une part du domaine de liberté d'une souveraine sans mari. Les prérogatives royales n'étaient certes pas en jeu, et Victoria allait s'empresser de signifier à Albert les limites de sa participation à la vie publique. Mais même la reine ne pouvait être, dans sa famille, qu'une épouse et mère exemplaire. Cela ressortait du politique : elle avait à faire oublier les frasques de ses prédécesseurs et de sa famille, sachant qu'on ne pardonnerait pas à une femme ce qu'on avait eu peine à tolérer d'un homme. Et cela tiendrait aussi de la morale religieuse alors en voie de s'imposer de manière irréductible : l'épouse destinée à être une « Madone », à procréer sans autres limites que les lois de la nature et les désirs et capacités de son époux. La vie mondaine et les distractions de la reine ne pouvaient également, hors les nécessités officielles, que dépendre du caractère et des résolutions de son princier mari.

Et, sur ce sujet, on notera que, très tôt, Albert, pourtant de cinq mois le cadet de son épouse, se plaint des enfantillages de celle-ci et de son goût pour des distractions bien peu « intellectuelles ». À son secrétaire privé, Anson, lord Melbourne dévoile la gravité de la question[9] : le prince jugerait « odieuse la monotonie de la partie d'échecs chaque soir. Il aimerait attirer à la Cour des hommes de lettres ou de sciences [...]. La reine cependant n'a pas envie d'encourager ces gens-là [...]. Elle sent que son éducation ne l'a pas préparée à prendre part à de pareilles conversations ». Il crédite certes Victoria de très bonnes formations en allemand, italien, français, latin, mais « le reste de son instruction, elle le doit à sa sagacité et à sa facilité, et ce n'est peut-être pas le genre d'éducation qui convenait à quelqu'un qui devait porter la couronne d'Angleterre ».

Il demeure que l'amour fut réel, consolidé par le temps, comme en témoigne une lettre de Victoria à Léopold de près de dix ans postérieure, expédiée d'Osborne le 29 août 1848 : « Être plus pur, plus parfait que mon bien-aimé Albert, le Créateur n'aurait pu en trouver à envoyer vers notre monde troublé. J'ai le sentiment que, sans lui, je ne pourrais pas exister. » Et de remercier son oncle de « la grande part prise à la réalisation de notre mariage ». Dans les préliminaires de la rencontre décisive comme dans la résolution prise, Victoria illustre bien ce que le mariage était devenu dans une bonne partie de l'Europe chrétienne. Non pas seulement le lien imposé par le rang, la raison, les conseils de la parentèle et des aînés les plus avisés, non pas seulement le mariage rêvé par les rationalistes du XVIIIe siècle et qui aurait uni une jeune fille et son conjoint sans considération pour la passion et les sens. Mais bien l'accord de deux êtres que ne séparent pas le rang et la dignité et qui, l'un et l'autre, se sont choisis sur le conseil d'autres, mais avec la conscience qu'ils auraient pu n'en pas tenir compte [10].

Le mariage est préparé à marches forcées de manière à ce que tout soit prêt le 10 février 1840. Avant comme après l'exaltation de ce jour, le statut des deux époux n'a pas été sans soulever bien des questions jusqu'aux plus hautes autorités de l'État, mais aussi entre les deux jeunes princes qui allaient s'unir ou avaient enfin célébré leur union. Et rarement on aura autant pu relever les difficultés de réaliser le nécessaire mélange chimique de la passion et de la raison.

Les signes de la première ne manquent jamais, la correspondance de Victoria abonde en mots tendres, dans les deux langues, l'anglais et l'allemand, qu'elle emploie presque indifféremment dans ses lettres à Albert. Elle communique aussi avec son oncle, lui écrivant par exemple le 10 décembre combien elle avait été « malheureuse de ne pas avoir de nouvelles d'Albert depuis dix jours » et qu'elle avait été « folle de joie en recevant hier de lui la plus chère, la plus affectueuse des lettres, une délicieuse et longue lettre ». Cette impatience de recevoir du courrier quand Albert est retourné quelques semaines en Allemagne, elle la manifeste constamment. Encore le 10 février, le matin même du mariage, elle lui envoie une note :

> Chéri,
> Comment allez-vous aujourd'hui et avez-vous bien dormi ? J'ai parfaitement reposé et me sens très bien aujourd'hui. Quel temps ! Je crois cependant que la pluie cessera.
> Envoyez-moi un mot, mon fiancé très chèrement aimé, quand vous serez prêt. Ta toujours fidèle,
> Victoria R.

Et, arrivée à Windsor pour un bref voyage de noces de trois jours, elle prend encore le temps d'écrire à Léopold :

> Réellement, je ne crois pas qu'il soit possible à personne au monde d'être plus heureuse ou aussi heureuse que je suis. C'est un ange, et sa bonté et son affection pour moi sont réellement touchantes. Il suffit que je regarde ses chers yeux, ce cher visage si radieux pour que je l'adore [...].

Plus réservé de caractère, le prince Albert semble, de son côté, avoir joué avec grâce le rôle de prince charmant qui lui était si clairement dévolu. Son rigorisme moral, que beaucoup, en son temps, ont qualifié de « typiquement germanique », est, par la suite, la meilleure garantie d'une fidélité que des problèmes matériels, la part faite à la « raison », auraient pu sérieusement mettre à mal.

Le couple royal à la recherche de son équilibre

Dès les débuts en effet, Victoria manifeste clairement sa volonté d'assumer pleinement ses prérogatives souveraines, sans partage et sans concession, et impose, parfois sur les conseils de son entourage, des conditions draconiennes à son futur époux ; lorsque Albert passe par Bruxelles, en novembre-décembre 1839, il n'a pas été inutile, on le devine par le contenu des échanges épistolaires entre Victoria et son oncle, que le roi des Belges explique à son protégé la nécessité de bien des concessions d'apparence souvent très humiliantes.

Albert a-t-il souhaité un titre de pair, qui lui aurait donné le droit de siéger dans la Chambre haute ? Ce que Léopold lui-même avait suggéré à sa nièce en novembre. En accord avec tous ses ministres, Victoria « ne voit que des objections » à la chose, car « les Anglais sont très jaloux à l'idée qu'Albert pourrait exercer un pouvoir politique quelconque dans les affaires du pays » ; et elle indique à son fiancé, le 27 novembre : « Bien que je sache que vous ne le ferez jamais, cependant si vous étiez créé pair, tout le monde dirait que le prince songe à jouer un rôle politique. »

Le prince désire-t-il choisir les gentilshommes à son service, quand sa future femme refuse de son côté, et refusera longtemps, de se séparer de quiconque ? La reine lui répond qu'il doit avoir « toute confiance » en elle et qu'il était impossible de lui laisser même choisir son secrétaire privé : rôle qui reviendrait à George Anson, titulaire de la même fonction auprès de lord Melbourne, et que d'ailleurs Albert finira par traiter en véritable ami. Et Victoria lui précise, quelque temps après, que « les gens d'Albert » ne doivent pas appartenir à une autre tendance politique que ceux de sa Maison, puis qu'il n'est pas question de récuser Anson même si la souveraine « est désolée » d'avoir à dire ce qui ne plaira pas à Albert.

Ce dernier obtient-il la promesse d'une certaine indépendance financière ? Il lui est signifié que sa bourse sera gérée par un trésorier anglais que la reine choisira. Comble : lorsque le gouvernement propose aux Communes d'affecter cinquante mille livres à la liste civile du prince, les députés radicaux se joignent aux tories pour réduire cette somme à trente mille. Ce que Léopold, dans une lettre du 31 janvier, jugera « honteux », tout comme il traitera de « vulgaires et irrespectueux » les propos des intervenants. Et il confie, le 1er février, à sa nièce qu'Albert « est très irrité de ce qui s'est passé à la

Chambre des communes. La question d'argent le laisse indifférent, mais il est très froissé et exaspéré par ces discussions irrespectueuses, et il a bien raison ».

Dans le résumé que Flora Tristan donne du programme chartiste en 1842, deux notations témoignent pourtant de l'image déplorable que certains, dans le bon peuple, pouvaient se forger des largesses publiques à l'égard de la famille royale[11] :

> 6. Ils peignent la misère affreuse du peuple, les maux que lui inflige la dernière loi sur les pauvres [1834], et appellent l'attention sur l'immense disproportion entre les salaires des milliers de producteurs et les salaires de personnes dont, comparativement, l'utilité peut être mise en question.
> 7. Ainsi, disent-ils, S.M. reçoit 4 122 F, 25 par jour, et des milliers de familles d'ouvriers n'ont que 37 centimes par tête chaque jour ; pendant que S.A.R. le prince Albert touche tous les jours 2 602 F 50 c., des milliers d'artisans n'ont, pour exister, que 30 c. par tête chaque jour ; pendant qu'on donne au roi de Hanovre [Ernest Augustus, roi de 1837 à 1851, quatrième fils de Georges III, oncle de Victoria] 1 437 F 50 c. par jour, des milliers de contribuables n'ont par jour qu'environ 27 c.

Sans doute la disproportion des revenus n'aurait-elle pas spécialement ému les parlementaires appelés à se prononcer sur la liste civile en faveur d'Albert, mais il n'est pas évident qu'ils aient été insensibles à l'effet négatif que produirait une trop forte générosité.

Par ailleurs, Albert a-t-il voulu des armes dignes de son rang ? Seule la souveraine a autorité pour signer l'ordre indispensable et faire graver le sceau qui lui reviendra.

Léopold a beau assurer que le prince a « l'intelligence rapide », qu'il n'est « nullement entêté », « disposé à se laisser convaincre », qu'il n'est pas « enclin à la bouderie »[12], on jugera sans doute qu'épouser la reine du plus puissant royaume du monde ne comportait pas que des roses sans épines.

Même si le contrat, symbole fort du mariage de raison, est jugé inutile par la reine, il sera impossible de ne pas en signer un, en particulier pour garantir les droits éventuels des enfants du couple royal sur l'improbable héritage de la principauté de Cobourg.

Il n'est jusqu'au voyage de noces que Victoria décide d'écourter au maximum. À Albert qui s'était plaint que trois jours seulement à Windsor aient été prévus, elle répond avec netteté le 31 janvier : « Vous oubliez, mon très cher amour, que je suis la Souveraine, et que les affaires ne peuvent ni s'arrêter ni attendre sans cause [...]. Deux ou trois jours constituent déjà une longue absence. Devant être entourée par ma Cour, je ne puis rester seule. C'est d'ailleurs mon désir de toutes façons. »

Évoquer ces préludes à la fondation de la famille royale a un intérêt plus qu'anecdotique. Pendant plusieurs années, Albert aura effectivement à se défendre du soupçon d'être l'étranger forçant la porte de la vie publique britannique et se mêlant de ce qui ne le regarde pas. Et il mettra du temps à convaincre sa propre épouse de sa capacité d'être un conseiller avisé et de la nécessité de lui permettre d'accéder aux informations indispensables. La reine, en 1840, semble d'ailleurs craindre aussi bien l'inexpérience d'Albert qu'une dispute sur des sujets politiques qui retentirait sur l'harmonie de son foyer ; et la baronne Lehzen, sa confidente et son amie, ne fait rien pour la détourner de cette crainte, qui semble si excessive à lord Melbourne comme au baron Stockmar[13]. Lors de la crise politique de mai 1841, Albert confie à Anson « que la reine voit toujours juste au premier coup d'œil, mais si ses sentiments l'entraînent dans une direction contraire, elle évite les arguments du prince, qu'elle sent conformes aux siens, et elle recherche auprès d'autres personnes des arguments pour défendre ses désirs contre ses convictions[14] ».

L'antagonisme d'Albert et de la baronne Lehzen s'alimente aux frustrations de l'époux et du jeune père (sa première fille, Victoria, est née le 21 novembre 1840, et Albert-Édouard, son premier fils, le 9 novembre de l'année suivante) : Albert accuse la baronne de mal élever des enfants dont elle n'a pourtant pas la charge directe, et cherche tout prétexte pour manifester son irréductible opposition à sa présence auprès de Victoria. Il finit, au prix de véritables scènes de ménage, par persuader son épouse de faire partir sa confidente, se chargeant lui-même des pourparlers préalables et de la fixation de la pension (huit cents livres par an) qui serait versée à l'ancienne dame de confiance. La baronne quitte la Cour le 23 septembre 1842, et, même si, jusqu'à sa mort en 1870, elle demeure en correspondance avec Victoria, Albert a enfin le sentiment d'être un véritable « chef de famille », ce qui lui donne une stature et une confiance nouvelles et lui permet de s'immiscer avec plus de naturel dans la vie publique.

Anson, dans un mémorandum du 27 juillet 1842[15], souligne que bien du chemin a été parcouru en dix-huit mois de mariage et cite les propos du prince :

> Ceux qui avaient l'intention de l'empêcher d'être utile à la Reine [...] ont été complètement déjoués. Ils pensaient avoir détourné Sa Majesté de lui soumettre quoi que ce soit d'important, en éveillant sa méfiance à l'aide d'alarmes imaginaires. Grâce à son bon sens cependant, la Reine a vu que le Prince n'avait d'autre objet, dans tout ce qu'il faisait, que de chercher un moyen d'assurer le bonheur de Sa Majesté. [...] La Reine apprécie la valeur d'un bras actif et d'un cerveau capable. [...] Les Ministres le traitent avec déférence et respect. Les artistes et les savants le considèrent comme leur protecteur attitré. [...] Les braves gens et les personnes sensées le jugent avec fierté et gratitude parce qu'il donne l'exemple, rare chez ceux qui occupent une pareille situation, d'une vie vertueuse et religieuse.

Naturalisé anglais dès 1840, Albert, au lendemain de la naissance de « Vicky », le 21 novembre, a été proclamé régent en cas de veuvage. Dès ce moment, il a accès aux documents transmis par le Cabinet, et Victoria ne remettra pas en question son droit de connaître les secrets d'État, heureuse au contraire, dans les périodes de dépression qui suivent souvent ses accouchements, de pouvoir s'appuyer sur son époux.

La naissance d'un fils, le futur Édouard VII, une année plus tard, suivie par les naissances d'Alice, en avril 1843, d'Alfred en 1844, d'Hélène en 1846, de Louise en 1848, d'Arthur en 1850, et plus tard de Léopold en 1853 et de Béatrice en 1857, contribue à éveiller l'affection populaire tout en témoignant de l'amour d'une Victoria qui, pourtant, dira à plusieurs reprises combien tous ces enfantements l'ont épuisée et qui adoptera les nouvelles méthodes d'accouchement sous anesthésie. Après l'opium (dès 1741) et l'éther en 1847, les accoucheurs, appliquant les principes du docteur Simpson en sont en effet venus, à la fin de la même année 1847, à recourir au chloroforme. Victoria n'a cure des mises en garde d'une partie du corps médical contre les dangers du produit, et, en ce sens, elle réagit comme toutes les femmes enceintes à qui la proposition d'accoucher sans plus ressentir les douleurs du travail a été faite : elles seront trente mille en 1860. Dès 1857, on diffusera l'information de l'utilisation du chloroforme lors de la naissance de Béatrice... sans d'ailleurs mettre fin aux débats médicaux, et Victoria, si elle a montré l'exemple, n'a pas convaincu les adversaires de la méthode[16].

Il y a pourtant plus remarquable : si l'« enfant-roi » est apparu dès la seconde moitié du XVIIIe siècle, son avènement dans les familles aristocratiques a pris bien du temps. Or Victoria et Albert se sont impliqués dans l'éducation des princes, ont beaucoup joué avec eux, ont inauguré un type de relations parents-enfants qui constitue, dans leur milieu, une surprise, et qui s'explique peut-être, de la part de la reine, par le souvenir attristé qu'elle garde de la mort prématurée de son père et de l'autoritarisme de sa mère, et du côté d'Albert par le manque précoce d'une mère.

La famille royale se pose ainsi volontiers en modèle pour la société du temps. Ce qui ne signifie nullement que les parents de cette nombreuse famille négligent bien d'autres plaisirs [17].

À tant évoquer le métier de la reine, on risquerait en effet, une fois rappelées les grandes fêtes qui rythment le cours des ans ou les grandes réjouissances publiques qui accompagnent couronnement, mariage, naissances, de voir en Victoria une reine peu portée vers le loisir et les distractions. Alan Hardy a parfaitement redressé l'image que Victoria elle-même avait, après la mort d'Albert, contribué à façonner, en l'occurrence le mythe d'un couple tout entier voué au bien public [18].

Le prince, bien que fort sérieux d'apparence, offrait volontiers à son entourage des moments de détente nombreux et variés, se montrant friand de caricatures, d'histoires drôles, lui-même imitant à la perfection certains membres de la Cour ou du gouvernement. Même s'il aimait se retirer tôt le soir, il avait fini par attendre onze heures au lieu des neuf heures et demi du début. Il aimait danser, avait appris la valse à son épouse.

Victoria et Albert étaient l'un et l'autre grands amateurs de cirque, invitant Barnum, au cours d'une tournée de l'Américain en Angleterre, à venir au palais présenter ses phénomènes, dont le nain appelé « Général Tom Thumb » (pouce), dont la taille n'excédait guère les 75 centimètres.

Outre les nombreux déplacements à travers le royaume, sous les acclamations de la foule, les séjours à Windsor apportaient quelque relâche aux tensions quotidiennes. En 1842, elle a vingt-trois ans, elle effectue d'ailleurs, en compagnie de son époux, son premier voyage ferroviaire, entre Windsor et Londres, et, peu attentive aux descriptions techniques prodiguées par Albert, elle se contente d'y prendre grand plaisir.

La reine avait effectué un voyage exaltant à Édimbourg en 1842, elle retourna à plusieurs reprises en Écosse à la découverte des Highlands avant d'y acquérir, plus tard, dans les années 1850, une résidence permanente, Balmoral. La famille royale avait reçu en 1852, à la mort d'un excentrique, mais fort riche personnage, John Camden Nied, un legs d'un demi-million de livres et, après avoir d'abord loué le domaine, sis près d'Aberdeen, elle finit par l'acquérir ; Albert dessina, en collaboration avec l'architecte William Smith, les plans d'une nouvelle demeure, et la première pierre en fut posée par la reine le 28 septembre 1853 ; le couple, fort épris des Highlands, se réjouit d'y séjourner fréquemment ; les enfants royaux y gagnent de revêtir le kilt, la reine d'y porter un plaid, et la mode nouvelle se propagea ainsi dans tout le royaume. La maison principale fut complétée, dans le voisinage, par des sortes de cabanes fort rustiques, autorisant des séjours en toute simplicité pour quelques jours, et Albert put se vouer à la pêche au saumon, se livrer, avec une habileté incertaine, à la chasse, pendant que Victoria trouvait là l'occasion de multiplier les dessins et aquarelles ; le prince semble avoir voué aussi une grande admiration pour les Écossais, leur endurance physique, leur caractère, et y avoir recherché des types d'hommes qui lui rappelleraient, dans leur rudesse même, mais aussi par leur loyauté, ce qu'il appréciait chez ses compatriotes germains. En 1845, la décision avait été prise déjà de faire construire une nouvelle résidence, Osborne, sur l'île de Wight dont le microclimat avait semblé paradisiaque à la reine. Les plans en avaient été dessinés par Albert, et la famille royale goûta ici aussi les joies d'une vie rustique simple et de contacts avec les fermiers d'alentour.

Que ce soit dans l'une de ces résidences ou à Buckingham, le couple recevait volontiers les grands de l'Europe, en visite officielle ou privée dans le royaume, et, malgré certaines tensions politiques épisodiques, la famille royale française fut particulièrement bienvenue, sans que l'affection témoignée à Louis-Philippe pût jamais être comparée à la relation unique avec l'« oncle Léopold ». Les visiteurs étrangers étaient souvent réjouis de la simplicité d'un accueil chaleureux et quasi familial.

La fonction du loisir dans l'acceptation des charges de la Couronne apparaît évidente. Le besoin de périodes de détente n'était-il pas à la mesure de la gravité des problèmes à affronter ?

Le métier de reine

La reine, en tout ce qui concerne son « métier », entend demeurer, au moins en apparence, seule juge en dernier ressort, même si elle s'appuie de plus en plus sur son époux. Il faudra attendre 1857 pour la voir conférer à ce dernier le titre de prince consort. Le biographe est d'autant plus frappé par le refus obstiné de Victoria, tout au long de son règne, de considérer la revendication des femmes à plus de liberté et d'indépendance dans leur propre ménage comme dans les affaires de la Cité !

L'apprentissage d'un comportement

C'est par le bout de sa lorgnette politique que Victoria est d'abord amenée à voir le monde. Ce qui ressort de l'analyse de sa correspondance comme de son Journal privé est que, très vite, de jeune princesse mal avertie des réalités, la reine franchit avec une rapidité indéniable les étapes de son apprentissage. Elle n'hésita jamais à demander informations, explications et justifications, et bénéficia pleinement, de la part de ses ministres, de la déférence et de l'écoute qu'elle se sentait en droit d'attendre d'eux. En retour, ses gouvernements ne connurent pas de difficulté à obtenir son soutien épistolaire auprès des souverains régnants de l'Europe, la convainquirent aisément d'écouter leurs arguments plus que ses inclinations les plus affectueuses, comme nous l'avons vu à propos de la Belgique. Le miracle monarchique joua avec une particulière rapidité : espiègle au point de heurter au début un prince Albert peu accoutumé à l'humour et aux jeux de l'esprit, avide de goûter toutes les distractions loisibles, Victoria fait preuve par ailleurs d'un étonnant sang-froid lorsqu'elle est appelée à prononcer les discours du Trône à l'ouverture des sessions parlementaires, lorsque, devant ses conseillers ou la Chambre des lords, elle doit, seule, assumer une déclaration, ainsi lors de l'annonce de ses fiançailles. Elle s'impose parce qu'elle ne doute pas d'avoir le droit de le faire. Elle le fait parfois en personne pleine de préjugés et non en politique expérimentée qu'elle n'est certes pas. Ainsi, en 1840, dans une lettre du 21 janvier, elle donne au prince Albert une étrange leçon sur les partis :

> Les tories, en réalité, sont proprement stupéfiants ; ils ne peuvent pas et n'oseraient pas nous attaquer au Parlement : c'est pourquoi ils font tout pour être particulièrement rudes envers moi [...]. Les whigs sont les seuls gens sûrs et loyaux, et les radicaux eux-mêmes feront cercle autour de leur reine pour la protéger des tories ; mais c'est chose étrange à contempler que de voir les tories, habitués à se piquer eux-mêmes de leur loyalisme excessif, faire n'importe quoi pour dégrader l'image de leur jeune souveraine dans l'esprit du peuple.

Le peintre John Partridge représente Victoria en 1840 : vêtue avec élégance, ses cheveux tombant sur ses épaules dénudées, le bras gauche appuyé sur une desserte, le droit recourbé avec grâce et sa main tenant une écharpe légère, elle est dans la splendeur de ses vingt ans ; toutefois, on la devine déjà un peu épaisse, et, en tout cas, elle n'est plus une jeune fille gracile, mais une femme propre à inspirer spontanément respect et admiration. Déjà elle a rencontré les hommes d'État influents de son royaume, reçu bien des princes étrangers, connu les difficultés de la vie politique, pris quelques responsabilités, mais aussi appris à se plier aux nécessités d'un système constitutionnel et à l'obligation de tenir compte du Parlement, des partis, des rapports de force, de conseils qui correspondent en réalité à des décisions ou à des options mûries ailleurs qu'à la Cour. On a beaucoup évoqué jusqu'à nos jours l'influence du prince Albert qui lui aurait inculqué le respect de la prépondérance parlementaire et l'inéluctable réserve à observer par le souverain. On dira qu'avant même son mariage, elle était, c'est le moins qu'on puisse en dire, sur la très bonne voie.

Son métier suppose une information aussi précise que possible. Et, très remarquablement, si elle l'obtient encore pendant plusieurs années des conseils parfois intéressés de son oncle Léopold, elle l'attend surtout de ses ministres. L'affection respectueuse de Melbourne lui a facilité la tâche pendant trois années. Robert Peel, qui, de 1841 à 1846, gouverne avec une majorité tory, n'a pas bénéficié au départ de la même écoute affectueuse de sa reine, mais il a su faire preuve de son respect des institutions, et, bien entendu, de la Couronne.

Les responsabilités de l'État sont alors moins étendues que de nos jours. Elles concernent au premier chef la politique coloniale et étrangère, qui vaut à Victoria de lire nombre de dépêches : sur la situation troublée d'un Canada en proie aux luttes intestines entre Québécois et Anglais de souche et où lord Durham, en 1839, au terme d'une mission difficile, en arrive à encourager la naissance d'un système combinant autonomie et fédération ; sur les relations difficiles, sur le Continent, entre Belgique et Hollande, sur l'empire ottoman, défié par l'Égyptien Méhémet-Ali, soutenu par la France, au risque d'une guerre où se reconstitueraient en Europe les alliances de l'époque napoléonienne : risque que Thiers est disposé à assumer, que Guizot va permettre d'écarter, et qui rappelle soudain aux Britanniques que Louis-Philippe n'est pas un ami sûr et qui fait ressurgir l'idée fixe du danger d'un débarquement français sur les côtes de la Manche ; sur l'Orient lointain, où le trafic de l'opium indien avec la région chinoise de Canton est favorisé par la Compagnie des Indes : il provoque un conflit dont Palmerston entend faire le prétexte d'une grande pénétration commerciale et politique de l'Occident en Chine. Comble d'ennui, en mai 1839, un vote négatif du Parlement sur la politique du gouvernement en Jamaïque, où les conflits entre planteurs et descendants d'esclaves sont incessants et mal arbitrés par le gouverneur, entraîne la démission fort temporaire du cabinet Melbourne.

Dans diverses occasions, Victoria peut se faire le relais des opinions de ses correspondants et contribuer à infléchir l'attitude de Melbourne et du Cabinet. Ainsi, en octobre 1840, elle communique à son Premier ministre une lettre du roi Léopold, fort sévère pour Palmerston dans le conflit d'Orient avec la France :

> Je ne puis comprendre [disait le roi des Belges] ce qui inspire à Palmerston un pareil degré d'hostilité vis-à-vis du roi et du gouvernement de la France. Un peu de politesse aurait eu un grand effet sur elle [...]. Palmerston aime à leur [les Français] mettre le pied sur la gorge ! [...] Les gens oublient une perte réelle, un vrai malheur, mais n'oublient pas une insulte. [...] Peut-être aurez-vous l'amabilité de lire ces lignes ou de les faire lire à lord Melbourne. C'est cet abaissement de la France qu'ils ne peuvent plus avaler [...].

Et, le 12 octobre, quand Guizot fait parvenir à l'Angleterre des propositions conciliantes que Palmerston lui rapporte, Victoria peut lui faire la leçon :

> La Reine [...] doit exprimer à lord Palmerston sa très grande satisfaction de la tournure prise par les affaires. La Reine espère ardemment que ce témoignage d'une amitié renaissante, donné par la France, sera accueilli d'une façon très amicale par lord Palmerston et le reste de son gouvernement [...].

Et, dans la suite, Victoria entretient une correspondance active avec l'inspirateur de la politique étrangère de son pays, continuant de se faire l'écho, fort souvent, des opinions exprimées par son oncle Léopold.

L'apprentissage de la prudence constitutionnelle

Dans la correspondance comme dans le Journal de la souveraine, les controverses de politique intérieure tiennent plus de place d'ailleurs que les grands faits de société. On évoque à l'occasion l'agitation chartiste. Les intrigues, les luttes intestines dans le Cabinet, les tournants parlementaires préoccupent fort la souveraine. Celle-ci avait réussi en 1839, à l'occasion de l'affaire des dames de sa Chambre, à faire renoncer sir Robert Peel et à conserver son cher Melbourne. Les élections de 1841 donnent une claire majorité aux tories et ne lui laissent cette fois-ci pas d'autre choix que d'accepter le retrait de Melbourne et d'appeler au pouvoir un cabinet Peel.

À l'approche de cette crise décisive, le Premier ministre libéral, dans un entretien avec Anson, avait pris la précaution de conseiller à Victoria « de soigneusement s'abstenir de reprendre l'attitude qu'elle eut quand sir Robert Peel tenta de former un ministère, parce que seule l'indulgence des tories lui avait permis, ainsi qu'à ses collègues, de soutenir S.M. à cette occasion »; et, conscient que la reine lui demanderait des conseils que la tradition constitutionnelle ne lui permettrait pas de prodiguer ouvertement, il avait imaginé, par le canal d'Anson et du prince Albert, de faire passer quelques avis discrets, conférant ainsi au prince une position d'influence[19] : ce que Victoria n'accepte pas, exigeant encore à cet instant de correspondre directement avec son mentor. Albert, fort déçu, fait demander à Melbourne de le mêler à ses ultimes rencontres officielles avec Victoria de manière à être parfaitement informé lui-même avant de donner un avis quelconque à sa femme.

Quant à Peel, approché par Anson qui reproduit la conversation dans ses notes[20], il se montre très accommodant, allant jusqu'à affirmer : « J'abandonnerais toute prétention au ministère, je le déclare devant Dieu! plutôt que de causer par mon acceptation une humiliation personnelle à la reine. » Ce qui permet à Victoria, dans un mémorandum du 11 mai, à la fois de revendiquer ses droits, mais aussi d'accepter de ne choisir son entourage qu'après consultation de l'éventuel nouveau Premier ministre.

Pendant que l'on s'achemine vers la dissolution et de nouvelles élections législatives, d'autres entretiens et consultations prennent place dont un ultime et décisif entretien entre Anson et Peel, le 23 mai 1841. Il se révèle essentiel et clarifie toutes les grandes questions constitutionnelles[21]. Anson, « citant les paroles du Prince », donne des assurances à son interlocuteur :

> La Reine, dès qu'il s'agissait de ses connaissances de droit constitutionnel, faisait preuve d'une instinctive modestie. Lorsqu'elle reçoit un conseil d'hommes comme le lord Chancelier, lord John Russell, M. Baring, M. Labouchère et lord Clarendon, et sait qu'ils ont pesé la question pendant plusieurs jours, elle conclut que son opi-

nion ne saurait être meilleure que la leur et qu'elle aurait tort de rejeter leur conseil.

[Quant à Albert lui-même], quelque nettement qu'il soit favorable ou hostile à une décision, [il] trouve que ce serait mal et impolitique de sa part, étant donné qu'il est jeune, inexpérimenté et nouveau dans le pays, d'imposer à la reine des opinions personnelles, contraires à celles d'hommes d'État mûris.

Il est piquant de relever que, la reine ayant prononcé la dissolution et s'en étant ouverte à son oncle Léopold[22], ce dernier, encore ignorant de la décision prise, était loin de donner son approbation à une mesure que sa nièce qualifiait le même jour de « la plus loyale et la plus constitutionnelle ». Ressassant des déboires passés avec les tories du temps de George IV, et opposé à leur protectionnisme douanier, il n'hésite pas à dire, sans grand souci de la volonté populaire : « Si j'étais en cause, je ne congédierais pas le Parlement, quand même je n'aurais d'autre argument que cette très banale considération qu'on sait ce qu'on a, mais qu'on ne sait nullement ce qu'on aura ! »

Du moins Victoria le rejoindra-t-elle en lui disant, dans sa lettre du 24 août suivant, son infinie tristesse d'avoir à se séparer de Melbourne :

> Vous ne me dites pas que vous sympathisez avec moi dans ma si lourde épreuve, la plus lourde que j'aie jamais eu à supporter, et qui sera pour moi un triste déchirement de cœur [...]. Je suis calme et résignée, mais encore très triste, et Dieu sait ! absolument désespérée par moments, pour moi et mon pays, qu'un pareil changement soit inévitable [...].

Cette tristesse se traduisit en fait par une crise « silencieuse », entièrement due à l'entêtement de la reine.

Un mémorandum d'Anson, daté du 30 août, démontre la profondeur de la plaie : Victoria ne conseille-t-elle pas au prince Albert, qui en est stupéfait, de résister à toute approche des tories et de se souvenir de la manière dont ils avaient limité sa liste civile ? Anson s'est engagé à en parler à Melbourne et à demander au Premier ministre sortant d'user de toute son influence pour ramener la reine à une plus juste appréciation des choses... et à rechercher désormais auprès de son époux les sages conseils que son mentor ne serait plus en mesure de lui apporter. Il réussit d'autant mieux dans cette entreprise que Melbourne est convaincu que « moins la reine aurait d'antipathie, mieux cela vaudrait » et que « Peel a le pouvoir aujourd'hui d'imposer ce qui lui plaira ».

Les intercessions et conseils de Melbourne portent leur fruit. Dans une lettre à l'ancien Premier ministre, datée du 30 août, Victoria lui relate sa première rencontre avec Peel, au commencement de laquelle « elle dit exactement ce que lord Melbourne lui avait écrit ». Avec habileté, le leader tory discute avec la reine l'attribution des grands portefeuilles ministériels et fait patte de velours s'agissant des dames de la Chambre. Victoria peut même conclure que « tout va bien jusqu'ici ».

Tout le mois de septembre est occupé par la transition, la nomination de ministres, mais aussi le renouvellement du personnel diplomatique, le remplacement de certains hauts responsables. La correspondance de la reine avec Melbourne est encore incessante, et Victoria, suivant les conseils que ce dernier lui prodigue, obtient d'un Peel décidé à un maximum de ménagements tous renseignements, voire concessions, possibles. Il y aurait eu pourtant matière à contestation constitutionnelle dans cette consultation ininterrompue d'un prédécesseur sur les actes de son successeur, même si, fort sagement, lord Melbourne déclare le plus souvent approuver les options de sir Robert. Victoria, du haut de sa jeune certitude, professe au départ le plus déterminé des dédains à l'encontre de celui qui est pourtant le Premier ministre en titre. Anson s'en préoccupe qui, dans un mémorandum du 3 octobre, se fait l'écho des allusions de la souveraine à « la gaucherie » de Peel et rapporte sans aucun doute ses impressions en écrivant : « sir Robert ignore les caractères à un degré extraordinaire et inexplicable ; Sa Majesté le sent, et partant il lui est difficile d'avoir confiance dans son jugement, quand il lui recommande quelqu'un. »

S'agissant d'un homme d'État expérimenté, membre du Parlement dix ans avant la naissance de Victoria, ayant occupé d'importantes fonctions ministérielles, réorganisateur de son parti qu'il avait porté au pouvoir, l'historien ne peut que s'étonner et estimer aussi que le dépit de la femme l'emportait sans doute alors sur les qualités de la jeune souveraine !

Sans faire d'un historien le juge sans appel du passé, rappelons ici ce que soulignait Élie Halévy, qui fait autorité en la matière, dans son *Histoire du peuple anglais au XIXe siècle*[23] :

> On avait voté pour sir Robert Peel et pour ses amis (en 1841) parce qu'on était fatigué de l'arrogance whig, du népotisme whig, de l'indolence de lord Melbourne, des maladresses de lord John Russell, des vacillations financières de Baring, et... des fantaisies diplomatiques de lord Palmerston. On voulait des ministres sérieux, compétents et travailleurs ; toutes ces vertus, sir Robert Peel en était par excellence le représentant.

Les premiers contacts ont en fait été d'autant plus difficiles que le Premier ministre adopte volontiers avec la reine, dont il pourrait être le père (il est né en 1788) un ton de pédagogue embarrassé... et que celle-ci a déjà comblé son besoin paternel avec Melbourne. Victoria se plaint aussi de sa timidité... qui la rendrait elle-même timide.

En octobre 1841, Stockmar, consulté par le prince Albert sur l'opportunité d'une invitation de lord Melbourne à Windsor, avait répondu par un mémorandum envoyé à Anson pour être communiqué verbalement à Melbourne. Il dénonçait avec vigueur l'« injustice criante » que la correspondance secrète de la reine avec son ancien Premier ministre représentait pour Robert Peel. Il en soulignait aussi le « danger » quant au « prestige moral » de la souveraine. « Aucun Cabinet ne pourrait résister à la force d'une pareille influence souterraine. » Le 25 octobre, Stockmar revient à la charge avec des accents d'une sévérité exceptionnelle :

> Je dis à lord Melbourne que, d'après ma façon de la comprendre, la Constitution anglaise entendait donner au Souverain, entre autres fonctions, un rôle délibératif. Je n'étais pas sûr que la Reine eût par elle-même les moyens de le bien remplir, mais j'étais certain que la seule manière pour elle d'exécuter ses fonctions était d'être strictement loyale envers les hommes qui étaient pour le moment ses ministres. C'était principalement pour cette raison que j'avais été si désolé de découvrir à mon retour du Continent que, lors de la crise ministérielle, une excellente occasion de donner à la Reine une leçon importante de droit constitutionnel avait été perdue par lord Melbourne...

Le 23 novembre, le même Stockmar ne peut que dire à Melbourne son « désappointement » devant la poursuite d'une correspondance qu'il aurait fallu laisser « s'éteindre doucement ». Il affirme que le secret de cette correspondance n'existe plus et qu'il y a « danger grand et imminent » : « Voudriez-vous qu'on dise que sir Robert Peel a échoué simplement parce que la reine seule n'a pas été loyale envers lui, et que c'est vous qui étiez son principal complice dans ce jeu malhonnête ? »

Tout se passe comme si Pygmalion ne se résignait pas à abandonner son œuvre la plus parfaite et comme si

Victoria, pénétrée d'une sagesse dont ses courtisans lui font volontiers l'éloge, pensait réellement être en mesure d'ignorer le rapport des forces politiques. On comprend les craintes des observateurs les plus avertis et l'anxiété du prince Albert. Et c'était d'autant plus « dangereux » que, la correspondance de la souveraine en témoigne très abondamment, sir Robert Peel se comportait avec la dignité et le respect les plus parfaits, consultait et informait la reine aussi bien sur les nominations importantes que sur les grands actes de son Cabinet, imité en cela par tous ses ministres.

C'est en partie Albert qui permet de débloquer la situation. Il a reçu du leader tory la faveur de sa nomination à la tête d'une Commission royale pour les beaux-arts et, en partie grâce à Anson, est entré dans une relation d'autant plus cordiale avec sir Robert qu'il a lui-même peu d'amis et qu'il est agréablement surpris de la bonne volonté de l'homme d'État à lui expliquer les problèmes britanniques. Dès les premiers jours de 1842, le prince invite Peel à prendre part à des parties de chasse dans le parc de Windsor ; la chaleur de leurs rencontres persuade Albert de la nécessité de convaincre Victoria de modifier son opinion, et il y réussira[24]. Ce succès était alors des plus nécessaires.

Victoria ne s'amende cependant pas d'un seul coup : le 21 mars 1842, Melbourne n'écrit-il pas à la reine, qui a manifesté son intention de payer elle aussi, sur sa liste civile, le nouvel impôt sur le revenu, en rendant hommage à sa magnanimité, mais en soulignant qu'elle a sans doute été mal conseillée et n'aurait pas dû renoncer à un privilège traditionnel de la Couronne, l'exemption de toute taxe directe ?

C'est peu à peu que les relations de Victoria et de Peel se normalisent. Probablement conscient de cette évolution, Léopold peut écrire, le 10 février 1843, à sa nièce ce qu'il pense de son Premier ministre :

> Il était naturel que vous n'ayez pas désiré, au premier abord, le prendre pour Premier ministre [...]. Mais je dois dire que c'est une grande bénédiction pour vous et votre famille, aussi bien que pour l'Angleterre, qu'un homme aussi ferme et aussi honorable que Peel soit devenu le chef de votre Gouvernement. La machine de l'État se brise souvent par suite de fautes commises quarante ou cinquante ans plus tôt. Ce fut le cas en France, où Louis XIV lui-même jeta les premiers germes de la moisson qui devait lever près de cent ans plus tard.
>
> Je crois en outre que sir Robert Peel vous est sincèrement et chaleureusement attaché, et comme vous le dites avec beaucoup de vérité tout à fait au-dessus du pur esprit de parti [...].

La conversion est alors faite, mais la prose du roi des Belges rappelle les sombres avertissements de Stockmar, dont il avait plus que probablement été tenu informé. La soumission de la souveraine au jeu constitutionnel, voulue tout aussi bien par le prince Albert, signifiait de la même manière sa résignation à une discrétion indispensable au bon fonctionnement du système. Et la sagesse de Victoria fut d'autant plus durable que les années suivantes lui démontrèrent les mérites de l'alternance politique.

Portons-nous à juillet 1846, quelques jours après la démission de sir Robert Peel. Victoria écrit au roi des Belges le 7 et elle parle, comme quelques années plus tôt, d'une « journée bien pénible pour moi ». Sa rhétorique témoigne de sa continuité dans l'expression dès lors que des situations comparables se présentent. Mais les sources de sa peine ont bien changé :

> J'avais à me séparer de sir Robert Peel et de lord Aberdeen [secrétaire d'État aux Affaires étrangères] : ce sont des pertes irréparables pour nous et le pays. Ils étaient tous deux tellement émus que j'en fus bouleversée. Nous avons là deux amis dévoués. Nous nous sentions tellement en sécurité avec eux ! Jamais, pendant les cinq années qu'ils

passèrent avec moi, ils ne me proposèrent une nomination ou une réforme qui fût simplement utile pour leur parti ; [ils se préoccupaient toujours] de ce qui valait le mieux pour moi et pour le pays [...].

L'ère Peel a ainsi permis à la souveraine de mûrir et de prendre conscience de réalités qui lui étaient restées fermées jusque-là.

Après la chute du Cabinet conservateur, en tout cas, la reine paraît avoir achevé l'apprentissage de son métier. Elle semble bien être parvenue à la position d'équilibre qu'elle respectera désormais : exigeante en informations, soucieuse de toujours donner son avis, mais respectueuse du jeu parlementaire et de la prépondérance des Cabinets dans l'organisation de la vie publique.

Les grands enjeux de la période et le rôle de la monarchie

Le Royaume-Uni est loin d'être à l'abri des tentations révolutionnaires qui, sur le Continent, aboutissent aux tourmentes de 1848. Dans un système alors largement dominé par les élites, de grands mouvements, incluant les masses populaires, sont organisés pour faire triompher des idéologies novatrices. Les crises récurrentes et les cycles relativement courts de la prospérité et de la dépression accentuent les tensions, quand des cataclysmes naturels ne muent pas en tragédie le destin de régions entières, à commencer par l'Irlande. Le sort de la Couronne dépend de l'habileté et de la chance des gouvernants, même si Victoria est attentive à certaines évolutions et menaces. Du moins sa popularité montante et le loyalisme monarchique en général contribuent à écarter la menace de ruptures fatales. Dans ce chapitre, nous évoquerons surtout les grands mouvements socio-économiques qui affectent alors le Royaume-Uni. Non qu'ils influent toujours prioritairement sur l'esprit d'une souveraine également préoccupée par les tensions internationales, les destinées de son Empire, les crises internes de certains grands États. Mais ils constituent à coup sûr alors ses soucis essentiels.

Essor du capitalisme et misère

Dans un pays qui, globalement, s'enrichit et affirme sa suprématie technique et ses capacités industrielles et commerciales, l'ampleur de l'indigence étonne. Les débuts du règne coïncident, il est vrai, avec une application progressive, du sud vers le nord de l'Angleterre, de la nouvelle Loi des pauvres de 1834, à mesure que peuvent être vaincues de fortes résistances régionales, en partie d'ailleurs soutenues par les fractions philanthropiques des élites ; l'Écosse connaît un système particulier, traditionnellement beaucoup moins généreux encore qu'au sud de sa frontière. L'enfermement en *workhouse*, « bastille des pauvres », avec ses règles d'uniformité, de cassure des familles, de prestations toujours de nature à faire du choix de l'assistance le dernier recours (principe de *less eligibility*), de stricte discipline, de travail forcé, contribue à une apparente décrue de l'indigence en temps de bonne marche de l'économie, au point de limiter la construction d'asiles et les lourds investissements qu'elle exigerait des Unions de paroisses et des autorités de tutelle, les *Boards of Guardians*. Il suffit de parcourir les districts industriels pour percevoir l'inadéquation de statistiques triomphales et mesurer les limites du raisonnement de ceux qui, libéraux jusqu'au bout des ongles, s'obstinent à lier pauvreté et vices, à croire que l'incontinence sexuelle, la conception, dans l'insouciance, de trop nombreux enfants, l'alcoolisme, l'imprévoyance sont les seules explications de l'indigence et ne contraignent donc pas l'État à faire œuvre de charité. En période de crise, quand s'enflent les rangs des miséreux, la solution de l'enfermement doit encore souvent céder le pas à la vieille méthode du secours à domicile ; mais on s'est généralement débarrassé des anciens calculs d'un minimum vital familial.

Dans un témoignage bouleversant sur Manchester, en 1845[25], le jeune industriel allemand Friedrich Engels, qui s'est rendu personnellement à « Cottonopolis », décrit sa véritable stupeur : les pauvres lui rappellent une armée de retour d'une difficile campagne, tant sont nombreux, dans les rues, les invalides et éclopés de toute sorte, en fait accidentés du travail, corps tordus par le rachitisme ou minés par la tuberculose. Il décrit les logis infâmes où, dans une promiscuité des sexes qui n'a rien à voir avec ce qu'on appellera la morale victorienne, s'entassent des familles faméliques. Certaines artères, le soir, sont muées en marchés de prostitution par de jeunes ou moins jeunes ouvrières, contraintes de se vendre pour survivre.

Que le spectacle ne soit pas aussi tragique dans de plus petites cités, ainsi Leeds ou Bradford, qu'il revête ses originalités ethniques, ainsi dans les quartiers irlandais, qu'il y ait une misère londonienne, une glaswégienne, une mancunienne, que certains maux reculent, telles les épidémies, encore que le choléra demeure menaçant pour ne rien dire du typhus, cela ne change que peu à l'affaire. Les lois de protection sociale sont rares, quand elles sont appliquées : elles concernent, depuis 1833, les femmes et les enfants dans l'industrie, elles les protègent en les excluant, à partir de 1842, du travail au fond des mines, elles tentent de retirer à l'ogre industriel les enfants de moins de huit ans, elles diminuent la journée de travail des ouvriers dans leur ensemble, puisqu'on ne peut pas faire travailler les hommes quand les femmes et les enfants quittent l'équipe une fois accomplies les onze, puis (à partir de 1848) les dix heures de travail autorisées par la loi.

La révolte ne peut qu'être une tentation, elle n'est pas toujours aisée quand les patrons ont réussi, en 1835-1837, avec l'aide des juges et des polices publiques et privées, à « casser » le premier essor du syndicalisme, quand la conscience de classe est encore en devenir dans un prolétariat marqué par les diversités les plus grandes [26], quand l'éducation des masses reste en devenir et que l'information, de ce fait, mais aussi parce que les journaux ordinaires sont trop chers, circule difficilement.

Mais la misère produit au moins trois réactions également dangereuses aux yeux des dirigeants de l'État. Une fraction de la bourgeoisie rêve d'une croissance plus rapide, qui résoudrait en partie par elle-même les problèmes liés à la pauvreté ; elle en vient à faire de l'exigence du libre-échange le ressort du progrès universel et livre, pour ce faire, un grand combat contre l'aristocratie foncière, encore si présente dans les institutions et au pouvoir. Reprenant le flambeau des radicaux déçus de 1832, d'autres bourgeois, alliés à de grands chefs proches des masses, font de la démocratie l'instrument possible d'une grande mutation des rapports sociaux et revendiquent une « charte du peuple » qui frayerait le chemin à l'égalité : leurs adversaires évoquent le risque du règne des « partageux » et T.B. Macaulay n'hésite pas à prophétiser, dans ce cas, « la fin de la civilisation ». Parfois présents dans l'un ou l'autre des deux mouvements précédents, des idéologues tentent d'entraîner les citoyens vers une espérance plus large, celle de l'avènement d'un authentique socialisme. Mais, même s'il a connu en Robert Owen un génial précurseur, le socialisme britannique ne constitue pas en lui-même une menace directe. Et si Owen, en 1848, a pu, se précipitant à Paris, recevoir l'accueil dû au prophète d'une société nouvelle, son influence en Angleterre même s'était effacée au bénéfice des chartistes.

Le mouvement libre-échangiste

Lié aux grands intérêts des industriels, il a pris appui au départ sur les manufacturiers de Manchester, dans le milieu même où se recrute le grand croisé de la lutte contre le protectionnisme, Richard Cobden[27]. Âgé de trente-quatre ans en 1838, quand commence la grande agitation contre les lois sur le blé, le prophète de ce qu'on n'appelle pas encore l'économie de marché appartient aussi à l'aile radicale du parti whig. Depuis quelques années, outre des tentatives pour se faire élire aux Communes, en particulier à Stockport, il a démontré son intérêt pour le peuple en prônant une intervention vigoureuse de l'État dans le système éducatif, à l'image de ce qu'il avait admiré au cours d'un voyage en Prusse, des réformes électorales, dont l'élection d'un nouveau Parlement tous les trois ans; il lie l'amélioration de la situation économique et de l'emploi à des efforts en faveur des classes pauvres. La crise céréalière de 1837 l'a convaincu que le pain bon marché pouvait permettre de secourir aussi bien le salarié ou le chômeur que le producteur soucieux de proposer des prix compétitifs. Il est à l'origine d'une agitation qui, plus efficacement qu'à Londres en 1836, où elle semble avoir pris naissance, gagne Manchester.

En 1838-1839, Cobden et ses amis sont parvenus à prendre le contrôle de la Chambre de commerce de la ville et à en faire le haut lieu de la lutte libre-échangiste. Surtout, dans tout le pays, ils mettent en place une Ligue contre les Lois sur les céréales *(Anti-Corn Law League)*; organisée en sections locales, elle draine de l'argent, organise des meetings, fait signer des pétitions et devient l'ancêtre, et sûrement l'inspiratrice, des groupes de pression de l'ère contemporaine. Parce qu'elle a besoin du soutien des masses, elle doit convaincre l'ouvrier que son combat et celui de son patron vont dans le même sens, chacun devant profiter du pain bon marché, l'un en pouvoir d'achat, le second en limitation de ses prix de revient. Elle est aussi amenée à prendre des positions « radicales » sur les questions du suffrage. Elle se pose ainsi en rivale directe du mouvement chartiste, qui se développe au même moment, et dont les chefs cherchent davantage à jeter la suspicion sur les véritables intentions des employeurs qu'à faire alliance avec eux.

En 1841, Cobden est élu député de Stockport et fait ainsi de la Chambre des communes une nouvelle tribune pour ses idées ; le 17 septembre, il y prononce un discours fameux où il lie avec force misère et protectionnisme :

> Lorsque je me rends dans les districts manufacturiers [...] je perçois la famine qui se répand dans ces lieux, et je sais que des hommes périssent parce qu'il leur manque les plus élémentaires des produits nécessaires à la vie. Lorsque je contemple ce tableau, et que je me remémore qu'une loi existe qui, tout particulièrement, fait en sorte que notre population soit maintenue dans le besoin le plus total, je ne peux m'empêcher d'accuser de meurtre la Législature de notre pays ; et, partout où je me tiendrai, que ce soit ici ou hors de cette Chambre, j'ai bien l'intention de dénoncer le système de meurtre législatif qui dénie aux gens de notre patrie le droit à la nourriture en échange de leur activité productive [...].

Parmi les griefs essentiels des Mancuniens à cette date, l'impéritie du Cabinet whig sortant : lord Melbourne leur est constamment apparu comme un homme usé, incapable de toute hardiesse, plus soucieux de se maintenir au pouvoir que d'innover, alors que sir Robert Peel, pourtant chef du parti tory, a eu au moins le courage, en parvenant au pouvoir, d'affirmer que, si on pouvait lui prouver que les Lois sur les céréales étaient nocives, il n'hésiterait pas à recommander « une réduction des taxes, une modification du système, voire l'abolition même de la législation ».

Le problème a été loin d'être ignoré de Victoria. Lord Russell, qui, après avoir été ministre de l'Intérieur, était alors secrétaire à la Guerre et aux Colonies, représentait le Cabinet aux Communes, où Melbourne n'avait pas, en tant que pair, le droit de paraître. À la suite d'un débat sur les *Corn Laws*, il avait rendu compte à la souveraine, le 4 avril 1840, de l'échec des réformateurs, des objections que leur avait opposées Peel, « qui prononça un discours bien inférieur à ceux qu'il a l'habitude de faire », et de l'« enterrement » ultime de la tentative, échec qui lui fait craindre « beaucoup de mécontents dans la classe manufacturière ».

En mai-juin 1841, menacés par les tories et embarrassés par le déficit du budget, les whigs tentent une manœuvre pour, à tout le moins, « tomber » du bon côté : ils proposent de réduire les taxes à l'importation du sucre de canne étranger, et Russell ajoute la proposition d'une réforme des *Corn Laws* avec la définition d'un droit fixe et très léger à l'importation des céréales, qui remplacerait l'échelle mobile des droits de douane, dont le taux croissait en proportion de la chute des prix intérieurs. La proposition sur le sucre ne pouvait que révulser une opinion tory pour qui, après l'abolition de l'esclavage dans les Antilles britanniques en 1833, il ne fallait pas ajouter, pour les planteurs, la menace supplémentaire d'une baisse de leur marché britannique au bénéfice de pays qui pratiquaient encore l'esclavage (dont la France en Martinique et en Guadeloupe) ; quant à la proposition de modification des *Corn Laws*, elle ne pouvait que scandaliser les propriétaires fonciers, nombreux parmi les conservateurs. Victoria fut informée par Melbourne lui-même de ces développements : ainsi, le 19 mai, dans son Journal, la souveraine déclare avoir pris connaissance des propositions de Peel, plus favorable à une échelle mobile révisée qu'à une taxe fixe. De son côté, le roi des Belges lui écrit le 21 mai pour regretter la maneuvre sur les *Corn Laws*, car, « [la question] excite les classes de la société les plus nombreuses et les plus pauvres et peut aisément provoquer des conflits sanglants ». Léopold revient sur la question le 31 mai, quand les whigs sont favorables à une dissolution en cas de rejet de leurs propositions :

> Ils prennent pour mot d'ordre le *pain à bon marché*, une réforme qui peut devenir populaire et embarrasser leurs adversaires. Je ne trouve pas que de pareils procédés grandissent leur prestige : ils sont faits pour des révolutionnaires [...]. Si ce cri de guerre agite le peuple, cela peut avoir de sérieux inconvénients. Sinon les Ministres eux-mêmes feront triste figure.

Le 6 juin, le Cabinet est battu à une voix de majorité et la dissolution s'impose. La victoire des tories est confirmée le 28 août par un amendement à l'Adresse qui l'emporte avec 91 voix de majorité. On le voit, la souveraine n'avait pu ni ignorer la question ni méconnaître l'écho dans le pays de la campagne sur le protectionnisme et le libre-échange.

La question rebondit avec le cabinet Peel. Dans son discours du Trône du 3 février, rédigé par le Premier ministre, Victoria avait fait allusion à « la détresse récurrente des districts manufacturiers [...] supportée avec une exemplaire patience et force d'âme ». Au prix de tensions dans son propre parti et de la démission du Cabinet du duc de Buckingham, Peel fait accepter, après de longs débats qui se prolongent jusqu'au 7 avril, une forte réduction des tarifs, de l'ordre de 50 % pour certains niveaux de l'échelle mobile. Il a fait repousser l'abolition pure et simple des droits et l'idée d'une taxe fixe et très basse. Et il a aussi réduit considérablement les droits sur quelque sept cent cinquante autres articles d'importation et, dans la même loi de finances, inscrit l'établissement d'un impôt sur le revenu, seul moyen fiscal de faire face à la décrue des ressources douanières. Sa politique était cohérente et marquée davantage par le réalisme que par l'idéologie ou la soumission pure et simple aux intérêts fonciers.

Lord Melbourne, dans ses lettres à la reine, lui confie à ce propos qu'il n'a pas partagé l'indignation des députés whigs envers l'*income tax* et, le 19 juin 1842, lui confie qu'à la Chambre des lords, il a adopté une position prudemment approbative. L'information de Victoria a donc été diverse ; le 23 juillet, ne reçoit-elle pas de sir Robert Peel un rapport sur un débat qui, aux Communes, vient d'opposer Cobden et le Premier ministre et qui s'est soldé par la création, à la demande de ce dernier, d'une Commission d'enquête sur la portée d'une éventuelle abrogation de la Loi sur les céréales ?

Alors que s'ouvre la grande période de la lutte libre-échangiste, le sujet, si rebutant aux yeux de certains, a revêtu aux yeux de la souveraine l'importance qu'elle conquiert dans le pays. Elle est, l'année suivante, en février, tenue informée d'un nouveau grand débat sur le libre-échange, occasion d'un violent échange entre Cobden et Peel : le premier soulignant que le Premier ministre devait être rendu responsable *personnellement* de la détresse du pays, le second répliquant avec emportement et accusant le chef de la Ligue de le désigner à la main d'assassins. Sir Robert rapporte l'incident dans sa lettre à la reine du 18 février, et sa violence s'explique sans doute par le meurtre récent, à la fin janvier, de Drummond, son secrétaire particulier, victime d'un homme reconnu fou et qui avait pourtant proclamé qu'il visait le chef du gouvernement et s'était trompé de cible.

L'action libre-échangiste se poursuit avec efficacité, elle est facilitée par l'ampleur des moyens financiers de la Ligue, mais aussi par le contenu passionné des discours et le substrat religieux de bien des interventions. Élie Halévy a cité le ministre unitarien J.W. Fox, qui voit dans le protectionnisme un acte opposé à la volonté divine, puisque le genre humain était mis dans l'impossibilité de jouir en paix des bienfaits de la diversité des productions dans le monde, voulue de toute éternité. Empruntons à l'historien français sa formule : « La science économique venait se fondre dans la théologie, à moins que ce ne fût la théologie dans l'économie politique[28]. » La Ligue bénéficie aussi, après les revers de 1842, d'un déclin provisoire du chartisme et du ralliement de certains de ses militants déçus au programme libre-échangiste. Et puis, du Nord industriel, la propagande se déplace en privilégiant Londres et en se portant par ailleurs vers les campagnes et vers le plus misérable et le plus méconnu des mondes ouvriers, celui des travailleurs agricoles. On vilipende les propriétaires fonciers, les prêtres anglicans. Et, emportés par la frayeur ou gagnés par la générosité de la cause, des aristocrates trahissent leur milieu et, à l'instar du marquis de Westminster, rejoignent le mouvement.

En 1843-1844, il connaît une relative stagnation : des récoltes relativement abondantes et un bas prix naturel des céréales n'encouragent pas à la révolte... et soufflent l'argument paradoxal, propre à convaincre les propriétaires, que l'augmentation des salaires ouvriers permettrait de relever les prix en excluant par ailleurs tout risque d'importations massives ! Mais ce qui avait provoqué le reflux entraîna le rebond ; les cours, en fait, furent lourdement affectés par les mauvaises récoltes ultérieures, et, surtout, à partir de 1845, par une maladie de la pomme de terre, qui ravagea également la France et la Belgique, et provoqua une catastrophe aux conséquences tragiques en Irlande : la « Grande Famine ». Malgré les efforts d'autorités locales un temps inconscientes de l'ampleur de la crise, en dépit de l'ouverture des ports irlandais aux importations de céréales, le drame se transforme vite en tragédie dans une île dont les habitants adultes consommaient jusqu'à quatre kilos de pommes de terre par jour. Affaiblies par la faim, les victimes sont d'autant plus exposées à des fièvres et des épidémies qui tuent dès lors tout autant que le manque de nourriture.

L'organisation du commerce des grains se pose alors de manière entièrement nouvelle et la Ligue s'enfonce avec ardeur dans la brèche, tenant, dès octobre 1845, meeting sur meeting, encouragée par la lettre ouverte adressée le 22 novembre par lord Russell, leader whig, à ses électeurs de la Cité de Londres en faveur de l'« abolition des entraves ». À la fin octobre, Peel s'est converti à la nécessité de l'abrogation, mais l'opposition de ses collègues le contraint, le 6 décembre, à une démission que l'incapacité de Russell à constituer un ministère lui fait reprendre le 20. Dans son discours du Trône du 19 janvier 1846, la reine peut annoncer un programme cohérent de refonte complète du système douanier, incluant, avec le *Corn Bill,* l'abrogation de la protection douanière pour les céréales. Au prix d'une grave scission dans son propre parti, mais bénéficiant de l'élan irrésistible et aussi des illusions suscitées par la Ligue, recevant le soutien parlementaire des libéraux, rejoint par un « lobby industriel » qui n'a pas pardonné aux propriétaires fonciers leur vote de 1842 sur le travail des femmes et des enfants au fond des mines, Peel fait triompher son point de vue ; la Chambre haute elle-même vote le projet de loi en dernière lecture le 25 juin, sensible aux risques révolutionnaires que lui aurait fait encourir un rejet : « [l'aristocratie] avait en 1832 sacrifié une partie de ses privilèges politiques pour sauver ses privilèges économiques. Elle sacrifiait maintenant le plus important de ses privilèges économiques pour sauver ce que le *Reform Act* lui avait laissé de privilèges politiques » (Élie Halévy). Mais le jour même de son triomphe à la Chambre des lords, le Cabinet doit prendre acte qu'il n'a plus de majorité aux Communes, et Peel paie de son sort personnel sa reddition aux thèses de Cobden.

Sans d'ailleurs que la libéralisation du commerce des grains vaille à l'Irlande d'échapper à son destin qui est de perdre plus d'un million de ses habitants par mort et maladie et un autre million et demi par l'émigration vers l'Écosse centrale et les comtés industriels les plus proches. Dans ces régions, les fuyards de la faim sont fort médiocrement accueillis tant est vive la haine des « papistes », tant est grande la crainte de la propagation des épidémies, tant est réelle la méfiance ouvrière envers des travailleurs disposés à accepter n'importe quel salaire. Une fraction des émigrés s'en va plus loin, par Liverpool, Bristol et Glasgow vers les États-Unis, plus rarement vers l'Australie, et emportera dans ses bagages sa haine du « colonisateur britannique » en Irlande et le souvenir du désastre de la Famine, attribué sans nuances à ce même dominateur : on en verra les conséquences presque jusqu'à nos jours.

Un mémorandum du prince Albert, daté du 7 décembre 1845, permet de bien percevoir l'opinion du couple royal au plus fort de la crise. Le 5, sir Robert Peel a envoyé à la reine, alors en séjour pour la première fois à Osborne, une lettre annonçant sa venue et évoquant son retrait du pouvoir. « Nous fûmes naturellement tout à fait consternés », relate le prince. Le Premier ministre, pendant son séjour, analysa la situation politique, fit état du drame irlandais, évoqua l'action de la Ligue : « Dans chaque ville, des adresses furent votées, des réunions tenues. Le *Times*, ce baromètre de l'opinion publique, se prononça soudainement avec violence contre les droits sur les céréales. » La division du Cabinet, rapportait sir

Robert, empêchait d'adopter une attitude conforme aux nécessités, d'où son inéluctable démission. La gravité de la situation était aussi soulignée par le fait que, malgré une majorité tory de cent voix, Peel suggéra de faire appel à lord Russell, libéral, plutôt qu'à son collègue, lord Stanley, « qui s'appuierait sur l'aristocratie et provoquerait peut-être une insurrection, ou des troubles [...] ; on veut forcer la masse du peuple, malgré sa grande pauvreté, à payer le pain un prix élevé dans l'intérêt du propriétaire ». « Je crains », ajoutait le Premier démissionnaire, « que d'autres intérêts ne souffrent de cette lutte autour des lois sur le blé ; déjà l'achat des grades dans l'armée, les droits de chasse, l'Église sont attaqués par l'intermédiaire de la Ligue. »

La conclusion du mémorandum d'Albert ne laisse aucun doute sur la conviction du couple royal, effrayé par « le grand vide » que créerait la démission de Peel. On est loin des méfiances d'autrefois et tout permet de juger Victoria acquise aux principes devenus désormais ceux de sir Robert. Le 10 décembre, d'ailleurs, dans une lettre à la souveraine, destinée à être communiquée à lord Russell, Peel s'engageait à soutenir au Parlement l'abrogation des droits sur l'importation des denrées alimentaires, si son successeur la proposait. Et le 12, la reine, répondant à la démission de lord Stanley du ministère conservateur où il s'occupait de la guerre et des colonies, lui dit qu'elle « regrette *beaucoup* [souligné par elle] que lord Stanley ne puisse partager les opinions » de son chef de file.

Après l'échec de Russell et la décision de Peel de tenter à nouveau sa chance, Victoria évoque, le 23 décembre, dans une lettre à Léopold son admiration pour « le loyalisme, le courage, le patriotisme, la noblesse d'âme de sir Robert » et ajoute « une aussi bonne cause doit réussir ». Et, le 25 décembre, en rédigeant un nouveau mémorandum, le prince Albert est en mesure de détailler les ambitions du gouvernement reconstitué :

> Sir Robert a un plan immense en vue. Il croit qu'il sera capable de placer la lutte sur un terrain moins dangereux que celui où elle se trouve actuellement – celui d'une guerre entre les manufacturiers, les affamés et les pauvres contre les propriétaires fonciers et l'aristocratie, qui ne peut que se terminer par la ruine de ces derniers. Il ne proposera pas une mesure sur les lois sur les blés, mais une autre beaucoup plus vaste. Il embrassera tout le système commercial du pays. Il adoptera le principe de la Ligue, il propose ici de supprimer toute protection et d'abolir tout monopole, non en faveur d'une classe, pour assurer son triomphe sur une autre, mais pour le bénéfice de la nation entière, des cultivateurs aussi bien que des manufacturiers [...].

La Couronne était ainsi parfaitement informée des enjeux, alertée sur les risques civils d'un refus d'évoluer, et, sans insister longuement sur ce point, dans une crise aussi décisive, elle avait su choisir le chemin de l'intérêt général en suivant Robert Peel dans sa vision nouvelle, fût-ce au détriment apparent de la classe aristocratique à laquelle la famille royale se rattachait si évidemment. Dernier témoignage de cette lucidité : le 23 janvier, après la discussion du discours du Trône, la reine écrit à Peel pour le « complimenter sur son beau discours de la nuit dernière, qui est vraiment irréfutable ».

Dans la même lettre, elle fait état de la promesse de Russell de soutenir les propositions progressistes de son rival ; la monarchie, à cette occasion, a adopté une ligne de conduite que les décennies suivantes ont encore affinée : soutenir dans la coulisse, en rapprochant les points de vue d'adversaires politiques qui auraient eu du mal à se rencontrer et à conclure des alliances ouvertes, la politique qui lui paraissait la plus sage. Du point de vue du système, la crise libre-échangiste aboutit ainsi à la démonstration de la capacité d'écoute et d'adaptation de la Couronne, et on peut y voir la manifestation éclatante de la maturité croissante de la souveraine et du rôle positif joué auprès d'elle par le prince Albert.

Il est vrai que le souci de rassembler les élites de tous bords ne pouvait qu'être exacerbé par les craintes suscitées au même moment par l'agitation démocratique.

Le mouvement chartiste

Dans les régimes les plus avancés de l'Europe du temps, on persiste à nier la possibilité pour des non-propriétaires de voter, encore moins d'être élus aux instances suprêmes de l'État. Mère des libertés et des Parlements, l'Angleterre a voulu trancher ce débat lors de ses crises passées : en 1647-1649, sous l'impulsion même du futur lord-protecteur, elle a refusé d'entendre les « Niveleurs » qui entendaient réclamer pour le peuple tout entier le droit de s'exprimer et d'être représenté ; lors de la Glorieuse Révolution, l'idéologue de la monarchie modérée, John Locke, affirme l'existence de droits naturels communs à tous, mais écarte des urnes ceux qui, n'ayant pas de propriété, n'ont pas un intérêt à défendre eux-mêmes leur patrie ; au temps de la Révolution française, les « jacobins anglais » se sont heurtés à une identique argumentation ; et la réforme de 1832 a associé les classes possédantes dans une commune alliance contre l'ennemi redouté, le peuple.

Les chartistes sont les héritiers des contestataires des siècles écoulés et ils tirent leur nom du document qu'ils entendent bien transformer en une Constitution écrite du royaume : « la charte du peuple ». Eux aussi retrouvent leurs racines. Thomas Evans, Ernest Jones, Harney, se situent dans le grand courant de ceux qui, depuis le début du XVIIe siècle, placent le combat pour les libertés sous le signe d'une revanche des Saxons contre les Normands qui auraient imposé leur « joug » à l'Angleterre et auraient peu à peu été contraints de le desserrer au fil des révoltes et des débats ; ils prônent ainsi un retour à un âge d'or ancien. D'autres se préoccupent davantage de conquérir un monde nouveau. Car les possédants ne s'y trompent pas complètement : la question que pose le chartisme, diront certains de ses orateurs, est celle « du couvert à dresser » : le pouvoir politique des masses devait leur ouvrir les portes d'un paradis social au moins relatif grâce au vote de lois de protection et de redistribution, qui enfin privilégieraient le salarié au lieu du percepteur de profits. Et quand des libéraux disent craindre l'effondrement de la civilisation, c'est, selon eux, que la fin des profits serait celle des investissements et que la démocratie sacrifierait l'avenir au bénéfice d'un pâle présent.

Citons ici, à la suite de Flora Tristan, dans ses *Promenades dans Londres* de 1840-1842[29], quelques inscriptions qui figurent sur les étendards chartistes déployés lors des meetings ; ils témoignent, dans leur diversité même, de la cohérence du message :

> Il vaut mieux mourir par l'épée que par la faim.
> Patience et persévérance, nous aurons nos droits.
> Qui veut être libre doit savoir donner le signal.
> Suffrage universel.
> Les producteurs dédaignés se feront justice.
> Un jour de liberté vaut une éternité de servitude.
> Nous vivons pour mourir de faim.
> La liberté – coûte que coûte !
> Être libre ou ne pas être !
> Tout homme est un homme : qui donc est plus ?
> De vos charrues faites des épées ; de vos serpes des [piques.
> Que le faible dise : je suis fort !
> Peut-on du vrai soldat faire un instrument d'oppression ?

Ce qui donne au chartisme une tonalité particulière, c'est l'éclairage que jette sur lui la situation passée et présente sur le Continent. À tous les échelons du pouvoir, et aux têtes couronnées évidemment, la revendication démocratique et sociale en France, en Italie, en Allemagne, dans l'empire d'Autriche, est bien celle qui oppose la liberté des individus et des peuples, et le progrès général du genre humain à des systèmes ancrés dans leurs traditions et assurés de leur légitimité. Les solidarités entre combattants de la liberté sont hautement affirmées au nom de la fraternité des hommes : ainsi la *Jeune Italie* et la *Jeune Europe*, enfants de l'Italien Mazzini, sont en plein essor au moment où Victoria monte sur le trône. Une révolution dans un grand État peut avoir un retentissement général et, en 1848, Lamartine apparaît un temps aux hommes d'ordre du Vieux Continent comme le dangereux modèle susceptible de susciter partout des imitateurs. Les craintes inspirées dans le Royaume-Uni par les chartistes sont indissociables d'une panique générale des élites européennes et c'est bien ce que montreront certaines des réactions de la Cour et du gouvernement de Londres en 1848.

Les chartistes se recrutent d'abord parmi d'anciens radicaux, déçus en 1832, parmi des bourgeois, des membres aussi de l'« aristocratie » ouvrière, et, au départ, ils se sont manifestés à Birmingham et à Londres. La charte qu'ils défendent à partir de 1838, à travers un combat qui se prolongera jusqu'en 1854 au moins, comporte six exigences essentielles : le suffrage universel masculin, l'éligibilité pour tous, la convocation annuelle du Parlement, le vote secret, l'indemnité parlementaire, la définition honnête des circonscriptions électorales. Rien de révolutionnaire en soi aux yeux d'un démocrate d'aujourd'hui, qui constatera que seule l'élection annuelle n'est guère entrée dans les mœurs européennes. L'usage de la violence « physique » n'est pas envisagée dans un premier temps :

l'arme absolue devait être la pétition. Très vite pourtant, on doit se pencher sur ce qu'il conviendrait de faire en cas d'échec. En 1839, on a prévu de réunir une Convention qui, l'idée date de 1832, pourrait appeler à de « grandes vacances de la nation », c'est-à-dire proclamer une grève générale. En attendant, la méthode utilisée ne diffère guère de celle choisie par la Ligue de Cobden : des meetings, la formation de sociétés locales. Rapidement, les choses deviennent moins claires. À quoi bon la démocratie formelle si c'était pour ne pas en user ? Dans le Lancashire, dans le Yorkshire, dans la région de la Clyde, des orateurs enflamment les foules, à l'instar du pasteur Rayner Stephens, de Henry Vincent, « le jeune Démosthène de la démocratie anglaise » ; ils prophétisent un monde nouveau, fondé sur le bonheur de tous grâce à des réformes sociales opérées par la voie législative. Pendant que circule la pétition de 1839, un camp de « durs », surtout recrutés dans le Nord, autour de l'Irlandais Feargus O'Connor, prône en cas de nécessité le recours à une forme violente de combat qui répondrait à la violence d'État. Et ce clan s'impose parfois aux dépens des modérés du Sud, regroupés autour de Lovett et Francis Place. L'échec aussi bien de la pétition que de quelques grèves sporadiques conduit O'Connor, qui publie à Leeds le principal journal du mouvement, le *Northern Star*, à prôner une nouvelle pétition : elle sera présentée en 1842, accompagnée d'actes de violence qui affectent surtout d'abord le Lancashire et le Pays de Galles, alors particulièrement touchés par une crise économique et le désespoir des pauvres.

Après une période de sensible apaisement dans les années suivantes, la crise économique de 1846-1848 constitue le terreau d'une ultime tentative : une pétition géante est préparée, dans l'enthousiasme et l'espérance suscitées en 1848 par les succès révolutionnaires sur le Continent, pendant ce « printemps de l'Europe » qui a vu s'écrouler la monarchie de Juillet, ébranler l'empire des Habsbourg autrichiens et chasser Metternich du pouvoir à Vienne, jeter bas un moment la souveraineté temporelle de la papauté. O'Connor, pour contraindre le Parlement à prendre garde cette fois-ci à une pétition dont les rouleaux sont signés par six millions de citoyens, veut faire pression sur les députés et convoque, le 10 avril, ses partisans sur les terres communales de Kennington, au sud de Londres. La situation paraît insurrectionnelle au gouvernement, qui masse des forces de policiers et de volontaires pour protéger la capitale. Il permet ainsi que l'emporte une solution pacifique. O'Connor seul se rend en fiacre à Westminster, y dépose son précieux fardeau de signatures, obtient qu'on les examine... et autorise du coup ses adversaires à tourner en ridicule une pétition sur laquelle les signatures apocryphes, dont celles de Victoria et du prince Albert, en jouxtent d'autres pourtant infiniment plus nombreuses et authentiques. C'en est fini du chartisme, d'autant qu'O'Connor sombre progressivement dans la folie et que ses derniers partisans rejoignent, au cours des années 1850, qui le camp libéral, qui les cercles du socialisme marxiste. L'échec s'explique autant par la résolution des autorités que par l'insuffisance de l'organisation ouvrière, Lovett faisant dès 1842 ressortir le préalable indispensable de l'éducation du monde ouvrier. Et puis, bien des esprits à l'image d'un Charles Kingsley, l'un des pères du christianisme social, romancier inspiré, dont l'*Alton Locke* met en scène, précisément, un combattant chartiste, n'ont pas admis le risque de voir verser le sang, fût-ce au profit d'une cause juste.

Ce qui nous intéresse ici, c'est évidemment la manière dont la reine a été informée et l'écho qu'elle a donné à la menace.

En décembre 1839, dans une lettre à son fiancé le prince Albert, elle l'entretient au passage des émeutes qui ont affecté le Montmouthshire. Elle le fait anecdotiquement : le maire de Newport, M.T. Phillips, qui s'est conduit courageusement face à une « émeute », en s'exposant aux balles avant d'ordonner à la troupe de tirer, a été fait chevalier : « C'est un homme très timide et modeste, qui fut très heureux quand je lui dis de vive voix combien j'étais satisfaite de sa conduite. [...] Les officiers ont été également récompensés. » Le compte rendu est sommaire, s'agissant d'une grosse manifestation galloise ; elle aurait regroupé, selon les sources, entre un et huit mille manifestants, peut-être dix mille, rassemblés le 4 novembre pour obtenir sans doute la libérations de chefs arrêtés, dont Henry Vincent, et elle connut effectivement un accès de violence armée auquel résista une compagnie du 45e Régiment ; l'assaut repoussé, ses meneurs, dont John Frost et Zephaniah Williams, avec d'autres de leurs compagnons, sont condamnés à mort, mais verront leur sentence commuée en déportation.

Les troubles de 1842, partis du Lancashire, gagnent plusieurs comtés, le Cheshire, le Staffordshire, le Warwickshire, le Yorkshire, ainsi que certaines régions d'Écosse et du Pays de Galles. Ils font, au mois d'août, l'objet d'une correspondance relativement étoffée entre la reine et sir Robert Peel. Ce dernier, le 13 août, relie les remous de Manchester à l'anniversaire du « massacre de Peterloo » du 16 août 1819[30], et l'observation n'est pas sans intérêt pour qui se préoccupe de la mémoire ouvrière et aussi de l'héritage de l'agitation radicale sous la Régence ; le Premier ministre sollicite d'urgence une proclamation royale en Conseil, mettant en garde toute personne contre sa participation « à des assemblées tumultueuses ». Le Home Secretary, sir James Graham, informe la reine, le 15 août, de l'effet salutaire produit dans la grande cité du Lancashire par l'arrivée de quatorze cents hommes de renfort ; il évoque dans sa lettre les rassemblements « insurrectionnels » dans le Yorkshire, et surtout à Preston où les soldats ont dû tirer sur la foule : « Ces émeutes ont revêtu un caractère décidément politique. Ce n'est plus une grève pour des salaires plus élevés ; des délégués qui dirigent le mouvement avouent que le travail ne sera pas repris jusqu'à ce que la Charte du peuple ait été accordée. » Le 18 août, c'est Peel cette fois qui informe la reine, tout en relevant que Graham l'a constamment mise au fait des nouvelles qui lui parvenaient :

> Le mouvement n'est pas provoqué par la misère. L'offre de travail a augmenté et le prix des denrées [...] a rapidement baissé pendant la dernière quinzaine ou ces trois dernières semaines. Les gens qui ont du bien et les magistrats, malgré leurs dissensions politiques, agissent maintenant en harmonie et avec plus d'énergie [...].
> On surveillera avec le plus grand soin Cooper [chartiste de Leicester] et tous les autres agitateurs en tournée [...].
> Birmingham est tranquille et bien disposé. Les rapports d'Écosse sont favorables.

Le ton de lord Melbourne, dans sa lettre à Victoria le 17 août, est nettement moins optimiste :

> Lord Melbourne espère que les troubles dans les districts manufacturiers sont en voie d'apaisement, mais il ne peut cacher à Votre Majesté qu'il envisage la situation avec une grande anxiété, beaucoup plus même qu'il ne croit prudent de le dire. Il craint que l'agitation ne puisse durer sous la forme de grèves, et finisse par se prolonger plus qu'on ne l'avait prévu [...].
> L'état actuel de la société a donné lieu à beaucoup de mécontentement. Il a pour origine la misère et le dénuement, qui frappent à certains moments une grande population industrielle et aussi les opinions folles et extravagantes, qui prennent naturellement naissance dans un état social avancé et agité.

> Ce mécontentement a été aggravé et surexcité par le langage des deux partis dans l'État. Lord Melbourne ne peut exempter aucun d'eux de ce blâme, ni presque aucun de leurs membres, excepté lui-même [...].
> [Le pays est] à deux doigts d'une rébellion, sinon d'une guerre sociale [...].

L'analyse traduit bien la panique des esprits, même si l'ancien Premier ministre en profite pour s'exonérer de toute responsabilité ! L'apaisement progressif des esprits se traduit pourtant dans la correspondance et tout permet de penser que le couple royal a pu être rapidement rasséréné.

Portons-nous à 1848. Les premiers mois de l'année ont valu à l'Angleterre de contempler les ravages de la révolution sur le Continent. Les échanges de lettres entre Victoria, le roi de Prusse, le roi des Belges, le tsar témoignent de la consternation et de la solidarité des têtes couronnées. Même si le Cabinet met en garde la reine contre tout accueil de Louis-Philippe et de membres de sa famille dans un palais royal, l'offre d'hospitalité et les témoignages d'affectueuse pitié sont légion sous la plume de la souveraine. Une lettre à son oncle, datée du 4 avril 1848, constitue un intéressant exercice d'auto-analyse, en même temps qu'elle témoigne de la qualité des informations fournies à la Cour :

> Dieu merci, je suis particulièrement solide et bien portante de toutes façons, ce qui est une bénédiction par ces temps terribles, tristes et navrants. Dès le début, j'ai été tenue au courant de tout ce qui se passait ; je ne pensais qu'à la politique, je ne parlais que politique, mais je ne fus jamais plus calme, plus tranquille, moins nerveuse. Les grands événements ne troublent pas mon équilibre, seuls les petits ennuis m'impatientent et irritent mes nerfs, mais je sens que je vieillis [la reine n'a encore que vingt-neuf ans], que je deviens sérieuse et l'avenir est très sombre [...].

L'Allemagne me rend bien triste, d'autre part la Belgique [qui demeure à l'écart des troubles révolutionnaires] fait ma fierté et ma joie [...].

Il est d'autant plus curieux de mesurer l'ampleur des inquiétudes soulevées, peu après, par la manifestation chartiste à Londres. Le 9 avril, le Premier ministre, lord Russell, a exposé au prince Albert les plans préparés avec le concours du vieux Wellington, alors commandant en chef de l'armée; il évoquait le risque que les chartistes « tirent leurs épées et poignards ou en usent » et disait sa confiance dans les forces militaires auxquelles on ferait alors appel et qui « triompheraient aisément de la populace de Londres ». Le 10 avril, le prince parle, en réponse, des « chartistes et [de] tous les gens mal intentionnés » et en fait les ennemis « de la loi, du Gouvernement et du bon sens du pays ». Mais il sait aussi exprimer sa compréhension devant certaines situations :

> Je me suis sérieusement informé de l'état du chômage à Londres, et je trouve, à mon grand regret, que le nombre de travailleurs de tous les métiers sans emploi est très grand et qu'il a été augmenté par les réductions faites dans tous les travaux publics, à la suite de la campagne menée à la Chambre des communes en faveur des économies [...]. Ce n'est certainement pas le moment pour les contribuables d'économiser sur les classes ouvrières [...]. [Le gouvernement], en réduisant les chantiers ouverts donne aux entreprises privées un exemple qu'elles se hâtent de suivre comme un signe des temps [...].

On peut supposer sans risque d'erreur que Victoria est parfaitement au courant des sentiments et des réactions du prince, et on trouvera là un exemple remarquable d'incitation, sans que le public en soit informé, à l'action gouvernementale.

Le 10 avril, une nouvelle missive de lord Russell rassure la Cour sur les événements : « le meeting général de Kensington a complètement avorté ». Par ailleurs, « les nouvelles de la province sont bonnes. L'Écosse est tranquille ». Mais, signe que l'inquiétude est encore entière, « à Manchester, cependant, les chartistes sont armés et ont de mauvais desseins ».

Le 16 avril, Victoria analyse pour son Premier ministre, dans une lettre datée d'Osborne, une situation où « il y a tant de matière inflammable autour de nous que cela fait trembler ». Avec une lucidité qui rappelle, et peut-être accompagne le comportement de son époux, elle souligne que les malheurs des Français comme ceux de Metternich sont dus à de mauvaises politiques et à l'incapacité de faire en temps voulu les concessions nécessaires. L'évolution en Angleterre peut avoir « un effet apaisant et salutaire » en démontrant la stabilité relative du royaume.

Dans les mois qui suivent, la reine suit avec une particulière anxiété ce qui se passe en France et en Prusse, se montre impatiente de recevoir de Russell, et surtout de Palmerston, toutes les informations en leur possession et fait montre d'une activité dont elle s'explique dans sa lettre à Léopold du 11 juillet :

> Depuis le 24 février [début de la révolution à Paris], je sens une instabilité dans tout ce qui m'entoure, ce que je n'avais jamais senti auparavant, quelque fragiles que soient toutes les affaires humaines [...]. [Ma] façon de voir est absolument changée : les ennuis, les contrariétés dont nous nous serions plaints, il y a quelques mois, apparaissent maintenant comme d'excellentes choses et une bénédiction [...].

L'apaisement des tensions en Angleterre, la relance, passagère seulement de la révolte nationaliste en Irlande, où la Grande Famine tue aussi bien les impulsions révolutionnaires que les habitants du pays, font peu à peu disparaître des préoccupations de la reine la peur d'un cataclysme dans son propre royaume. Et ses préoccupations des évolutions ailleurs en Europe ne portent plus le cachet d'une peur plus égoïste. Victoria n'en aura pas moins démontré sa maturité et sa qualité de réflexion : les troubles et les commentaires du prince Albert avaient sans doute même contribué à les améliorer.

La reine témoigne d'identiques qualités dans d'autres affaires qui, pour elle, ont peut-être revêtu une égale importance : combien de ses lettres n'évoquent-elles pas le risque de voir l'Église d'Angleterre succomber à la poussée du mouvement d'Oxford et de l'anglo-catholicisme, qu'elle range sous l'appellation fréquente de « puseyisme », du nom de l'un des principaux protagonistes du changement ? En décembre 1850, quand elle approuve la proposition du gouvernement d'interdire, lors du rétablissement d'une hiérarchie épiscopale romaine, l'usage de noms de villes pour désigner les nouveaux diocèses catholiques, elle témoigne aussi de sa crainte de voir ébranler un grand pilier de la tradition. La suite du règne lui donnera bien des motifs de revenir sur ces tourments qui, en comparaison des dures secousses infligées par les libre-échangistes et les chartistes, paraissent aujourd'hui quelque peu « relatifs ».

Mais, au tournant du demi-siècle, le plus dur est passé et les voies sont ouvertes vers un avenir prometteur.

CHAPITRE III

La décade prodigieuse
1851-1861

En 1851, Victoria est âgée de trente-deux ans, elle règne depuis quatorze années ; elle a appris son métier de souveraine et l'exerce avec une croissante autorité, assistée d'un époux dont elle accepte les conseils et qui est devenu l'interlocuteur naturel des hommes d'État. Jusqu'à la mort du prince Albert, un système politique, qui n'a rien encore de démocratique, se stabilise au point d'autoriser de nouvelles perspectives d'évolution. Cette stabilisation doit sans doute beaucoup à l'étonnante prospérité qui s'instaure, durable aux yeux des économistes d'alors, remarquable aux nôtres, au point qu'il ne serait pas excessif d'appliquer anachroniquement le terme de « Trente Glorieuses » au cycle dans lequel s'inscrivent les années évoquées dans ce chapitre. Des esprits chagrins dénoncent toujours les risques de conflits sociaux dramatiques, soulignent que l'assoupissement d'une Irlande anesthésiée par son deuil si récent dissimule mal les fièvres sous-jacentes ; d'autres s'inquiètent de la décadence de plus en plus visible des valeurs religieuses malgré l'exemple vertueux offert par la famille royale. A la fierté de la grandeur mondiale correspondent aussi les craintes devant les déséquilibres croissants en Europe, à l'orgueil de posséder un vaste Empire répond la conscience de sa fragilité, que démontre en 1857 la

Grande Mutinerie aux Indes. Dans l'ensemble, le ciel est clair, les nuages qui le traversent passagers, avant le grand orage et le coup de tonnerre de la mort précoce du prince consort.

La stabilisation de la monarchie

Elle est liée aussi bien à des modifications organiques et à un meilleur fonctionnement des institutions qu'à la croissante popularité de la reine et à l'intelligence de son époux.

Et tout a si bien commencé avec une Exposition universelle qui sonne comme la fanfare d'un âge nouveau... et toute cette décennie aurait pu si bien se terminer avec la deuxième de ces Expositions, celle de 1862 !

D'une exposition à l'autre

L'Exposition universelle de Londres, 1851

Elle est pour la famille royale, pour Albert son initiateur, pour Victoria, d'autant plus rayonnante que la gloire lui est offerte par son époux, comme la sortie d'un tunnel de peurs et de difficultés[1].

La décision de l'organiser n'avait pas été prise sans mal[2]. En 1845, la Société des arts, dont Albert, après quatre années d'adhésion, était devenu le président, avait lancé pour la première fois le projet d'une sorte de grande foire annuelle des produits de l'industrie britannique. De telles foires sont organisées à partir de 1847, et rencontrent un grand succès populaire. En juin 1849, le prince organise à Buckingham une rencontre avec quelques membres éminents de la société et les convainc de lancer le plan d'une grande Exposition « de toutes les nations » : une commission royale, présidée par Albert, devait être constituée et faire construire, à cet effet, pour 1851 une grande halle capable d'abriter les chefs-d'œuvre techniques et les produits venus de toute la planète. Avec le soutien de Henry Labouchère, ministre du Commerce, Albert met sur pied une campagne nationale destinée à collecter des fonds, à intéresser les participants, à signer des contrats avec des entreprises privées qui se verraient, en échange, promettre une participation aux bénéfices ; cette quête vaut au prince les commentaires ironiques de *Punch,* qui le représente, en 1850, dans une caricature intitulée « The Industrious Boy », le chapeau à la main, mendiant vainement des donations. Mais le 3 janvier 1850, la mise en place d'une commission royale dans laquelle on fait entrer de riches notables à côté de savants et de techniciens met enfin le projet sur des rails plus sûrs. Jusqu'au bout, à toutes les étapes de la réalisation, l'engagement personnel d'Albert joua un rôle d'autant plus capital que Victoria fit pleinement siens les enthousiasmes de son époux.

Le *Times,* très tôt méfiant envers les projets architecturaux de Paxton, en avait appelé au bon goût, persuadé que son « gigantesque hall d'exposition transformerait Hyde Park en une foire géante ». D'aucuns craignaient, avec la venue des foules dans un quartier élégant, l'insécurité et la débauche.

Une immense nef de près de quarante-cinq mètres de hauteur, de cinq cent soixante-trois de long, fut construite en des matériaux, verre et fer, qui attestaient la puissance de l'industrie et valurent à l'édifice son nom de « Palais de Cristal ». Les constructeurs réalisèrent l'équilibre audacieux de deux mille trois cents poutres de fer pesant au total trois mille cinq cent tonnes, de trois cent cinquante-huit arceaux métalliques ajoutant cinq cent cinquante tonnes à ce poids, de dix-huit mille plaques de verre couvrant une superficie de 120 000 m². L'entrée principale était surmontée d'une coupole de verre quatre fois plus haute qu'à Saint-Pierre de Rome.

Sir Matthew Digby, commissaire de l'Exposition, présente le catalogue officiel : « Qu'il ait été possible de réunir aussi rapidement une si vaste quantité de matériaux. [...] Que ces matériaux bruts aient été façonnés en des formes aussi diverses, aussi complexes et aussi originales dans un temps aussi court n'a pu être le fait que des habitants d'un pays dans lequel la connaissance des principes et de la pratique de la mécanique et des machines est depuis longtemps étudiée en profondeur et largement diffusée. »

La presse est au diapason, même la plus disposée à la critique.

Commencé en septembre 1850, l'assemblage avait requis quelque deux mille ouvriers, et on avait craint un moment qu'il ne fût pas achevé à temps. Quelques jours avant la cérémonie d'ouverture, *Punch* montrait le prince Albert, hagard, en train de s'habiller à la hâte, pendant que sa mère, Britannia, dans une salle de banquet encore encombrée de sacs accumulés, posait des chandeliers sur la table, et le prince de s'écrier :

> Maman, s'il vous plaît, maman, regardez ce qui reste à faire. Et voici que tout le monde arrive, les rues sont pleines de carrosses et de voitures de location, et il y a une telle ruée, et les chandelles ne sont pas encore allumées, le souper n'est pas prêt, le maître d'hôtel n'a pas encore revêtu sa livrée, les musiciens ne sont pas là, rien n'est prêt.

En fait, tout se passa à merveille. La grande halle donne l'impression d'une immense serre tant on y a disposé de plantes vertes et de fleurs. La reine pourra s'ébahir de l'accumulation des objets présentés, meubles, instruments de musique, joaillerie, faïences, machines agricoles, véhicules de toutes sortes, objets d'art jusqu'à des sculptures fort académiques, des ferronneries décoratives d'allure néo-gothique ; véritable « bazar », la raillerie un peu gratuite est de Louis Blanc, offert à l'admiration des foules et à l'avidité des clients attendus ! Le poète Mackay, en 1851, ne boude pas les merveilles qu'il a contemplées :

> Rassemblez-vous, ô Nations, rassemblez-vous !
> Et de la forge, de l'usine, de la mine,
> Accourez, Science, Invention, Talent, Action ! [...]
> Rassemblez-vous, Nations, de tous horizons,
> De tout terroir, Confédération nouvelle,
> Pour le jubilé du Travail.

Le Palais devait accueillir, venus du monde entier, pour la première fois dans l'histoire des nations, les produits les plus achevés du génie de l'homme, y compris ses œuvres d'art. Il devait devenir le miroir du progrès humain. Et, en un sens, il inaugure, dans l'histoire de l'humanité, l'entrée dans l'âge des sciences et des techniques, dans la pleine et visible conscience de la supériorité du présent sur le passé. Près de quatorze mille exposants (13 937 exactement dont 6 556 étrangers) étaient accourus, les Américains du Nord surtout fiers de montrer leurs bateaux à vapeur, leurs yachts de plaisance et la fameuse moissonneuse MacCormick qui permet à quelques-uns d'entre eux d'affirmer, avec une arrogance alors très excessive, la « suprématie » de leur pays sur l'Angleterre ! En dépit de son ouverture au commerce avec l'Occident depuis la guerre de l'opium et le traité de 1842, l'Empire du Milieu n'était représenté que par des articles fournis par des importateurs ou collectionneurs britanniques et la Compagnie des Indes.

Le jour de l'inauguration, Victoria est transportée : « Ce jour est l'un des plus grands et des plus glorieux de notre vie, c'est le jour où mon cœur se gonfle de gratitude[3]. » Deux jours plus tard, elle décrit à Léopold les prodiges dont elle a été témoin :

> Le plus grand jour de notre histoire, le spectacle le plus beau, le plus imposant, le plus touchant qu'on ait jamais vu [...], le plus heureux jour de ma vie, et le triomphe de mon bien-aimé Albert. [Évoquant Albert] son nom, plus cher que tous les autres, est immortalisé et, si cette grande conception a été sienne, mon pays a démontré qu'il en était digne.

Le 1er mai, précédant ainsi quelque six millions de visiteurs durant les cent quarante jours suivants, certains il est vrai revenus plusieurs fois sur les lieux, et les vingt-cinq mille privilégiés du jour, invités officiels et riches acquéreurs de billets d'entrée permanents, les plus chers, la famille royale avait pris, en neuf carrosses, le chemin menant de Buckingham à Hyde Park. Victoria était vêtue de rose. Sur le trajet, sept cent mille spectateurs avaient accompagné le cortège de ses applaudissements et, Macaulay le note dans son journal, parmi les badauds, il n'y eut aucune fausse note, les gens « étaient décents et honnêtes », et l'historien whig n'aperçut pas « d'agitateurs au service de la menace socialiste ». La duchesse de Gloucester, tante de Victoria, trop âgée pour accompagner le cortège, écrit, le 2 mai, à la reine pour lui dire ses impressions de spectatrice :

> De ma fenêtre, le coup d'œil était des plus gais, et des plus émouvants et me rendait – je vous aime si tendrement – la fête d'autant plus délicieuse. La bonne humeur de la foule, le beau temps aussi bien que la manière dont vous avez été reçue en allant à l'Exposition et lorsque vous en êtes revenue : tout fut parfait. Qu'est-ce que cela a dû être dans l'enceinte des bâtiments ! [...] G. Bathurst m'a même dit que cela dépassait en magnificence le couronnement et nous étions tous d'accord pour nous réjouir de ce que les étrangers aient pu se rendre compte de l'affection du peuple anglais pour vous et votre famille, ainsi que de son respect pour la Couronne [...]. Je regretterai toujours d'avoir manqué un tel spectacle, mais je me console en me disant que certainement je n'aurais pas pu vous suivre, ainsi que j'aurais dû le faire lorsque vous avez fait à pied le tour de

l'Exposition [...]. Nous avons porté un toast à votre santé, à dîner, ainsi qu'à Albert en le félicitant du succès complet de ses plans et arrangements [...].

Devant le hall d'exposition, quarante drapeaux nationaux claquaient au vent. La souveraine et sa suite furent accueillies par des sonneries de trompettes, assourdis par la véritable explosion sonore provoquée par la mise en marche simultanée de deux cents orgues, couvrant en partie les voix de six cents choristes. La princesse Vicky, alors dans sa onzième année, était au bras de son père, sa mère tenait par la main le prince héritier Albert-Édouard, âgé de dix ans, et le tableau suscita les plus enthousiastes des applaudissements. « Vraiment, ce fut une scène étonnante et féerique », écrit Victoria à Léopold[4], « beaucoup de gens pleurèrent et tous éprouvèrent et manifestèrent des sentiments de vif attachement. »

À l'empereur d'Autriche François-Joseph, monté sur le trône en 1848, et qui lui a envoyé, à l'occasion de l'Exposition, quelques beaux objets en cadeau, elle écrit le 5 mai : « La cérémonie de l'inauguration de l'Exposition a fait une profonde impression sur mon cœur et je regrette d'avoir été le seul Souverain qui ait pu jouir de cette scène à la fois imposante et parlant au cœur. »

Ce qui était une façon de dire que le témoignage de l'adhésion populaire au trône d'Angleterre faisait de lui un modèle enviable pour des têtes couronnées peut-être moins sûres, à l'époque, de la stabilité de leur domination !

De sa visite, la reine garde un autre souvenir, amusé. Une sorte de mandarin chinois étant venu se prosterner devant elle au moment de son entrée, et personne ne le connaissant, le lord-chambellan, soucieux d'éviter tout incident diplomatique, et après avoir pris l'avis du couple royal, le plaça entre l'archevêque de Cantorbéry et le duc de Wellington pour le tour de l'exposition :

À ce rang remarquable, il traversa le bâtiment à l'étonnement émerveillé de tous les exposants. Le lendemain, on sut que ce Chinois était le gardien d'une jonque ancrée sur les bords de la Tamise et accessible à tout visiteur moyennant un shilling !

L'enthousiasme de la reine est au diapason de celui de nombre de ses sujets, même les esprits portés à la critique. *Punch* publie le 3 mai 1851 les impressions de Thackeray, sous le titre : « Ce que je remarquai à l'Exposition » :

> La scène dont je fus le témoin constitua le spectacle le plus grand et le plus excitant, le plus brillant et le plus splendide que jamais des yeux ont contemplé depuis la création du monde [...].
> Je me fis la remarque, avec un sentiment de honte, que j'avais longtemps hésité avant de payer trois guinées – hé oui ! –, m'étais dit que j'avais vu la Reine et le Prince auparavant, et ainsi de suite, et je sentais à présent que, pour contempler cette scène, trois guinées, ou cinq, ou tout autre montant (car je suis un homme fort riche) auraient été bon marché. [...]
> Je remarquai qu'à la vue de la Reine, la tête inclinée pour remercier d'une révérence, toutes les femmes tout autour commencèrent à pleurer. [...]
> Je remarquai l'animation avec laquelle le jeune Prince s'entretenait avec sa sœur, combien chacun était charmé de voir ces beaux jeunes gens marcher main dans la main avec leurs père et mère. [...]
> J'aperçus trois prêtres catholiques, au milieu de la foule, s'amusant à manier des jumelles de théâtre et je me fis la remarque qu'il était tout à fait remarquable qu'un prêtre en possédât une paire. [...]
> Je remarquai qu'il est bien des faux diamants de par ce monde qui passent pour vrais et *vice versa*. [...]
> Je remarquai que, si j'étais la Reine d'Angleterre, je ferais sertir un morceau de ce cristal dans ma couronne et le porterais comme s'il était le plus splendide joyau de tout le diadème, voilà ce que je voudrais.

Et en fait je me fis dans l'ensemble la remarque que Dieu sauve la Reine.

Certes, l'ironie n'est pas absente de ce « compte rendu », mais le ton est suffisamment positif pour autoriser à croire que la gaieté et les acclamations du jour n'avaient pas paru injustifiées à l'humoriste.

Désireuse de ne rien perdre des merveilles exposées, Victoria revint à plusieurs reprises visiter le Palais de Cristal.

Le spectacle offert était, pour les Britanniques, l'occasion soudaine de prendre conscience de l'extraordinaire avance technique de leur pays, le premier à avoir adopté les chemins de la mécanisation industrielle, à faire du charbon, de la vapeur, de la filature et du tissage du coton, de la fabrication de rails en fer, de locomotives, les supports d'une industrie alors sans égale dans le monde; même si, utilisant toujours le charbon de bois et grâce à une main-d'œuvre abondante et bon marché, la France, jusqu'au tournant du demi-siècle, avait progressé d'un pas relativement rapide. Sa révolution industrielle valait au Royaume-Uni une avance de cinquante ans pour les techniques modernes, auxquelles le voisin français ne commença à attacher de l'importance que dans les années 1830, le belge vers 1834, l'allemand vers 1850 quand le cousin américain se situait à peu près, dans le temps, à la hauteur de la Belgique. L'Exposition le démontre, qui voit les Français briller surtout dans les domaines du luxe et de l'art traditionnel, les Belges exhiber broderies et objets du culte, sans avoir été autorisés à habiller leurs mannequins représentant le pape et des cardinaux des ornements sacerdotaux : on avait eu peur de faire monter encore la fièvre antipapiste en Angleterre.

Bien loin que la prise de conscience fût limitée aux élites, certains jours avaient été réservés aux moins aisés, à des prix « populaires »; l'affluence quotidienne (seuls les dimanches furent parfaitement respectés) avait été considérable : 110 000 visiteurs le 7 octobre par exemple. Toute une nation semblait avoir pris part à la fête et communié dans un même sentiment d'orgueil patriotique.

Ce sentiment sert fort bien le loyalisme monarchique et, surtout, au grand bonheur de Victoria, il achève de consacrer l'« étranger » Albert comme un Anglais à part entière. En 1854, trois ans après l'événement, *Punch*, longtemps réservé envers l'époux de la reine, y reviendra avec un joli couplet :

> Du Prince Punch au prince Albert
> Illustre et excellent frère. [...]
> Ton comportement parmi nous a démontré
> Une capacité, un jugement et une qualité
> De goût, que ne surpasse pas même la mienne.
> Tu as respecté les petits ridicules de John Bull,
> Sans jamais chercher à froisser le vieux compagnon ;
> Tu as choisi (et bien) ses images et statues et
> [productions. [...]
> Et si tu es un peu plus germain
> En tout cela que je le souhaiterais – qu'est-ce
> De plus que ce qu'un critique pourrait appeler
> La déformation inévitable due à l'éducation ?

Tous ces compliments n'étaient pas dus à sa seule participation à la grande réussite de 1851. Mais celle-ci avait de toute évidence instauré un climat nouveau. Victoria l'avait senti dès la rédaction de sa lettre du 3 mai à Léopold : « Le caractère d'Albert, sa patience, sa fermeté, son énergie ont tout surmonté, et partout on le sent. »

L'Exposition de 1862

Dix ans plus tard, une nouvelle Exposition universelle devait être organisée à Londres, du 1er mai au 15 novembre. Elle se voulait la réaffirmation, à une échelle plus grande encore, de la grandeur et de la gloire d'un Royaume-Uni qui passe alors plus que jamais pour l'« atelier du monde ». Malgré le beau succès de l'Exposition de Paris en 1857, les Britanniques sont certains de faire mieux encore, et, surtout, de damer le pion aux Américains qui, à New York en 1853, avaient attiré relativement peu d'étrangers. Un quart de siècle après être montée sur le trône, Victoria s'apprêtait, avec le prince consort, à vivre une nouvelle apothéose.

On avait voulu dépasser les records atteints par le Palais de Cristal qui, démonté, avait été transporté dans le sud-est de la capitale, à Sydenham[5]. Dans le cadre de South Kensington, au sud de la Tamise et de Hyde Park, l'architecte Francis Fowke avait prévu une nef de deux cent cinquante mètres de longueur, flanquée de deux transepts d'environ deux cents mètres, couronnés de deux dômes d'un diamètre de près de cinquante mètres et d'une hauteur de quatre-vingts. Les exposants se voyaient offrir 110 000 m^2 et un véritable labyrinthe de galeries secondaires. Une fois encore, le fer et le verre avaient été mis en honneur.

Les organisateurs et leurs inspirateurs, dont le prince Albert, espéraient faire revivre l'esprit de 1851, celui de l'amitié des peuples, l'affirmation de l'unité du monde économique, dans l'euphorie de la généralisation croissante du libre-échange. Qu'importaient dès lors les réserves esthétiques du *Times*, qu'auraient valu les critiques perfides de Louis Blanc, exilé à Londres, et correspondant de presse, pour qui « tout ce qui est immense n'est pas grand » ?

Comme en 1851, à l'unité des nations devait s'ajouter l'harmonie des classes, avec, cette fois encore, les prix dégressifs des billets certains jours, et aussi l'affirmation de l'unité britannique, grâce au réseau ferré que l'on pensait susceptible de drainer vers la capitale des curieux venus de tout le royaume.

Bien qu'on connût en fait, et au mieux, qu'un nombre de visiteurs légèrement inférieur à celui de 1851, la fête aurait pu être belle, avec ses vingt-deux mille exposants, dont quatre mille Français, trois mille Allemands des pays du Zollverein, deux mille Italiens, autant d'Autrichiens, des Chinois et des Japonais, et quelque cent mille produits de toutes sortes offerts à l'admiration générale. La tristesse fut pourtant la note dominante, bien résumée par Hippolyte Taine qui, cette année-là précisément, parcourt l'Angleterre et en tire ses *Notes*, si souvent rééditées ensuite[6] :

> La grande Exposition de cette année, comme la précédente, est une invention anglaise, un produit de l'esprit industriel et mercantile. Le bâtiment est énorme, et ce qu'il y a dedans est énorme : voilà ce qu'on peut dire de mieux. À l'entrée, une fontaine monumentale, qui jette de l'eau parfumée, ressemble à ces édifices de pâtissier, brodés d'angélique, qu'on sert dans les noces de bas étage. Les bijoux, les porcelaines, les objets d'art sont laids, trop brillants, d'un ton cru, sans finesse [...]. L'effet est pareil à celui des quatre immenses pages du *Times*. Là comme ici, la concurrence s'étale. Chacun fait la réclame de son produit [...] le goût baisse et s'émousse. Tout devient peuple, peuple ouvrier, boutiquier âpre et dur, inquiet et triste.

Ne prêtons pas à Taine le don de totale objectivité qui ne siérait pas à un Français de l'époque. Malgré les bonnes relations de Paris et de Londres, on n'en a pas fini avec les stéréotypes et le dénigrement de John Bull d'un côté, celui du Français arrogant et léger de l'autre.

Il demeure que, par-delà les intérêts économiques qui ont évidemment imposé de maintenir le projet et d'aller jusqu'au bout, un événement a jeté dès le départ un voile de deuil sur les festivités : la mort du prince consort, si proche, en décembre 1861, a transformé la cérémonie inaugurale, présidée le 1er mai suivant par le duc de Cambridge, en une cérémonie funèbre, dans le ton de la véritable homélie adressée à la mémoire d'Albert par lord Granville, président du comité d'organisation.

Le destin même du palais montre bien sous quel signe s'est déroulée l'Exposition. Les architectes Fowke et

Scott, après avoir veillé à la démolition de l'ensemble, récupérèrent quelques matériaux, les associèrent à une lourde porte de fer, de cinquante-trois mètres de haut, héritage du Palais de Cristal, pour édifier, sur l'emplacement de la halle de 1862, un gigantesque monument à la mémoire du prince défunt.

La décade prodigieuse si brillamment inaugurée par l'Exposition de 1851 avait ainsi trouvé, paradoxalement, le signe symbolique de son achèvement avec celle de 1862. Et l'absence de Victoria lors des festivités signifiera bien, par l'éloignement de la reine, la crise d'un système qui venait pourtant de démontrer tous ses mérites.

L'équilibre politique

De fait, après les flambées des années 1830 et 1840, on était entré dans une période de relatif apaisement que la forte position de la souveraine contribuait à renforcer. Victoria, si peu préparée à son rôle, déterminée au départ à exercer toutes ses prérogatives sans toujours en avoir les moyens, a mûri et, assistée efficacement par le prince Albert, fait preuve, dans les années 1850, d'une autorité qui repose désormais sur l'expérience et se traduit dans une théorisation nouvelle du système.

La théorie du pouvoir

Le 11 juillet 1850, dans l'un des nombreux mémorandums qu'il a rédigés à l'intention de Victoria, Albert décrit ce qu'est, à ses yeux, la responsabilité de la monarchie :

> J'affirme que le souverain a sur ses épaules une immense responsabilité morale en ce qui concerne son gouvernement, qu'il a le devoir de le surveiller et de le réguler, mais

il n'a presque pas le choix, s'il entend ses devoirs, dans la sélection de ses ministres.

La réflexion est forte. Pourtant, mieux encore que ceux du prince, les propos d'un « spécialiste » de l'action politique sont à retenir. En 1858, dans son *Parliamentary Governement*, le comte Grey relevait combien le système monarchique avait évolué :

> Depuis la mise en place du système parlementaire, la traditionnelle description de la Constitution britannique – le pouvoir exécutif exclusivement réservé à la Couronne, le législatif confié conjointement au Souverain et aux deux Chambres du Parlement – a cessé d'être exacte, à moins qu'on en restreigne le sens à une répartition légale et technique des pouvoirs. [...] Les pouvoirs revenant à la Couronne doivent être exercés par l'intermédiaire de ministres, tenus pour responsables de la manière dont ils en ont usé, qui sont obligatoirement membres des deux Chambres du Parlement [...] et que l'on considère habilités à exercer leur office seulement aussi longtemps qu'ils jouissent de la confiance du Parlement, et plus spécialement de la Chambre des communes.

Nul pourtant n'a mieux tiré les leçons de la décennie que Walter Bagehot, auteur, en 1867, d'un grand livre... en relativement peu de pages, trois cent douze au total dans sa deuxième édition complétée de 1872 et dans le format retenu, en 1968, par Oxford University Press[7]. De multiples rééditions, treize dans la seule collection *The Worlds Classics* en quarante années depuis 1928 attestent la portée durable des analyses de l'auteur.

Dans son chapitre « The Monarchy », il souligne d'abord que la reine est irremplaçable par le fait même qu'elle incarne la chose publique aux yeux des plus ignorants. S'ajoute la touche sentimentale de l'existence d'une famille royale, qui « diminue l'orgueil de la souveraineté en conférant toute son importance au niveau de la vie ordinaire ». D'autres s'attachent à l'idée monarchique en lisant les nouvelles de la Cour : « Nous sourions en voyant les notifications officielles [*The Court Circular*], mais rappelez-vous combien de personnes [les] lisent ! Leur utilité n'est pas dans ce qui y est dit, mais dans les personnes à qui elles s'adressent. [...] Une famille royale adoucit la politique en y ajoutant aux moments opportuns de beaux et bons événements. Elle introduit des faits sans rapport avec elle dans la machinerie gouvernementale, mais ce sont des faits qui touchent les hommes au cœur et retiennent leurs pensées. » D'où sa grande conclusion : « La royauté est un système de gouvernement qui concentre l'attention de la nation sur une seule personne accomplissant des actions intéressantes. »

Après avoir évoqué le statut religieux du souverain, oint du Seigneur, Bagehot revient au rôle représentatif de la famille royale. Il est irremplaçable, car, dans ce royaume, « il paraîtrait très grave de changer tous les quatre ou cinq ans la tête qui gouverne visiblement notre monde ». À quoi s'ajoute le fait que la Couronne « est vue comme ce qui commande notre moralité. Les vertus de la reine Victoria et celles de George III ont pénétré profondément dans le cœur du peuple. Nous en sommes venus à croire qu'il est naturel d'être les sujets d'un souverain vertueux ». En revanche, souligne notre constitutionnaliste, on est plus ignorant de la réalité des pouvoirs dévolus au souverain, on ne sait pas ce qui est contenu dans le terme « prérogative », mais « ce secret est essentiel pour garantir l'utilité de la royauté anglaise d'aujourd'hui ; [...] ce mystère est capital. Nous ne devons pas substituer la lumière du jour à la magie. Nous ne devons pas amener la reine dans l'arène de la politique ». La révérence et le respect dont jouit le souverain garantissent la qualité des arbitrages qu'il peut être conduit à rendre, par exemple lorsque la majorité parlementaire est incertaine ou que le choix de la personne d'un Premier ministre ne s'impose pas de lui-même.

Portons-nous en 1875. Dans un article de la *Contemporary Review*, Gladstone, alors chef de l'opposition libérale, émet des remarques critiques sur lesquelles nous reviendrons. Mais il dresse aussi, en praticien de la marche de l'État, un bilan des temps antérieurs :

> Les trente-six années qui ont suivi 1839 n'ont pas été troublées par le moindre conflit dans les relations entre la reine et un gouvernement dont le chef n'a pas changé moins de douze fois. [...] Les admirables dispositions de notre Constitution [ont] mis le souverain entièrement à l'abri de toute responsabilité personnelle, elles ont laissé place à l'exercice d'une influence directe et personnelle dans l'œuvre du gouvernement. [...] Le souverain, comparé à ses ministres a sur eux, par cela seul qu'il est le souverain, les avantages que donnent la longue expérience, les larges vues, la position élevée, le dégagement absolu des liens de parti. De plus, les relations personnelles et familières avec les familles régnantes à l'étranger permettent dans des circonstances délicates de dire plus, et de dire sous une forme à la fois plus douce et plus efficace qu'on ne saurait le faire dans la correspondance diplomatique [...].

Et, suivant peut-être en cela les idées déjà exprimées par Bagehot, Gladstone revient sur les effets heureux de la splendeur et de l'exemplarité morale :

> Ceux qui, du dehors, regardent de longues files de splendides équipages se dérouler aux abords d'un palais ne se doutent guère de la signification et de la force que conservent les formes d'une monarchie qui est probablement la plus solide et la plus respectée d'Europe [...].
>
> Parmi les choses que l'on comprend le moins, et dont malheureusement on apprécie le moins la valeur, il faut placer la force de l'exemple et les secrètes influences dirigeantes. Dans notre système social, si remarquable par la pénétration mutuelle des classes entre elles, la faculté de

recevoir des influences est portée au plus haut degré, et elles se font sentir du sommet à la base. Nous n'hésitons pas à exprimer notre conviction profonde que la Cour de la reine Victoria a été un élément sensible et important dans l'ensemble de forces qui depuis vingt ou trente ans ont si heureusement élevé le niveau social et moral des classes supérieures de ce pays [...].

Rendant hommage à l'action du prince Albert, il ajoute :

> Le prince était naturellement l'intelligence organisatrice et dirigeante [de la Cour]. [...] La reine trouvait en lui le plus précieux concours. [...] Grâce à l'union étroite qui a existé entre le prince et la reine, grâce aussi à l'énergie, à la méthode, au jugement du prince, cette force [du souverain] s'est trouvée doublée et, grâce à leur harmonie parfaite, l'unité d'impulsion et d'action ne s'en est pas trouvée altérée.

La pratique de l'exécutif

Victoria a pu être appelée à soutenir vigoureusement telle ou telle orientation politique sans que cela fût clairement révélé. Mais elle a dû apprendre à ne pas franchir certaines limites. Bagehot cite ses conflits avec Palmerston, et il est vrai qu'ils illustrent à merveille le relatif effacement d'un souverain en régime parlementaire.

Entre la reine et son ministre, les relations ont toujours été plus ou moins difficiles, la première s'étonnant de ne pas recevoir toutes les informations auxquelles elle pensait avoir droit, le second, très sûr de sa maîtrise des affaires et de son expérience, agissant avec une liberté certaine, teintée d'arrogance. Comme le souligne Bagehot, le prince Albert lui-même, doté « des dons rares d'un monarque constitutionnel », a pu parfois faire prévaloir ses vues face à certains ministres, « mais il n'a pas pu diriger lord Palmerston : le vieil homme d'État, qui en vint à gouverner l'Angleterre à un âge où la plupart des hommes sont incapables de régir leurs propres familles, se souvenait de toute une génération d'hommes politiques qui étaient morts avant la naissance du prince Albert. [...] [Ce dernier] fit beaucoup, mais il mourut avant d'être en mesure d'imposer son influence à une génération d'hommes d'État qui auraient eu moins d'expérience que lui-même et auraient souhaité se mettre à son école[8] ».

Avant même d'accéder à la direction suprême des affaires, lord Palmerston était devenu la bête noire de la Cour. Et les conflits ont été nombreux.

Il est âgé de plus de soixante-cinq ans en 1850 et, en dépit de cet âge qui paraît avancé à ses contemporains, il est au sommet de son génie diplomatique. Il connaît les problèmes de l'Europe et du monde mieux que personne, après onze années passées aux Affaires étrangères de 1830 à 1841, et sa nouvelle nomination au même emploi en 1846. Il a pris dans le passé des positions décisives pour le règlement de tensions sur le Continent, ainsi lors de la naissance de la Belgique indépendante ou en dictant les choix nécessaires au salut de l'Empire ottoman. Il a fait preuve d'un sang-froid exceptionnel au temps des révolutions de 1848 et son réalisme en même temps que la cohérence de sa politique ont contribué au maintien d'un équilibre européen qui est l'un des piliers de la politique extérieure britannique. Capable d'initiatives et peu soucieux de consultations multiples, il avait pratiquement imposé la politique d'ouverture commerciale de la Chine au prix, en 1839-1842, de la guerre de l'opium, et il avait fondé une présence britannique en Asie orientale avec l'acquisition, qui, longtemps, paraîtra peu probante, de l'île de Hong Kong. Soucieux de faire de la Grande-Bretagne la puissance la plus respectée, il a, le 25 juin 1850, présenté aux Communes, dans un discours-fleuve, sa doctrine de politique étrangère, et cela à propos de l'affaire Don Pacifico. Ce Juif portugais, mais citoyen britannique en raison de sa résidence à Gibraltar, avait été lésé dans ses intérêts par le pillage de ses biens au cours d'une émeute à Athènes, et réclamait une indemnisation. Le Foreign Office lui garantit un plein appui, et on alla jusqu'à organiser une démonstration navale au large des côtes grecques.

En conclusion de son discours, Palmerston avait rappelé quelques-uns de ses grands principes, susceptibles selon lui « de conduire au maintien de la paix, à l'avancement de la civilisation, au bien-être et au bonheur de l'humanité ». Rappelant « le tremblement de terre qui avait secoué l'Europe, les trônes secoués, renversés, nivelés, les institutions renversées et détruites », « la guerre civile inondant de sang les terres entre l'Atlantique et la mer Noire, de la Baltique à la Méditerranée », il exaltait l'image offerte au monde par le peuple d'Angleterre, par un pays « où la liberté est compatible avec l'ordre, la liberté individuelle conciliable avec l'obéissance à la loi ». Gouverner les affaires extérieures en apportant « protection à nos concitoyens du dehors » est le seul comportement admissible et « de même que le Romain dans les jours anciens se mettait à l'abri de toute atteinte à sa dignité en proclamant *Civis Romanus sum,* de même un sujet britannique, où qu'il se trouve, doit se sentir assuré que l'œil attentif et le bras armé de l'Angleterre le protégeront de l'injustice et du mal ».

Le triomphe parlementaire que lui valut ce discours, à propos duquel son adversaire politique, sir Robert Peel, la veille de sa mort, dira : « Il nous a tous rendus fiers de lui[9] », représenta aussi pour Palmerston une victoire sur la reine. Celle-ci était alors engagée dans un combat entêté pour obtenir de lord Russell qu'un autre poste soit proposé à un ministre avec lequel elle entretenait des relations exécrables : elle se plaignait constamment de sa politique « personnelle » dans les conflits en cours en Europe, était furieuse de le voir, selon elle, défier la reine par sa politique en Allemagne, en particulier dans les affaires du Holstein, possession danoise, quand, par tradition familiale et par le fait des nombreux liens que son mariage avait encore resserrés, elle s'estimait le mieux à même de déterminer, pour le monde germanique, de grandes orientations et d'empêcher des choix qu'elle jugerait nuisibles. En correspondance avec ses cousins et frères couronnés, parfois influencés par eux et pas seulement par Léopold, elle avait peu à peu été gagnée par la conviction qu'elle devait dicter ici la politique de son royaume. Et Russell avait eu bien du mal à lui laisser entendre que les talents du ministre étaient incomparables. L'affaire Don Pacifico rendait Palmerston inattaquable et Victoria elle-même avait dû s'incliner et renoncer à obtenir la tête (politique) de son adversaire.

Il est vrai que l'opinion, ces années-là, semblait en phase avec l'état d'esprit du ministre. Et cela même dans une « gauche » radicale qui est loin de nier le rôle singulier de la Grande-Bretagne. Ainsi, en 1849, un nommé Sheard faisait paraître un chant patriotique, *Shout, Britons, shout! The Song of Progress* qui, selon Hugh Cunningham[10], reprend toutes les composantes de la rhétorique patriotique à la mode à gauche :

> Criez, Bretons, criez fort, jusqu'à ce que le monde tout
> [alentour
> Entende votre voix enthousiaste sur toute terre et sur les
> [mers;
> Notre devoir est de combattre
> Pour la cause de la vérité et du droit,
> Et de libérer l'esclave et le frère torturé;
> Notre cause est juste et bonne, et nous répandrons en
> [abondance notre sang,
> Jusqu'à ce que le despote voile à jamais sa face,
> Que le cachot, la cellule, le chevalet
> L'accompagnent dans son chemin,

Et que la liberté soit devenue le destin de toute la race
[humaine.

Le comportement ultérieur de Palmerston, source de nouveaux affrontements avec Victoria, illustre bien, dès le début des années 1850, la complicité que tente d'établir un ministre libéral avec les tenants les plus déterminés de l'antidespotisme. Une nouvelle crise survient en effet à la fin octobre 1851. Palmerston avait prévu de recevoir le révolutionnaire magyar Kossuth, lors de sa venue en Angleterre. Le 24, Victoria écrit à lord Russell pour lui demander d'interdire cette rencontre qui « produirait très mauvais effet à l'étranger, et nous ferait un tort infini. [...] [Qu'il soit en tout cas bien compris] que le Gouvernement n'approuve pas cette démarche, et que c'est simplement un acte privé de lord Palmerston. Sinon, la reine devra encore subir les injures et les affronts qui sont le résultat de la conduite de lord Palmerston ». Embarrassé, le Premier ministre objecte que « le sentiment public » est favorable à Kossuth, qu'il « ne peut conserver que peu d'espoir que lord Palmerston ne [le] reçoive pas »... et il lui conseille d'interdire elle-même l'entrevue : le ministre n'entend pas se laisser dicter la liste des personnes qu'il serait ou non habilité à recevoir. Furieuse, Victoria écrit effectivement à Palmerston et fait savoir à Russell, le 31 octobre, en lui transmettant sa lettre, que « la reine ne peut pas s'exposer à voir un de ses serviteurs publics désobéir à un de ses ordres formels ; si lord Palmerston persistait dans son projet, elle se verrait obligée de ne plus le considérer comme son ministre ».

Elle se heurte une nouvelle fois à la réalité du pouvoir. Le 1er novembre, avec fermeté, Russell retourne à la reine sa missive et expose qu'il soumettra la question au Cabinet. Ce sera en fait à la demande unanime de ses collègues que le ministre, en fin de compte, renoncera à la rencontre projetée. À Victoria demeure la cicatrice de sa blessure d'amour-propre, et la volonté de n'en pas rester là.

Le 20 novembre, elle se plaint amèrement au Premier ministre de ne pas pouvoir entretenir de relations normales avec son secrétaire au Foreign Office, lequel suivrait une « voie dangereuse et incorrecte » : allusion aux compliments qu'aurait acceptés Palmerston d'une délégation de radicaux d'Islington et de Finsbury, venue le remercier de sa bonne volonté personnelle à l'égard de Kossuth et lui remettre une pétition où le tsar et l'empereur d'Autriche étaient qualifiés de « tyrans et despotes inhumains » ; la reine considère que cela équivaut à des injures qui lui seraient personnellement adressées. Très nettement à nouveau, Russell lui rétorque que Palmerston a souvent accepté de se plier à des mises en garde de la Cour, et qu'un ministre « doit avoir une certaine liberté d'action » ; il lui explique que le Cabinet se sentirait solidaire du secrétaire d'État si sa démission était exigée ; et suscite, le 11 novembre, une vive réaction de la reine, indignée et « désappointée ».

Après ces premiers chocs, dont la presse n'est certes pas informée, on peut déjà tirer quelques indications. Imbue de sa prérogative, Victoria ne peut pas courir le risque de provoquer la démission d'un Cabinet qui se proclamerait solidaire de l'un de ses membres. Elle prendrait le risque de provoquer une crise politique majeure, affectant directement la Couronne et ses droits. Ainsi se dessinent, pour toute la suite de l'histoire constitutionnelle britannique, les limites de l'action d'un souverain constitutionnel.

Mais, en son temps, Victoria demeure de toute évidence déterminée à se lancer dans une nouvelle bataille dès la première occasion. Celle-ci lui est offerte en décembre 1851, et c'est à cet exemple fameux que Bagehot consacre un développement[11]. Le rôle de Victoria apparaît en effet clairement lors de la démission forcée de lord Palmerston du Foreign Office. Le 2 décembre, Louis-Napoléon Bonaparte perpètre son coup d'État. Alors que l'ambassadeur britannique Normamby approuve du bout des lèvres une action dont le seul avantage lui paraît être d'avoir barré la route aux « rouges », Palmerston exprime au gouvernement français sa pleine approbation. Victoria, informée par une dépêche de l'ambassadeur, dénonce le 13 à Russell ce qu'elle considère comme « absolument contraire à la politique de stricte neutralité et de réserve que la reine a désiré voir suivre » et comme susceptible de compromettre « encore » aux yeux du monde « l'honneur et la dignité du Gouvernement et de la reine ». Cette fois-ci, le Premier ministre lui donne raison ; le 19, il lui écrit, après avoir reçu de l'intéressé des explications peu satisfaisantes, et lui conseille « de faire prévenir lord Palmerston qu'elle est prête à recevoir les sceaux de son ministère, afin de les confier à d'autres mains ». Il ajoute qu'au cas où le Cabinet ne le suivrait pas, il remettrait lui-même sa démission. Victoria, selon une lettre du prince Albert à Russell, est « soulagée » et c'est d'ailleurs le sentiment qu'elle exprima au roi des Belges le 23, lui écrivant sa « satisfaction et [son] soulagement » ; elle est satisfaite du successeur désigné en accord avec le Premier ministre, lord Granville.

Devant les Communes, lord Russell enfreint les règles non écrites et cite un mémorandum de la reine sur ce qu'elle attendait de Palmerston :

> La Reine demande d'abord que lord Palmerston énonce distinctement ce qu'il propose dans un cas donné, de sorte que la Reine connaisse tout aussi distinctement ce à quoi elle donne sa sanction. En deuxième lieu, une fois sa sanction donnée à une mesure, que celle-ci ne fût pas altérée ou modifiée arbitrairement par le ministre. Un tel acte devrait être considéré par elle comme un manque de franchise envers la Couronne, et justifierait le recours à ses droits constitutionnels de renvoyer ce ministre. Elle entend être tenue informée de ce qui se passe entre lui et des ministres étrangers avant que fussent prises des décisions importantes fondées sur ces échanges de vues ; recevoir les dépêches de l'étranger en temps utile ; et recevoir les propositions à approuver par elle suffisamment à temps pour avoir le loisir d'en examiner le contenu avant de les renvoyer.

Texte remarquable, qui ne remet pas en cause le jeu constitutionnel ; ce que la souveraine exige est d'être informée et de pouvoir en temps utile exprimer avis et conseils : c'est le rôle même qui sera désormais réservé aux souverains britanniques !

Le 23, un mémorandum du prince rapporte que Russell a bénéficié de l'appui unanime du Cabinet ; il rend compte aussi des leçons que le Premier ministre a retirées de l'incident :

> Lord John félicita la Reine de ce que le changement eût été accompli sans son intervention personnelle, ce qui aurait pu l'exposer à l'animosité des admirateurs de lord Palmerston sans qu'elle pût se défendre publiquement. Je rappelai à lord John que, puisque tel était le désavantage de la position du Souverain, il convenait que la Reine redoublât d'attention, dans la crainte de se trouver à nouveau en face d'un semblable dilemme avec un autre ministre, dont elle ne pourrait appuyer la conduite.

Bagehot tire de ces événements les conclusions souvent citées depuis lors[12], mais qui, on le verra, ne constituent pas une « leçon » administrée à une reine déjà consciente depuis plus de seize ans des réalités qu'il théorise en 1867 :

> En plus du contrôle exercé sur des ministres particuliers, et particulièrement, sur celui des Affaires étrangères, la Reine dispose d'un certain contrôle sur le Cabinet. Le Premier ministre, c'est entendu ainsi, lui transmet l'information authentique concernant toutes les décisions les plus importantes. [...] Il est tenu de prendre garde qu'elle connaisse tout ce qui est à connaître sur les politiques en cours de la nation. Elle possède le droit absolu de se plaindre [...].
> En bref, le souverain, dans une monarchie constitutionnelle comme la nôtre, est investi de trois droits – le droit d'être consulté, le droit d'encourager, le droit de mettre en garde. Et un roi qui aurait une grande et sagace intelligence n'en désirerait pas d'autres.

Est-ce aussi l'analyse des événements qui inspira à Bagehot son assertion que « c'est seulement au cours du présent règne qu'en Angleterre les devoirs d'un monarque constitutionnel ont été bien exercés » ? « Un monarque, continuait-il, est utile lorsqu'il apporte un guidage efficace et bénéfique à ses ministres [13]. »

Paradoxalement, la victoire de Victoria sur Palmerston a aussi défini ce qu'elle devrait s'interdire. D'autant plus que, tout en s'inclinant devant la volonté de la souveraine, Palmerston ne pardonna pas à Russell sa défection : ses amis et lui rejoignent les conservateurs dans un vote hostile au Cabinet, et permettent, pour quelques mois, de février à décembre, la venue au pouvoir d'un Cabinet tory dirigé par lord Derby (février-décembre 1852), lui-même contraint de céder la place, pour un peu plus de deux ans, à un gouvernement de coalition sous lord Aberdeen ; la reine obtient de ce dernier qu'il ne confie pas les Affaires étrangères à Palmerston, mais doit accepter le retour au gouvernement de sa bête noire en tant que ministre de l'Intérieur, sans éviter évidemment qu'il joue un rôle majeur dans la détermination de la politique étrangère.

Et on en arrive à 1855 : Victoria doit alors prendre conscience que son vieil adversaire est devenu le candidat le mieux placé pour prendre les rênes du pouvoir ; il est, selon une expression employée alors par elle en franglais, « l'inévitable » et, pendant dix ans, à part un bref entracte conservateur, il gouvernera le pays. Une fois encore, Bagehot donne la clef de la conduite que la reine a été obligée de tenir [14] :

> C'est une règle que le Premier ministre est choisi par la législature [...] ; nous avons en Angleterre un premier magistrat élu aussi vrai que les Américains ont un premier magistrat élu. La Reine n'est à la tête que de la partie majestueuse de la Constitution. Le Premier ministre est responsable de sa partie effective.

Lors de la démission du cabinet Aberdeen, la reine avait demandé à lord Derby, chef du parti le plus nombreux, mais sans majorité absolue, à la Chambre d'accepter de diriger un nouveau gouvernement. Elle s'était heurtée à un refus et à l'avis que l'opinion publique tout comme l'allié français (au temps de la guerre de Crimée) souhaitaient le choix de lord Palmerston. Dans le mémorandum qu'elle écrit après sa conversation avec Derby, Victoria note les réserves du leader tory à l'égard d'une telle candidature [15] :

> C'était son devoir de le dire, sans ménager ses mots, que lord Palmerston, en dépit de ce que pouvait penser une opinion publique ignorante, était totalement inapte à la tâche. Il était devenu très sourd, de même sa vue s'était considérablement affaiblie, il avait soixante et onze ans, et [...] en fait, même s'il conservait le comportement fringant de son jeune temps, il était évident que son heure était passée.

Jugement cruel et malavisé, si l'on veut bien se souvenir que le même personnage ne mourra que dix ans plus tard, à son bureau de Premier ministre ! Quoi qu'il en soit, le 4 février, la reine, après avoir dû enregistrer également le refus de lord Russell, écrit à Palmerston une note fort sèche :

> [Elle] s'adresse à lord Palmerston pour lui demander s'il peut entreprendre de former un gouvernement qui bénéficierait de la confiance du Parlement et conduirait avec efficacité les affaires publiques dans la crise présente. S'il pensait être en mesure de le faire, la Reine lui donne Commission pour entreprendre la tâche.

On ne saurait imaginer invite moins enthousiaste !
Deux jours plus tard, la souveraine informe Léopold que « lord Palmerston [venait] de lui baiser la main en tant que Premier ministre » et qu'Aberdeen ayant refusé

de participer au gouvernement, « elle était profondément chagrinée de le perdre ».

Conjoncture politique et interventions monarchiques

Ce qui donne à Victoria et à Albert un rôle pourtant important dans la vie politique, outre la révérence qu'on leur témoigne naturellement, c'est en fait la situation très mouvante des forces partisanes alors en présence. Après la scission des conservateurs, l'aile « peelite » penche tantôt vers une coalition avec les tories, tantôt vers le soutien aux libéraux, quand, petit à petit, au prix de reclassements individuels, elle ne se désagrège pas.

Le jeu interne de clans regroupés autour de tel ou tel leader influent, les antagonismes de groupes d'intérêts et les incertitudes sur les réformes à entreprendre et sur le destin de l'État, des finances publiques, les divisions entre ardents colonialistes et partisans supposés d'une « plus petite Angleterre », entre les réformateurs coloniaux et les tenants d'une domination par la force, entre les pacifistes et les interventionnistes : tout contribue à émietter la classe politique, à autoriser les intrigues, à fragiliser les équipes gouvernementales. Au lendemain d'une domination des whigs, entre 1846 et 1852, un médiocre gouvernement tory sous Derby de février à décembre de cette dernière année est suivi par une artificielle union des partis dans le cabinet Aberdeen (1852-1855), auquel succède pour trois années seulement le premier cabinet Palmerston, puis, de février 1858 à juin 1859, un gouvernement tory sous Derby, avec Disraeli à l'Échiquier ; après quoi Palmerston revient au pouvoir sans qu'on puisse alors savoir que ce sera enfin pour une longue période de six années, prolongée, après la mort du Premier ministre, par une dizaine de mois d'un gouvernement Russell.

Même si toutes ces luttes permettent l'émergence d'hommes d'État de première grandeur, qui font leur entrée dans les Cabinets à des emplois majeurs, ainsi Benjamin Disraeli, ainsi William Gladstone, le crédit des aristocrates appelés à diriger les gouvernements fléchit au moment même où, vieillissants, leur capacité de travail et leur ardeur à la tâche ne sont plus les mêmes.

Un tel remue-ménage se traduit aussi par les dissolutions relativement fréquentes du Parlement. Les Communes sont en principe élues pour sept ans : elles sont renvoyées en 1852 après quatre ans et neuf mois, en 1857 après quatre ans et sept mois, en avril 1859 après moins de deux ans.

Dans ces conditions, la monarchie apparaît bien comme le pilier durable et solide de l'ordre constitutionnel. Et dans la succession des responsables et la valse des majorités, Victoria et Albert se voient reconnaître l'exceptionnelle qualité de l'expérience, une connaissance continue des dossiers, une sagesse que leur impartialité supposée voit d'autant plus volontiers solliciter de toutes parts. Plus que jamais, la famille royale joue les honnêtes courtiers, distribue les compliments, fait accepter ses critiques. Le pouvoir de la souveraine se nourrit bien alors de la relative faiblesse des exécutifs. La réalité de ce pouvoir est-elle encore plus sûrement due à ce « roi non couronné » qu'aurait été Albert ? La récente biographie du prince par Stanley Weintraub[16] entend le démontrer : Albert, dans les dernières années de sa vie, aurait acquis autorité et considération, se mêlant de toutes les affaires, exerçant un ascendant « total » sur son épouse. Idéaliste et pragmatique tout à la fois, ouvert au système libéral quand bien même, selon Disraeli, il aurait été fait pour devenir un modèle de despote éclairé, il aurait aussi eu une influence apaisante sur la reine, en particulier dans les périodes de dépression post-natale qui auraient conduit Victoria, toujours selon Weintraub, à de véritables comportements hystériques.

Pourtant, ni la Couronne ni Albert ne sont à l'abri de turbulences. La presse est parfois bien réservée, et

Weinbtraub veut voir la main d'un Palmerston vengeur dans le ton de certains articles, y compris dans *Punch*. Ainsi, au moment où le ministre effectue sa fausse sortie du cabinet Aberdeen, la presse radicale va jusqu'à évoquer un procès en haute trahison à intenter à Albert, qui aurait été responsable de basses manœuvres dans la coulisse ! Le roi Léopold, pour consoler sa nièce, doit lui écrire le 13 janvier 1854 qu'« en Angleterre, l'injure est presque une raison de vivre » ; et, le 17, lord Aberdeen voit une grande consolation dans l'attitude d'une partie de la presse de qualité, dont le *Morning Chronicle*, dans un article qu'il croit pouvoir attribuer à Gladstone. Parfois encensé, le prince n'est donc pas réellement populaire.

Le problème du prince consort

On peut le vérifier en mai 1856. Dans un long mémorandum rédigé à Windsor, Victoria, consciente de ce qu'elle doit à son époux, en vient à exposer les rapports qu'elle entretient avec lui et affirme vouloir lui conférer une reconnaissance plus officielle. Ce texte extraordinaire mérite d'être cité quelque peu longuement :

> C'est une étrange omission de notre Constitution que, contrairement à la femme d'un roi qui se voit assigner par la loi les plus hauts rang et dignité dans le royaume après son mari, l'époux d'une reine régnante est complètement ignoré par la législation. C'est d'autant plus extraordinaire qu'un mari, dans notre pays, possède à un degré si élevé droits et pouvoirs sur sa femme, et que la reine, mariée comme toute autre femme, promet obéissance à son seigneur et maître alors que, juridiquement, il n'a ni rang ni position définis. Ceci constitue une étrange anomalie.

Et Victoria de rappeler la situation au début de son mariage : la répugnance de membres de la famille royale à accorder à Albert une préséance sur eux, l'impossibilité de le faire siéger au Parlement ou au Conseil. Elle semble avoir oublié ses propres craintes et préventions. Elle en vient à ce qu'il conviendrait de faire :

> Naturellement, mon propre sentiment serait de conférer au Prince les mêmes titre et rang que les miens, mais un roi titulaire serait une complète nouveauté dans notre pays. [...] [Après seize années de réflexion] j'en suis venue à la conclusion que le titre qui lui est en ce moment donné par tous dans un véritable consensus, celui de « Prince Consort », avec le rang le plus élevé au Parlement et en dehors immédiatement après la Reine, et avant tout autre prince de la famille royale, devrait être assigné au mari de [celle-ci] une fois pour toutes [...].
>
> En ce moment, alors que chaque sujet britannique, jusqu'au chevalier, à l'écuyer, au Docteur et au gentilhomme, a un rang et une position de par la loi, seul l'époux de la reine en occupe une par faveur, et par la faveur de son épouse, qui a la possibilité de l'accorder ou non [...].
>
> En ce qui concerne les Cours étrangères, la position de la Reine est également humiliante à cet égard. Certains souverains [têtes couronnées] s'adressent à son époux comme « frère », certains comme « frère et cousin », d'autres seulement comme « cousin ». Lors des voyages à l'étranger de la Reine, la position de son époux a toujours été objet de négociation et de vexation [...].
>
> Mais, d'un point de vue national également, c'est une blessure infligée à la Couronne que le mari de la Reine n'ait pas d'autre titre que celui de Prince de Saxe-Cobourg et, de ce fait, soit constamment représenté au pays sous les traits d'un étranger. « La Reine et son époux étranger, le Prince de Saxe-Cobourg-et-Gotha ! »
>
> La Reine a le droit de réclamer que son mari soit un Anglais, porteur d'un titre anglais, et jouisse d'une position légale qu'elle n'aurait pas à défendre avec l'ardeur d'une épouse de l'accusation d'usurpation aux dépens de ses propres enfants, de ses sujets et des Cours étrangères [...].

Victoria demandait donc au cabinet Palmerston de faire de ce changement l'objet d'un prompt débat devant les Communes.

En fait, les choses en allèrent différemment. Elle avait déjà auparavant été mise en garde par lord Aberdeen, qui avait relevé les préventions persistantes contre tout droit du prince de siéger aux Lords ou au Conseil. lord Derby lui avait exprimé ses propres réserves et ses craintes d'une campagne de presse défavorable. En 1857, le Cabinet, appelé à délibérer sur le projet, retient d'autres objections, plus juridiques : le droit anglais prévoyait, pour tous les ménages, que l'épouse acquît le titre dont bénéficiait son mari ; on pouvait donc penser que, sauf dérogation mal expliquée, l'inverse fût vrai et qu'Albert dût en fait être doté du titre de « roi consort », héritier légitime de la Couronne en cas de veuvage, aux lieu et place du prince de Galles. Ce que la nation aurait eu du mal à admettre.

Dès lors, il ne restait à Victoria, consciente des embûches de la voie parlementaire, qu'à procéder par lettres patentes pour doter son époux, le 25 juin 1857, du titre de prince consort, sans que cela entraînât d'autres changements que protocolaires.

L'incident avait surtout souligné que, malgré le respect que lui valaient son dévouement et ses capacités, le prince n'avait sans doute pas été complètement encore accepté par le peuple et, surtout, qu'une monarchie convalescente, après la dégradation des premières décennies du siècle, ne pouvait s'aventurer à des gestes contraires aux traditions.

L'équilibre politique des années 1850 concerne donc aussi bien les rapports entre Couronne et Cabinets, avec le passage achevé à un véritable régime parlementaire, que la définition des droits respectifs de la reine et de son époux.

LA DÉCADE PRODIGIEUSE, 1851-1861

La popularité de la famille royale

Cela dit, il est bien des moments où la nation se reconnaît dans la vie du couple royal et elle trouve en particulier dans les événements heureux de la famille de Saxe-Cobourg autant d'occasions de se retrouver unie autour d'elle : la vision de Bagehot trouve là de très faciles démonstrations.

Un seul exemple suffira. Comme tous les parents, Victoria et Albert se préoccupent du sort de leurs enfants et envisagent des mariages avantageux. Albert, bien que conscient des réserves qu'inspire la Prusse, se prête en 1855 à la perspective d'une alliance matrimoniale avec la famille souveraine de cet État. L'idée semble en être née en 1851, lorsque le prince héritier Frédéric-Guillaume, grand jeune homme blond à l'anglais plus qu'hésitant, visite la Grande Exposition, et rencontre à cette occasion la princesse Victoria, âgée alors de dix ans, sa cadette de neuf ans, avec laquelle il put s'entretenir en allemand, langue qu'elle maîtrisait à la perfection. En août 1855, le processus est lancé par une invitation de la Cour d'Angleterre au jeune prince, qui, au cours de son séjour à Balmoral, en septembre, sollicite et obtient la main de Vicky ; le mariage lui-même ne devant pas intervenir avant qu'elle eût atteint son dix-septième anniversaire. Les deux fiancés, selon Victoria et Albert, auraient éprouvé très vite une tendre attirance : le mariage de raison, comme dans le cas des parents de la princesse, pouvait donc à nouveau ne pas s'opposer au mariage d'amour ! Le 16 mai 1856, les fiançailles sont officialisées par la Cour royale de Prusse, et, trois jours plus tard, le Parlement de Westminster est sollicité par la reine d'accorder une dot à Vicky : les Communes, à l'énorme majorité de trois cent vingt-huit voix contre quatorze, accordent une somme de quarante mille livres et une rente annuelle de huit mille, ce dernier chiffre supérieur à l'indemnité du Premier ministre ; le tout satisfait pleinement Albert. Le mariage sera célébré un an plus tard[17].

C'est le début d'une longue série de négociations matrimoniales qui deviendront le délice et la spécialité de la reine. C'est aussi, un an après le mariage, l'accession au nouveau statut de grands-parents avec la naissance de Guillaume, le futur Guillaume II, l'aîné de six frères et sœurs à venir. La reine et Albert se déclarent enchantés et leur bonheur proclamé semble confirmer la qualité de leur vie familiale : Noël 1860, au témoignage de courtisans, est, au Palais, le moment d'une particulière gaieté, dans l'oubli de tout protocole.

De telles images, répandues par annonces officielles et par confidences distillées, constituent autant de pierres apportées au mur du loyalisme monarchique. Elles ajoutent une touche sentimentale à l'aura que vaut déjà à la souveraine la gloire de son royaume. Les nombreux tableaux que la souveraine et Albert font exécuter pour illustrer leur bonheur, et où, en compagnie de leurs enfants, ils semblent vouloir diffuser le message d'une pratique conjugale et parentale exemplaire, constituent ainsi davantage que le témoignage privé de leur harmonie : ils contribuent à effacer le souvenir de dépravations royales du passé et inaugurent une source d'adhésion qui ne se tarira pas pendant plus d'un siècle.

Certes, à parcourir le programme éducatif que le prince Albert a imaginé pour le prince de Galles, Albert-Édouard (« Bertie »), on n'est pas convaincu qu'il y ait eu réellement « modèle[18] » : précepteurs triés sur le volet, discipline rigoureuse, refus de rapports de détente avec des garçons de son âge, recherche de la « tête bien pleine », rejet de tous les conseils prenant en compte la personnalité et la psychologie du jeune prince, le tout aboutissant inévitablement à de graves déceptions des attentes du père. Le véritable miracle fut que le fils ne devînt pas, à l'âge adulte, ni plus tard dans ses responsabilités de souverain, complètement inhibé par le carcan imposé à son enfance et à son adolescence. Sa « révolte » a été suffisante pour le sauver du pire.

La popularité de la famille royale doit ainsi quelque chose à une dissimulation des réalités. Ou, si l'on préfère, à une conception des relations familiales que l'avenir ne retiendra pas...

Cela dit, n'exagérons pas la portée de cette popularité. Qu'aurait valu aux yeux de la nation une famille dont le règne aurait coïncidé avec la décadence du royaume ? On fut très loin de vivre un tel drame et de mettre à l'épreuve l'admiration que la nation voua à Victoria et Albert...

La grandeur du royaume

Le prestige international sied aux souverains et à leurs ministres. À la tête d'une puissance encore considérée comme la première du monde, la reine bénéficie pleinement de l'orgueil qui accompagne les succès extérieurs et l'essor de l'Empire.

Un domaine privilégié de la souveraine

S'il est un domaine, nous l'avons vu, que Victoria n'a jamais jugé pouvoir être « réservé » à ses seuls ministres, c'est bien la politique extérieure. S'il est un moment où la nation, ses marins et ses soldats, ses administrateurs, reconnaissent à la reine une prééminence spéciale, c'est bien à l'occasion d'un conflit où l'on peut être appelé à combattre et à mourir « pour la reine », de même que c'est en son nom que l'on peut justifier la mainmise sur des terres plus ou moins lointaines. Ainsi, lors de l'appareillage de la flotte en direction de l'Orient, en mars 1854, Victoria peut écrire à Léopold, le 14 :

> La marine et la nation ont été particulièrement enchantées de ce que je l'ai conduite hors du port [de Spithead] [...]. C'est vrai, puisque sur notre petite *Enchanteresse* nous avons pris les devants et mis en panne, pour voir sortir tous les navires [...] ; et en passant devant nous, de chaque bord montèrent à trois reprises de chaleureuses acclamations, comme seuls, je crois, peuvent en pousser les marins anglais [...].

Les souverains régnants de l'Europe continentale ont appris que Victoria ne pouvait ni tout régir ni décider de tout, mais ils s'adressent volontiers à elle pour lui confier leurs ambitions et leurs révoltes, espérant de toute évidence que la reine fera écho à leurs doléances et saura infléchir la politique de ses ministres ; leur correspondante « et sœur » constitue alors pour ses gouvernements une intermédiaire de choix pour confirmer une résolution politique, aplanir certains malentendus, rendre crédibles des menaces ou des apaisements. Les rencontres officielles ou privées des familles royales et princières sont aussi autant d'occasions d'affirmer aux yeux de tous les grandes orientations du Royaume-Uni.

La correspondance (en français de part et d'autre) entre le tsar Nicolas, le roi de Prusse et la reine, d'octobre 1853 à mars 1854, au moment où se noue en Orient le conflit qui provoquera la guerre de Crimée, constitue un bon exemple des possibilités offertes par les liens de parenté entre les Cours royales. Rappelons que la Russie, sous couvert de protéger les minorités orthodoxes de l'empire ottoman dans les Balkans, cherchait alors à conquérir des avantages territoriaux que le Royaume-Uni, soucieux de préserver son contrôle de la Méditerranée et l'équilibre oriental, entendait bien lui refuser. Dans ce face-à-face, le rôle de la Prusse, tout juste sortie de la crise révolutionnaire de 1848, est moindre : elle doit éviter de déplaire à Saint-Pétersbourg et, en même temps, revendiquer un rôle de grande puissance, conquis au XVIIIe siècle, confirmé avec les guerres révolutionnaires et napoléoniennes, mais, depuis lors, quelque peu discuté. Quant à la France, traditionnelle puissance méditerranéenne et fortement liée à l'Égypte, elle vit sous un empereur déterminé à faire à nouveau briller l'étoile des Bonaparte en revendiquant pour son pays toute sa place de puissance majeure.

Le 30 octobre (calendrier grégorien), Nicolas, « tout dévoué frère et ami » invoque l'« affection sincère » qui le lie à Victoria pour lui écrire « droit à elle pour essayer de prévenir des calamités que nos deux pays ont un égal intérêt à éviter » ; il souhaite peser sur le Cabinet anglais, déjà mis auparavant, par le même biais « au fait de [ses] plus intimes pensées », il s'adresse « à la justice et au cœur » de sa correspondante, « à [sa] bonne foi et à sa sagesse » ; Victoria jugerait-elle « que le pavillon anglais doive flotter près du croissant pour combattre la croix de Saint-André » ? La reine transmet cette lettre au Premier ministre en soulignant qu'elle permet de chercher à obtenir du tsar un engagement personnel et à elle-même de lui faire comprendre en retour les positions de son pays. Ce qu'elle fait dans sa réponse du 14 novembre : rappelant que si les deux souverains étaient tombés d'accord sur « l'état de santé de l'empire ottoman, [ils l'étaient] cependant sur la nécessité, pour le laisser vivre, de ne point lui faire de demandes humiliantes » ; et faisant appel à la sagesse de son « très cher frère », elle écrit :

> L'attention impartiale avec laquelle j'ai suivi les causes qui ont fait échouer jusqu'à présent toutes les tentatives de conciliation me donne la ferme conviction qu'il n'existe

pas d'obstacle réel qui ne puisse être écarté ou promptement surmonté avec l'assistance de Votre Majesté.

À quoi Nicolas répond le 14 décembre en remerciant Victoria de sa missive « amicale et franche », mais en soulignant que son honneur est engagé dans la défense des principautés chrétiennes de l'empire ottoman qu'il a occupées pour les protéger des « horreurs qui se commettent déjà par les hordes sauvages près desquelles flotte le pavillon anglais ».

Victoria, étroitement associée à la suite des événements, tend nettement à favoriser une issue pacifique : rejette par exemple le 17 décembre un projet de lettre soumis par le Foreign Office parce qu'il contient des termes trop vagues et que la Russie doit se déterminer sans succomber à de « fausses interprétations » possibles. C'est navrée que, le 21 février, elle informe Léopold de sa crainte que « la guerre ne soit tout à fait inévitable », mais, trois jours plus tard, c'est avec vigueur qu'elle demande à lord Aberdeen de prévoir, à cette fin, « l'augmentation de l'armée » d'« au moins trente mille hommes ». Et, le 17 mars, la Prusse ayant décidé de demeurer neutre, elle écrit une lettre furieuse à son souverain, Frédéric-Guillaume, lui disant entre autres amabilités :

> [...] Jusqu'ici j'avais considéré la Prusse comme une des Grandes Puissances qui, depuis la paix de 1815, ont été les porte-garants de l'exécution des traités, les gardiens de la civilisation, les défenseurs du droit et les vrais arbitres des nations ; et, pour ma part, j'ai compris la divine responsabilité de cette tâche sacrée, sans pour cela ne point apprécier en même temps les lourdes et dangereuses obligations qu'elle m'impose. En renonçant à ces obligations, Sire et très cher Frère, vous renoncez également à ce rôle pour la Prusse. Et si un tel exemple rencontrait des imitateurs, la civilisation de l'Europe serait livrée à tous les vents ; le

droit ne trouverait plus de champion, ni l'opprimé d'arbitre...

Tout permet de penser, en particulier le soin jaloux avec lequel elle vérifie les papiers diplomatiques, qu'un tel ton a été directement inspiré par la reine et n'est pas celui d'une dépêche à laquelle elle se serait contentée d'apposer sa signature.

Signe pourtant de l'importance que se prêtent réciproquement les têtes couronnées, le roi de Prusse affiche son désir de ne pas rompre ses liens personnels avec Victoria ; dans une longue missive, datée de Sans-Souci le 24 mai 1854, il tente de justifier sa politique, dit son chagrin d'être « injurié et insulté au palais d'Hiver et, par contre, considéré à Londres et à Paris comme une sorte de nigaud », se pose en roi pacifique qui considère « la paix comme une bénédiction et la guerre comme une malédiction » ; puis, soulignant que sa lettre est datée du jour anniversaire de Victoria, il dépose, « très chère, très gracieuse souveraine, [...] aux pieds de Votre Majesté l'expression de [ses] vœux ». Dans un dernier paragraphe, fort significatif, Frédéric-Guillaume IV autorise Victoria à communiquer à son gouvernement les points d'importance « aussitôt qu'[elle] le jugera à propos », soulignant ainsi qu'il comprend le rôle de la reine et ses limites constitutionnelles.

L'effacement volontaire de la Prusse confère toute son importance à la grande réconciliation de la famille royale britannique et de la famille impériale française.

La nouvelle Entente cordiale

La déclaration de guerre intervient le 28 mars, malgré les clameurs indignées de quelques radicaux pacifistes, dont Bright. Les rapports de Victoria et de Louis-Napoléon Bonaparte, qui devient en 1854 son allié contre la

Russie, fournissent alors une autre illustration du rôle imparti à la souveraine : contribuer à forger et à renforcer des liens entre des États en se servant des facilités des contacts entre familles régnantes.

On se souvient de ses réactions lorsque lord Palmerston avait approuvé le coup d'État du 2 décembre 1851. Ses préventions demeurent longtemps fort profondes, peut-être avivées, au cours de l'année 1852, par la mort de Wellington, le vainqueur de Waterloo, et l'organisation d'obsèques nationales auxquelles, en novembre, sont conviés les représentants des armées de l'ancienne Quadruple Alliance[19]... et aussi quelques millions de spectateurs massés sur le parcours du cortège ; Victoria dit alors combien Louis-Napoléon est « susceptible » et prêt à voir offense à tout[20]. Elle est friande d'anecdotes négatives : en octobre 1852, dans sa lettre à Léopold[21], elle lui rapporte le récit de lord Cowley : une couronne ayant été suspendue sous l'Arc de triomphe, avant un passage du prince-président, avec l'inscription « il l'a bien méritée », ladite couronne aurait été décrochée, seule la corde qui la soutenait laissée en place, et l'inscription maintenue aurait alors pris un tout autre sens ! Le 8 novembre, écrivant à Malmesbury, alors secrétaire au Foreign Office, à propos de la prochaine proclamation de l'Empire en France, elle souhaite qu'on ne donne aucune indication sur ce que serait la réaction de l'Angleterre, même si, en fin de compte, on serait bien obligé de reconnaître « Napoléon III » parce que l'offense de s'y refuser n'en vaudrait pas la peine : « Notre ambition devrait être de laisser la France se débrouiller tant qu'elle ne devient pas agressive. » Dans sa lettre d'accréditation du nouvel ambassadeur britannique à Paris, lord Cowley, elle s'adresse à l'empereur comme à « son bon frère », marquant ainsi une bonne volonté qui contraste avec l'attitude alors adoptée par le tsar Nicolas Ier. Ce qui ne l'empêche pas, dans sa communication du 16 décembre à lord Derby sur les offres de rapprochement de la France, d'évoquer « le juste opprobre » qui, depuis le 2 décembre 1851, est, aux yeux de tous les honnêtes gens, attaché à tous les actes perpétrés en France. Elle-même donne volontiers audience à des membres de la famille d'Orléans exilée en Angleterre.

L'alliance de 1854 constitue un grand tournant. À Vienne, les grandes puissances signent, le 7 avril, un protocole de garantie de l'intégrité de l'empire ottoman, mais seule la France a décidé de s'associer militairement à l'expédition de Crimée. Le 8 septembre, Napoléon III, qui a reçu pendant quatre jours la visite du prince Albert à Boulogne, écrit à Victoria pour relever la signification politique de la rencontre, mais surtout pour dresser un véritable panégyrique de l'époux de la reine, « prince accompli », « homme doué de qualités si séduisantes et de connaissances si profondes » : langage d'autant mieux fait pour faire évoluer la reine qu'Albert, dans un mémorandum, tisse également bien des éloges de son interlocuteur. L'empereur « en remet » par la voix de son ambassadeur Walewski, qui dit le 22 septembre à lord Clarendon, ce que celui-ci transmet aussitôt à Victoria, combien son maître avait parlé du prince « avec enthousiasme : dans toute son existence, il n'avait jamais rencontré une personne possédant des connaissances si variées et si approfondies », « jamais il n'avait appris tant de choses en aussi peu de temps ». La fraternité des armes resserre les liens, et, le 17 avril, le couple impérial se rend, par Douvres, en visite à Windsor. Les impressions de Victoria, communiquées sur-le-champ à son oncle Léopold, sont enchantées : « L'impression est très favorable. Il y a un grand charme dans les manières calmes et franches de l'Empereur ; et [l'Impératrice] est très agréable, très gracieuse et fort simple, mais bien délicate. [...] Le public les reçut avec un immense enthousiasme. »

De Windsor, où une parade militaire et un grand bal sont suivis le 17 de la remise à Napoléon III de l'ordre de la Jarretière, les visiteurs se rendent à Londres, déjeunent au Guildhall, se rendent à l'Opéra, font le tour du Palais de Cristal reconstruit à Sydenham et reçoivent partout les acclamations de la foule. On retrouve l'écho de cette véritable fête de réconciliation des deux monarchies dans la lettre que, le 25 avril, Napoléon envoie de Paris à Victoria :

> La politique nous a rapprochés d'abord, mais aujourd'hui qu'il m'a été permis de connaître personnellement Votre Majesté, c'est une vive et respectueuse sympathie qui forme désormais le véritable lien qui m'attache à elle. Il est impossible en effet de vivre quelques jours dans votre intimité, sans subir le charme qui s'attache à l'image de la grandeur et du bonheur de la famille la plus unie.

Et, à ces paroles bien choisies pour toucher sa correspondante, celle-ci répond dès le 27 :

> Nous ne cessons de passer en revue et de rappeler ces beaux jours, que nous avons eu le bonheur de passer avec Vous et l'Impératrice et qui se sont malheureusement écoulés si vite. Nous sommes profondément touchés de la manière dont Votre Majesté parle de nous et de notre famille.

La preuve est vite donnée que ces mots n'étaient pas purement diplomatiques. Écrivant à Léopold le 1er mai et lui disant l'émotion provoquée en Angleterre par un attentat manqué contre Napoléon III à Paris, elle dresse un portrait particulièrement inspiré de son impérial ami :

> Il est très personnel et par conséquent l'amabilité affectueuse qu'on lui témoigne à lui personnellement, produit un effet durable sur son tempérament particulièrement disposé à la tendresse. Un autre trait de son caractère est qu'il ne

fait pas de phrases, et ce qu'il dit est le résultat de profondes réflexions. Je vous envoie ici (tout à fait confidentiellement) la copie de la très aimable lettre qu'il m'a écrite et qui, je suis sûre, est parfaitement sincère. Il a apprécié beaucoup plus la manière simple et aimable dont nous les avons reçus tous deux que tous les hommages extérieurs et la pompe déployée [...].

Le 2 mai, la reine rédige un mémorandum destiné à fixer les impressions d'un moment où « l'Angleterre et la France, qui furent les ennemis et les rivaux les plus acharnés pendant tant de siècles », ont scellé une réconciliation « sous le règne du neveu de notre plus grand ennemi ». Et elle redit tout le bien qu'elle en pense désormais :

> L'Empereur est un homme très extraordinaire. [...] Évidemment, il possède un courage indomptable, une fermeté de dessein inébranlable, de la confiance en lui-même, de la persévérance et une grande discrétion ; j'ajouterai encore une grande confiance en ce qu'il appelle son étoile. [...] En même temps, il est doué d'un merveilleux empire sur lui-même, d'un grand calme, on peut même dire d'une grande douceur et avec cela une puissance de séduction, qui est vivement ressentie par tous ceux qui vivent davantage dans son intimité [...]. [Et, rappelant néanmoins qu'il a mal agi après le 2 décembre, elle ne lui en prête pas moins] des sentiments pleins de noblesse et de droiture.

Reliant les comportements de l'empereur dans son pays à leur justification par sa foi... en son étoile et dans un dessein divin qui le guiderait, elle en vient à « enterrer » le « pauvre roi Louis-Philippe » dont elle garderait « toujours un très vif souvenir », mais qui, « dans les grandes choses comme dans les petites, prenait toujours un malin plaisir à paraître plus habile et plus roué que les autres ». Et elle en vient à esquisser les contours d'une alliance entre les deux nations, l'empereur sensibilisé par elle à la valeur des engagements pris et à la loyauté envers ses nouveaux amis.

La séduction du Français avait parfaitement joué et on entrait ainsi dans une nouvelle Entente cordiale que la reine s'efforcera ultérieurement de faire prévaloir, une fois le temps des dissensions revenu. Sa gloire sera ainsi liée à celle de l'héritier du Grand Empereur et les stéréotypes antifrançais et antibonapartistes, qui constituaient le bagage de l'Anglais informé et éduqué, pourront ainsi, un bref moment, sembler voués à éclipse durable !

La gloire extérieure... à petit prix

La guerre de Crimée constitue un fleuron de la gloire. Il n'est pas le seul. Les années 1850, ouvertes par le discours de Palmerston dans l'affaire Don Pacifico, sont des années à la fois dangereuses et brillantes.

Elles sont dangereuses parce que les prétentions à la domination des mers et à un rôle de gendarme des océans, celles, plus récemment exposées, à une protection universelle du moindre intérêt ou de tout citoyen britanniques contrastent avec une faiblesse très réelle des moyens.

La conviction, largement partagée il est vrai par les autres, de la supériorité et de l'invincibilité des flottes de Sa Majesté milite contre des dépenses excessives de modernisation et de remplacement des navires ; la situation insulaire n'incite guère à prévoir de forts effectifs terrestres, et le triomphe du libre-échange, que complète le doute sur l'utilité de nouvelles colonies, impose aussi celui de l'idéologie pacifiste chère à Richard Cobden et d'une vision apaisée des rapports internationaux. Le refus d'une fiscalité pesante n'encourage pas enfin le vote de budgets militaires accrus : pendant les cinquante années qui suivent 1815, 2 à 3 % seulement d'un produit intérieur pourtant considérable, moins de 10 % des dépenses publiques, sont consacrés aux armemements. Paul Kennedy, en relevant ces données, conclut avec un art certain de la litote que « pour un État qui s'employait à "dominer la mer", qui possédait un énorme empire aux territoires éparpillés dans le lointain, et qui continuait de revendiquer un rôle important dans la préservation de l'équilibre des Puissances en Europe, elles étaient à proprement parler remarquables [22] ».

Sur le plan naval, et en dépit, au début des années 1840, de quelques « peurs » à l'encontre de la France et de l'évocation d'un possible débarquement français, la flotte faisait encore largement le poids, représentant sans doute, toujours selon Kennedy, l'addition des trois ou quatre plus puissantes flottes classées après elle. Les navires n'ont pas encore fait leur conversion à la vapeur, moins encore à la cuirasse de fer, et il faudra attendre la décennie suivante pour voir opérer ces décisives transformations. Le recrutement de marins n'est plus fondé sur la presse, mais sur l'appel aux engagés volontaires, indispensables pour compléter les équipages au moment d'un départ en expédition ; malgré la promesse d'une pension après vingt et une années de service, les soldes offertes sont basses et facilement concurrencées par les offres des armateurs civils, d'autant que la discipline à bord, un peu moins barbare qu'autrefois, demeure des plus sévères ; les désertions ne sont pas rares, qui touchent plus de 10 % des effectifs encore en 1846, et les démissions sont fréquentes dès que possible. Ce n'est qu'en 1853, bien trop tard pour la Crimée, qu'on décide d'une amélioration notable des soldes, qu'on prévoit toute une série d'avantages en cas de maladie, une prime de départ, un système de promotions, et aussi qu'on crée des écoles navales destinées à accueillir les futurs marins. En 1854, lorsqu'on fait appareiller la flotte de la Baltique, ses navires sont manœuvrés par quelques marins professionnels, mais surtout par des recrues qui ne connaissent rien au métier, cochers, terrassiers, garçons-bouchers, et que l'amiral Napier cherche à encadrer par quelques Scandinaves ; la crainte des officiers est surtout la collision entre les bateaux de la flotte !

Du côté des forces terrestres, et nous avons évoqué les injonctions de la reine à ce sujet, on en était autour de cent mille hommes au début des années 1850, un peu plus du double de l'effectif des marins, nettement moins que la Prusse pour ne rien dire de la France et encore moins de la Russie. Lorsque la guerre de Crimée se termine, on en est, avec plus de deux cent mille hommes et soixante-dix mille marins à un niveau tout juste moyen pour une grande puissance. La qualité des armes ne supplée pas les insuffisances du nombre, et c'est également frappant dans le cas de la première puissance industrielle du monde. Les canons et les fusils anglais font merveille dans les guerres coloniales, ils ne sont pas particulièrement impressionnants pour les Européens. L'infanterie ne trouve pas facilement les soldats de qualité que ses chefs auraient aimé enrôler ; les soldes comme les conditions de vie sont ici aussi dissuasives, et il « faut faire » avec des soldats enrôlés dans les villes, de taille réduite, parfois en mauvaise santé, attirés surtout par l'offre d'un travail qui leur est refusé dans le « civil » ; ils sont souvent indisciplinés. Les nouveaux sont insensibles aux rares progrès réalisés grâce à l'initiative des officiers de quelques régiments, à l'amélioration de l'hygiène dans les casernes et cantonnements, à l'abandon des sanctions disciplinaires les plus cruelles (le fouet n'est plus administré « qu'à » une cinquantaine de condamnés en 1850 au lieu de trois cents vers 1830). De plus, les troupes sont vieillissantes, on s'engage pour vingt et une années en principe dans l'infanterie, vingt-quatre dans la cavalerie, et si la réforme de 1847 autorise des engagements de dix ou douze ans, les pensions de retraite ne sont accordées qu'à ceux qui reprennent du service ensuite pendant au moins sept ans. Ce sont pourtant des soldats bien entraînés, car le service aux colonies alterne avec celui en métropole, les combats sont fréquents, l'expérience acquise précieuse en dépit des taux de pertes élevés. Au moment où commence la guerre de 1854, pour ne pas complètement dégarnir la métropole, on va jusqu'à faire de la publicité parmi les réfugiés politiques, surtout les Allemands et les Italiens, pour recruter de nouveaux mercenaires. Ces défectuosités expliquent la nervosité de Victoria à l'approche du conflit, elles rendent en partie compte des multiples décès par maladie qui frapperont le corps expéditionnaire en Russie.

La valeur des officiers comme des généraux et des amiraux peut également incliner au doute. Le commandement de l'armée allait, en principe seulement, au « commandant en chef », et la gestion dépendait du nouveau secrétariat d'État à la Guerre instauré précisément en 1854. Le vieux Wellington avait gardé la haute main sur le commandement en chef de 1842 jusqu'à sa mort en 1852, dans sa quatre-vingt-troisième année, et les éclatants mérites passés du vainqueur de Waterloo ne suffisaient pourtant pas à voiler ses insuffisances présentes. Son successeur fut le vicomte Hardinge, âgé de soixante-sept ans lors de sa nomination, de soixante et onze lors d'une démission, en juillet 1856, qui précède de trois mois seulement sa mort; ensuite le duc de Cambridge, cousin de Victoria, fut promu à trente-sept ans, sur le désir fort appuyé de la reine, à laquelle Palmerston ne jugea pas opportun de s'opposer : il incarnait la promesse du nécessaire rajeunissement, mais ses trente-neuf années de fonction parurent, à la fin, fort longues !

La nomination de Hardinge, en 1852, permet de bien connaître les voies et moyens d'une désignation à ce niveau. Ses états de service étaient de qualité, il avait été secrétaire d'État à la Guerre, puis gouverneur général de l'Inde. Un mémorandum d'Albert, en date du 17 septembre, montre que sa nomination vient d'un consensus entre la Couronne et le Premier ministre, lord Derby. Ce dernier avait déjà pensé à Cambridge, mais « son rang de major général et sa jeunesse ne le désignaient pas suffisamment pour un pareil avancement. Il n'aurait pas eu assez d'autorité auprès du public... ». Le même jour, dans une lettre à Léopold, Victoria confirme qu'à ses yeux, « Lord Hardinge [serait] le commandant en chef, et [cela parce que] c'est vraiment le seul homme qui en soit digne ». C'est encore Victoria qui, le 21 septembre 1855, suggère à Palmerston de conférer à Hardinge la dignité de maréchal.

En dehors de quelques services techniques et de l'artillerie, dont les officiers sont recrutés après passage par les écoles militaires de Woolwich et de Sandhurst, rang social et argent continuent de régir nominations et promotions, les brevets ou « commissions » délivrés contre paiement de sommes variables et, pour l'essentiel, à des fils de l'aristocratie ; ce qui nourrit en particulier la hargne de Richard Cobden contre un monopole aristocratique qui, selon lui, conduirait à des actions extérieures et à la création ou à la préservation de colonies, toutes opérations indispensables à la gloire et à l'enrichissement des intéressés. Seules la nécessité ou/et d'exceptionnels mérites pouvaient valoir la gratuité aux plus brillants ; il avait fallu, dans les trois quarts des cas, de quatre cent cinquante à mille livres pour acquérir un brevet d'officier, l'échelle dépendant du régiment sollicité, et jusqu'à quatre mille cinq cents livres pour un brevet de lieutenant-colonel, toutes sommes à comparer au salaire annuel moyen d'un ouvrier qualifié dans les années 1850, de l'ordre de cinquante livres. Comme toujours, on trouvait à justifier le système : caractère et tradition auraient été le lot des descendants de familles titrées, l'expérience servant de formation valable sur le tas, l'émulation entre camarades de même origine sociale et amenés à se côtoyer dans la vie professionnelle comme dans les loisirs mondains aurait été propice à l'effort et aussi à un conformisme de bon aloi, le rôle de l'argent dans l'accès aux grades était en lui-même la garantie d'un recrutement fondé sur la passion et non pas sur l'intérêt, le corps des officiers constituerait un club de gentlemen réunis en un réseau propice à l'autodiscipline, au respect des solidarités, à la conjugaison de la liberté individuelle et du devoir de servir.

Les plus gradés ne brillaient pourtant guère par leur compétence : à l'image de Cardigan, vainqueur fameux de la bataille de Balaclava qu'il remporta, à la tête de sa troupe, au prix d'une charge folle et meurtrière de sa brigade légère. Leur snobisme et leur arrogance ne pouvaient que décourager ou aigrir des officiers sortis du rang. À ces derniers, s'offrait la possibilité de s'enrôler au service par exemple de la Compagnie des Indes, qui, jusqu'en 1858, est officiellement en charge du gouvernement du subcontinent, y nomme les gouverneurs, y dispose d'une armée à elle, dont l'encadrement pour une partie est préparé dans son école d'Addiscombe. Ils côtoient sur place les officiers de régiments royaux, envoyés par roulement pour servir au lointain : c'est ainsi qu'en octobre 1854, le gouverneur général lord Dalhousie remet à la disposition du Royaume-Uni, pour guerroyer contre la Russie, quatre régiments de cavalerie royale.

La marine était davantage ouverte à des techniciens de la mer, mais les relations pouvaient être exécrables entre les officiers issus des classes supérieures et ceux sortis d'écoles ou promus pour leurs évidents mérites.

Au total, le Royaume-Uni pouvait se targuer d'une expérience certaine de l'effort de guerre, la marine aussi fréquemment employée que l'armée de terre dans des expéditions coloniales, des opérations de police contre les pirates. Il pouvait aussi se comparer avantageusement à nombre de forces armées continentales, dont les défauts pouvaient être différents, mais dont l'efficacité et l'expérience n'étaient pas nécessairement meilleures. La guerre de Crimée illustre parfaitement le fait que les victoires britanniques ont souvent été celles du moins mauvais et non pas du plus brillant.

L'éclat de la victoire en Europe

Un succès limité

Pour protéger l'empire ottoman, attaquer la Russie au sud a paru aux Anglo-Français la meilleure des stratégies, leur supériorité navale leur garantissant des possibilités de débarquement et de ravitaillement difficiles à trouver ailleurs. La Crimée et la principale place forte de l'ennemi, Sébastopol, sont ainsi devenues l'objectif initial, et terminal, de l'expédition. Cela d'autant plus que l'Autriche, officiellement neutre, contraint les Russes de se retirer en juillet 1854 des principautés danubiennes qu'elle occupe à son tour, rendant ainsi impossible tout conflit ouvert dans les Balkans. Et puis, Palmerston avait à l'esprit de belles et grandes ambitions, dont il s'était ouvert à Russell en mars 1854 : redessiner une partie de la carte de l'Europe en rendant la Finlande (russe) à la Suède, les provinces germanophones de la Baltique à la Prusse, en restaurant un royaume de Pologne, destiné à devenir un État-barrière entre Allemagne et Russie, en conférant à l'Autriche, avec la Valachie et la Moldavie, le contrôle des bouches du Danube, en compensation pour la Lombardie et la Vénétie qu'elle pourrait céder au Piémont, en enlevant la Crimée et la Géorgie au tsar au profit du sultan et en barrant ainsi aux Russes la possibilité d'une expansion vers les mers chaudes[23]. Vision trop ambitieuse pour les capacités du Royaume-Uni, mais qui aurait fait, en cas de succès, une fois encore de l'Angleterre l'arbitre d'un nouvel équilibre européen, avec, ce qui est loin d'être négligeable, l'appui d'une France que pouvaient séduire les concessions faites à des nationalités alors sujettes.

Officiellement, un plan en quatre points avait été approuvé par les Puissances à Vienne en juillet, avec l'appui diplomatique de l'Autriche, et, plus modestement, se limitait à exiger de la Russie une renonciation formelle aux principautés, ainsi qu'à la Serbie, au protectorat sur les orthodoxes de l'empire ottoman, au libre accès de ses flottes à la Méditerranée. Tel fut donc l'enjeu proclamé du conflit, inacceptable pour le tsar Nicolas Ier, plus recevable, après sa mort, par son fils et successeur, Alexandre II, qui monte sur le trône le 2 mars 1855 ; il mettra néanmoins neuf mois avant de se résigner, une fois Sébastopol perdue et l'Autriche et la Prusse devenues pressantes. On aboutira ainsi à la conférence de Paris (25 février 1856) dont les travaux se conclurent par le traité du 30 mars : il consacre l'intégrité de la Turquie, place la navigation sur le Danube sous le contrôle international, interdit aux Russes d'entretenir des navires de guerre dans la mer Noire. En ce sens, il s'agit bien d'une victoire importante consolidée le 15 avril par une véritable Triple Entente France-Grande-Bretagne-Autriche pour garantir le statut de la Turquie.

Malgré de beaux faits d'armes, la victoire laisse pourtant un goût quelque peu amer. D'abord parce que, manifestement, Victoria avait partagé pour une fois les attentes enthousiastes de Palmerston. Le 6 mars 1856, elle lui dit sa « répugnance » à entrer dans le processus de paix, alors qu'il pouvait sembler « qu'une nouvelle campagne pût nous assurer de meilleures conditions » ; le 30 mars, Palmerston, tout en informant la reine qu'il a donné aux négociateurs britanniques l'autorisation de signer le traité de Paris, tente manifestement de consoler sa souveraine.

Il est possible que, si la guerre avait été continuée, les alliés aient remporté de plus grands et de plus brillants succès sur terre et sur mer, mais on n'aurait obtenu aucune garantie nouvelle, vraiment grande et importante, contre les agressions futures de la Russie, qu'en lui enlevant de grandes parties de son territoire-frontière, telles que la Finlande, la Pologne et la Géorgie. Bien qu'à l'aide de grands sacrifices militaires et financiers, il eût été possible d'occuper pendant un certain temps ces provinces, il aurait fallu que la Russie fût réduite au dernier degré de la détresse intérieure avant que le tsar consente à mettre sa signature au bas d'un traité stipulant l'abandon d'aussi vastes régions.

Le 31 mars, répondant au négociateur de Paris, lord Clarendon, Victoria n'en redit pas moins que « la reine [s'habitue] difficilement à l'idée de la paix ». Et le 3 avril, dans une missive à Napoléon III, elle reparle de paix « prématurée », même si elle en prend son parti et se félicite de la victoire commune. Elle écrit le 12 avril à Palmerston, qu'elle gratifiera de l'ordre de la Jarretière, pour lui dire la leçon à tirer d'une campagne qui se termine de façon trop peu brillante à son gré :

La reine suppose que le Cabinet doit examiner aujourd'hui quelles sont les réductions qui peuvent être nécessaires dans les effectifs de l'armée et de la marine. Elle espère et compte qu'on les effectuera d'une façon très modérée et très progressive, et que l'on se souviendra des difficultés que nous avons rencontrées, des souffrances que nous avons endurées. Ce sont, en effet, les lamentables économies des trente dernières années qui ont été la cause unique de notre impuissance au début de la guerre [...].

Un coût humain amer

C'est que pèse lourd, dans son esprit comme dans l'opinion publique, le prix payé pour de glorieux faits d'armes. Le 10 octobre 1854, après la victoire de l'Alma, elle disait déjà à Clarendon combien sa joie était atténuée « par les pertes que nous avons subies et la pensée que de si nombreuses familles de toutes classes sont dans les larmes... ». Le 13, s'adressant à Léopold, elle est toute à la fierté que lui inspirent « la conduite de lord Raglan », dont le sang-froid sous le feu « est digne de [celui] du vieux duc [Wellington] », ainsi que celle de « ses nobles et chers soldats qui, dit-on, supportent les privations et la triste maladie qui les éprouve encore avec tant de courage et de bonne humeur ». Le 14 novembre, toujours en correspondance avec son oncle, elle lui dit que « la conduite de [ses] chères et nobles armées est au-dessus de tout éloge » et, le 18, elle prend la plume pour féliciter lord Raglan, qu'elle nomme maréchal, de sa victoire d'Inkerman du 5, « glorieuse, mais hélas ! sanglante » : les Anglais avaient perdu deux mille cinq cent tués et blessés.

Aide de camp de Raglan et proche parent de la reine, Édouard de Saxe-Weimar contribue, par une lettre du 28 novembre, à renforcer la tristesse de Victoria :

> [Il commence par évoquer une lettre antérieure au prince Albert]. Je l'écrivis peu après la bataille d'Inkermann, j'étais encore sous l'émotion de cet affreux spectacle [...]. Naturellement, en ce moment, Votre Majesté doit être au courant de tous les détails de cette terrible journée, où nous avons subi des pertes si cruelles. J'ai mal évalué le nombre des morts parmi les grenadiers ; il est beaucoup plus élevé que je ne l'ai dit d'abord. [...] Sans aucun doute, nous avons laissé les Russes nous surprendre. [...] L'expérience nous a rendus sages ou du moins a rendu lord Raglan plus prudent, et depuis ce jour nous sommes occupés ainsi que les Français à creuser des tranchées sur notre droite. [...] Jamais je n'oublierai le spectacle des Russes morts ou mourants sur le champ de bataille. Quelques-uns de ces pauvres

diables restèrent là pendant soixante heures avant qu'il fût possible de les transporter dans les tentes-hôpitaux ; naturellement, la plus grande partie succomba. [...] Nous avons été obligés de nous occuper d'abord de nos propres soldats. J'ai été jeter un coup d'œil autour des ambulances le matin qui suivit la bataille. C'était un spectacle horrible que de voir l'amoncellement devant les tentes des corps des soldats morts pendant la nuit, et les tas de bras et de jambes, coupés par les chirurgiens, encore couverts de pantalons et de chaussures. [...]

Le 14, le camp a été ravagé par un cyclone épouvantable [...]. Naturellement toutes nos tentes furent arrachées et nous avons passé une journée sans agrément, mais sur mer ce fut terrible. À Balaclava seulement, on eut à déplorer la perte de deux cent soixante hommes et onze bateaux coulèrent.

Victoria, instruite de la sorte du caractère sanguinaire des batailles comme des ravages du climat, en tire comme conclusion, le 30 novembre, qu'il convenait de « conférer une médaille à tous ceux qui ont pris part à la pénible et brillante campagne de Crimée. [...] La reine est certaine que rien ne sera plus agréable à nos nobles troupes, et ne pourra les encourager davantage que de connaître [ce projet] ». Elle démontre ainsi à tout le moins sa capacité personnelle de surmonter les deuils et blessures de ses armées ! Et, à lire sa réaction, on comprendra mieux que sa sensibilité au malheur n'ira jamais jusqu'à la détourner de la gloire et de l'ivresse de victoires sur les champs de bataille.

Sans doute Victoria n'est-elle pas loin de réagir à l'unisson de ses sujets. Le 18 mai 1855, elle distribue effectivement, à l'occasion d'une grandiose parade militaire, les premières « médailles de Crimée » et l'éditorial du *Times*, le lendemain, est largement positif. Il note les particularités du caractère national : les Anglais ne sont pas démonstratifs, « beaucoup vivent une vie sous le masque de peur d'exprimer des sentiments qui les ridiculiseraient », la Réforme a accentué la fuite devant les rites, « la grande masse des Britanniques a peu d'expérience des solennités instructives et touchantes toujours en honneur dans d'autres pays et qui le furent autrefois dans celui-ci ». Et pourtant...

> Il n'est pas de meilleure école de civisme que des cérémonies de signification aussi évidente que frappante. Nulle doctrine constitutionnelle de loyauté, même apprise par cœur dans les écoles, n'enseignerait le sentiment du devoir envers notre reine aussi bien que le spectacle vivant. Nulle liste de grands noms, aucune publication dans la *Gazette*, non plus que l'éloquence de ministres, rien de ce que la plume et la voix sont capables de faire, ne pourraient jamais exprimer la gratitude de la nation aussi fortement, avec autant de chaleur, de manière si indélébile que la scène à laquelle les Londoniens ont été conviés hier, lorsque la SOUVERAINE, de ses propres mains, a distribué la médaille de Crimée à des soldats de tout régiment, que leurs maladies ou blessures ont fait rapatrier avant la conclusion de la guerre.
>
> Nous avons connu le premier spectacle militaire, à l'exception de simples revues, que l'Angleterre contemporaine ait jamais contemplé, et la nouveauté doit être recherchée autant dans les sentiments que dans la démonstration. [...]
>
> Nous pensons avec confiance pouvoir dater de ce jour une nouvelle ère dans l'histoire et le caractère du soldat britannique. [...]
>
> On a pris conscience que les peines, les souffrances, n'auront pas été infligées en vain; que l'Angleterre ne verserait pas le meilleur de son sang sans raison; qu'elle ne distribuerait pas de vains honneurs pour exalter une querelle inutile, et qu'elle ne s'abaisserait pas à s'amuser et à se flatter d'un grandiose spectacle militaire qui augurerait d'une retraite piteuse.

Très logiquement, la guerre de Crimée sera d'autre part le moment de la création de la *Victoria Cross*, destinée à récompenser des actes exceptionnels de courage accomplis par des militaires face à l'ennemi, quel que soit leur rang : son dessin fut dû à Albert, de même que les paroles à prononcer lorsqu'elle serait conférée (elle fut vertement critiquée par le *Times* comme de facture grossière). Le sigle *V.C.* accolé au nom du récipiendaire fut choisi contre la volonté de la reine, qui aurait préféré *B.V.C.* (B pour « *Bearer* », porteur).

Victoria n'est pas insensible au tableau des malheurs et elle s'en inquiète : le 12 décembre, le duc de Newcastle, secrétaire d'État à la Guerre, à qui elle a transmis des témoignages éloquents, l'assure que « tout ce qui touche à la situation matérielle de l'armée [est] pour lui un sujet de constante et pénible inquiétude » et évoque le triste état de l'hôpital de Scutari, celui-là même où étaient arrivées en novembre, sous la houlette de Florence Nightingale, des infirmières déterminées à se dévouer aux nombreux blessés. L'admirable travail de celle qui fut, à l'égal d'un Henri Dunant, quelques années plus tard, sur les champs de bataille d'Italie, un témoin et le promoteur d'une nouvelle donne des services de santé en temps de guerre, lui valut d'ailleurs, en janvier 1856, une lettre de gratitude de la souveraine.

> Chère miss Nightingale
> Vous êtes instruite, je le sais, de la haute estime que m'inspire le dévouement chrétien que vous avez montré durant cette grande et sanglante guerre, et j'ai à peine besoin de vous redire la profondeur de mon admiration pour vos services qui ne le cèdent pas à ceux de mes chers et braves soldats, dont vous avez eu le privilège d'alléger les souffrances avec tant de pitié [...]
> Ce sera pour moi une très grande satisfaction, quand vous reviendrez enfin sur nos rivages, de faire la connaissance d'une personne qui a donné un tel exemple à notre sexe.

Et Victoria lui envoie, en signe de reconnaissance, une broche ornée de la croix de Saint-George, en émail rouge, et le chiffre royal, surmonté d'une couronne de diamants. Les mots « Bénis soient les miséricordieux » entouraient la plaque qui portait le mot « Crimée[24] ». La famille royale rend également visite, dans les hôpitaux métropolitains, à des blessés rapatriés de Crimée, la souveraine et son époux accompagnés des jeunes Vicky et Albert-Édouard.

La monarchie en phase avec la nation

Si on est parfois tenté de porter un jugement sévère sur l'attitude « belliciste » de Victoria, il convient de souligner que l'exaltation patriotique et la résolution guerrière étaient alors largement partagées par la majorité de la classe politique et de la nation. La vanité des efforts de Cobden pour en appeler à la raison le démontre amplement[25] et témoigne combien on risquerait de ne pas comprendre les réactions de la souveraine en l'isolant de « son temps ». Dès la fin 1854, en partie grâce aux reportages du premier véritable correspondant de guerre (du *Times*) de l'histoire, W.H. Russell, le public ne pouvait ignorer ni l'ampleur des pertes ni le désastre d'un commandement largement incompétent. Et pourtant, dans les masses comme parmi nombre de ses anciens compagnons de lutte de l'Anti-Corn Law League, Cobden ne pouvait rencontrer qu'une déprimante adhésion à l'exaltation guerrière, et il entendait bien des voix, au sein du clergé anglican, prêcher en faveur de la guerre juste. Désorienté, il pensait parfois renoncer à la vie publique et se vouer à de paisibles observations agronomiques :

> Que faire de plus rationnel [...] ? Ou comment mieux échapper au spectacle humiliant d'une nation abandonnée à ses plus sauvages passions animales tout en se flattant de

brandir le sceptre de la justice [...] ? À dire la vérité, j'ai bien peur de devenir cynique, et suis à demi-disposé à prendre une douche, laisser pousser ma barbe et formuler un vote de défiance à l'égard de la race humaine [26].

Il a en vain tenté, lors du débat aux Communes du 22 décembre 1854, de convaincre ses collègues de revenir « au bon sens », de démontrer que ni l'honneur ni l'intérêt ne pouvaient justifier une prolongation du conflit. Après que Bright, député de Manchester et pacifiste déclaré, a dû contempler ses électeurs le brûler en effigie, il n'a échappé à pareille indignité dans sa circonscription de Leeds le 17 janvier suivant qu'en évoquant les souffrances des malheureux soldats dans les tranchées et en évitant de remettre en question la légitimité initiale de la guerre. Le 5 juin 1855, toute son éloquence ne suffit pas à persuader les députés, dans leur grande majorité, de blâmer l'incurie gouvernementale et de proclamer la nécessité d'en finir même si Sébastopol n'était pas conquise. Tout au plus se réjouit-il de voir les classes moyennes, dont la déférence envers les classes supérieures avait toujours mis Cobden en fureur, lui démontrer « qu'elles ne préféraient pas être ruinées par les lords plutôt que sauvées par les hommes du commun » et leurs représentants au Parlement comme dans la presse s'en prendre à l'incompétence des cadres de l'armée. En septembre, après la prise de Sébastopol, il recourt à la plume pour dénoncer les souffrances infligées au peuple anglais lui-même, privé des grains russes, décrire les malheureuses victimes d'une disette et souligner que « la guerre brutalise les masses et, enrichissant les riches, appauvrit les pauvres ». Mais, une fois la paix décidée, il ne lui reste plus qu'à prouver qu'il avait eu raison en publiant une petite brochure, *What Next – and Next* [27] ?

Cobden avait cru un moment pouvoir trouver un allié en Gladstone [28], certes solidaire du cabinet Aberdeen, dont il est le chancelier de l'Échiquier, mais ébranlé par sa vision de l'impréparation militaire, sa connaissance de la cruauté des rigueurs hivernales en Crimée, et aussi par les attaques vigoureuses du *Times*, dont le rédacteur en chef, Delane, lui reproche sa prétendue pingrerie budgétaire et l'accuse, dès novembre 1854, d'avoir « affamé » la guerre. Gladstone connaît mieux que quiconque les difficultés du recrutement de soldats, lui qui a dû se résoudre à prévoir, en décembre, des crédits pour engager des mercenaires étrangers parce que les engagements volontaires sont taris dans le royaume. Reconduit par Palmerston dans son emploi en février 1855, il demeure alors pourtant solidaire de la politique suivie, et cela jusqu'à sa démission du Cabinet le 21 février, pour protester contre la création d'une commission d'enquête parlementaire sur la conduite de la politique de guerre. Après quoi, il peut effectivement se permettre de critiquer l'obstination à vouloir à tout prix prendre Sébastopol, s'étonner de la volonté de priver la Russie de tout accès naval à la mer Noire, regretter l'humiliation qu'on cherche à lui faire subir en obérant ainsi l'avenir. Positions auxquelles il se tient. Il dénoncera en particulier le traité de Paris, dans le *Gentleman's Magazine* de juillet 1856, en soulignant son injustice : si le Royaume-Uni avait commencé la guerre pour la défense de principes purs, il l'a achevée sans assurer aux chrétiens de l'empire ottoman la sécurité à laquelle ils avaient droit et que les Turcs avaient sûrement moins vocation à garantir que la Russie ! Ses variations, compliquées par quelques emportements excessifs et des revirements plus ou moins explicités, illustrent suffisamment les ambiguïtés d'une époque.

Victoria, par ses élans, ses enthousiasmes, ses hésitations, aurait bien alors été à l'image d'une fraction de la classe dirigeante. Mais, toujours, son souci de gloire a parlé le plus fort. Et c'est aussi le cas sur d'autres terrains du monde.

Extension et préservation de l'Empire

L'élan colonial

La mainmise sur des portions de plus en plus vastes du monde a parfois été présentée, précisément en cette période, comme le résultat de l'alliance de fait entre John Bull, gros bourgeois repu et cependant toujours en quête de nouveaux marchés et débouchés, et la belliqueuse Britannia, incarnation, par sa cuirasse et ses armes, des aspirations de l'aristocratie aux responsabilités militaires et administratives au bénéfice de ses fils. La diffusion d'une « civilisation supérieure », la propagation par d'innombrables missionnaires de toutes Églises et sectes, des Anglicans comme des méthodistes ou des presbytériens, de la « vraie foi », l'apport à des peuples « attardés » des techniques d'une économie modèle auraient servi de masque à la cupidité, à la grandeur et à la gloire, et l'invocation de la Couronne, de ses lois et de son bras protecteur, de justification de tous les égoïsmes.

Victoria a été bien éloignée de ces débats, et elle apparaît évidemment surtout soucieuse de préserver un Empire dont elle n'a jamais douté qu'elle avait le droit d'en être fière. Il aurait été étonnant qu'il en fût autrement : depuis Élisabeth la Grande, le globe symbolique de la domination des mers et des terres du monde a souvent figuré sur les représentations de souverains dans la majesté de leurs fonctions.

Vers 1850-1860, l'Empire connaît un nouvel apogée. Dans les mers du Sud, les fleurons de la Couronne sont constitués, avec la Nouvelle-Zélande où, malgré quelques guerres sanglantes, les Maoris bénéficent de plus de chances de survie que les Aborigènes australiens ; l'Australie, ouverte à une croissante immigration, permet la fondation de nouvelles colonies qui constituent la terre rêvée des éleveurs de moutons avant, dans les années 1850 précisément, de susciter la ruée des chercheurs d'or. Partout des îles, des archipels, des comptoirs deviennent de précieux entrepôts et points de ravitaillement, pendant que s'échafaude un immense réseau de communications par câble qui donne à la Grande-Bretagne un quasi-monopole de l'information rapide et de la communication accélérée des ordres venus de Londres.

Depuis son arrivée sur le trône, Victoria a entériné bien des annexions : Aden en 1839, la Nouvelle-Zélande en 1841, des portions de la Birmanie et de l'Assam l'année suivante, la région de Rangoon en 1852. Si Hong Kong ne justifie pas encore tous les efforts déployés pour l'acquérir, les ports chinois ouverts au commerce par la force sont multipliés au prix de nouveaux efforts, cette fois partagés avec la France, en 1856-1858.

L'Empire est clairement devenu l'espoir des malheureux métropolitains en quête de travail, le paradis ouvert aux capitalistes financiers et commerciaux et aux planteurs, le bonheur des armateurs, un débouché privilégié des industriels ; il trempe les caractères et fait de la « race » un « stock » toujours plus dynamique, il est source de puissance, même s'il exige aussi bien des sacrifices financiers et humains. Combien sont-ils les « *Little Englanders* », partisans d'un repli sur la métropole ? Sans doute fort peu, et il n'y a pas lieu de s'étonner de l'absence, chez la reine, de toute critique de l'expansion.

L'annexion de l'Inde à la Couronne

Les épreuves n'ont pourtant pas manqué, et les aspirations à l'autonomie des colonies les plus évoluées n'ont pas été sans poser de difficiles dilemmes, en particulier au Canada, en Australie. Mais la région la plus affectée et celle à laquelle Victoria fut, sans doute, la plus attentive a été l'Inde.

La saisie de la perle de la Couronne. La nature du joyau

Soumise au contrôle du Parlement par l'intermédiaire d'un ministre, le secrétaire d'État à l'Inde, en dépit de sa charte régulièrement confirmée et progressivement amputée, en particulier de la plupart de ses droits commerciaux, la Compagnie des Indes orientales n'en demeure pas moins, jusqu'en 1857, par l'intermédiaire de ses directeurs et de son secrétariat à Londres, la responsable du gouvernement et de l'administration civile et militaire des provinces comme des relations avec les princes. Son collège anglais de Haylesbury continue de former le millier de hauts fonctionnaires qui constituent l'ossature du pouvoir dans l'immense subcontinent ; ses revenus fiscaux en Inde doivent pourvoir aux dépenses publiques locales de toutes sortes comme aux riches dotations annuelles du directoire londonien.

Au milieu du siècle, environ 4 000 000 de km^2, dont la moitié de provinces, cent treize millions de sujets « directs » et quarante-huit millions de ressortissants des principautés constituent la récompense d'un siècle de persévérance. Dernier en date, le Pendjab a été soumis en 1849, après une série de campagnes contre les sikhs, par lord Bentinck. Tout n'est pas figé : le Mysore, placé sous administration directe par lord Bentinck en 1831, l'est en principe pour cinquante ans (et sera effectivement restitué à son Maharadja à la fin de cette période). Mais le processus est souvent irréversible, dès lors que, sous un prétexte ou un autre, on a confisqué une principauté : on invoque ici la mauvaise gestion, voire les actes de guerre de princes contre leurs voisins, ailleurs des troubles populaires... souvent provoqués par des agissements anglais. C'est le cas du Sind annexé en février 1843. En 1850, le royaume d'Aoudh, qui, en 1801, avait signé un traité engageant son souverain et ses descendants à une politique administrative modernisée et au respect des vies et propriétés de leurs sujets, fait l'objet de rapports défavorables du résident et, sous l'impulsion de Dalhousie, le gouverneur général, le processus est engagé qui conduira six ans plus tard à l'annexion pure et simple. Le même gouverneur, en place de 1848 à 1857, est d'ailleurs à l'origine de la doctrine du *lapse*, permettant de faire « tomber » dans le patrimoine de la Compagnie tout État dont le souverain n'aurait pas d'héritier direct, sans tenir compte de la coutume indigène de l'adoption ; une dizaine de petits États sont ainsi annexés, comme le Satara et le Nagpour dont l'existence contrariait le contrôle de la route directe Calcutta-Bombay ! En huit années, Dalhousie aura augmenté de moitié le domaine direct légué par ses prédécesseurs. Tout n'est pourtant pas possible : sur les bordures, l'Afghanistan avait valu à lord Auckland le cuisant échec de 1838, et, s'il est militairement vengé par l'expédition de sir Charles Napier cinq ans plus tard, le *statu quo* territorial, quant à lui, n'est pas modifié.

Les administrateurs, exclusivement britanniques dans les provinces, se considèrent comme des « despotes éclairés et paternels » : leur ardeur, une fois en fonction, est stimulée par la multiplicité des échelons de traitement (les écarts vont de 1 à 20) et par des primes ; si la moyenne des premiers, dans les années 1850, est de mille six cents livres, les émoluments des membres du conseil du Bengale atteignent les dix mille livres, quand, dans l'Angleterre victorienne, on fait partie de la bourgeoisie supérieure en gagnant de mille à cinq mille livres par an ; et il faudrait tenir compte du pouvoir d'achat local et des facilités de vie, dont l'emploi de domestiques nombreux. Les civils sont mieux traités que les officiers de l'armée des Indes, environ huit mille vers 1857, dont les soldes varient de deux cent vingt livres pour les enseignes d'infanterie à mille cinq cent cinquante livres pour un colonel : mais les campagnes donnent l'occasion du versement de primes substantielles, de même que l'appartenance à un état-major ; et les meilleurs des officiers s'en vont volontiers « pantoufler » dans le service civil dès que l'occasion s'en présente ! Les gouverneurs généraux (rémunérés sur la base de vingt-cinq mille livres par an) prennent des initiatives de grande portée. Leurs meilleurs subordonnés, parfois paternalistes à l'instar d'un John Lawrence dans le Penjab entre 1849 et 1853, préfèrent appuyer propriétaires et percepteurs d'impôts et opposer un silence opportun aux récriminations populaires, c'est le cas de Henry Lawrence, aîné de la famille, et gouverneur du Bengale à la même époque ; les exactions de Coverly Jackson, premier chef de l'administration britannique dans la province de l'Aoudh, annexée en 1856, et sa brutalité à l'encontre des « petits » au bénéfice des grands propriétaires sont pour beaucoup dans les fureurs paysannes de 1857 !

Les grands responsables de l'administration inspirent leurs subordonnés dont ils attendent à la fois efficacité et goût de l'initiative. Au Penjab, en 1847, Henry Lawrence a soigneusement sélectionné ses assistants et l'un d'eux, Herbert Edwardes, a rapporté quarante ans plus tard ses impressions : « Quels jours avons-nous vécu [...] ! Henry Lawrence nous envoyait à de grandes distances [...], nous confiait une région aussi grande que la moitié de l'Angleterre sans nous donner d'autres directives plus utiles que celle-ci : "colonisez le pays, rendez ses habitants heureux et prenez soin qu'il n'y ait pas de heurts"[29] ».

La Grande Mutinerie

La place centrale de l'Inde dans le système colonial est mise en péril par la très grave crise de 1857. « *The Mutiny* » constitue le grand tournant de l'histoire de cette possession à l'époque victorienne : « grande révolution » ou « guerre indienne d'indépendance » aux yeux des historiens indiens d'aujourd'hui, une immense révolte, dite des « Cipayes », embrase un tiers du subcontinent et paraît un temps menacer des positions vieilles d'un siècle.

Tout a commencé le 10 mai à Meirut, à environ 80 kilomètres de Delhi, par le soulèvement d'un régiment de Cipayes, dont quelques soldats avaient refusé de manier les cartouches du nouveau fusil Enfield enduites de graisse de porc ou de vache. Les mutins rallient de nombreux camarades, occupent Delhi, massacrent des Européens, s'emparent des dépôts d'armes, libèrent l'empereur mogol et appellent ensuite au soulèvement général. Les provinces du Nord-Ouest sont rapidement à feu et à sang, des révoltes paysannes s'ajoutent aux actions des militaires. Partie de Lahore, une première expédition militaire britannique se heurte à quarante mille Cipayes et doit s'arrêter au pied des murs de Delhi. Pendant ce temps, la province d'Aoudh est passée sous le contrôle de Nana Saheb qui se proclame « Peshwa » et contraint l'armée du général Wheeler à la reddition : s'ensuivent des massacres de soldats, mais aussi de plus de deux cents femmes et enfants. D'autres heurts se produisent à Lucknow, où les Britanniques soutiennent un siège désormais fameux, et aussi en Inde centrale, en particulier dans la province de Jhansi, soulevée par la veuve du prince défunt que l'on avait dépossédée de sa principauté. Ailleurs, les troubles sont soit très localisés, c'est le cas dans la « Présidence » de Bombay, soit ignorés, comme dans la province de Madras. La répression est l'œuvre du gouverneur général Canning, qui a succédé à Dalhousie depuis février 1856.

En Angleterre, le Cabinet met quelque temps à s'émouvoir, et ce n'est que le 26 juin que Palmerston informe la reine de l'« étendue de la révolte », dont les origines ne se limiteraient pas à « la première insubordination »; il va même jusqu'à supposer possible « une action étrangère hostile ». Trois jours plus tard, Victoria demande à lord Panmure, secrétaire à la Guerre, d'accélérer l'envoi de renforts et, au passage, souligne que « la Compagnie est le corps d'où dépend la conservation de cet empire, et elle ne devrait pas sacrifier les intérêts supérieurs à son goût pour distribuer des postes » : première critique sous la plume royale qui fait écho à bien des reproches alors diffusés.

Par la suite, la reine est informée des détails des événements : ainsi, le 4 juillet, de Calcutta, Canning lui envoie une longue missive et fait un état le plus complet possible de la situation ; le 27, Palmerston lui rend compte d'un grand débat aux Communes, qui a vu Disraeli décrire les désordres comme « une révolution nationale » et mettre en cause ceux qui ont par trop, dans le passé, mis l'accent « sur l'intérêt du développement de la civilisation ». Le 22 août, depuis Osborne, elle informe le Premier ministre de sa préoccupation, de son chagrin d'avoir appris la mort par blessure de sir Henry Lawrence et souligne que « ce n'est guère le moment de faire des économies sur le budget de l'armée » ; conseil qu'elle répète dans des échanges épistolaires avec Palmerston, qui, de son côté, sont acrimonieux. Ne va-t-elle pas, le 25 août, jusqu'à « déclarer que le Gouvernement encourt une terrible responsabilité vis-à-vis du pays par son apparente indifférence » ?

Delhi est reconquise le 14 septembre 1857, le Mogol capturé (il sera plus tard placé en résidence surveillée en Birmanie), et la « pacification » se révèle efficace, même s'il faut attendre mai 1859 pour voir écraser, dans les jungles de l'Aoudh, les derniers « émeutiers ». Comme toute guerre de ce type, on ne se ménagea pas de part et d'autre, les troupes anglaises se livrant par endroits à de véritables « actes de furie ». « Les lettres des officiers britanniques suent la haine. [...] [L'un d'eux a écrit au *London Times* que] les troupes européennes sont devenues des démons opposés aux indigènes », écrit Karl Marx, alors correspondant à Londres du *New York Daily Tribune*.

De la réflexion à la recherche de solutions nouvelles

Le temps de la réflexion venu et jamais terminé, tant l'événement a occupé une place majeure et symbolique dans tous les camps, les origines du mouvement apparaissent avoir été diverses.

Si la répugnance à toucher des cartouches enduites de graisse impure a conféré à l'antagonisme religieux une place primordiale, celle-ci n'est pas nécessairement justifiée. Il ne faut pas minimiser le tempérament évangélisateur de certains Anglais, quand, en 1857, devant les Communes, l'un des directeurs de la Compagnie, Mangles, n'hésite pas à brandir « la bannière du Christ » que la « providence » aurait placée entre les mains britanniques pour la planter triomphalement « d'un bout de l'Inde à l'autre » ; Disraeli y avait fait allusion et les indigènes pouvaient s'inquiéter d'actions sacrilèges réelles ou supposées, prêter aux « occupants » l'intention, en supprimant l'enseignement de l'arabe et du sanskrit, de couper les racines mêmes des religions dominantes, dénoncer l'irrespect du système des castes lors de la rédaction des codes de lois ; le Grand Mogol, bon gré mal gré, avait lancé une proclamation appelant Hindous et Musulmans à se soulever pour défendre leur « sainte religion ».

Victoria, on l'a vu, avait été plus sensible aux insuffisances militaires. Ce n'était pas sans raison. L'armée du Bengale, à l'origine de la plupart des troubles, avait été recrutée surtout dans l'Aoudh et les provinces du Nord-Ouest parmi des indigènes de caste supérieure. Ses sous-officiers, promus à l'ancienneté, sans âge obligatoire de départ à la retraite, sont incapables de faire respecter la discipline. Les cadres britanniques ne sont pas d'excellente qualité, les meilleurs cherchant à passer dans « le civil », ils sont parfois eux aussi très âgés, à l'exemple du général Wheeler, commandant en chef, qui avoue ses soixante-quinze ans; tous sont imbus d'un sentiment de supériorité qui les aveugle. Et puis, pour deux cent trente-deux mille Cipayes, on ne compte que quarante-cinq mille cinq cents Européens : on avait d'ailleurs puisé parmi les meilleurs bataillons européens pour les expédier en Crimée ou en Birmanie. Des régions entières étaient vides de troupes, dont l'Aoudh ou Allahabad, forteresse-arsenal au confluent du Gange et de la Jumna ; à Delhi, deux officiers et six sergents britanniques veillaient sur trois cents pièces d'artillerie et de vastes quantités de munitions. Parmi les soldats indigènes, le projet connu d'envoyer en Birmanie plusieurs régiments, le recrutement croissant de sikhs en concurrence des Cipayes et, encore une fois, des rumeurs sur l'effort à venir de christianisation de tous les militaires, avaient préparé le terrain à la propagande la plus folle.

Illettrés, fanatiques, parfois superstitieux, les Cipayes semblent aussi avoir prêté l'oreille à une vieille prophétie hindoue selon laquelle, cent ans après la victoire de Clive à Plassey, l'heure de la revanche adviendrait. Sans doute cela a-t-il alors joué un rôle plus grand qu'une propagation encore fort modeste des grands principes des Lumières : dès la fin du XIXe siècle, des historiens et poètes indiens ont commis cet anachronisme au point qu'à partir des années 1950 on a fait des « martyrs de 1857 » des révolutionnaires de la liberté et de l'indépendance. Nehru lui-même, dans sa *Discovery of India* (1956), n'a-t-il pas cependant constaté : « Le nationalisme de type contemporain était encore à naître » ?

Les racines sociales sont plus évidentes. Des paysans, par villages entiers, ont pris part aux révoltes : l'historiographie marxiste a eu tendance à considérer la mutinerie comme l'une des grandes révolutions agraires de l'Asie contemporaine. L'exaspération fiscale était à son comble, alimentée par les maladresses d'administrateurs qui n'ont rien compris à la structure villageoise indigène et ont parfois abouti, par ignorance, à l'alliance des propriétaires-collecteurs et des petits paysans que l'on entendait protéger des exactions des « grands » : ils n'ont pas su prendre en compte l'existence de réseaux de fidélité et de protection au sein des communautés. En privant des « *taluqdars* » du Nord-Ouest et de l'Aoudh de leurs droits fonciers, on a semé en fait les germes d'un ressentiment général. Et c'est là que les responsabilités de la Compagnie et de son école de formation apparaissent à l'évidence. Les Anglais en Inde semblent aussi souvent avoir privilégié l'explication « militaire », la seule qui ne remît pas en question leurs jugements antérieurs. Seuls les adversaires de l'occidentalisation de l'Inde ont voulu voir dans la mutinerie le couronnement inévitable de constants « errements ». Des « hommes du terrain », dans les provinces du Nord-Ouest, ont parfois aussi été capables de mettre en avant les erreurs commises à l'encontre des coutumes des communautés. Étrangement, l'aveuglément paraît avoir été inversement proportionnel à la distance entre les fonctionnaires et militaires et les lieux des principaux troubles : plus on en est éloigné, moins on est clairvoyant !

Curieusement, en Angleterre même, la réflexion sur la révolte a parfois été modelée par des préjugés internes. Certains tories, à l'instar de Disraeli dans son discours aux Communes du 27 juillet 1857, ont voulu faire du mépris des institutions, des traditions et des hiérarchies en Inde le ressort d'une révolte nationale... et ont ainsi fait valoir l'universalité de leurs propres principes. Le gouvernement libéral s'en est plus volontiers tenu à la seule explication militaire et a loué l'esprit humanitaire d'une administration qui avait osé lutter contre l'emprise de « seigneurs fonciers » : la presse semble avoir largement épousé ce point de vue et a fait preuve d'une grande autosatisfaction devant l'œuvre britannique en Inde.

Quelle que soit l'interprétation des uns ou des autres, du côté anglais domine une énorme désillusion devant l'« ingratitude » des indigènes, parfois aussi un jugement plus réservé sur les possibilités de faire évoluer rapidement de vieilles civilisations. Mais l'héroïsme des soldats et la victoire finale alimentent aussi la conviction d'une pérennité de la présence britannique dans le subcontinent (à condition de faire la preuve d'un réalisme nouveau et d'échapper à la tentation, décrite par Richard Cobden en 1860 encore, de « vouloir faire des indigènes les instruments consentants de leur propre humiliation »).

Dans sa longue lettre à Victoria, datée de Calcutta le 25 septembre 1857, Canning lui laissait peu de doute sur l'état d'esprit des Anglais du subcontinent :

> Une des grandes difficultés que nous aurons à surmonter – lord Canning regrette d'être obligé de le dire à Votre Majesté – sera la violente rancune manifestée par la plupart des Anglais contre tout Indien [...]. Il y a ici une soif de vengeance furieuse et aveugle, même chez ceux qui devraient donner le bon exemple, qu'il est impossible de constater sans éprouver une sorte de honte pour ses compatriotes. Il n'y a pas un homme sur dix qui ne pense que pendre ou fusiller quarante ou cinquante mille mutins, sans compter les autres rebelles, serait absolument pratique et équitable. Ceux qui parlent et écrivent le plus sur ce sujet ne se rendent pas compte qu'il est absolument impossible pour le Souverain d'Angleterre de conserver et de gouverner les Indes sans employer une forte proportion d'indigènes, et sans se fier à eux dans une large mesure aussi bien dans l'administration que dans l'armée. [...] On peut craindre que ces sentiments d'exaspération ne mettent sérieusement obstacle au rétablissement de la paix et du bon ordre, lors même qu'un juste châtiment aura été infligé après délibération à tous les principaux insurgés.

Il importait donc de préserver l'Inde par une suite de réformes. On peut estimer que la reine n'a pas été insensible au tableau que lui avait dessiné Canning à l'instant des grandes décisions et de leur ratification.

Victoria et le passage de l'Inde à sa Couronne

Le statut politique de l'Inde a été très rapidement modifié. La responsabilité de la Compagnie dans les événements n'était pas évidente ; un gouverneur nommé directement par la reine n'aurait pas évité les erreurs d'appréciation imputées à Dalhousie. Mais la pression de l'opinion publique et la conviction de bien des hommes politiques l'ont emporté sur la froide analyse des faits. Une pétition avait été présentée, au nom de la Compagnie, par John Stuart Mill, aux deux Chambres du Parlement :

> Les pétitionnaires ne recherchent pas à revendiquer des droits aux dépens d'une autre autorité, ils réclament leur pleine part de responsabilité dans la manière dont l'Inde a été gouvernée. Cette responsabilité est, selon eux, un sujet non pas d'humiliation, mais de fierté. [...] [En tout cas], il conviendrait d'attendre la conclusion des malheureux troubles actuels et une enquête préalable complète sur les application du système présent.

Rien n'y fit. Le Cabinet, comme le Parlement, jugèrent indispensable une action prompte ; la Compagnie apparaissait soudain comme un anachronisme gênant. Palmerston dépose un projet de loi que son successeur conservateur, lord Derby, fait adopter avec quelques modifications le 2 août 1858. Tous les droits de la Compagnie sont transférés à la Couronne, un secrétariat d'État pour l'Inde est créé et l'administration du territoire est fixée selon des principes qui vont durer quelque soixante-deux ans. Il ne reste aux directeurs évincés qu'à faire « hommage » de « leur » territoire à la reine, la priant de « ne pas oublier la grande corporation qui le lui remet, ni les leçons à tirer de ses succès », et lui rappelant qu'« un gouvernement ne peut pas être indigne, ne peut être taxé de faiblesse, ne peut pas manquer de sagesse, qui a donné naissance à deux services de la qualité des services civil et militaire de la Compagnie ».

Au lendemain de cet effacement forcé, le gouverneur général, Charles-George Canning, est en charge du rétablissement de l'ordre : il accomplit sa tâche sans faiblesse, mais dans le souci d'éviter les actes sanguinaires de vengeance, de ramener à l'application des formes juridiques, de consentir souvent à des mesures d'indulgence, voire de redresser, au bénéfice de propriétaires dépossédés de leurs terres, les injustices commises. Surtout, le 1er novembre, à Allahabad, il donne lecture d'une proclamation de la reine « aux princes, aux chefs et aux habitants de l'Inde ».

Elle y annonce le transfert de pouvoirs ordonné par le Parlement, confirme dans leurs fonctions les serviteurs de la Compagnie, exprime sa volonté de respecter tous les traités conclus dans le passé avec les princes et prend l'engagement de respecter à l'avenir les possessions territoriales existantes, de ne pas porter atteinte « aux droits, à la dignité et à l'honneur des princes indigènes » ; tout en affirmant sa fidélité à la religion chrétienne, elle promet de ne pas imposer ses propres convictions à ses sujets indiens et de reconnaître une pleine liberté de foi et de culte à tous ; de même, les anciennes coutumes foncières devaient être respectées, les indigènes admis aux divers échelons de l'administration. Elle garantit par ailleurs le pardon aux révoltés, sous la réserve des crimes de sang, une large indulgence à leurs complices. Et, une fois la paix intérieure restaurée, le temps sera venu « de stimuler les activités, de promouvoir des travaux et améliorations d'intérêt public, de gouverner pour le bien de tous les habitants » en recherchant leur seule « prospérité ». La proclamation portait nomination de Canning comme « premier vice-roi et gouverneur général ».

Cette proclamation, dont la portée ne saurait être sous-estimée, a bien été inspirée directement par la souveraine. Le 15 août 1858, elle confiait au Premier ministre, lord Derby, le soin de la rédiger « dans son style si parfait », mais lui donnait des instructions précises :

> Il se souviendra que c'est une Souveraine qui parle à plus de cent millions d'Orientaux, au moment où elle assume la charge de les gouverner directement, [...] elle prend vis-à-vis d'eux les engagements dont elle aura à s'acquitter dans le cours de son règne futur, et leur explique les principes dont elle s'inspirera dans son gouvernement. Un document de ce genre doit être empreint de générosité, de bienveillance, de sentiment religieux, et faire ressortir les privilèges dont jouiront les Hindous, lorsqu'ils seront placés sur un pied d'égalité avec les sujets de la Couronne britannique, ainsi que la prospérité qui leur sera apportée par la civilisation.

Le 2 décembre suivant, répondant au vice-roi qui lui a rendu compte des événements, elle revient sur le sujet :

> C'est pour [la reine] une source de très réelle satisfaction et de fierté de se sentir en communication directe avec cet immense empire, qui est un si beau joyau de la Couronne. [...]
> La Reine se réjouit de ce que son vice-roi approuve le passage relatif à la religion. Elle a insisté vivement sur ce point.

Dans ces lignes, on lira bien des choses. Comme ses sujets du Royaume-Uni, elle ne doute pas du rôle civilisateur de la colonisation. Elle baptise elle-même sa nouvelle possession directe de « joyau ». Elle porte témoignage de l'influence qu'elle a pu avoir sur un texte d'immense portée.

Dix-huit années plus tard, en 1876, il appartiendra à Benjamin Disraeli, Premier ministre conservateur, de parachever la modification du statut de l'Inde : la décision prise en 1858 aura ouvert la voie, et l'intervention directe de la souveraine à cette date permet de comprendre l'ardeur avec laquelle elle souhaitera se voir « proposer » un titre impérial dont elle a très vite rêvé...

Le rétablissement de l'ordre aux Indes dans le cadre de la monarchie constitue en fait le zénith colonial de la décade prodigieuse !

Prospérité et ébranlement des valeurs

La reine aurait toutes raisons de se réjouir qu'à la grandeur extérieure s'ajoute une prospérité économique sans laquelle la première, d'ailleurs, n'aurait pas eu toutes ses raisons d'être et aurait été privée des moyens matériels indispensables à sa réalisation. La croissance économique du royaume est certes étonnante, mais ce sont ses contradictions qui, frappantes, recèlent les germes de tensions nouvelles : l'enrichissement est loin de permettre une amélioration sensible de la condition ouvrière et, si le spectre de la menace républicaine s'est assurément éloigné, celui de la révolution sociale demeure. Il paraît même plus menaçant que jamais : Victoria, à l'image de l'élite de son temps, s'émeut du constat d'un déclin religieux et moral qui, en sapant le fondement de l'esprit civique, pourrait précipiter la nation vers les abîmes craints et dénoncés si vivement dans la période antérieure. Ces « nuages » sont-ils atténués par l'éclat exceptionnel des arts et des lettres, la multiplication des plaisirs et des loisirs ? Les élites les savourent avec prodigalité, la reine, à l'instar de la bonne société, ne les néglige pas, la masse elle-même n'est pas complètement privée de cette dissipation de quelques grisailles de sa vie quotidienne.

La difficile coexistence des « deux nations »

La guerre des classes n'est pas, ou n'est plus, contrairement à une opinion et à une terreur communes aux classes dirigeantes, des plus probables. Peut-être parce que les élites savent ne pas ignorer le danger et que les plus grands noms prennent part à un combat contre la misère.

En juin 1862, réfugié à Londres, le socialiste français Louis Blanc évoque dans l'une de ses *Lettres sur l'Angleterre*[30], l'Association pour l'avancement de la science sociale. Elle a été fondée en 1857 par lord Brougham, et il en est lui-même membre. Son objet : « étudier les moyens d'amender les lois, d'élargir et de purifier les sources de l'intelligence humaine, de prévenir le crime et de le réprimer, de corriger le criminel, de pourvoir à la salubrité publique et d'asseoir l'économie politique sur ses bases véritables ». Club de réflexion, elle regroupe de grands noms de l'aristocratie, dont lord Russell, lord Stanley, sans compter l'évêque (anglican) de Londres. Et notre exilé de s'exclamer : « Loin de s'opposer systématiquement au progrès, ainsi que notre ancienne noblesse française [...], l'aristocratie anglaise épie le progrès de manière à le prendre habilement à son service. »

De cet éloge des *upper classes* on retiendra surtout l'existence reconnue par elles d'une véritable responsabilité sociale ; certains tories avaient tendance à la rattacher à la traditionnelle protection que le seigneur devait depuis toujours à ses vassaux et serviteurs ; et puis, leur sens politique est suffisamment aigu pour pousser aux concessions lorsque la pression d'en bas devient trop forte. Les possédants, dans leur majorité, savent consentir à des sacrifices pour préserver l'essentiel : en témoigne la législation sur le travail en usine, le labeur au fond des mines et les horaires des femmes et des enfants, qui a constitué dès avant 1850 autant de soupapes de sûreté. En revanche, les divers projets de réforme électorale alors évoqués butent toujours, dans une bonne partie des élites, sur la conviction qu'accorder le droit de vote à des non-propriétaires serait ouvrir une boîte de Pandore et courir des risques incalculables.

La famille royale n'est pas à l'écart d'une active philanthropie. En 1844, Victoria a accordé son patronage à la Société pour améliorer la condition des classes laborieuses, qu'Albert a accepté de présider : cette société édifie à Londres des maisons mitoyennes destinées à des familles ouvrières ou à des travailleuses célibataires. Une charte royale de 1845 a entendu favoriser une Association londonienne « pour l'amélioration des habitations des classes industrieuses » qui, dès 1848, a pu héberger décemment cent dix familles dans Old Pancras Road. La Grande Exposition de 1851 permet à Albert de financer à ses frais le prototype d'une maison ouvrière dont les plans ont été dessinés par l'architecte Henry Roberts, et c'est sur ce modèle que le philanthrope W.E. Hilliard décide de construire une vingtaine de « Maisons Albert » sur l'emplacement de taudis. La famille royale est ainsi en symbiose avec l'élite dirigeante : en 1851, une loi Shaftesbury n'a-t-elle pas été votée par le Parlement pour autoriser les municipalités de villes de moins de dix mille habitants à démolir les logements malsains[31] ? Les années 1850 sont celles de lois ou de mesures publiques pour développer, sur l'initiative d'administrations locales et donc sans planification nationale, les réseaux d'égouts dans les villes, améliorer les adductions d'eau, promouvoir les éclairages publics ; même si le souci de l'hygiène permet à toutes les classes de bénéficier d'une réduction des risques d'épidémies, tout n'est pas dû à ces seules perspectives égoïstes. Et parce qu'une bonne police garantirait la sécurité de tous, et surtout aussi celle des biens, à la police métropolitaine de Londres s'ajoute, dans les comtés, par la loi de 1855, une autre force de l'ordre, très fragmentée : ses ressorts d'activité sont soigneusement délimités par la carte administrative, et on en attend monts et merveilles, sans toutefois accepter de payer le prix du recrutement de policiers de valeur.

La charité privée vient souvent pallier les insuffisances publiques, et elle fait partie du devoir enseigné dans toutes les bonnes familles dès l'enfance. Elle revêt à l'occasion les traits d'une compassion sociale qui n'écarte pas même les marginaux. Un Gladstone estime de son devoir d'aider à arracher les prostituées à leur déchéance, Charles Dickens agit de même, et ils ne constituent pas des exceptions.

Et pourtant, tout cela paraît bien peu en comparaison de l'ampleur grandissante de la « question sociale ». Le vertige de la croissance démographique menace de réduire la portée de bien des améliorations, ne serait-ce qu'en favorisant la stagnation des salaires qui est la marque des années 1850-1867. La seule Angleterre (et Galles) a gagné plus de deux millions d'habitants entre les recensements de 1851 et 1861, et cette croissance décennale de près de 12 % a surtout bénéficié aux villes : environ 21,6 % de croissance urbaine moyenne, mais près de 30 % pour les cités de plus de cent mille habitants, qui, à elles seules, en viennent à abriter près du tiers de la population. Londres, avec ses banlieues, n'est pas loin de rassembler trois millions de ces citadins. Liverpool en est à 440 000 habitants, Glasgow la suit de près, Manchester atteint 339 000 âmes, à quasi-égalité avec Birmingham. Cette croissance est de plus en plus nourrie par les excédents naturels des populations citadines elles-mêmes, mais la ville continue de « pomper » des immigrants de toutes origines, bien que surtout provenant de régions proches. Encouragée par le développement des transports, la segrégation sociale s'accentue avec l'exode des plus riches vers les banlieues : quand la métropole croît prodigieusement, la population de la *City* stagne !

Bien des mouvements de population sont facilités par l'essor du rail. Les voies ferrées désolent quelques intellectuels : ainsi Carlyle, en 1858, leur attribue la mort de certaines localités quand « les affaires sont parties ailleurs », Ruskin, quant à lui, juge « imbéciles » ceux qui s'ébaubissent devant les performances du nouveau mode de transport[32]. Il demeure que les terrassements mobilisent des dizaines de milliers d'ouvriers, dont les chantiers perturbent parfois la vie des campagnes, et, surtout, ils entraînent dans les centres urbains des expropriations massives, la démolition de milliers de logements populaires dont les occupants vont s'entasser dans des districts déjà surpeuplés. C'est que très tôt, après une période de méfiance qui les voit établir en bordure des cités, les gares se situent à proximité des centres : c'est le cas à Liverpool comme à Londres, où Euston Station est achevée en 1838 en adoptant l'architecture monumentale d'un temple grec et est complétée en 1849 par le premier grand hall de gare, avec son plafond à caissons, et où la gare de Paddington est un hommage rendu en 1845 au travail du fer et se voit flanquée en 1852 du *Great Western Royal Hotel* de style Louis XIV. La facilité des communications bénéficie à des villes côtières ou balnéaires : le Londres-Brighton, achevé en 1841, permet à Brighton d'être une ville dix fois plus peuplée en 1851 qu'au début du siècle, et l'extension du réseau ferroviaire explique la croissance exceptionnelle d'autres villes d'eau. Les classes supérieures comme les moyennes sont les principales utilisatrices du nouveau mode de transport, même si une loi de 1844 oblige les compagnies à prévoir chaque jour au moins un train à prix réduit. Ce prix, calculé au mile parcouru, dépasse encore les possibilités de bien des prolétaires. Les chiffres n'en sont pas moins éloquents : quand les diligences ne pouvaient, en 1830, transporter que 255 000 voyageurs par an, les chemins de fer décomptent déjà soixante millions de voyageurs en 1851, cent soixante millions moins de dix ans plus tard.

Victime du bruit, de la poussière, de la crasse, le prolétaire entrevoit moins la qualité esthétique de certaines recherches architecturales qu'il ne souffre de leurs effets. Bien peu nombreux sont les ouvriers qui bénéficient de la création de villes nouvelles à la campagne, à l'instar du personnel des usines cotonnières de Saltaire, près de Bradford, dans le Yorkshire, que leur patron, Titus Salt, a voulu doter, au prix de vingt années d'efforts à partir de 1851, de centaines de *cottages* modèles et d'un urbanisme incluant bains publics, parc, écoles, église. La plupart des prolétaires ne bougent pas du centre des villes et y sont rejoints par de nouveaux venus : c'est là que se trouve l'embauche, qu'on peut recourir à des usuriers et prêteurs sur gages ; le coût de la vie y est moindre, la charité publique et privée y est plus proche, et aussi l'aide chaleureuse de voisins de même condition.

Dès sa naissance, le fils d'ouvrier est marqué par un destin de classe. Son espérance de vie est plus réduite, surtout dans les premières années. Ses chances de mobilité vers le haut sont minimes. L'instruction populaire ne fait que peu de progrès : certes, vers 1860, trois quarts des ouvriers savent lire ; ils se voient offrir des centaines de titres d'ouvrages à bon marché, certains publiés en véritables « feuilletons » périodiques ; la Société de bonne littérature s'est, à partir de 1855, fixée pour objectif de diffuser des ouvrages de qualité à faible prix. Mais les écoles[33] sont difficilement pourvues de maîtres de qualité, quand le nombre d'écoles normales demeure faible, et de caractère philanthropique ou confessionnel ; le Parlement, entre 1844 et 1868, est devenu « un cimetière pour défunts projets de loi sur l'éducation ». Des progrès toutefois sont enregistrés, les fonds publics consacrés à l'éducation passant de 20 000 livres en 1833 à 250 000 vingt ans plus tard et à 730 000 en 1859. Un département ministériel de l'éducation favorise, à partir de 1856, la participation de l'État à des projets de sociétés privées, le nombre d'inspecteurs des écoles (deux en 1840) s'élève à douze en 1848 et à quarante-six en 1858 : ils sont les juges, à partir de 1853, de l'octroi d'une aide par tête à toute école inspectée et jugée satisfaisante. Une commission Newcastle, nommée sous le cabinet Derby, travaille trois ans au rapport qu'elle remet à Palmerston et qui servira de base à de premières mesures au début des années 1860. Mais le petit million d'élèves « aidés » représente une faible proportion des enfants qu'aurait concernés un système d'enseignement primaire généralisé et bien des prolétaires apprennent les connaissances rudimentaires une fois adultes, lorsqu'ils fréquentent les bibliothèques ou groupes de travail fondés par quelques organisations ouvrières. Quant à la presse, malgré l'abolition de taxes « sur le savoir » qui ont handicapé son développement jusqu'en 1855, elle demeure souvent trop coûteuse pour un budget ouvrier.

Parfois représentée, y compris sur des foulards, en dame de charité apportant aux pauvres, à leur domicile, pain et consolation, Victoria ne semble pas avoir été spécialement attentive à l'éducation des enfants émaciés et souffreteux qu'elle a pu être amenée à voir de près ou de loin.

Il est pourtant frappant que la décennie ait connu un remarquable apaisement social. Aucune théorie unique ne l'explique. La relative prospérité, qui a réduit le chômage reconnu à 1 % peut-être de la population active et a limité la portée des mesures odieuses concernant la charité publique en *workhouse*, est souvent invoquée. La déception apportée par les grandes révoltes antérieures, l'agonie sans gloire du chartisme dans les premières années 1850 ont sans doute découragé les esprits les plus combatifs. L'importance croissante des sociétés mutuelles (*Friendly Societies*) procure à ceux capables de faire face à des cotisations régulières (ils sont quelque trois millions) la certitude d'une aide en cas d'accident dans la vie du chef de famille. Un syndicalisme de style original se développe à partir de 1851, sur le modèle de l'Union des ouvriers mécaniciens, l'*Amalgamated Society of Engineers*, qui allie la modération revendicative avec la solidarité interne ; il est aussi soucieux, par le jeu d'un mutualisme structurel, d'aider ses membres en cas de chômage, de maladie, d'invalidité. En une dizaine d'années, deux cent mille travailleurs de l'échelon supérieur de la classe ouvrière font de cette forme d'association un laboratoire de vie associative qui ne remet plus en question les fondements de la société libérale. Robert Owen n'a plus qu'à passer les dernières années de sa vie à vitupérer la religion, qui, selon lui, serait responsable d'une véritable anesthésie du prolétaire !

Il n'a peut-être pas tort : lorsque les Victoriens en viennent à s'émouvoir, c'est l'affaiblissement de la pratique et de la foi chrétiennes qui en est la cause.

La crise des valeurs et l'ébranlement du pilier religieux de l'ordre

Un coup de tonnerre ébranle les notables en 1853 : on a achevé le dépouillement et l'analyse du grand recensement religieux ordonné en 1851 par la Chambre des lords, et ses résultats paraissent catastrophiques à toutes les âmes pieuses, mais aussi aux théoriciens et aux praticiens de la société libérale, aux yeux desquels l'alliance du sabre et du goupillon constitue une irremplaçable garantie de l'ordre politique et social. Les chiffres viennent jeter dans la mare de disputes théologiques et rituelles féroces, mais sans portée majeure, un pavé inattendu. Et pourtant, autant que l'on puisse en juger d'après ce qui est resté de ses papiers privés, Victoria a été plus attentive à des disputes dont la postérité n'a guère souligné ni compris la portée, et peu effrayée ou informée du danger profond de la déchristianisation de son royaume.

Les querelles superficielles

Jusqu'à ce recensement, les émotions et les craintes avaient concerné surtout les formes de la foi. Victoria, à plusieurs reprises dans ses correspondances, s'était fait l'écho de voix hostiles à la progression dans le royaume du catholicisme et opposées à la restauration d'une hiérarchie épiscopale en 1850, sous les auspices de Wiseman, premier cardinal anglais présent sur le territoire depuis le schisme, considérée comme une « agression » papiste.

La souveraine s'était émue des conversions de quelques milliers de disciples de John Henry Newman, passés du tractarianisme au retour pur et simple à Rome, et l'expression de « puseyisme » revient souvent sous sa plume quand elle exprime sa peur de voir l'Église établie gangrénée de l'intérieur par les « erreurs » romaines : Pusey et la majorité des membres du mouvement d'Oxford avaient, de fait, privilégié la conversion collective de leur Église et refusé l'acte individuel de rupture, décidés qu'ils étaient à entretenir une flamme « anglo-catholique » propice à leur espérance œcuménique. Leur espoir d'une réconciliation rapide s'effondrera en 1893 avec le refus de Léon XIII de reconnaître les ordinations anglicanes.

Victoria est parfois davantage emportée contre ceux qu'elle considère comme des pseudo-protestants que contre les catholiques eux-mêmes ; une lettre qu'elle adresse à la duchesse de Gloucester, sa tante, le 12 décembre 1850, en pleine effervescence antipapale après le rétablissement de la hiérarchie épiscopale anglaise, semble le démontrer :

> Je n'aurais jamais consenti à rien dire qui sentît l'intolérance. Bien que j'aie toujours été et doive toujours être sincèrement protestante, et indignée comme je le suis, contre ceux qui s'appellent protestants, tandis qu'en fait ils sont tout le contraire, je regrette beaucoup cet esprit antichrétien et intolérant dont font preuve tant de gens dans les réunions publiques. Je ne puis supporter d'entendre ces violentes invectives contre la religion catholique, car elles sont pénibles et cruelles pour les nombreux catholiques romains qui sont de braves gens et parfaitement innocents [...].

Avec une identique largeur de vues, la souveraine condamne le déchaînement, surtout entre 1847 et 1857, d'une flambée « sabatarienne ». Issus des rangs des non-conformistes puritains comme de ceux des plus intégristes des Anglicans, la plupart bourgeois, d'autres d'extraction plus noble ou plus populaire, tous proches de l'hystérie violente, les sabatariens s'affirmaient les héritiers par ailleurs d'une tradition vieille de plus de deux siècles, et avaient multiplié les démonstrations de masse pour empêcher la « profanation » du jour du Seigneur. Ils s'opposèrent indifféremment, dans leur défense du dimanche, à toutes sortes d'activités : la distribution du courrier, l'ouverture de la Grande Exposition comme des musées, la circulation des trains, toutes les formes de distraction, y compris en 1856, les concerts d'après-midi de fanfares militaires dans les parcs londoniens. Palmerston, après avoir résisté aux pressions sur ce dernier sujet, finit par céder à une vigoureuse remontrance de l'archevêque de Cantorbéry en indiquant à Victoria que la controverse ne valait pas le risque d'une crise parlementaire. Sur quoi la reine lui représenta qu'elle ne « saurait exprimer de regrets assez vigoureux de voir les soi-disant Saints Évangéliques témoigner d'un aveuglément aussi incompréhensible et d'une piété aussi malvenue[34] ». Réaction sincère : le 1er juin, elle écrit un mot personnel à Hardinge, commandant en chef :

> La reine apprend que l'on essaie d'empêcher les musiques militaires de jouer, lorsque les troupes se rendent à l'église le dimanche.
> Elle désire faire savoir à lord Hardinge qu'elle est absolument d'avis et souhaite très vivement que, pour rien au monde, on ne s'incline devant une pareille proposition [...] lord Hardinge peut parfaitement se servir du nom de la reine, et dire qu'il ne lui est pas possible de lui soumettre une telle proposition, car il sait qu'elle ne l'accepterait pas.

Son Premier ministre, l'année précédente, avait su résister à une autre offensive, destinée à prohiber ou limiter sévèrement la vente d'alcool le dimanche mais, ici, il avait mesuré la violence des réactions populaires : une foule de cent cinquante mille protestataires rassemblés à Hyde Park, le 24 juin, et de telles clameurs que Karl Marx crut venu le moment de la révolution sociale tant espérée !

Sur d'autres sujets à forte imprégnation religieuse, ainsi la protection de la morale familiale, la reine s'exprime clairement. Elle ne s'élève pas contre la nouvelle législation sur le divorce de 1857, mais elle intervient, le 26 décembre 1859, auprès du lord-chancelier, lord Campbell, pour dénoncer l'exploitation des scandales révélés, à partir des procès devant le tribunal, par une presse que l'on n'appelait pas encore « de caniveau » :

> La reine désire demander au lord Chancelier si l'on ne pourrait rien faire pour empêcher la publicité actuelle des procès devant la nouvelle cour de divorce. Ces procès [...] remplissent dès maintenant presque journellement une grande partie des quotidiens et sont d'un caractère si scandaleux qu'il est presque impossible de laisser un journal entre les mains de jeunes filles ou de jeunes garçons. Aucun des pires romans français, contre lesquels les parents prudents protègent leurs enfants, ne peut être aussi mauvais que la feuille qui est journellement déposée sur la table du déjeuner dans toute famille respectable en Angleterre, et ces lectures auront une répercussion très fâcheuse sur la moralité publique.

Navré, le lord-chancelier doit lui répondre qu'il serait dans l'incapacité d'obtenir un vote parlementaire en faveur de la censure qu'elle souhaitait.

D'autres occasions ont permis à la souveraine de marquer ses réserves à l'égard d'un excès de manifestations religieuses. Lorsque la guerre de Crimée est décidée, elle reproche vivement à lord Aberdeen, dans sa lettre du 1er avril 1854, d'avoir fait preuve de quelque faiblesse lorsque des parlementaires ont évoqué l'instauration d'une journée de pénitence. Favorable, dans ce cas, à une prière particulière introduite dans la liturgie, elle s'oppose vigoureusement à ce qu'on en fasse trop :

> [La reine] trouve que nous avons trop souvent recours à ces cérémonies et qu'ainsi elles perdent tout effet. [...] Elle espère qu'on substituera une prière au jour de pénitence. Si, ces jours-là, les services étaient différents de ce qu'ils sont, la reine y serait moins opposée, mais on choisit toujours des chapitres de l'Ancien Testament et des Psaumes qui correspondent si peu à la situation que l'effet produit est absolument nul. D'autant plus que dire, comme on le ferait probablement, que les grands péchés de la nation ont été la cause de la guerre, alors que [...] notre conduite a été pleine de désintéressement et d'honnêteté, répugnerait véritable-

ment trop aux sentiments de tous, et ne serait qu'un acte d'hypocrisie.

Démontrant que de tels sujets lui tiennent à cœur, elle récidive le 21 août 1854, toujours dans une lettre à son Premier ministre, lorsqu'elle est informée que l'archevêque de Cantorbéry souhaiterait que des prières spéciales soient lues à l'occasion d'une épidémie de choléra à Londres :

> Elle s'oppose énergiquement à ces prières spéciales, qui, en réalité, ne sont pas un signe de reconnaissance ou de confiance envers le Tout-Puissant, car alors nous devrions en avoir une pour chaque maladie ; il est certain qu'en 1837, l'influenza causa bien plus de ravages que le choléra ne l'avait jamais fait, et cependant personne ne songea à prescrire une prière contre ce fléau. [...] Il est difficile de délimiter le nombre de décès indispensable pour rendre nécessaire une certaine formule de prière. [...] Quelle serait l'utilité des prières de la liturgie, qui ont sans doute été composées quand nous étions sujets à d'autres maux également mortels, si l'on en crée toujours une spéciale pour le choléra ?

On le voit : l'image de Victoria est celle d'une reine responsable du bon ordre dans l'Église établie dont elle est « suprême gouverneur ». Elle ne manifeste pas, à cette époque, une bigoterie de mauvais aloi, et sait faire preuve d'un remarquable humour sur des thèmes qui heurtent son jugement. Quant à ses préoccupations morales, elles rejoindraient celles de ses sujets des classes élitaires.

Le choc du recensement de 1851

Il est d'autant plus étonnant qu'elle ne commente pas davantage les révélations du recensement religieux, qui constituent une alerte gravissime. Ses résultats sont surtout valables pour l'Angleterre et le Pays de Galles, étant peu fiables ailleurs.

Pour la première et seule fois dans l'histoire, il s'était agi de mesurer statistiquement l'emprise de la religion sur la vie des habitants du royaume par une enquête « au vrai » sur la pratique. Celle-ci avait été précédée d'une recension scrupuleuse de tous les lieux de culte, de la petite chapelle à la cathédrale, rangés sous le nom de leur confession de rattachement, du calcul de l'offre de places disponibles pour les fidèles désireux de pratiquer : on avait ainsi établi que les quelque dix-huit millions d'habitants de la partie anglo-galloise du royaume disposaient de près de trente-quatre mille lieux de culte, offrant un total de neuf millions et demi de sièges, dont moins de la moitié seulement appartenaient à l'Église établie.

Le dimanche 30 mars 1851, la veille pour les juifs, dates choisies arbitrairement, mais dans une saison propice aux déplacements de toutes les personnes valides, une cohorte de calculateurs postés à l'entrée des lieux de culte avaient relevé le nombre de participants aux services de la journée, trois au moins. L'exploitation de leurs données avait précisément exigé des statisticiens l'application de coefficients plus ou moins arbitraires de correction pour aboutir à un chiffre probable de pratiquants, sans tenir compte de la participation répétée de nombre d'entre eux à des services différents dans la même journée. D'où le délai entre l'opération de recensement proprement dite et la publication ultime des résultats sous la direction de Horace Mann.

Ces derniers constituent un choc à plusieurs points de vue. La preuve est apportée que l'Église de la souveraine ne rassemble pas plus de la moitié des citoyens. Surtout, toutes confessions confondues, la moitié des Anglo-Gallois n'a participé à aucun service, proportion dans les villes et régions urbaines plus proche des trois quarts. La déchristianisation, si on la définissait par la seule pratique, était un phénomène profond et désormais avéré.

Les explications ne pouvaient être que des hypothèses formulées sans autre enquête d'opinion, alors inconcevable. Les uns voulurent y voir la preuve du déchaînement des « vices » dans une société marquée par l'abandon des vieilles valeurs, en particulier dans la classe ouvrière : la désertion des temples se serait ajoutée à d'autres fléaux depuis longtemps dénoncés, ainsi le goût « immodéré » pour les loisirs impies le dimanche, l'alcoolisme, les appétits sexuels et l'imprévoyance de parents à la progéniture trop nombreuse. D'autres furent attentifs au lien entre la dureté du travail quotidien, la fatigue physique et l'incapacité de se mobiliser le seul jour de repos pour participer à un service religieux. Les accusateurs du personnel ecclésiastique furent légion, relevant la contradiction entre l'amélioration des revenus des bénéfices paroissiaux et le manque de zèle pastoral, mais mettant surtout en relief le fait que des revenus plus substantiels avaient favorisé les vocations au sein de classes moyennes par ailleurs mieux éduquées et créé un véritable fossé d'incompréhension mentale et linguistique entre les prédicateurs et leurs ouailles. D'aucuns s'attachèrent à des faits moins difficiles en apparence à réparer : le manque de lieux de culte et, surtout, l'inadaptation de leur carte à celle d'une population dont la géographie avait considérablement été modifiée par la révolution économique ; accessoirement, les anglicans pouvaient y trouver une explication consolante du déclin relatif de leur Église, puisque les plus pieux des citadins auraient cherché ailleurs les secours religieux qu'ils ne trouvaient plus à proximité ; en améliorant l'offre, ne pourrait-on pas récupérer une clientèle égarée ? Et puis, Élie Halévy l'avait fait remarquer[35], au cas où l'on aurait tenté un recensement déclaratif des identités religieuses, plus que probablement bien des indifférents se seraient rangés sous la bannière de l'Église de la reine.

Certains soulignèrent le rôle néfaste des *pews*, bancs réservés et payants, toujours aux premiers rangs : qu'ils ne trouvent pas à s'asseoir ou qu'ils soient confinés au fond d'un temple, les plus pauvres auraient durement ressenti une ségrégation de classes déjà présente dans le discours des curés et les modes de sélection des laïcs chargés de les seconder dans la gestion matérielle des paroisses. On fit plus rarement allusion aux dissensions entre les chrétiens, moins encore au rôle de la diffusion de théories scientifiques « subversives », manifestement hors de portée de la plus grande partie des classes populaires dont on constatait la défection. Mais on raisonna plus sainement, et très traditionnellement, en évoquant la nécessité pour le riche de se montrer plus charitable à l'égard du démuni.

Le Français, persuadé aujourd'hui, comme l'Église catholique elle-même, que c'est au XIXe siècle que celle-ci, par son conservatisme et son intégrisme, a perdu le monde ouvrier, trouverait dans un témoignage légèrement antérieur au recensement, et déjà cité par Élie Halévy[36], des observations précieuses sur l'éloignement du prolétariat comme sur l'apparente meilleure santé des sectes non conformistes :

> Tant que l'enthousiasme les anime, les sectes protestantes peuvent encore faire des prosélytes, en violentant toutefois les âmes et non en les charmant [...]. Dès que cet emportement sauvage s'éteint, la société est littéralement coupée en deux. Placez-vous au milieu de Brigatte Street à Leeds, de Mosley Street à Manchester, de lord Street et de Dale Street à Liverpool. Quelles sont les familles que vous voyez se diriger vers les églises en silence et avec une attitude recueillie ? Il n'y a pas à s'y tromper ; elles appartiennent presque exclusivement à la classe moyenne. Les ouvriers restent sur le pas de leur porte, ou se rassemblent par groupes jusqu'à l'heure où, le service étant terminé, les cabarets devront s'ouvrir. La religion se présente à eux sous des dehors tellement sombres et avec des traits telle-

ment durs ; elle affecte si bien de ne parler ni aux sens, ni à l'imagination, ni au cœur, qu'il ne faut pas s'étonner si elle demeure le patrimoine, le privilège du riche, et si elle fait du pauvre un paria.

L'élan pastoral des années et des décennies suivantes et, très particulièrement, avec l'aide de subsides publics adoptés dans le cadre de *Church Building Acts*, la construction de nouveaux temples et la réparation des édifices en péril, tenteront d'apporter quelques réponses à un problème que le royaume n'a pas fini de voir resurgir et fournira, plus tard, à Victoria l'occasion de porter quelques jugements perplexes sur les formes nouvelles de la propagande religieuse.

On se tromperait pourtant si on supposait tous les contemporains également touchés par la crise religieuse : beaucoup dans l'élite, sensibles à l'éclat d'une vie culturelle, minimisaient la portée du « désastre » et ne se privaient pas des distractions profanes. Dans la masse, l'appât des loisirs ne manquait pas d'être aiguisé par une offre séduisante.

La fête malgré tout !

Inaugurée par la Grande Exposition, elle a connu des facettes variées, et la reine n'a pas manqué d'y participer.

Dans les classes moyennes et « inférieures », même si les franges puritaines désapprouvent tous les « excès », le goût du loisir l'emporte et la société victorienne participe d'autant plus joyeusement des agréments d'une société des loisirs que l'exemple est donné de haut.

Certains plaisirs « grossiers » voient se réaliser une étrange confusion des rangs sociaux. Des personnes de tous rangs se rencontrent dans certains pubs, où se déroulent des luttes sportives, mais aussi des combats de chiens et de rats, plus rarement des combats de coqs. Des foules sans pudeur viennent assister aux exécutions capitales en plein air, les gens les plus fortunés louant des chambres d'où la vue serait parfaite. Dans le même mélange des conditions, mais pour des raisons plus honorables, les élections législatives offrent l'occasion aux citoyens « passifs » de huer ou de soutenir candidats et électeurs en un temps où la publicité du vote paraît encore un complément inséparable de sa libre expression. Le long des berges des rivières, mais de plus en plus dans les parcs ouverts aux promeneurs, la foule des jours ensoleillés mêle parfois les conditions ; c'est que, de Manchester à Londres, de Bradford à Bolton, les administrations locales multiplient les aires de promenade, offertes aussi bien aux cavaliers et aux voitures attelées qu'à la vulgaire piétaille... On voit aussi se développer des parcs de jeux en plein air : Sydenham, dans le sud-est de Londres, est le plus couru avec ses petits bistrots, ses jardins zoologiques et botaniques, ses kiosques de musique et mille autres lieux de distraction ; et le « Palais », que ses verres font étinceler de tous ses feux de cristal quand le soleil se montre généreux, y accueille toutes sortes d'activités mondaines ou politiques.

Dans la haute société, on partage normalement son année entre la saison londonienne, des séjours plus ou moins prolongés sur tel ou tel domaine, des visites et échanges d'invitations et d'hospitalité avec des familles huppées, des rendez-vous de chasse, des concerts, des bals. Victoria, qui a ajouté à sa résidence « secondaire » de Windsor, celles de Balmoral en Écosse et d'Osborne sur l'île de Wight, mène elle aussi une existence par moments errante dans son royaume et, disposée à recevoir ses hôtes les plus illustres en toute simplicité familiale, on l'a vu lorsqu'elle accueille Napoléon III au début de la guerre de Crimée, elle accepte aussi les invitations de ses proches.

Autant Osborne et Balmoral autorisent une certaine familiarité et, à mesure que les années passent, semblent permettre au couple royal, et à leurs enfants, de « jouer » à la famille modèle, autant Victoria, lorsqu'elle reçoit à Windsor, au statut de deuxième palais royal, y fait respecter une étiquette des plus rigides[37] : qu'il s'agisse de ne s'asseoir ni de parler avant d'y avoir été convié, de l'exigence de révérences profondes des dames et du salut suivi de plusieurs pas en arrière pour les hommes, du type de vêtements accepté, y compris la couleur des aigrettes sur les coiffes des dames et le costume pour les messieurs. Bien des visiteurs s'ennuient, regrettent l'absence de convivialité, celle de loisirs, salles de billard ou bibliothèques agréables, s'étonnent que les conversations à table soient souvent couvertes par des marches militaires, s'émeuvent de la médiocre accoustique en cas de représentation théâtrale ou lyrique. Même la splendide réception qui suit normalement une après-midi de courses à Ascot, paraît le plus souvent guindée et « fatigante ».

Lytton Strachey[38] a rappelé combien l'étiquette pouvait devenir exigeante. Pendant les repas, des chuchotements discrets ; après le toast à la reine, celle-ci allait d'un convive à l'autre, chacun des « spectateurs » muet et debout, attendant son tour. Lorsque Victoria recevait des ministres, ils ne devaient pas s'asseoir en sa présence ; le Premier ministre Derby, relevant d'une maladie grave, se vit simplement offrir la consolation d'une bonne parole : la reine regrettait vivement de ne pas pouvoir le prier de s'asseoir. Il faudra attendre les décennies plus lointaines pour que le vieux Gladstone et lord Salisbury connaissent enfin une règle moins épuisante. Lorsqu'un spectacle était offert, la reine ponctuait la représentation d'exclamations et de mimiques entendues, et prenait à haute voix ses hôtes à témoin de la chute inattendue « pour eux » d'une intrigue.

Le prince Albert n'était pas fait pour animer une soirée à la Cour, et, lors de ses séjours à Windsor ou ailleurs, il aimait surtout chasser, organiser des battues géantes, et s'y montrer plus habile et avide tireur qu'hôte attentionné.

Pourtant, Victoria demeure entichée de plaisirs qu'elle a goûtés dès son adolescence, en particulier la danse. En 1856, Buckingham se voit agrémenté d'une nouvelle salle de bal, et on y sacrifie avec frénésie à la mode de la valse. La reine se rend la même année à des invitations, à l'ambassade de Turquie en mai, à Grosvenor House sur l'invitation du duc de Westminster en juin, et elle fait partager à ses hôtes un enthousiasme égal pour les danses modernes et pour les folkloriques, en particulier écossaises. Le théâtre l'attire toujours, et, en 1860, il lui arrive de suivre quatre spectacles en une semaine ; sa préférence va aux pièces légères et aux mélodrames. Elle est aussi une lectrice de romans, elle a lu ceux de Harriett Beecher Stowe, de *La Case de l'oncle Tom* à d'autres de ses écrits anti-esclavagistes.

Victoria voyage aussi à l'étranger, se rend en Allemagne à plusieurs reprises. En 1855, Paris accueille le premier souverain anglais depuis la guerre de Cent Ans... et elle n'impressionne guère ses hôtes par ses tenues vestimentaires : le général Canrobert décrit avec quelque stupeur sa robe lors d'un banquet officiel, parsemée de fleurs de géranium, ne voit que ses doigts quelque peu épais, tous revêtus de bagues magnifiques, mais fort lourdes qui l'empêchent de se servir aisément de ses couverts et d'enlever ou remettre ses gants [39]. Le prince Albert, de son côté, est loin de briller par son élégance ! En revanche, la dignité de la reine, ses longues promenades à pied, son ardeur à danser, ses visites incognito dans certains magasins conquièrent les suffrages des journalistes et des courtisans et lui valent une réelle popularité.

Représentatif des goûts de l'aristocratie, le couple royal apparaît moins comme un modèle qu'il ne se fond dans la pratique mondaine de l'époque, qu'il fortifie tout au plus par la référence qu'il constitue. Même le paternalisme de rigueur envers ses tenanciers et employés dans le domaine familial d'un grand landlord est respecté par Victoria : à l'occasion du trente-troisième anniversaire d'Albert, en 1852, le couple, en résidence à Osborne, offre une grande fête à ses serviteurs et aux soldats et marins en garnison à proximité ; bière, plum-pudding, viande sont servis à profusion sur des tables dispersées sur la grande pelouse, et la souveraine et son époux vont saluer leurs hôtes et partager en toute simplicité quelques moments de leurs agapes [40].

Les goûts artistiques de la plus grande partie de l'élite sont fort peu révolutionnaires, les aristocrates privilégiant des peintres reconnus, dont les Vénitiens du XVIIIe siècle, montrant en architecture une constante dilection pour un art néo-gothique. La famille royale ne fait pas exception, sauf dans le cas d'Osborne, où le genre italien de la maison voulu par le prince Albert, n'alla pas sans susciter des imitations dans de nombreuses villas construites au cours des décennies suivantes. Les années 1840 et 1850 sont le moment de l'épanouissement de la dernière grande école de peinture britannique, les préraphaélites. Le critique le plus célèbre de son temps, John Ruskin, a appelé, dès 1843-1846, dans ses *Modern Painters*, à un rejet de l'académisme, au culte de la nature, au réalisme des représentations. Il trouve dans une nouvelle génération de peintres, qui succèdent à la vision romantique de Turner, des artistes sensibles à ses préoccupations : le plus ancien, Ford Maddox Brown, dont le tableau fameux de 1860, *The Last of England* n'a pas cessé depuis lors de symboliser le désespoir d'émigrants contraints par le besoin de quitter leur patrie et qui lui jettent un dernier regard, et surtout Gabriel Charles Dante Rossetti, William Holman Hunt et John Everett Millais ; ces trois derniers, en septembre 1848, ont fondé la Fraternité préraphaélite, qui s'élargira peu à peu, inclura une branche poétique avec Rossetti lui-même et sa sœur Christina, se vouera à des sujets tirés de la Bible et des récits médiévaux, mais en tentant de retrouver la pureté, « perdue depuis Raphaël », dans l'imitation de la nature et le respect d'une certaine vérité ; les préraphaélites seront les créateurs, surtout après 1860, d'un nouveau modèle de la femme, libérée des entraves ordinaires du corps, rendue à sa sensualité et représentée aussi bien à travers des sujets mythiques que d'autres tirés de l'observation sociale, jusques y compris la hiérarchie des prostituées[41]. Au cours de notre décade prodigieuse, quelques grandes œuvres, souvent reçues dans le scandale, figurent parmi les plus belles : en 1851, la *Mariana* de Millais, admirable vision d'une femme offerte, dans la pudeur même de son vêtement et dans un décor médiéval ; en 1851-1852, son *Ophélie*, jeune femme dérivant sur son lit de rivière, morte au milieu d'un décor floral d'une extraordinaire richesse ; la même année 1851, le flirt champêtre d'un couple de bergers (*The Hireling Shepherd*) de William H. Hunt, qui, l'année suivante, sous le titre neutre de *Nos côtes anglaises*, représente un troupeau de moutons sur une falaise escarpée, et offre au spectateur intrigué sa *Conscience en éveil*, consacré à une demi-mondaine qui, sur les genoux de son protecteur, est soudain saisie, horrifiée, par la vision de sa fatale destinée. Et puis Rossetti, moins sûr parfois de sa technique, mais extraordinaire dans ses compositions, comme, en 1858, sa *Marie-Madeleine sur le seuil de Simon le Pharisien* ou encore les étonnants portraits que lui inspire l'un de ses premiers grands modèles et amours, Élisabeth Siddal. Le moins qu'on puisse dire est qu'Albert et Victoria ont été peu sensibles à ces génies novateurs. Le plus souvent, comme le disent dans une savoureuse litote les organisateurs de la grande exposition de peinture victorienne de 1978[42], « le goût de la famille royale fut guidé le long de chemins esthétiques indiscutés ». On peut aussi reprendre le jugement de Stanley Weintraub selon qui « la peinture demeura un langage de communication privée entre Victoria et Albert », qui se firent réciproquement cadeau de tableaux, de pastels, de portraits, destinés à marquer un anniversaire ou à traduire, c'est le cas des commandes de Victoria à Mulready ou à Winterhalter, une certaine libido de la souveraine qui offre à son époux des représentations relativement suggestives de femmes peu habillées[43].

Les choix de Victoria « ont coïncidé avec les approches les plus sentimentales et les plus populaires du grand public » : ainsi la Couronne acquiert en 1854 *Les Plages de Ramsgate*, de William P. Frith, tableau très vivant d'une foule agglutinée, hommes, femmes et enfants endimanchés, debout ou étalés sur une étendue de sable au pied de la falaise dominée par la ville. De même, le peintre favori de la famille royale fut William Edward Frost : il emprunte, avec un métier très sûr, à l'académisme le plus traditionnel, peint des sujets mythologiques ou inspirés de poésies allégoriques, alliant la grâce aérienne de ses nus et des décors irréels ; membre de la Royal Academy dès 1846, il est très tôt adulé par Victoria et Albert qui lui achètent trois de ses œuvres majeures entre 1847 et 1850. Très tôt aussi, dès 1839, le peintre animalier Edwin Landseer gagna admiration, commandes et honneurs de la part d'une reine, toujours sensible à tout ce qui touchait un monde canin dont, jusqu'à sa mort en 1873, l'artiste se fit avec dilection l'illustrateur ; en 1842, elle lui a commandé son portrait à cheval et, en mai, elle demande à sir Robert Peel de sonder le peintre sur son éventuelle acceptation de la chevalerie : proposition à laquelle Landseer répond en exprimant sa reconnaissance et son désir de travailler encore à quelques œuvres pour pleinement mériter l'honneur proposé[44].

Le mécénat royal et l'intérêt accordé par Albert et Victoria pouvaient servir les intérêts généraux des artistes et des marchands spécialisés : Frost y gagna une clientèle aristocratique et d'autres, à tout le moins, la curiosité d'un public bourgeois de plus en plus large, désireux de partager l'inclination de la famille royale pour le monde de l'art. C'est ce rôle de guide qui manqua cruellement dans le cas des novateurs : la mort du prince Albert marqua certes la fin d'un mécénat efficace, mais n'eut à coup sûr aucun retentissement sur l'évolution des goûts esthétiques de la haute société.

Tout aussi cruel pourrait être le jugement sur la participation, ou plus exactement, l'absence de responsabilité des époux royaux dans l'extraordinaire floraison littéraire qui a marqué les premières décennies victoriennes[45]. On vit alors en Angleterre l'« âge d'or » du roman, illustré par les sœurs Brontë, par William Thackeray, George Eliot et aussi par les grands « romanciers sociaux », de Benjamin Disraeli à Charles Dickens en passant par Charles Kingsley, Anthony Trollope, Mrs Gaskell ; on y connaît des poètes, des philosophes, des théologiens de premier plan, Tennyson, Robert Browning, Matthew Arnold, par ailleurs auteur, en 1867, dans son *Culture and Anarchy,* d'une des plus fines analyses des dangers que courrait une société qui ne réussirait pas à se fonder sur une culture ouverte au grand nombre. Certes, Victoria et Albert n'ont pas refusé de prêter leur appui, en mai 1851, à l'idée de Charles Dickens d'organiser, en marge de la Grande Exposition, des représentations théâtrales destinée à lever des fonds qui permettraient d'accorder des bourses à de jeunes écrivains et artistes ; mais le geste est typique des encouragements officiels aux esprits distingués de son temps, attendus de la part d'une famille souveraine.

Pourtant Albert fut un lecteur assidu du même Dickens, qu'il rencontra à plusieurs reprises, et il encouragea, en tant que chancelier de l'université de Cambridge, la modernisation de l'enseignement universitaire et, très particulièrement, l'enseignement de l'histoire avec la création d'une chaire d'histoire contemporaine qu'il fit en vain offrir à T.B. Macaulay. Il s'intéressa aux sciences, au point de faire promouvoir chevalier le géologue Charles Lyell, auteur en 1833 de *Principes de géologie* qui avaient provoqué une levée de boucliers des fondamentalistes religieux ; en 1859, il tenta de récidiver en faisant récompenser Charles Darwin, au lendemain de la publication retentissante de son *Origine des espèces,* mais en fut empêché par la ferme opposition exprimée à Victoria par l'évêque d'Oxford Samuel Wilberforce. Le prince eut toujours le mérite d'une modestie de bon aloi et le souci de se cultiver et d'essayer de comprendre les grandes évolutions intellectuelles de son temps : le devoir des princes, selon lui, était « d'apprendre à apprécier et comprendre les œuvres des autres » et aussi d'encourager la diffusion d'œuvres d'art : en 1857, à Manchester où il était : venu inaugurer une Grande Exposition de trésors artistiques, il se réjouit hautement, à propos du prêt de certaines pièces appartenant à la Couronne, d'avoir montré la voie à des collectionneurs privés, ainsi invités à ne pas se réserver la jouissance égoïste des œuvres en leur possession[46].

La monarchie a bénéficié de l'éclat des lettres, des arts et des sciences surtout parce que l'environnement qui l'a permis est en partie, et sans injustice, attribué à l'ordre politique et à l'esprit de liberté propres au Royaume-Uni. Pouvait-on attendre davantage, très particulièrement d'une souveraine que son éducation n'avait pas cherché à préparer à devenir une nouvelle Christine de Suède ?

LA DÉCADE PRODIGIEUSE, 1851-1861

L'apogée d'un règne ?

La mort du prince Albert fera de toute manière prématurément pénétrer Victoria dans le monde du malheur personnel. Elle entraînera les observateurs les plus avertis à considérer désormais les années 1850 comme une sorte de « Belle Époque ». Citons ici le beau texte de J.B. Priestley[47].

> Je pense que nous sommes fondés à affirmer que c'est pendant les années 1850 que l'Angleterre a été la plus victorienne, la plus proche de notre idée de ce qui doit être entendu par ce terme. C'est alors, et alors seulement, que la Reine elle-même, encore jeune épouse heureuse, encore petite femme débordante de vitalité, fut prête à aller ici et ailleurs et à en être excitée et ravie. Cette décennie pourrait n'avoir pas été l'apogée de l'Angleterre, mais, avant d'en rejeter l'idée, rappelons-nous quelques faits et posons-nous une question ou deux. Peut-être la Grande Exposition elle-même fut-elle plutôt une plaisanterie, mais qui nous autorise à nous moquer de la rage d'énergie et de volonté qui fit s'élever, en quelques mois, son vaste palais de verre ? Nous ferions peut-être bien de nous souvenir de la pure force créative dont les années 1850 déploient le spectacle, dans la poésie et le roman comme dans la construction de ponts et de bateaux en fer. Serions-nous gênés de nous rappeler une certaine force du corps et de l'âme – les fantassins qui conquirent les hauteurs de l'Alma deux fois en un jour, les femmes qui ne perdirent jamais courage pendant les mois que dura le siège de la résidence de Lucknow ? [...] L'un des apogées de l'Angleterre ? Peut-être y a-t-il là un point de vue à soutenir ?
>
> Mais une chose est sûre... ce fut l'apogée de Victoria.

Quel plus bel éloge de la « décade prodigieuse » ! Mais aussi, avant le temps du deuil, quelle oraison funèbre !

CHAPITRE IV

Deuil et assoupissement
1861-1886

Voici venu un nouvel âge tragique. Dans les tumultes d'une société de classes semblent s'effondrer quelques piliers bien établis de l'ordre : la religion, la morale chrétienne, la déférence des humbles à l'égard de ceux « nés pour gouverner ». Le monde est aussi à l'aube des affrontements entre des grandes puissances avides d'expansion et toutes en marche vers l'âge de la modernité des techniques et des armes. Ces années-là, émerge dans le Royaume-Uni un nouveau visage de la royauté et de celle qui incarne l'institution monarchique. Alors, et alors seulement, la reine revêt de plus en plus nettement, aux yeux des Britanniques, l'apparence d'un suprême bouclier et d'une irremplaçable garante de l'harmonie générale, ses sujets se regroupent autour du trône comme des enfants parfois rebelles se réfugient auprès de leur mère à l'heure d'un danger imminent. Quand menace l'anarchie qui, selon Matthew Arnold, pourrait être vaincue (mais quand ?) par la seule « culture [1] » de tous les citoyens, que les « pharisiens », nom qu'il donne aux bourgeois, sont au pouvoir et sont incapables d'aller au-delà d'une frénésie d'enrichissement et de la frileuse protection d'une propriété en butte à l'envie des partageux, que les « Barbares », autre sobriquet, cette fois-ci administré aux membres de l'aristocratie, sont inca-

pables d'assumer les devoirs de leur état, quand la
« plèbe » inculte, proie facile de la démagogie, vient de
faire son entrée en politique avec la réforme électorale
de 1867 qui donne le droit de vote à des non-propriétaires, vers quelle espérance se tourner ? Reste effectivement, pour certains, un Dieu respecté et, malgré une pratique déclinante, présent dans la plupart des esprits ; et
demeure, pour beaucoup, Sa représentante ici-bas, une
souveraine au sommet de l'échelle sociale. Mais celle-ci
n'a parfois jamais paru aussi loin de pouvoir assumer
cette exceptionnelle destinée.

Le temps du deuil et du retrait

La mort d'Albert ouvre une phase nouvelle dans
l'existence de la reine. Pour elle, le temps semble s'être
arrêté. Elle ne peut pas se dérober à l'ensemble des
tâches qui lui sont normalement dévolues, elle cherche
pourtant à en fuir le plus grand nombre possible. C'est
presque en dehors d'elle que son royaume passe de la
liesse d'un libéralisme, promesse de progrès sans limites
et de la future harmonie des classes, au temps de la première crise mondiale de l'économie et du début d'un
relatif déclin. Elle connaît certes, voire encourage, les
succès de la démocratie, mais elle incarne d'autant plus
aisément la tradition monarchique qu'elle entend bien
s'en tenir aux leçons que lui a léguées son défunt époux.
La période demeure extraordinaire, les cultures évoluent
de la manière la plus fascinante, l'éclat de la grandeur et
de la puissance fait encore illusion. Pour la reine, on
s'autorisera à parler d'une attitude rentière, que ne
corrige pas toujours un pointillisme extrême lorsque sa
prérogative risque de souffrir ou que le pilier religieux

de « son » ordre paraît quelque peu ébranlé. Le choc de la mort a en tout cas ébranlé profondément son équilibre et transformé son caractère, et il a été d'autant plus rude que le prince consort n'a pas été la seule source de chagrin en cette année 1861 qui fut véritablement une *annus horribilis*. Pour l'institution monarchique, 1861 ouvre une crise inattendue et semble à certains remettre en question un système que l'on croyait consolidé pour longtemps. Au début des années 1880, rien d'aussi dramatique ne marque réellement un tournant : mais la mort, en 1883, du plus cher ami de la souveraine, John Brown, ravive alors la morbidité de Victoria, quand, dans son royaume, on ressent davantage que jamais, au temps de l'émergence du socialisme et de nouveaux progrès vers la démocratie, le besoin d'un pivot ferme.

Le deuil et le culte du héros mort

Au cours de deux décennies dominées par la présence de la mort et par le culte d'un époux idéalisé, Victoria change mentalement et physiquement, mène une vie de recluse, semble à d'aucuns, parfois à tort, davantage préoccupée par sa famille que par les grandes affaires publiques.

La mort soudain présente

Palmerston, avec le recul, a été mal inspiré en inscrivant, dans sa lettre de vœux à la reine et au prince, le 1er janvier 1861, deux vers délicats de Pope :

May day improve on day, and year on year
Without a pain, a trouble, or a fear[2].

Le lendemain, Vicky écrit à ses parents une longue lettre pour leur annoncer la mort de son beau-père, le roi de Prusse ; elle décrit l'agonie du souverain telle qu'elle l'a vécue :

> Je ne pouvais arriver à croire que c'était réellement là la mort, qui m'avait si souvent effrayée et fait frissonner ; elle n'avait rien de terrible et d'épouvantable, mais seulement un calme et une paix céleste... « Mort, où est ton aiguillon ? sépulcre, où est ta victoire ? » [...] Maintenant, la mort ne m'effraie pas, et quand je me sentirai disposée à la craindre, je penserai à cette solennelle et réconfortante vision, je me rappellerai que la mort n'est qu'un changement heureux.

Le 16 mars suivant, Victoria assiste sa mère à Frogmore, sa résidence proche de Windsor, dans ses derniers moments et communique immédiatement la nouvelle au roi des Belges, en évoquant « ce jour le plus affreux de [sa] vie » :

> Elle est partie. Cette mère précieuse, et si tendrement aimée, dont jamais je n'ai été séparée que pendant quelques mois, sans laquelle je ne puis concevoir la vie, nous a été enlevée ! C'est trop affreux ! – Mais du moins elle connaît la paix, le repos : ses terribles souffrances sont finies [...]. C'était affreux de voir s'en aller peu à peu cette précieuse vie. Hélas ! elle ne m'a pas reconnue ! Les affres de la séparation lui furent épargnées !

Le 26 mars, toujours dans une lettre au roi des Belges, Victoria lui relate l'inhumation :

> Dimanche, je me suis séparée de ces restes bien-aimés, un terrible instant à passer ; je n'avais jamais été près d'un cercueil [...]. Très probablement, elle nous a vus et bénis, nous, pauvres mortels affligés, agenouillés, accablés de chagrin [...].
> Mais, très cher oncle – la vérité –, c'est que je ne puis pas croire, je ne crois pas à la réalité de cette perte [...].
> Quarante et une années de rapports constants ne peuvent cesser sans provoquer l'arrêt complet de la faculté de pouvoir jouir de quoi que ce soit. Une sorte de nuage est étendu sur nous. [...]

Ce chagrin durera toute la vie. Son amour et sa sympathie manqueront terriblement [...].

Sans m'appesantir constamment sur ce sujet, sans être ni hébétée ni dans un état morbide, ce vide et cette perte seront pour moi, dans ma situation particulièrement isolée, affreux et irréparables [...].

Mais le pays me témoigne une sympathie générale, approuve la façon dont j'ai laissé voir ma douleur, manifeste également de l'affection pour la mémoire de ma chère maman.

À quarante-deux ans, après près d'un quart de siècle de règne, on peut comprendre que Victoria ait, en cet instant, effacé de son esprit des souvenirs de jeunesse et d'adolescence qui auraient obscurci l'image de la duchesse de Kent. Celle-ci est morte à soixante-quatorze ans, sans que rien ait laissé prévoir une disparition brutale. Au-delà des formules conventionnelles et de celles inspirées, comme dans le cas de Vicky, par une authentique foi chrétienne, rien ne permet de mettre en doute la qualité du chagrin éprouvé par la reine, tout atteste déjà son extrême sensibilité devant l'épreuve fatale qui touche l'un de ses proches. Et ses réactions, son sentiment de solitude – Albert lui semble trop occupé et ses absences ne pourront plus être compensées par la présence d'une mère –, le sentiment d'effondrement qu'elle décrit, le droit que, selon elle, lui reconnaît son pays de manifester publiquement sa douleur, tout cela paraît à l'historien très prémonitoire !

La mort, pour les Victoriens, était pourtant une visiteuse redoutée et toujours relativement proche. « Si actifs, innovateurs et entreprenants qu'ils soient, [ils] sont véritablement hantés par la mort » (Monica Charlot). Et le *Times* du 2 février 1875 de noter combien la seconde moitié du siècle avait vu se répandre, « au-delà du petit cercle des privilégiés », « les funérailles prodigieuses, les corbillards impressionnants tirés par des quadrupèdes surnaturels, les nuages de plumes noires ».

En 1850, Tennyson pleurait en vers sa douleur d'avoir perdu un ami, Arthur Hallam, mort à vingt-deux ans en 1833, et achevait, dix-sept ans plus tard, l'une des grandes œuvres poétiques du siècle en six mois; il vend son *In Memoriam* à soixante mille exemplaires, arrachant à Victoria le jugement que ce long poème était aussi essentiel que la Bible[3]. La souveraine a sans doute été sensible à la composition sous forme d'un pèlerinage menant de la douleur à la recherche de la consolation, en particulier à travers l'exploration des promesses de la foi chrétienne. Sa quête spirituelle a conduit le poète à interpréter le départ prématuré de son ami comme l'avant-goût d'un avenir où l'homme serait arraché à sa forme charnelle pour connaître la félicité. Mais il a surtout touché ses lecteurs par son approche de la douleur :

> Sois près de moi lorsque ma lumière baissera,
> Lorsque le sang s'écoulera avec lenteur, et que les nerfs
> [agités
> Fourmilleront; et lorsque mon cœur sera gros
> Et toutes les roues de l'existence au ralenti.

On est tenté de mesurer l'influence de telles expressions lors de l'agonie et de la mort du prince consort.

Treize ans plus tôt, la reine, dont nous savons qu'elle a considéré Landseer comme l'un des grands peintres de son temps, avait pu apprécier l'une de ses plus grandes compositions, devenue par la suite l'œuvre gravée la plus répandue du siècle, *Celui qui conduit le deuil du vieux berger* : un chien pose mélancoliquement son museau sur le cercueil de son maître, sa posture est rigide, au centre d'une pièce de cabane nue et désolée. L'émotion des contemporains devant tant les écrits que les images de la mort s'explique en partie par leur faible espérance de vie : en moyenne, quarante-huit ans pour les hommes, cinquante-deux pour les femmes; la médecine paraît encore souvent impuissante, le danger microbien demeure inconnu, les hôpitaux s'apparentent à d'épouvantables mouroirs, l'eau que l'on consomme est souvent polluée, les égouts urbains sont encore fréquemment à ciel ouvert ; de la grippe au choléra, de la variole au typhus, les épidémies frappent encore. La tuberculose tue dans les classes populaires déjà affectées par une énorme mortalité infantile, quand les excès de table, l'alcool, le tabac, l'opium, voire la surconsommation des épices entraînent de lourdes conséquences dans les milieux plus aisés. Une enquête sur la démographie des familles ducales démontre qu'en 1831-1879, l'espérance de vie n'y est que de cinquante et un ans et demi pour les hommes, moins de soixante-deux pour les femmes, et que près d'un tiers des hommes et d'un quart des femmes de la cohorte des quinze-cinquante ans étaient alors frappés par la mort[4]. Bien entendu, les moyennes ne témoignent pas de la réalité de longues survies comme de décès prématurés. La duchesse de Kent avait cependant vécu jusqu'à un âge relativement avancé pour l'époque.

Victoria surmonte peu à peu son chagrin, non sans écrire fréquemment, dans sa correspondance, que sa douleur persiste. Cinq mois plus tard, le 13 août, elle se confie à nouveau au roi des Belges, dans une lettre datée d'Osborne :

> Le 16, nous irons à ce pauvre Frogmore, et le 17 nous visiterons le cher tombeau. L'an dernier, elle était encore très bien et si pleine de vie. [...] Oh ! l'agonie de *Wehmuth*, l'amertume du vide ne se guérissent pas avec le temps [...].

Le 20, elle lui parle de ce pèlerinage au tombeau : après avoir affirmé « combien [elle] a été apaisée par cette visite à ce beau et tranquille mausolée de Frogmore » et évoqué la venue de Vicky et de son époux, elle en vient à ses pensées du moment :

> La première soirée fut horriblement pénible, et, je dois dire, me bouleversa complètement pendant quelque temps : tout semblait vivant et pourtant elle n'était plus là ! Mais je devins plus calme et le fait d'être entourée de tout ce

qu'elle aimait, de voir sa jolie maison habitée de nouveau me fut une satisfaction [...]. Nous avons placé des couronnes sur un splendide sarcophage de granit, et à ses pieds. Nous avions l'impression que seule l'enveloppe terrestre, que nous avions tant aimée, était là, l'âme pure, tendre, affectueuse de celle qui nous aimait si tendrement est au-dessus de nous : nous aimant, priant pour nous, et affranchie de toute douleur et de toute souffrance.

On le voit : le travail de deuil se fait, mais la reine témoigne à la fois d'une morbidité évidente et d'une émotivité qu'on aurait davantage attendue dans un âge plus tendre !

En août 1861, la famille royale effectue, douze ans après une première visite officielle à Cork, un nouveau séjour en Irlande, le dernier voyage que Victoria et Albert effectueront ensemble : ils ont emmené Alfred et Alice, et ont bien l'intention de rencontrer le prince de Galles, alors en cantonnement avec son régiment de gardes à Curragh. Albert semble avoir beaucoup attendu de la distraction du tourisme pour arracher son épouse à son chagrin. C'était faire bon marché d'une inclination à s'enfoncer dans la douleur qui laisse présager ce que sera la suite ; déjà en 1856, à la mort de son demi-frère Charles, elle avait proclamé retirer « soulagement et bienfait, dans [son] corps comme dans [son] âme, de demeurer ainsi fixée sur le sujet triste qui, seul, remplit [son] cœur[5] ».

On peut être sensible à la fraîcheur de l'émotion, on est aussi plus à l'aise déjà pour comprendre le choc que causera le deuil suprême, la mort d'Albert. Mais, auparavant, le décès, le 11 novembre, du roi Pedro du Portugal, mort de typhoïde, offre à Victoria l'occasion, dans une lettre à son oncle datée du lendemain, d'apporter une autre preuve de son extrême capacité émotive : « Je sais à peine comment écrire ; la tête me tourne ; j'ai le vertige et le cœur me fait mal ! Quel horrible malheur »...

On ne s'étonnera pas des inquiétudes, puis des véritables délires passionnels qui marquent les progrès de la maladie du prince Albert à partir du 22 novembre 1861, mais surtout du 1er décembre. Il est vrai qu'à l'âge de quarante-deux ans, en pleine maturité, considéré par certains comme « un roi sans couronne », le prince paraissait encore fort éloigné d'une mort qu'on jugera précoce même à l'aune des critères du temps. La première semaine du mois est, d'après la correspondance de Victoria avec le roi des Belges, celle de la découverte du mal, mais aussi de l'espoir d'une proche guérison : on attribue les souffrances du prince à une mauvaise grippe, aggravée par des maux d'estomac, compliquée par un abattement coutumier chez un homme facilement déprimé. Le 9 décembre, les choses paraissent en assez bonne voie pour que Victoria parle d'un « grand ennui », insiste sur l'épreuve qu'elle-même traverse, compare favorablement les symptômes de la maladie d'Albert avec une indisposition qu'elle a eue à Ramsgate et qui l'avait rendue « beaucoup plus malade » que son époux ; comparaison qu'elle reprend le 11, mais sans doute aussi, si on en juge par l'inquiétude des premières lignes (« ne pas perdre de terrain, c'est en gagner chaque jour »), pour se rassurer elle-même. Le lendemain, sa lettre est nettement plus alarmiste : elle évoque « les quatre terribles nuits de la semaine dernière », parle de « fièvre [gastrique] avec l'abattement, la faiblesse, le délire passager et inévitable ». Albert bénéficie à cet instant des visites de nombreux et éminents médecins : en fait, pendant trop longtemps, la reine a résisté aux adjurations de Palmerston et refusé de faire appel à d'autres docteurs que le médecin ordinaire de la Cour, sir James Clark ; en fin de parcours, les docteurs Jenner, Watson, Holland, furent appelés au chevet du prince, et on parla de typhoïde ; mais, en dehors de sédatifs, de généreuses rasades de brandy, et de quelques nourritures liquides, on ne trouva aucun remède de qualité à administrer à l'illustre malade, cela au désespoir d'une reine au comportement devenu presque hystérique. Longtemps gardée secrète, la gravité du mal est progressivement communiquée, au Premier ministre, aux princes royaux, tout d'abord, puis distillée dans la presse par des communiqués longtemps rassurants. Le 14 décembre, après une brève rémission, Albert rend l'âme[6]. Et Victoria écrit alors deux de ses lettres les plus émouvantes et les plus vraies au roi des Belges : elles sont datées d'Osborne les 20 et 24 décembre. La première est une longue plainte, où elle va jusqu'à rappeler le souvenir d'un père, le duc de Kent, qu'elle n'a en fait jamais vraiment connu :

> Mon très cher et excellent Père,
> Car je vous ai toujours aimé comme tel ! La pauvre petite orpheline de huit mois est maintenant une malheureuse veuve de quarante-deux ans, dont le cœur est complètement brisé ! Il n'existe plus pour moi de bonheur dans la vie ! le monde entier ne m'est plus rien.

Signe qu'elle ne s'abandonne pas totalement, elle veut penser à ses « pauvres enfants orphelins », à son « infortuné pays, qui a tout perdu en le perdant » et entend faire « tout ce qu'[elle sait et sent] qu'il aurait désiré qu'[elle] fît ». Mais elle revient très vite à sa douleur de femme :

> Être séparés au printemps de la vie – voir à quarante-deux ans DÉTRUIRE notre foyer pur, heureux et paisible, qui seul me rendait capable de supporter une tâche si détestée –, alors que j'avais espéré, avec une certitude instinctive, que Dieu ne nous séparerait jamais et nous laisserait vieillir ensemble – bien qu'il parlât toujours de la brièveté de la vie –, c'est trop affreux et trop cruel !

Dans ce passage, on remarquera la formule qui contribue à expliquer son comportement de reine dans les années suivantes : l'évocation d'une « tâche détestée ».

Elle renvoit aussi implicitement au rôle d'Albert dans l'exercice du pouvoir et, très naturellement, c'est ce rôle et les qualités du prince qui viennent ensuite sous sa plume :

> Et cependant ce doit être pour son bien, son bonheur ! Sa pureté était trop grande, son idéal trop élevé pour ce monde malheureux et méprisable ! Ce n'est que maintenant que sa belle âme jouit de ce dont elle était digne !

Ici a commencé un travail de « déification » du défunt, qui ne cessera de prendre de l'ampleur. Mais on soulignera aussi que la rhétorique de Victoria obéit, comme dans les cas analysés plus haut, à une sorte de « modèle » qui va de la description du drame à l'expression de sentiments très chrétiens. La sincérité de la souveraine n'est peut-être pas en question, mais il est intéressant de noter combien l'expression des émotions, en cas de décès, passe par un filtre toujours identique. Et c'est bien cette même rhétorique qu'on retrouve dans la lettre suivante, écrite alors que le roi des Belges a annoncé sa venue en Angleterre : « Je veux vous écrire ces quelques lignes pour vous préparer à la pénible et triste existence que vous trouverez auprès de votre malheureuse et désolée enfant, qui traîne une vie fastidieuse et sans joie. »

Cette plainte constitue une autoflagellation et signifie bien que Victoria regarde son avenir dans le miroir de la mort d'Albert et que sa douleur s'accompagne, très normalement, d'une compassion envers sa propre personne. Elle poursuit en évoquant précisément les années futures : « Je désire aussi vous redire une chose que j'ai fermement résolue, qui est une décision irrévocable. Ses désirs, ses projets concernant toutes choses, ses opinions sur tout seront ma loi ! Et aucune puissance humaine ne parviendra à me faire céder sur ce qu'il a décidé et désiré »...

Étrange affirmation de la part d'une souveraine qui, dans l'instant de son deuil, arrête le temps non seulement en ce qui la concerne, mais pour tout ce qui regarde l'État et la nation. Elle semble transformer Albert en un bouclier permanent... et condamner inconsciemment ses ministres à une stratégie politique incluant l'interprétation des vues que l'on prêterait au prince défunt. Et cette perspective est d'autant plus menaçante que la reine poursuit en dessinant le projet d'une Couronne très autoritaire :

> Je suis également déterminée à ce que personne, même parmi mes serviteurs les meilleurs et les plus dévoués qui soient, ne me conduise, me guide ou me commande. Je sais combien il l'aurait désapprouvé. Et je continue de vivre avec lui et pour lui; en réalité, je ne suis séparée de lui qu'extérieurement et simplement pour quelque temps.

Cette dernière phrase renoue avec la rhétorique chrétienne. Mais ce qui précède est encore une fois quelque peu surprenant et, si la douleur ne l'emportait pas sur la lucidité, permettrait de penser que Victoria n'avait pas retenu la leçon essentielle que lui avait enseignée son époux : le respect d'une Constitution, certes non écrite, mais déterminant clairement l'autorité d'un gouvernement parlementaire.

Le dernier paragraphe de la lettre, outre l'appel aux conseils éclairés de son oncle, reprend les deux thèmes majeurs : une doctrine d'État « albertienne » et une souffrance transcendée par l'espérance chrétienne :

> Mon courage se réveille quand je pense que l'on va modifier un de ses désirs ou un de ses projets, ou que l'on veut me faire faire quelque chose [...]. Ce n'est que pour peu de temps, puis j'irai là-bas, et nous ne serons plus jamais séparés ! Bénie soit cette pensée !...

Comme pour marquer aux yeux des autres le caractère particulier de sa souffrance, la reine en fait part à d'autres correspondants : ainsi le 10 janvier 1862 à lord Canning, lui-même devenu récemment veuf :

> [La reine évoque] le cas de son mari adoré, si précieux, si parfait et si grand, de son cher seigneur et maître, auquel la Nation doit plus qu'on ne le saura jamais. [...] Lord Canning sait que perdre le compagnon de sa vie, c'est avoir la moitié de son corps et de son âme arrachée. [...] Pour la reine, pour une pauvre femme désespérée, ce n'est pas seulement cela, c'est la perte de son appui, de son soutien, de sa consolation ! La reine n'est plus qu'un corps sans âme ! [...] Son seul soutien, son seul rayon de consolation en ce moment est sa ferme conviction qu'il est auprès d'elle, que son amour est immortel, et qu'ils seront éternellement réunis [...].

Quelques jours plus tôt, son Premier ministre, dans une lettre datée de Londres le 30 décembre, s'était autorisé quelques sages conseils :

> Le vicomte Palmerston se permet humblement d'exprimer l'espoir que l'intensité de sa douleur ne conduira pas Votre Majesté à négliger sa santé, dont la préservation est si importante pour le bonheur des enfants de Votre Majesté et pour celui de ses sujets, si respectueusement et affectueusement attachés, et qui est si essentiellement nécessaire pour permettre à Votre Majesté d'accomplir ses devoirs et de réaliser ainsi l'objectif de sa vie.

Ce rappel respectueux aux « devoirs » de la souveraine traduisait sans doute la crainte d'une dépression durable et de résolutions davantage inspirées par la sensibilité que par la raison. Il avait alors peu de chances d'atteindre son but. Victoria plonge réellement dans une profonde dépression, dont témoignent d'ailleurs ses nouvelles aquarelles : vue de sa fenêtre du château de Windsor ou vue mélancolique de Frogmore, où elle a fait inhumer Albert ; ses œuvres ne sont plus attentives aux gens, sauf lorsqu'elle esquisse de rapides portraits de ses petits-enfants ; elle recherche des paysages tristes, des ciels nuageux, des lieux déserts...

Les sujets de Victoria et son deuil

L'émotion est évidemment profonde, à la mesure de l'événement. La souveraine, à plusieurs reprises, fait allusion aux témoignages de nombre de ses sujets, qui adoucissent sa peine en la partageant.

Dans la classe politique, deux hommes d'État semblent avoir particulièrement su exprimer des sentiments réconfortants pour la souveraine : Disraeli et Gladstone. Le premier, bien qu'à deux reprises chancelier de l'Échiquier dans les années 1850, avait mis longtemps à s'introduire dans les bonnes grâces de la Cour ; il avait effectué quelques séjours seul, à Windsor, et, en 1858, ayant discuté avec le prince Albert et le duc d'Aumale, fils de Louis-Philippe, il avait écrit à Mrs Williams, l'une de ses plus proches amies, alors octogénaire, qu'il s'agissait des « deux esprits les plus richement cultivés qu'il ait jamais rencontrés, et aussi des hommes aux grandes capacités » ; entre le 23 et le 25 février, devenu chef de l'opposition aux Communes, il est invité avec son épouse à Windsor, et il se réjouit d'autant plus de cette double invitation que des ministres alors au pouvoir sont parfois conviés à venir seuls[7]. Disraeli s'est entretenu longuement avec Albert. Il semble l'avoir admiré et il a trouvé facilement des mots justes lorsqu'il a traduit devant le Parlement l'émotion de son parti au lendemain de la mort du prince. À plusieurs reprises par la suite, il redit sa propre peine. Ainsi au comte Vitzthum, ambassadeur de Saxe : « Nous avons enterré notre souverain. [...] S'il avait survécu à certains de nos "gérontes", il nous aurait procuré, dans le respect de toutes les garanties constitutionnelles, les bienfaits d'un gouvernement absolu. Parmi nous autres, les plus jeunes susceptibles de faire partie du Cabinet, il n'en est pas un seul qui ne se serait pas volontiers incliné devant son expérience. »

On relèvera la contradiction interne des propos ainsi tenus : en quoi le respect des « garanties constitutionnelles » aurait-il pu s'accommoder d'un « gouvernement absolu » ? L'interprétation d'A.J.P. Taylor[8] paraît sage : la Couronne aurait apporté sa contribution propre à la définition des politiques, sur le mode déjà connu dans les monarchies constitutionnelles de Suède et, à un moindre degré, de Belgique ; alors que les interventions erratiques de Victoria après 1861 ne constituèrent jamais une grande politique royale.

En remerciant la reine, qui lui a offert en 1863 une édition des discours de son époux, Disraeli n'hésite pas à proclamer que « le prince est la seule personne que lui [Disraeli] ait jamais vu incarner l'Idéal » et que « le nom d'Albert sera reçu comme celui de l'archétype d'une génération aux sentiments plus profonds et à l'horizon plus large que ceux qui caractérisèrent celle qu'il forma et guida en exerçant avec modestie son pouvoir ». Selon son biographe, bien qu'emporté sans doute quelque peu par son goût de l'hyperbole, il aurait été parfaitement sincère et n'aurait fait preuve d'aucune flagornerie. De toute manière, on verra dans ses réactions l'une des sources de son extraordinaire entente avec la reine dans la décennie suivante.

Gladstone, alors chancelier de l'Échiquier dans le cabinet Palmerston, fut profondément affecté[9]. Lui aussi avait noué d'étroites relations avec Albert qui connaissaient alors leur plein épanouissement. Le 23, il se rendit aux funérailles solennelles, dans la chapelle Saint-George de

Windsor. Il fit compliment à Tennyson, qui avait tenu à dédier, au début 1862, ses *Idylls* à « Albert le Bon ». Et, surtout, il devint ès fonctions l'homme qui dut se préoccuper du désir de Victoria d'honorer son époux, en commençant par lui élever un mausolée à Frogmore ; il dut lui faire part, de la manière la plus délicate, de la décision de Palmerston d'imputer toutes les dépenses liées au deuil à la liste civile ; le même Premier ministre avait déjà rejeté une autre suggestion de la reine, la création, dans la chapelle de Wolsey, d'un nouveau décor incarnant le chagrin éprouvé par Windsor. La reine se résigna. Dans un premier temps, elle procéda à l'aménagement de la chapelle Saint-George, faisant appliquer du marbre sur ses murs intérieurs, recouvrir de cuivre son toit, cependant que, sur le sarcophage princier, portant son effigie, cinq anges de bronze devaient veiller au sommeil éternel du prince. On avait rebaptisé la chapelle « Albert Memorial Chapel ». Mais Victoria se souvenait du vœu de son époux : être inhumé dans un cadre pastoral. Et, à côté du mausolée de sa mère, elle décida de faire construire une chapelle digne d'Albert. Le mausolée de Frogmore finit donc par voir le jour dès 1862, enseveli au milieu d'arbres, avec son double fronton de temple grec soutenu, en son centre, par deux colonnes encadrant l'entrée proprement dite.

En mars 1862, c'est dans un rare état d'énervement, on le comprend, que Gladstone se rendit auprès de Victoria. Selon son récit de l'entretien, il est agréablement surpris par son port très digne quand elle entre dans la pièce où il attendait ; il s'incline et plie le genou pour lui baiser la main et est touché qu'elle « retînt la [sienne] pendant quelques instants, la pressant et [lui exprimant] bien des choses par ce simple geste » ; la conversation est très générale, et la reine en vient à évoquer son affliction en tant qu'« héritière de notre chair et de notre sang communs » et en soulignant les dons exceptionnels d'Albert, y compris sa beauté physique ; elle l'impressionna, dira-t-il, par « la fermeté et l'agilité de son esprit, sa grande dignité et sa force de caractère » et il lui dit se réjouir que la sagesse divine l'eût appelée à « l'éminence dans le degré de son affliction, [avec un comportement] aussi remarquable qu'il l'avait été dans l'heureuse situation antérieure » ; il regrettera de ne pas lui en avoir dit davantage et de ne pas lui avoir suffisamment parlé de l'espérance, mais se consolera en entendant Gerald Wellesley, doyen de Windsor lui confier, un peu plus tard, qu'« entre tous ses ministres, elle semble vous avoir remarqué comme celui qui avait le mieux su partager sa tristesse ».

Les deux futurs rivaux auraient donc été en position d'égalité, n'eussent été les doutes du financier, partagés par son Premier ministre, sur les devoirs de l'État envers la commémoration des hauts faits du prince défunt ; en 1863, il finira par faire octroyer sur fonds du Trésor une contribution de cinquante mille livres pour le Mémorial Albert à Londres, et, après avoir dû céder, ne se désolera pas vraiment, en constatant que les exigences d'économies de Palmerston dans la réalisation du projet avaient été superbement ignorées par l'architecte Scott[10]. Les réticences gouvernementales valent à Disraeli, qui a soutenu l'entreprise aux Communes, de recevoir les remerciements de la reine !

Les poètes s'efforcent de leur côté de chanter le deuil. En 1861, le *Blackwood Magazine* rend un hommage particulier aux deux souverains, destiné à être chanté sur l'air de *God Save the Queen*, et il figurera dans les anthologies scolaires dès 1862[11] :

> Seigneur Dieu, c'est à genoux
> Que trois royaumes éplorés s'adressent à Toi,
> Dieu Sauve la Reine !
> Dieu de la totale tendresse
> Allège son fardeau et bénis-la
> Au plus profond de sa détresse première
> Dieu sauve la Reine.

Aux petits élèves des classes élémentaires, un manuel leur rappellera longtemps, dans ce cas à partir de 1874, que « l'année 1861 fut une année de deuil et de tristesse du fait de la mort du prince consort, Albert le Bon. Jamais dans l'histoire de notre nation, la mort d'un prince royal n'a provoqué de douleur aussi profonde et aussi universelle ».

Avec son génie propre, Tennyson, poète-lauréat, a écrit une élégie, tout bonnement intitulée *Nous l'avons perdu.*

Samuel Smiles, maître ès vertus des années 1860, célébré encore par l'Angleterre de Mme Thatcher, comme le protagoniste du principe du « Self-Help » pour résoudre les problèmes sociaux, cite le prince, en 1871, dans son ouvrage *Character* pour rappeler une grande leçon léguée par le défunt [12].

> Feu le Prince Consort, lui-même d'un esprit très pur et qui impressionnait et influençait vivement les autres par la seule force de sa nature bienveillante, en rédigeant les conditions en vertu desquelles le prix annuel serait décerné par Sa Majesté à Wellington College, décida qu'il serait attribué non à l'élève le plus scrupuleux, le plus diligent, et le plus sage, mais à l'élève au caractère le plus noble, celui qui promettait le plus de devenir un homme au grand cœur et aux motivations élevées.

L'entrée dans la mythologie nationale était alors assurée. D'autant que la reine n'avait, pas plus que d'autres administrations publiques, lésiné en matière de monuments et d'institutions dédiés à la mémoire du prince.

Des lieux pour la mémoire

Certains sont simplement, après réalisation, baptisés du nom du prince ; tel est le cas de bien des artères, des rues, des parcs inaugurés dans tout le royaume. À Londres, de 1867 à 1871, sur les plans de Fowke et

Scott, on construit, en briques, le Royal Albert Hall of Arts and Sciences, très rapidement connu sons le seul nom d'Albert Hall. « Vaste rotonde dans le style de la renaissance italienne », dira le *Baedeker*, « il forme un ovale de 83 et 72 mètres de diamètre extérieur, une circonférence de 245 mètres. L'intérieur est un amphithéâtre pouvant recevoir huit mille personnes. Il est destiné à recevoir concerts, expositions, colloques ».

De la galerie extérieure de ce palais des arts, on a vue sur l'Albert Memorial. Voulue expressément par la reine, sa construction a exigé une souscription publique qui rapporta quelque soixante mille des cent vingt mille livres dépensées à la fin de son exécution, et nous avons dit que l'État apporta le complément. On le commença en 1864 et il fallut douze ans pour achever les travaux. Son architecte fut George Gilbert Scott, qui a bien décrit son projet : « ériger une sorte de *ciborium* (ou baldaquin) protégeant la statue du prince [...] selon les principes des autels de l'Antiquité ». On utilisa le marbre blanc d'Italie, le bronze, le fer forgé, le granite, l'agate, l'onyx, la cornaline et le cristal, avec un appétit de matériaux précieux et divers qui parut parfois bien « vulgaire » et fut longtemps considéré comme l'expression de l'arrogance victorienne.

La statue d'Albert, placée sous un dais gothique, supporté par quatre faisceaux de colonnes en granite et terminé par une flèche à trois étages, est haute de quelque cinq mètres et le représente assis, porteur du collier de chevalier de l'ordre de la Jarretière, celle-ci nouée à sa jambe gauche, le tout en bronze doré ; dans sa main droite, un livre, le catalogue de l'Exposition de 1851 ! Le soubassement du monument est revêtu de cent soixante-neuf figures de marbre représentant les principaux artistes de tous les temps : au sud les musiciens, à l'est les peintres, au nord les architectes, à l'ouest les sculpteurs. Aux angles, sur des socles, l'agriculture, le commerce, l'architecture et l'industrie, au bas des degrés l'Asie, l'Afrique, l'Europe et l'Amérique. L'ensemble est haut de cinquante-trois mètres.

« *Madame Brown* » ?

Malgré toutes les marques de sa douleur et de son amour éternel pour Albert, Victoria, par sa vie privée, a soulevé par ailleurs bien des critiques. Et on n'évitera pas ici l'évocation de ses relations avec John Brown.

John Brown est âgé de vingt-trois ans lorsque la reine le rencontre pour la première fois à Balmoral. Albert le choisit pour servir son épouse et le considère alors comme un magnifique spécimen de Highlander, honnête et sympathique tout à la fois.

Par leurs appréciations, Albert et Victoria concourent manifestement à créer l'image, que le dernier quart du XIXe siècle a consolidée, d'un Écossais idéal, aux fortes racines campagnardes, dans l'oubli total de la croissance urbaine et de ses maux. Citons ici un historien récent de l'Écosse[13] :

> C'est au moment même où le Gaël devient redoutable qu'il est supplanté, dans la littérature populaire par cette créature nettement plus inoffensive qu'est le villageois des Basses-Terres, dépeint par les romanciers de l'école dite du *kailyard* (le « carré de choux »), tels J.M. Barrie (*Auld Licht Idylls*, 1888) et deux pasteurs de la Free Church, S.R. Crockett et l'Anglais John Watson (nom de plume Ian MacLaren). Leurs romans s'écoulent à des centaines de milliers d'exemplaires, en particulier auprès de la diaspora, à laquelle ils vendent leur rassurante vision d'une Écosse rurale aseptisée, asexuée et immuable, où chacun connaît sa place et s'y tient. [...] L'idiot de village a remplacé le bon sauvage.

Nous ne retiendrons pas évidemment ce dernier trait à propos de John Brown, dont on n'a pas mis en doute la réelle intelligence.

Victoria pourra se référer à ce « cadeau » de son mari pour expliquer son attachement envers son serviteur. Lorsque Albert meurt, John Brown est, à trente-cinq ans, dans la force de l'âge.

Pendant plus de vingt ans, il mourra en 1883, il a conquis une place unique au service de sa souveraine. Il l'a protégée d'un attentat au pistolet en 1872, commis par un Fenian, Arthur O'Connor, alors âgé de dix-sept ans, et qui, à l'extérieur de Buckingham, tire sur la souveraine... avec un pistolet non chargé, mais simplement bourré de poudre, ce qui lui vaudra un an de prison et vingt coups de fouet. Verdict somme toute clément, pour ce qui correspond au sixième de sept attentats de même nature commis contre la reine depuis 1840... et parfois attribués à la folie passagère de leur auteur !

Dès 1865, Victoria a créé pour Brown l'emploi nouveau de « serviteur highlandais de la reine ». Elle l'élèvera au rang de chevalier pour l'autoriser à la servir à l'intérieur de ses palais. Très vite, un vaste champ s'ouvre aux médisances au point de permettre à un humoriste peu respectueux d'évoquer, en parlant de sa reine, *Mrs John Brown*... tout comme des décennies plus tôt on avait osé parler de « Mrs Melbourne ». Le « scandale » dépassa les frontières du Royaume-Uni : le 14 octobre 1899 encore, *Le Rire*, journal satirique français, représentait la reine dans sa salle de bains et son serviteur écossais, John Brown, alors mort depuis seize ans, une serviette à la main pour l'essuyer : la caricature, d'un goût plus que douteux, est publiée à l'occasion de la guerre des Boers, et l'eau du bain supposée remplacée par « un bain de sang chrétien »[14] !

Suivant Victoria de Balmoral à Osborne, il l'accompagne, non sans grognements xénophobes, dans ses déplacements ultérieurs à l'étranger, en particulier, au printemps 1883, dans le sud de la France, quand Victoria inaugure sa longue tradition de séjours de printemps dans la région ; Brown passe avec elle la plus grande partie de son temps à Balmoral, et il a quelque chose d'un écuyer roturier et d'un serviteur attentif. S'exprimant toujours avec franchise, voire brutalité, parfois insolent envers de hauts personnages, habitué aussi des boissons fortes, usant de formules peu respectueuses, n'hésitant pas à railler les vêtements de sa souveraine ou à l'interpeller familièrement en l'appelant « femme » (« *wumman* »), vêtu de son éternel kilt, dormant à l'occasion dans son antichambre, l'accompagnant dans ses promenades, la portant dans ses bras lorsqu'elle est trop faible pour monter dans son attelage ou pour en descendre, il choque souvent l'entourage et les visiteurs. Lord Ribblesdale, qui fut, à l'époque du veuvage, attaché à la maison de la reine, rapporte ainsi, dans son *Impressions and Memoirs*, publié en 1927, une petite fête à Windsor :

> M. Brown joua le rôle de maître des cérémonies, revêtu du tartan vespéral des Stuarts. La Reine [...] regardait évoluer les danseurs d'un œil bienveillant, mais critique. On témoigna de la déférence envers le caractère des Highlands et envers les préférences de la maîtresse de la maison. [M'égarant dans le labyrinthe des figures] je fus soudain presque précipité sur les genoux de la Reine par une tape dans le dos accompagnée du reproche : « Où voulez-vous en venir ? » C'était M. John Brown dans l'exercice de ses fonctions légitimes de meneur de jeu. Après un grand nombre de danses calédoniennes, M. Brown s'en vint interroger la Reine : « Et maintenant, que désire Votre Majesté ? » Pleine de sollicitude pour ses sujets anglais, la Reine suggéra une danse paysanne. Sa suggestion fut mal accueillie. « Une danse paysanne », répéta-t-il en tournant furieusement les talons.

Pour mesurer la profondeur de l'attachement de Victoria envers ce serviteur, le témoignage de sa correspondance, au moment de la mort de Brown, en avril 1883, est éloquent. Le 3 avril, elle écrit de Windsor une courte lettre à Victoria, sa petite-fille :

> Vous me pardonnerez et me comprendrez de ne vous écrire que quelques mots pour vous souhaiter tout le bien possible à l'occasion de votre anniversaire, et j'espère que vous aimerez les perles et le portrait. Mais je suis si terriblement déprimée par la perte de mon meilleur et plus fidèle serviteur – que j'ai connu pendant trente-quatre ans – et qui, au cours des dernières dix-huit années et demi, ne m'a jamais quittée un seul jour, que je suis incapable de vous écrire quoi que ce soit d'autre [...].

Un mois plus tard, dans une lettre datée d'Osborne, le 2 mai, elle « saute » sur l'occasion de condoléances à sa petite-fille, qui vient de déplorer la mort du grand-duc Frédéric-François II de Mecklembourg-Schwerin, son oncle par alliance, pour revenir sur le sujet de la mort en général et de la perte qu'elle vient d'éprouver en particulier elle-même.

> Hélas ! En avançant dans sa vie, c'est ce qui doit être – mais mon sort, de ce point de vue, est particulièrement dur et triste. Je suis si seule et, depuis la mort de votre Grand-Papa, j'ai l'un après l'autre perdu tous ceux qui pouvaient être une aide et un soutien pour moi – et le décès de mon cher, dévoué et loyal serviteur et ami de confiance Brown, qui s'occupait de tout, anticipait tous mes désirs et dont l'appui et le soutien me manquent à toute heure et à chaque instant, m'a tout à fait crucifiée [...].

Et, ayant douloureusement éprouvé, en mars 1884, la mort de son fils préféré, Léopold, duc d'Albany, hémophile, survenue à Cannes le 28, elle fait le rapprochement avec John Brown en notant la « coïncidence », à quelques heures près, de la disparition, à un an d'intervalle, du prince et du serviteur !

Elle fait graver une plaque de cuivre pour commémorer le souvenir du « fidèle et dévoué serviteur et ami », et la fait apposer au bas d'une colonne qui est placée à Frogmore, le panthéon de sa famille ; elle passe commande de nombreuses statuettes le représentant. Et elle se complaît à ce point dans son souvenir que Randall Davidson, doyen de Windsor et futur archevêque de Cantorbéry, doit, en vain d'ailleurs, exercer les pressions les plus vives sur son illustre « paroissienne » pour essayer de la faire renoncer à publier un nouvel ouvrage consacré une fois encore à sa vie dans les Highlands et dont elle entendait faire un hommage posthume à John Brown ! *More Leaves* sera publié en 1884 et, de même que le premier de la série avait été dédié à la mémoire d'Albert, le second l'est à celle de John Brown.

Frappée par la beauté du personnage, elle en a esquissé plusieurs portraits en s'efforçant de saisir le bleu de ses yeux, qu'elle jugeait extraordinaire[15].

La vigueur de cet attachement ne signifie pas qu'elle ait eu des rapports sexuels avec son fidèle serviteur, ni même qu'elle ait éprouvé pour lui un amour comparable à celui que, épouse comblée, elle témoigna tant à Albert. La plupart des biographes de la reine l'interprètent comme un témoignage de l'immense solitude dans laquelle elle se complut trop longtemps, une preuve aussi de son besoin de sentir à ses côtés un homme d'autorité, et, peut-être, de sa conviction qu'un ami d'extraction aussi modeste ne pourrait jamais tenter de lui dicter autre chose que des comportements ordinaires de la vie quotidienne. Avoir un ami sans encourir le péril d'une influence quelconque sur ses obligations de souveraine, voilà ce qui l'aurait avant tout séduite.

Preuve supplémentaire : le goût de la reine pour des serviteurs zélés et beaux tout à la fois ne s'est pas éteint avec John Brown ; en 1887, elle prendra à son service deux Indiens musulmans, Mohammed Buxsh et Abdul Karim, dont les portraits seront accrochés à Windsor au-dessous de celui de Brown. Karim, dont elle dessina elle-même le portrait avant d'en commander une reproduction de qualité au peintre autrichien Rudolph Swoboda, commença par être porteur et serviteur avant de recevoir d'elle le titre de « Munshi » ou « maître » pour le récompenser de lui enseigner quelques mots de sa langue natale ; Victoria fut frappée par son port altier, sa silhouette fine, sa barbe, sa jeunesse (il avait vingt-quatre ans à son entrée en service), et elle le combla de présents, dont plusieurs cottages à Osborne et à Windsor[16].

Il demeure qu'en témoignant des sentiments aussi affectueux à un personnage aussi extraordinaire que John Brown, elle ne renforça à coup sûr pas le prestige de la Couronne. Et, jusqu'à aujourd'hui, le personnage de « son » Highlander et le mystère de sa relation privilégiée avec la reine-impératrice continuent de susciter bien des curiosités que vient alimenter, à l'occasion, la découverte de tel ou tel écrit affectueux qu'elle lui avait fait tenir ou de tel témoignage de son chagrin, exprimé en particulier à la famille du défunt !

On ajoutera cependant que, veuve éplorée, femme sensible à la prestance d'un serviteur, Victoria remplit aussi sa vie personnelle en assumant pleinement son rôle de mère et grand-mère.

La matrone

En retenant la définition d'« une mère de famille d'âge mûr, de caractère grave et d'allure imposante[17] », on ne revêtira d'aucun caractère *a priori* péjoratif cette appellation. De fait, Victoria a entendu dès cette époque se forger le visage d'un « chef de famille » responsable.

Dans le dernier quart du siècle, sa famille au sens large, y compris fils et filles, gendres, belles-filles, petits-enfants et petits-neveux, a valu à un historien-biographe des relations entre Victoria et sa petite-fille Victoria de Hesse de parcourir une correspondance dans laquelle ce qu'il nomme drôlement ces « principaux acteurs » constitue une liste de quelque soixante-dix noms, complétés de nombreux surnoms et diminutifs[18]. C'est que les enfants et petits-enfants de la reine ont largement suivi son exemple : Vicky eut huit enfants en quatorze ans, dont deux moururent très vite ; Alice connut sept accouchements en onze années, le prince de Galles devint père à cinq reprises, mais son dernier-né mourut dès sa naissance ; pour d'autres, trois à cinq enfants furent presque une règle. Cette fécondité ne fut pas sans provoquer quelque lassitude chez Victoria, qui le dit clairement à Vicky en 1872, après que celle-ci lui eut annoncé la naissance de sa fille Margaret :

> Je ne déteste pas les bébés, même si je trouve les très jeunes plutôt dégoûtants, et je prends intérêt à rencontrer ceux de mes enfants quand ils ont deux ou trois ans. [...] Mais quand ils naissent à la cadence de trois par an, cela devient seulement une cause de grande anxiété pour mes propres enfants et cela ne présente pas grand intérêt. Quel nom cette quatrième fille va-t-elle recevoir ?

Elle rencontre pourtant ses descendants aussi souvent que possible, correspond avec la plupart d'entre eux, prodigue des conseils éducatifs et, chaque fois que l'âge s'y prête, matrimoniaux, au point de devenir la « grand-mère de l'Europe ». L'exemple du destin de sa fille Alice et de sa petite-fille Victoria, tel qu'il se précise à travers les lettres de la grand-mère à la petite-fille, permet de bien scruter ce que signifia ce rôle familial au temps même de la période de deuil évoquée dans ce chapitre.

Alice, seconde fille de Victoria, avait épousé le prince héritier de Hesse, Ludwig, en 1862. Très proche de son père, qu'elle avait assistée dans ses derniers instants, elle semblait avoir hérité de lui ses vertus et son excès de gravité ; la reine, tout en appréciant cette proximité du père et de sa fille et en reconnaissant la qualité des soins que cette dernière avait prodigués à son époux moribond, n'était pas sans ressentir en même temps une jalousie certaine à son égard. Née en 1843, elle mourut jeune, à l'âge de trente-huit ans, d'une diphtérie aiguë après avoir connu déjà la mort de l'un de ses fils hémophiles, « Fritzie », et en suivant de peu la mort, aussi par diphtérie, de sa plus jeune fille. Elle avait embrassé sur le front un fils, également malade, mais qui guérit, et ce geste d'amour maternel devint ce que Disraeli appela « le baiser de la mort » ; le choc pour la reine fut d'autant plus rude que le décès lui fut annoncé le matin du 14 décembre, jour anniversaire de la mort d'Albert !

En 1878, à quinze ans, la jeune princesse Victoria, dont la naissance en 1863 avait réussi à redonner quelque goût à la vie à une souveraine encore éperdue de désespoir et qui lui témoigna d'emblée une grande affection, devint une sorte de belle-mère pour ses frères et sœurs plus jeunes, et offrit dès lors à sa grand-mère l'occasion de lui apporter amour et conseils.

Les lettres, entre 1870 et 1875, ont été d'abord faites de simples vœux d'anniversaire et de quelques conseils, non sans que Victoria succombe à l'occasion à la tentation de parler de son cher John Brown : ainsi le 11 juin 1875, au lendemain d'une visite de sa petite-fille à Balmoral, quand elle tient à lui rappeler que le jour de son départ il lui avait dit « Dépêchez-vous de revenir » (*Haste you back*), « ce qui est une expression des Highlands signifiant revenez bientôt » (*Come back soon again*).

Peu à peu, les lettres s'enrichissent de détails, sur le temps qu'il fait, sur les visiteurs royaux à Balmoral, sur les projets de voyage des oncles princiers, ainsi Arthur pour Gibraltar et « oncle Bertie » pour l'Inde en octobre 1875. À partir de 1877, le ton change à mesure que la jeune princesse paraît déjà plus mûre.

Une partie non négligeable de la correspondance entretient, avec une morbidité toujours aussi évidente, le souvenir d'Alice. On comprend que, le 27 décembre de l'année du décès, Victoria revienne longuement sur le sujet : « Vous devez conserver son souvenir dans votre cœur comme un trésor, comme celui d'une Sainte, une personne si rare dans notre monde. Le privilège est grand d'être sa fille, mais il signifie aussi une grande responsabilité, celle de devenir réellement digne d'elle. »

Mais elle y revient sans cesse. Le 3 mars 1879, après avoir reçu la visite à Windsor de sa petite-fille, elle ne peut pas s'empêcher de lui écrire « combien terrible a dû être votre retour et combien votre chère maman doit vous manquer ». Le 14 mai, elle souligne « quelle épreuve ce doit être de la voir vous manquer tous les jours, à toute heure ». Le 12 décembre, plus naturellement, pour l'anniversaire du décès, elle évoque « ce jour terrible qui a emporté votre chère maman » et plaint sa petite-fille de n'avoir pas été présente à l'agonie de la princesse comme elle-même avait eu la chance d'assister la duchesse de Kent sur son lit de mort. Le 8 décembre, elle s'empare du souvenir d'Alice, avec laquelle elle avait été loin de s'entendre, pour affirmer qu'elle avait été « la seule de [ses] filles qui partageât à ce point [ses] sentiments, et fût à ce point d'accord sur la manière d'éduquer [les enfants royaux] », et elle ajoute : « je peux donc vous dire ce qu'elle aurait désiré » ! Le 25 août 1882, elle s'empare à nouveau de l'exemple de sa fille pour déconseiller à Victoria les longues randonnées à cheval : « Votre chère maman a ruiné sa santé par ses longues promenades sur de grands et rudes chevaux. »

Bien évidemment, les questions matrimoniales la préoccupent au suprême degré. Très attentive au Gotha et au rang des familles avec lesquelles une alliance peut être envisagée ou a été conclue, elle s'emporte en 1885[19] : « Nous sommes furieuse et pleine d'indignation, sans trouver assez de mots pour le dire, après le forfait commis par l'*Almanach de Gotha*, et il faudrait protester. C'est parfaitement monstrueux. »

Ledit *Almanach* avait déclassé deux familles, les Battenberg et les Teck, les faisant passer du premier rang de l'élite au second, celui de ducs et comtes de moindre qualité.

On mesurera la colère de la souveraine à l'aune de ses préoccupations incessantes d'alliances matrimoniales acceptables pour sa nombreuse parentèle directe comme pour les princes et princesses qui se réclament des Saxe-Cobourg-Gotha. Elle entend très particulièrement se mêler des choix des quatre princesses de Hesse. Le 7 mars 1883, se confiant à nouveau à sa petite-fille Victoria, elle déplore l'attraction de la famille impériale russe et regrette que sa jeune sœur Ella ait préféré le grand-duc Serge au prince Fritz de Bade :

> Quel malheur extrême qu'Ella ait refusé ce bon Fritz de Bade, si bon et si solide, jouissant d'une position si sûre et si heureuse, et cela pour un Russe. Je le déplore profondément.
> La santé d'Ella ne résistera jamais au climat qui a tué votre pauvre tante [l'impératrice Marie, femme du czar Alexandre II] et a ruiné physiquement presque toutes les princesses allemandes qui sont allées dans ce pays ; à côté de cela, l'état effrayant dans lequel se trouve la Russie, et la situation très inquiétante de la Société [...].

Elle met beaucoup d'obstination à dissuader Ella, et, encore le 30 août 1883, elle exprime sa préférence pour un prince suédois :

Je ne dirai certainement pas un mot à Ella sur le prince Charles de Suède. Je lui ai dit de bien réfléchir avant d'accepter Serge et de se rappeler le climat et l'état du pays [...].

Et Serge s'obstinant, elle répète le 4 septembre qu'elle « craint ce mariage. Croyez-moi, ce serait un drame pour elle : le climat, la société, etc., sont là-bas pernicieux. Et votre chère maman m'a souvent répété que, même si Serge est agréable, elle ne voudrait jamais entendre parler d'un mariage pour l'une de ses filles dans ce pays. On le voit, en grand-mère têtue, elle n'hésite pas à faire parler une morte ! Ce n'est qu'en octobre que la résignation l'emporte enfin.

Parce qu'elle sympathise pleinement avec le prince Louis de Battenberg, elle avait au contraire, dans sa lettre du 19 juin, manifesté beaucoup d'enthousiasme à l'annonce que sa petite-fille Victoria souhaitait l'épouser :

> Je sais que vous êtes très impatiente d'apprendre ce que j'en pense. Je crois que vous avez bien fait de choisir pour époux un être qui partage totalement votre manière de voir et qui, sous bien des rapports, est aussi anglais que vous-même – ses intérêts ne peuvent qu'être identiques aux vôtres et votre chère maman l'appréciait [...].

On pourrait multiplier les exemples d'interférences plus ou moins réussies de la future « grand-mère de l'Europe » dans les unions princières. Parmi ses échecs, quelques années plus tard, en 1886-1888, le mariage d'une sœur de Victoria, la princesse Irène, avec le prince Henri de Prusse, fils cadet de Vicky, fille de la souveraine, et du prince héritier Frédéric de Prusse, frère du futur Guillaume II. Le 2 février 1887, elle écrit à sa petite-fille préférée pour lui dire les conseils qu'elle avait prodigués à Irène, dont celui de ne prendre aucune décision ferme avant un long voyage de Henri. Mais Irène n'a pas respecté les promesses arrachées par son aïeule.

J'aime beaucoup Henri. [...] Vous affirmez être sûre que je me réjouirai de leur bonheur. Mais c'est justement de cela que je ne suis pas assurée. Henri n'est pas du tout vigoureux, l'Impératrice hait tout ce qui est lié à votre présente famille. Votre chère maman ne souhaitait pas un tel mariage pour l'une quelconque de vous, aussi peu qu'une union avec un Russe, et ses vœux ont été totalement ignorés. M'extasier sur « l'amour », je ne le pourrai jamais. J'ai tant vu de mariages malheureux, tant d'espoirs foulés aux pieds et évaporés que je ne peux que considérer toujours avec grande crainte le mariage. La vie devient si pleine d'épreuves et de difficultés dans la plus heureuse des unions.

J'avais d'autres espérances et d'autres vœux pour Irène, mais mes vœux et espérances semblent ne jamais pouvoir être comblés, de sorte qu'il est inutile que je m'en préoccupe davantage.

Après quoi, cessant de ronger son frein, la reine en vient, dans sa lettre du 15 février, à tenter de tirer le meilleur de l'irréparable :

En ce qui concerne ce mariage, je formule l'espoir confiant qu'il pourrait servir à établir des relations plus appropriées et plus amicales entre les deux Cours, mais je crains que l'Impératrice ne se fasse jamais à cette idée. Elle n'a jamais fait mention des fiançailles à Tante Vicky!!, la mère de Henri, chose à peine compréhensible ou croyable, et elle m'a écrit une lettre très froide et inamicale en réponse à une aimable missive que je lui avais fait parvenir!

Henri doit être amené à une juste vision des choses et non pas devenir un deuxième ennemi au sein de la famille, ce qui serait si pénible [...].

La souveraine semble ainsi trouver quelque consolation à découvrir d'autres « conspiratrices » déterminées et hostiles !

Comme un ballet sans cesse répété avec de nouveaux figurants, les mêmes conseils, oppositions, résignations se retrouvent dans les années suivantes, très particulièrement lorsque se dessineront, dans les premières années 1890, les fiançailles, puis le mariage d'Alix de Hesse avec Nicolas, héritier du trône impérial russe et dernier tsar de toutes les Russies, que la jeune sœur de Victoria épouse en 1894 après des années de mises en garde de sa grand-mère.

À la tête d'une nombreuse famille, mêlée toujours de près à un grand « marché » matrimonial d'autant plus dangereux que la proximité des parentèles multiplie les cas d'hémophilie, la souveraine britannique, parfois il est vrai soucieuse aussi des relations politiques avec ses puissants cousins, a paru se complaire à des jeux qui, d'ailleurs, étaient le lot parental ordinaire dans la haute société aristocratique et bourgeoise.

La crise de l'institution monarchique

Le retrait politique de la souveraine est, du coup, de plus en plus mal perçu. Alors que l'âge est marqué par une intense mutation politique et par des progrès décisifs vers la démocratie, son « absence » est cruellement ressentie au point de donner une nouvelle chance aux partisans d'un régime républicain.

La Couronne en question

La sympathie générale envers le deuil de Victoria n'a pas longtemps empêché le croissant rejet de son comportement au cours des années suivantes : sa décision de vivre en quasi-recluse, de ne plus paraître à des cérémonies officielles, de limiter au maximum toutes occasions de mondanité, suscite l'hostilité.

De rares exceptions ne sont pas des plus convaincantes. Le 10 mars 1863, le prince de Galles épouse la princesse Alexandra, fille du duc de Schleswig-Holstein[20] : Victoria refuse que la cérémonie soit célébrée à Westminster ou à Saint-Paul en invoquant les désirs du prince Albert; elle choisit la chapelle Saint-George de Windsor, refuse d'abandonner ses voiles de deuil et se place, pour suivre la cérémonie, dans une galerie au-dessus du chœur, à l'abri des regards ; lorsqu'elle pose à côté du couple, c'est ostensiblement tournée vers un buste de son défunt époux !

La reine paraît bien lointaine à ses sujets. Le 7 février 1863, Louis Blanc relate l'ouverture du Parlement, deux jours plus tôt[21] :

> La reine n'est pas venue, cette fois, lire le discours de la Couronne de cette voix claire, argentine, et avec cette accentuation si juste qui, dans ce pays monarchique, ont fourni matière à tant d'éloges. Tout entière à son deuil qui semble ne devoir finir qu'avec sa vie, la reine n'avait point quitté la solitude de son palais, hanté qu'il est par une ombre qu'elle aime.

Victoria mène en fait une vie de recluse, souvent à Balmoral. Au bout de quelques années, la pitié et la compréhension que suscite son évidente souffrance le cèdent quelque peu, dans l'opinion, à l'incompréhension. On prête à la reine une indifférence jugée inexcusable envers les affaires de l'État; et il n'est pas faux qu'ayant de plus en plus cédé à Albert le soin de débroussailler pour elle les problèmes difficiles et de rédiger les mémorandums qui serviraient à exprimer et appuyer l'opinion de la Couronne, Victoria s'est retrouvée à sa mort dans la position d'une jeune reine, sans mentor, et ce en un temps où la complexité des affaires s'était accrue ; on pourrait par là expliquer un état quelque peu dépressif, le découragement devant l'accumulation de travail, une certaine répugnance à assumer pleinement son « métier » royal. Lorsqu'en 1868, elle se décide à publier des extraits de son journal privé sous le titre *Feuilles du Journal de Notre vie dans les Highlands,* et qu'elle les illustre de reproductions de dessins et aquarelles du temps de ses promenades avec Albert, elle ne sait pas sentir qu'aux yeux de ses lecteurs et d'une partie de l'opinion publique, elle confirme, sans le vouloir, l'impression qu'elle mène une vie de loisirs et préfère des vacances permanentes au travail quotidien.

Ce n'est évidemment pas exact. Même si, après 1861, et jusqu'en 1886, elle n'ouvre en personne que huit sessions du Parlement en vingt-cinq ans, et à des intervalles parfois éloignés (jamais entre 1861 et 1866, ni de 1873 à 1876, ou encore de 1880 à 1886). En fait, elle semble surtout fuir la cérémonie en tant que telle et les obligations mondaines qui s'y rattachent.

Gladstone, qui a effectué souvent le voyage de Balmoral pour régler les affaires de l'État, a fait preuve de compréhension. En septembre 1863, il l'entend lui répéter que « toutes ses habitudes de vie étaient fondées sur les vœux et voies inculqués par le prince et qu'elle ne pouvait rien y changer » ; le ministre s'efforce de lui faire conversation, parle de « Willy », le petit-fils prussien de Victoria, de la jolie écriture de lord Palmerston, du style si agréable des lettres de Disraeli à la reine, de l'enseignement de l'allemand en Angleterre, de la traduction par Guizot des discours d'Albert ; il touche le cœur de la souveraine en lui traduisant de l'allemand un passage du *Wallenstein* de Schiller, et il lui prête un exemplaire d'un roman, *La Jésuite, ou une espionne dans la famille,* que Victoria aurait dévoré. Lors de ce séjour, de grandes questions politiques sont pourtant abordées. Victoria est avide de présenter son point de vue sur l'affaire du Schleswig-Holstein, parce que Albert s'y intéressait fort et aussi du fait de ses propres sentiments très progermaniques.

Le roi du Danemark était aussi duc du Schleswig, dont la population est à forte dominante danoise, et du Holstein, majoritairement de population allemande et, de surcroît, membre de la Confédération germanique. La conférence de Londres de 1852 semblait avoir élaboré une forme de compromis politique à ce sujet; mais, de part et d'autre, les nationalismes se sont exacerbés au point qu'en 1863, la Confédération décide d'occuper le Holstein et, l'année suivante, d'envahir le Schleswig, puis le Jutland. Victoria, en cette circonstance, retrouve une vigueur inattendue et s'affirme déterminée à tout pour empêcher une action antigermanique!

Le Cabinet britannique, en fin de compte, refuse toute intervention militaire en faveur des Danois, qui, après une vaine tentative de conciliation diplomatique à Londres en juin, sont contraints de céder les deux duchés à la Prusse et à l'Autriche.

Le comportement de la reine ne lui vaut pas que des approbations parmi ses sujets. Une partie de la presse s'indigne et Palmerston lui fait part des conséquences dommageables que pourrait avoir une sympathie trop prononcée envers des pays tiers[22] :

> [Divers journaux] tendent à montrer que l'impression commence à se créer que Votre Majesté a exprimé, sur les affaires danoises et allemandes, des opinions personnelles, lesquelles gêneraient l'action du gouvernement. [...] Ce serait un grand malheur que l'opinion publique en vienne à dépouiller Votre Majesté de la protection spécifique et essentielle que la Constitution assure au souverain en faisant des ministres responsables les hommes chargés de rendre des comptes sur ce qui est fait ou n'est pas fait ; [c'en serait un] que les opinions et vues personnelles de

Votre Majesté en viennent à devenir l'objet de critiques et d'attaques.

Toujours en 1863, la reine prête l'oreille à ce que le ministre lui rapporte de la guerre de Sécession et de l'évolution possible de l'attitude, jusqu'alors positive, de la Grande-Bretagne envers les sudistes[23].

En octobre 1864, Gladstone revient à Balmoral, où Victoria avait d'ailleurs aussi convié sa femme Catherine sans que celle-ci pût répondre à cette invitation. On connaît peu la teneur de leurs conversations. La correspondance du ministre revient en fait sur un incident tragi-comique : ses pantalons ayant craqué au moment même où il devait aller dîner avec la souveraine, il dut s'excuser de son retard, entorse à l'étiquette de Cour. Il fait pourtant aussi un constat inquiétant : le goût de Victoria pour un étrange mélange de vin et de whisky.

L'année suivante, en octobre, à la mort de Palmerston, Gladstone rejette toute idée de devenir Premier ministre, mais manifeste le souhait que la reine revienne à Londres pour y investir Russell de cette charge : il est très frappé qu'elle ne le fasse pas, mais approuve son choix de nommer Russell, lui-même acceptant de demeurer chancelier de l'Échiquier et leader de la majorité à la Chambre des communes.

En 1866, quand les ambitions de Bismarck le conduisent au conflit majeur avec l'Autriche, Victoria tente une intervention personnelle pour éviter la guerre et suggère au roi Guillaume de renvoyer Bismarck, « le seul homme responsable de tous ces maux » : conseil fort mal reçu par le souverain de Prusse. Déçue, la reine doit pourtant constater que Russell et son ministre des Affaires étrangères Clarendon sont bien décidés à ne pas intervenir, et, lorsque les conservateurs viennent au pouvoir, que Stanley, nouveau ministre des Affaires étrangères, estime devant les Communes que « jamais une grande guerre européenne n'a moins concerné les intérêts nationaux directs de l'Angleterre[24] ».

Lorsque les relations franco-prussiennes se tendent et que Napoléon III se laisse entraîner dans la malheureuse politique des pourboires, les réactions du cabinet, redevenu libéral en 1868, sont cohérentes : il s'agit d'éviter toute intervention armée, de pratiquer une politique de neutralité, tout au plus, comme Stanley l'avait fait en 1867 dans l'affaire luxembourgeoise, de faciliter un compromis entre les puissances en servant d'honnête courtier. D'où une piètre garantie de neutralité du Luxembourg, sans risque puisqu'elle ne jouerait que si tous les signataires, y compris la Prusse et la France, intervenaient contre un agresseur. L'attitude attentive et défiante à la fois de Gladstone et de Clarendon lorsque la France s'intéresse de trop près à la Belgique renvoie à une francophobie traditionnelle.

Lors de la guerre franco-prussienne, la reine, comme ses sujets, est quelque peu partagée entre son amitié pour Napoléon III et ses sentiments germanophiles, et elle ne favorise pas une rupture de la position de neutralité choisie une fois encore par ses ministres ; sollicitée par ses deux « frères », elle s'en tire par une pirouette en évoquant « les deux braves et grandes nations » et en les appelant à la réconciliation. Ce qui ne l'empêche pas de regretter la passivité de son gouvernement et de proclamer que « l'Angleterre ne saurait demeurer un spectateur passif, elle ne doit pas demeurer immobile ; l'Angleterre doit montrer au monde qu'elle n'est pas prête d'abdiquer sa position de grande puissance ». C'était prêcher dans le désert devant l'attitude des libéraux au pouvoir et le peu d'énergie d'un Disraeli, fort partagé et qu'on ne peut considérer alors ni comme profrançais ni comme progermanique. Les Britanniques, dans leur ensemble quelque peu choqués par les clauses du traité de Francfort et l'annexion de l'Alsace-Lorraine, souhaitent surtout que la France retrouve son équilibre intérieur et, inquiétés par la Commune, rejettent sur Bismarck la responsabilité d'une politique contraire à toute réconciliation ; c'est en 1871 que sera publié *The Battle of Dorking* de Chesney, grand succès de librairie, qui relate un débarquement de troupes germaniques sur le sol britannique. Deux ans plus tard, Victoria et Gladstone se retrouveront pour mettre en garde Bismarck contre toute guerre préventive contre la France après la décision de Paris d'instaurer le service militaire obligatoire[25].

Que tous ces événements aient parfois arraché la reine à sa trop grande passivité est donc certain. Ce n'est du coup pas un hasard si, en 1869, Gladstone, comme à l'accoutumée fort loyal et attentif, devenu Premier ministre, réussit à persuader la reine de regagner un instant sa capitale et d'y inaugurer le pont de Blackfriars et le viaduc de Holborn. Chef de l'opposition aux Communes de 1868 à 1874, Disraeli, dont nous savons combien il avait su gagner les bonnes grâces de la souveraine, n'a pas joué un autre jeu et a toujours tenté de ramener Victoria aux questions sensibles et à ses responsabilités.

Tout cela ne suffit pas. Le 3 décembre 1870, Gladstone dit ses craintes dans une lettre au comte Granville, son ministre des Affaires étrangères depuis six mois, et son diagnostic est inquiétant. Certes, dans le présent, la monarchie ne lui semble pas immédiatement en danger, son « fonds de commerce » est important, « il a été grandement augmenté par une bonne gestion au début et dans le milieu du règne actuel ».

> Mais le capital diminue, et je ne vois pas d'où viendrait son renflouement compte tenu de la marche des choses. Pour parler avec une rude franchise, et de manière générale, la reine est invisible et le prince de Galles n'est pas respecté. Avec la reine, si généreuse au-delà de toute nécessité dans sa bonté personnelle et privée envers sa parentèle,

c'est un objet de grande et croissante difficulté de lui faire assumer en quoi que ce soit ses devoirs cérémoniels publics qui, en temps ordinaire, iraient de soi. Cela constitue l'une de mes tâches les plus difficiles et les plus pénibles qui soient de ma responsabilité ; et je serais grandement soulagé s'il m'était possible de l'imputer à la maladresse avec laquelle je chercherais à m'en acquitter. La mauvaise volonté de la reine augmente et augmentera avec l'âge [...]. Cependant que nous vivons une époque où l'influence personnelle de la Souveraine figure parmi les principaux piliers de la Couronne.

Et, relevant le goût excessif du prince de Galles pour les plaisirs et ce qu'il estime être un caractère peu fait pour placer au premier rang son devoir et « gagner ainsi honneur et considération », le Premier ministre conclut avec tristesse : « la perspective, pour les dix, vingt, trente, quarante années à venir, inspire la plus vive mélancolie ».

Il est vrai que le comportement de Victoria à l'égard de son fils n'avait pas facilité la vie d'Albert-Édouard : après lui avoir laissé conduire le deuil, elle croit de son devoir de se conduire avec lui de la même manière tatillonne qu'Albert, « elle s'emploie à contrôler son fils, à lui tenir la bride courte, voire à le marginaliser[26] » ; au lieu de s'appuyer sur lui, elle tend à le dédaigner et, se remémorant les colères du père devant les mauvais résultats scolaires du prince, lui attribue avec beaucoup d'injustice une part des tensions nerveuses et des dépressions dont Albert avait souffert !

Quoi qu'il en soit, le jugement de Gladstone, indiscutable partisan de la monarchie, explique que, sans manifester de hâte excessive, un militant républicain, en l'occurrence Frédéric Harrison, puisse, dans la *Fortnightly Review* de 1872[27], professer l'avènement inéluctable du régime de ses rêves. Il décrit d'abord ce qui, selon lui, constitue le fondement du régime monarchique :

La monarchie, bien que politiquement sans objet, est en fait associée à chaque partie de la société anglaise. [...] Aux yeux des classes dominantes, elle signifie leur droit de gouverner. Il s'agit davantage qu'un simple signe : c'est leur consécration, l'huile sainte dont ils sont oints [...]. Les ordres dominants de l'Angleterre ne pourraient pas plus régir la plèbe en l'absence des rites mystiques de la monarchie que l'aristocratie romaine sans les augures et leurs poulets sacrés.

Pour les riches, la monarchie symbolise le respect de la richesse, du luxe et d'une classe oisive [...].

Aux yeux de l'ensemble des classes moyennes, en un mot, du capitaliste jusqu'au plus humble des commerçants, la monarchie représente présentement la prospérité dans la mesure où elle est la représentation de l'ordre existant des choses.

Après ces préliminaires, toute sa démonstration consiste à souligner combien le *statu quo* est devenu obsolète quand la société est aussi mouvante et l'intérêt général aussi visiblement défendu par d'autres forces. Et, dans un paragraphe qui n'est certes pas innocent, il en vient à relever l'absence présente de la titulaire de la Couronne :

En arrivant au *tableau vivant* [sic] que les sentimentaux se plaisent à appeler notre monarchie anglaise, nous pouvons avec décence soulever notre chapeau quand elle croise notre chemin, de la même façon que les Voltairiens saluent une procession. Nous devons tous admettre qu'elle nous donne rarement ce trouble [...].

Il fut des temps, et il y a encore des États, où la loyauté envers un roi a le pouvoir d'ennoblir et de renforcer l'ensemble de la machinerie gouvernementale. Mais cela ne peut se produire que dans les époques, où les nations, où le corps gouvernant est couronné par une tête vivante et consciente. Là où, au lieu d'une tête consciente, il n'existe qu'une figure symbolique, c'est impossible.

Et il en vient à sa conclusion, en partie inspirée par ses comparaisons antérieures avec la Présidence américaine :

> La réalité ennoblissante de la loyauté envers la nation se heurte à tout moment à la fiction désuète de la loyauté envers une famille – la loyauté envers un spectacle pompeux –, la loyauté à l'égard d'une sinécure. La puissance sociale qui devrait revêtir tout office est obscurcie tant que la plus haute est l'apanage nominal d'une Maison aristocratique. C'est seulement dans une République que la véritable loyauté est possible ou que la véritable monarchie existe.

Bien d'autres républicains profitent de la conjoncture pour tenter de faire avancer leurs vues. Charles Bradlaugh, l'un des leurs, militant aussi de la libre-pensée et du droit à l'athéisme, adversaire des privilèges de l'Église établie et des droits et richesses des aristocrates, y insistera dans un texte réédité à plusieurs reprises à partir de 1876[28] :

> Depuis bien des années, Sa Majesté prend peu de part dans les manifestations cérémonielles de l'État. Le Parlement est habituellement ouvert et clos par commission – une robe sur un trône vide et un discours lu par son représentant à la satisfaction des loyaux sujets de la Souveraine. C'est pourtant un fait que dans la réalité des affaires de l'État, ses interventions, très particulièrement lorsque les intérêts de ses parents prusso-germaniques étaient en jeu, ont été des plus pernicieuses. Dans le cas du Danemark attaqué par la Prusse et l'Autriche et dans celui de la guerre franco-prussienne, les influences de la Cour d'Angleterre ont de la manière la plus indécente affecté nos rapports avec l'étranger.
> Sa Majesté est à présent énormément riche et, comme elle ressemble à sa royale grand-mère, sa fortune s'accroît tous les jours. Elle est aussi généreuse et, tout dernièrement, elle a fait cadeau d'à peu près une demi-journée de revenu aux pauvres affamés de l'Inde. Quelques mois aupa-

ravant, des milliers de livres ont été gâchés pour la proclamer officiellement impératrice.

En 1872, Benjamin Disraeli, à la tête de l'opposition conservatrice, était loin de se résigner. Il en est alors à définir le nouveau programme de son parti, et, dans son discours de Manchester du 3 avril, il dénonce le « drapeau républicain qui se déploie » et rappelle que, deux siècles plus tôt, après l'aventure révolutionnaire, « nos sages ancêtres ont placé le levier du pouvoir suprême en dehors de la sphère des passions humaines ». Toute la prospérité et la puissance du royaume seraient, selon lui, issues de l'absence, depuis ces deux siècles, de toute aventure révolutionnaire, et le corps social devrait ainsi tout à l'ordre monarchique. Et, prenant la défense d'un système où, visiblement, l'exercice du pouvoir revient pour l'essentiel aux ministres, il rappelle les faits :

> Les principes de la Constitution britannique n'englobent pas l'absence de l'influence personnelle de la part du Souverain. [...] Dès les premiers instants de son accession au trône, le souverain est placé en constante communication avec les plus capables des hommes d'État de son temps, de tous les partis. [...] Information et expérience [...] sont d'un poids irrésistible dans la vie. [...] Plus longue est la durée d'un règne, plus grande, en proportion, devra devenir l'influence du Souverain.

Et, reprenant bien des arguments antérieurs sur l'exemplarité de la famille royale, il affirme qu'en Angleterre où « le foyer est révéré et sacré », la famille royale exerce une « influence salutaire sur la nation », qu'elle « touche le cœur autant que l'intelligence des citoyens » et que dans les époques de difficulté pour le pays, « la nation se rallie autour de la famille et du trône dans un esprit stimulé et soutenu par l'expression de l'affection générale ». En 1872, à Manchester, puis dans le Palais de Cristal de Londres, il affirme sa confiance dans la sagesse des ouvriers : « Ils sont Anglais dans leur chair. Ils répudient les principes cosmopolites. Ils adhèrent aux principes nationaux. Ils sont en faveur de la conservation de la grandeur du Royaume et de l'Empire, et ils sont fiers d'être les sujets de notre Souveraine et des citoyens d'un tel Empire ! »

Et pourtant, Disraeli, dont l'argumentaire est si proche de celui de l'auteur de *The English Constitution*, aurait pu méditer les remarques de Walter Bagehot l'année précédente[29].

> Le moment semble peu favorable pour pousser un cri formidable quant à la prérogative royale et à la sainteté du trône. Pour des raisons qu'il n'est pas difficile de définir, la reine a causé presque autant de mal à la popularité de la monarchie en se tenant si longtemps éloignée de la vie publique que le plus indigne de ses prédécesseurs par sa vie débauchée et sa frivolité. [...] Il ne fait pas de doute que les noms constituent de grandes puissances dans notre monde, qu'ils recèlent des trésors pour l'imagination, et que le nom de royauté conserve encore une prise imaginative merveilleuse au moins sur la partie de la population qui vit dans les campagnes. Mais même si nous ne sous-estimons pas, et regretterions vivement de le faire, la force de cohésion que l'influence de la Couronne exerce sur le peuple britannique, nous ne pouvons pas un instant penser que, sauf attaque visible contre elle, elle pourrait intervenir opportunément et propager un frisson de sentiments de loyauté en prenant la défense des privilèges de la Chambre des lords, que M. Disraeli entend associer à la sainteté de la prérogative. [...] La Reine a peu été vue en public, et c'est l'« essence des aspects-spectacles de la Constitution » d'acquérir importance et popularité en étant montrée. Non seulement la Reine a été absente de la vie publique, mais, bien plus, elle n'a pas même maintenu par délégation l'idée populaire de la splendeur et de l'importance du trône. Elle a permis que des hôtes de la Couronne aillent à l'hôtel au lieu de leur offrir ses palais. En fait, elle a trop vécu en personne

intelligente et parcimonieuse, fatiguée des grandeurs de la vie. [...] Par ailleurs, une fraction considérable du peuple commence à grommeler contre l'attribution à tant de personnes royales de hauts revenus sans contrepartie de travail. Chaque proposition nouvelle d'accorder un douaire ou une pension a renforcé la protestation [et Bagehot de citer le cas du prince Arthur]. [...] L'impression grandit que la nation paye une pompe dont elle ne voit pas la manifestation et dont on vient à penser qu'on pourrait fort bien s'en passer. [...] La Reine prouve, dans un bon sens mal à propos, qu'elle n'a pas une estime majeure pour l'importance de la pompe [...] et son peuple la rejoint dans la pratique en multipliant les critiques contre son coût.

Les conclusions de Bagehot sonnent comme un avertissement :

> La prérogative de la Couronne est devenue à peine davantage que le droit divin des rois. On comprend la formule, mais, politiquement, on ne la respecte plus. [...] Tenter de s'en servir comme d'un mot d'ordre populaire reviendrait à battre un cheval mort. [...] Les grandes villes s'interrogent avec amertume sur les moyens dont dispose la mère du prince Arthur et le renvoient à elle pour lui assurer une pension [et s'inquiètent], que le Prince et la Princesse de Prusse résident à l'ambassade au lieu d'être reçus à Buckingham Palace. [...] La monarchie est encore forte, mais elle ne dispose plus d'aucun capital de réserve pour obtenir la grâce populaire qui l'autoriserait à agir. [...] Le peuple serait très capable de répondre que le seul usage approprié de la prérogative royale est celui, pour lui rendre justice, que la Reine adopte en fait – la mettre entièrement à la disposition du Cabinet.

Le débat, pour l'historien, n'est plus qu'anecdotique, mais le trouble a certes été alors profond. Le texte de Bagehot, qui oppose villes et campagnes, tend à démontrer que la partie la plus active de la population, la plus novatrice, a été la plus troublée. Et son auteur est d'autant plus crédible qu'il ne partage pas les préventions de nombre de ses concitoyens à l'égard de dépenses somptuaires : le 10 octobre 1874, consacrant un article de l'*Economist* au « revenu du prince de Galles », il n'hésite pas à affirmer que « haut rang et pouvoir devraient être splendides » et que « manifestement, il manque quelque chose aux fonds alloués au prince de Galles, et ce qui manque devrait être compensé par les ressources publiques [...]. C'est pour le bien de la nation que le nom et la tradition du pouvoir royal devraient survivre à la réalité ».

L'Empire à la rescousse

C'est peut-être dans l'espoir de rehausser le prestige de la Couronne que Disraeli, redevenu Premier ministre en 1874, réagit en ajoutant un titre prestigieux à l'ensemble de ceux dont jouit déjà la souveraine. En 1876, il parachève la modification du statut de l'Inde ; en dépit des craintes et des railleries de ceux qui voyaient Victoria se muer en « despote oriental », il fait adopter par le Parlement le 1er mai, avec le *Royal Titles Bill*, l'attribution à la reine du titre d'impératrice de l'Inde (*Kaiser-i-Hino*) et celle-ci, proclamée devant les princes lors d'un magnifique durbar, le 1er janvier 1877, succède ainsi aux Grands Mogols et prend position de « seigneur suprême » d'une hiérarchie quasi féodale, dont les grands vassaux seraient les maharadjahs et radjahs. La Couronne britannique devenait la garante d'une union durable entre l'Angleterre et le subcontinent.

Le cadeau de Disraeli à sa souveraine était magnifique, le nouveau joyau prestigieux. Pour le Royaume-Uni, il devenait un gage de la sécurité de l'Empire. Surtout, il ne pouvait que satisfaire pleinement Victoria qui avait depuis longtemps rêvé d'un tel aboutissement. En décembre 1875, Salisbury, alors secrétaire d'État à l'Inde, découvre avec stupeur que le Premier ministre avait fait sien un projet qu'il ne comprend pas[30] : « Ne pourrait-elle pas se satisfaire du fait qu'elle est déjà appelée impératrice dans certains documents officiels de l'Inde ? » En fait, Victoria est si désireuse de recevoir satisfaction qu'elle décide d'ouvrir en personne la session du Parlement de 1876 et ainsi, en satisfaisant Disraeli, le forcer à ne pas tergiverser. Et le Premier ministre s'exécute au prix, un instant politiquement lourd, d'une grave crise de confiance entre lui et nombre de députés des Communes, y compris de certains membres de son propre parti. Une caricature signée de Swain représente, immédiatement après le vote de la loi, Disraeli en colporteur oriental enturbanné, séduisant une Victoria sévèrement vêtue de noir et à l'allure modeste, sa couronne royale anglaise entre les mains : elle va l'échanger contre une sorte de tiare impériale que, la main gauche levée pour la montrer, le rusé marchand lui tend avec un sourire mielleux.

Dans son numéro du 1er janvier 1877, le *Times* commente l'événement.

> Plus d'une fois aujourd'hui l'Angleterre tournera les yeux vers cet Orient extrême auquel son destin a été si mystérieusement associé. À un bout d'un Continent, elle voit un Empire qui se débat dans les derniers spasmes peut-être de son agonie ; près de l'autre bout, elle contemple la mise en place d'un nouvel Empire, et qui lui appartient [...].
> [L'Empire des Mogols] a été déchiqueté morceau par morceau, et les Puissants, ou plutôt les représentants nominaux des vieilles Puissances, qui se pressent aujourd'hui dans les plaines de Delhi pour faire hommage à l'Empire britannique des Indes sont les fragments de cet Empire Mogol qui, environ il y a un siècle, a cessé de vivre autre chose qu'une existence nominale. Les titres mêmes qui s'imposent à notre imagination n'ont d'autre sens que diverses espèces de services personnels au Grand Mogol,

dont le trône a été fondé moins d'un siècle avant l'apparition des Anglais en Inde. [...] Les personnages magnifiques que nos dépêches matinales en provenance de Delhi disent avoir planté leurs tentes autour de celle du Vice-Roi britannique, qui lui font visite et le reçoivent tour à tour, et sont prêts à accepter l'Impératrice Victoria en tant qu'occupante légitime du trône écroulé du grand Mogol, n'ont pas de minces droits à notre considération. Ils représentent en vérité bien des millions d'hommes et de vastes et fertiles contrées. Leur dignité la plus authentique est celle qu'ils doivent à la Grande-Bretagne qui l'a reconnue. Il ne convient pas de pousser à l'excès les investigations dans l'histoire de leurs dynasties et de leurs royaumes. [...] Ils symbolisent l'impossibilité démontrée que l'Inde s'unifie elle-même, par son développement propre ou par l'entremise de quelque agent asiatique. [...]

C'est un sixième de la race humaine, selon les calculs, que notre correspondant auprès de l'Assemblée impériale doit englober dans la masse représentée par ceux groupés aujourd'hui sous le drapeau de l'Impératrice Victoria. Ces hommes vont l'entendre proclamée sous son nouveau titre, et ils vont se voir faits ses hommes liges. La Providence, nous sommes fiers de l'affirmer, a remis [les habitants de l'Inde] à nos bons soins. Ils sont devenus nos enfants. Comment les nourrirons-nous, eux si nombreux? Comment ferons-nous pour doubler, voire tripler la productivité de la péninsule, qui, entre les mers et des montagnes infranchissables, est à peine moins insulaire que notre propre pays? Comment allons-nous les sauver de la pire des famines – des superstitions qui les asservissent et les dégradent? Voilà les questions qui seront posées aujourd'hui et qui attendent depuis longtemps une réponse.

Dans ce texte où l'emphase et l'orgueil du colonisateur le disputent à un esprit critique évident et au doute, on n'aura aucun mal à reconnaître les sentiments ambigus qui furent alors ceux de la majorité des Britanniques. L'honneur fait à Victoria paraît enflammer l'éditorialiste, et le sens d'une destinée manifeste l'emporter sur les craintes et la peur du fardeau.

On méditera du coup les réflexions que la possession d'un tel Empire inspirera quelques années plus tard à l'un des chantres de l'impérialisme britannique, J.R. Seeley, dans ses cours de Cambridge, publiés en 1884 sous le titre de *The Expansion of England* :

> Nous avons fondé notre Empire [indien] peut-être en partie par l'effet d'un vain appétit de conquête, en partie par celui d'une volonté philanthropique de mettre un terme à d'énormes maux. [...] Nous avons à présent développé un grand commerce avec l'Inde, mais [...] cela nous le payons d'une menace constante de conflit avec la Russie, de mouvements dans le monde musulman et de changements en Égypte. [...] [Nos colonies] se sont développées naturellement grâce à des efforts parfaitement identifiables ; [l'Empire indien] paraît avoir surgi d'une aventure romantique [...].
>
> Bien qu'on puisse l'appeler un Empire oriental, cela est bien moins dangereux pour nous que cette dénomination ne paraît l'impliquer. Ce n'est pas un Empire attaché à l'Angleterre de la même manière que l'Empire romain était lié à Rome ; il ne nous tirera pas vers le bas, ni ne nous infectera chez nous de notions ou de méthodes orientales de gouvernement. Ce n'est pas un Empire qui nous coûte de l'argent ou affaiblit nos finances. Il pourvoit à ses besoins propres et est tenu à distance de telle manière que notre destinée ne soit pas étroitement associée au sien [...].
>
> Qu'a gagné l'Inde ? [...] J'affirme avec confiance que jamais expérience de telle envergure n'a été tentée dans le monde. [...] Sans aucun doute, de vastes bénéfices seront retirés par l'Inde, même si cela ne signifie pas nécessairement qu'elle n'aura pas à souffrir grands dégâts. Si vous vous demandez de quel côté penchera la balance et si, en réussissant à entraîner l'Inde dans le courant de la civilisation européenne nous ne lui rendrons pas le plus grand des services, je me contenterai de répondre : « C'est ce que j'espère ; c'est ce en quoi je crois. » [...] Notre civilisation

occidentale n'est peut-être pas la chose glorieuse que nous nous plaisons à imaginer. Les observateurs les plus impartiaux de l'Inde, devant les grandes transformations en cours, ressentent parfois une impression pénible [...] ils contemplent de grandes destructions, un mélange de bon et de mauvais. [...] Mais ils voient aussi un énorme progrès [...], ils constatent que l'anarchie et le pillage sont éliminés, et que quelque chose comme l'*immensa majestas Romanae pacis* s'établit parmi deux cent cinquante millions d'êtres humains [...].

L'Angleterre et l'Inde sont chaque année, pour leur bonheur ou leur malheur, de plus en plus étroitement tirées l'une vers l'autre [...]. Les transformations que nous accomplissons peuvent causer des désagréments, mais, bien qu'il ne soit pas inconcevable de souhaiter que cela n'ait jamais commencé, rien ne nous convaincra jamais que tout doive être rompu au milieu du gué.

L'exaltation de l'historien permet de mieux comprendre combien l'imaginaire insulaire a été affecté par la dévolution d'un nouveau titre à la reine du Royaume-Uni. En ce sens, la stratégie monarchique de Disraeli apparaît aussi remarquable que réel son goût pour l'exotisme et l'aventure orientale. Serait-ce suffisant pour redresser la situation dans un temps d'âpres luttes partisanes et électorales ? Victoria est, en effet, en bien des occasions, fort maladroite.

Les maladresses de la Couronne

Longtemps, Victoria intervient peu publiquement et elle ne le fait pas toujours à bon escient. Nous avions mentionné plus haut les critiques que lui avaient valu ses sympathies progermaniques dans le conflit du Schleswig-Holstein de 1863-1864. Mais parfois, et c'est pire, elle fait preuve d'une étonnante insensibilité en portant son énergie sur des détails.

Le meilleur exemple semble être son action religieuse. Au moment même où on aurait pu attendre du gouverneur suprême de l'Église d'Angleterre un appui aux efforts de celle-ci pour adopter, envers les problèmes de société, une attitude plus compréhensive, elle intervient en effet dans la vie ecclésiastique dans un esprit des plus étroits et, figée dans son rôle de « défenseur de la foi », outre des interventions traditionnelles pour la nomination de « bons » évêques, elle s'enflamme en faveur d'une querelle ritualiste bien désuète[31].

Sur le premier point, sa controverse avec Palmerston, de peu antérieure à l'année du deuil, avait déjà été vigoureuse en décembre 1860. Le Premier ministre avait reçu une lettre datée du 1er décembre dans laquelle Victoria le mettait en garde contre le refus de prendre surtout en considération les hauts mérites intellectuels de nouveaux prélats. Il lui répond le lendemain avec un grand luxe d'arguments. « Les évêques sont dans l'Église ce que sont les généraux dans l'armée ; leur principale tâche est de surveiller le clergé de leur diocèse en prenant garde que les curés accomplissent leurs devoirs paroissiaux de manière appropriée. [...] Ils ont aussi à adoucir les aspérités dans les contacts entre l'Église établie et les dissidents. [...] Un évêque devrait avoir une connaissance pratique des fonctions paroissiales et ne devrait pas être d'un tempérament teinté d'esprit de supériorité et d'intolérance. [...] Le moins il s'engagera dans les disputes théologiques, le mieux ce sera. » Et Palmerston de dénoncer les excès de langage de certains évêques prêts à jeter la société civile dans la tourmente, « à exaspérer les dissidents ». Et défendant les nominations dont il a été responsable, il ne craint pas d'ajouter que, « combattues par la Haute Église, les puseyistes et les demi-catholiques, [ses évêques] ont donné grande satisfaction à la nation dans son ensemble. [...] Les gens de ce pays sont essentiellement des protestants, ils ressentent l'aversion la plus déterminée envers le catholicisme. [...] Le vicomte Palmerston croit que le clergé de l'Église établie n'a jamais été plus exemplaire dans l'exécution de ses devoirs, plus respecté par les laïcs et, en général, en meilleurs termes avec les non-conformistes qu'à l'heure présente ».

En évoquant les puseyistes et les « demi-catholiques », Palmerston savait atténuer la rudesse du message, tant Victoria était hostile à ces « crypto-romains ». Ce que démontre bien sa passion ritualiste au cours de la décennie suivante.

La querelle ritualiste est aussi la seule qui ait retenu l'attention d'un Parlement à l'époque victorienne. Elle intervient dans une conjoncture marquée par le grand réveil du catholicisme romain et par l'immense influence du mouvement d'Oxford. La masse des « tractariens », demeurée fidèle à l'Église officielle, évolue, après la conversion de Newman, vers le « ritualisme », c'est-à-dire la restauration de multiples aspects « catholiques » du culte, de l'usage de l'encens à la place réservée à l'autel et à ses ornements, de la multiplication des signes de croix et génuflexions à la réhabilitation de la confession auriculaire; les inquiets, devant cette évolution, sont nombreux, de l'archevêque de Cantorbéry Tait aux militants de la Church Association et, surtout, à la reine Victoria elle-même. Le politique se mêle au religieux : Gladstone, pourtant très proche de l'épiscopat, prône la tolérance envers les innovations rituelles, quand Disraeli, soucieux de l'unité d'un corps qu'il veut un pilier de l'ordre social, penche vers la rigueur et ne serait pas fâché, au passage, de déconsidérer son grand rival; mais « Dizzi » doit compter aussi avec les sympathies ritualistes d'un certain nombre de ses propres amis, dont lord Salisbury. La querelle va jusqu'à menacer l'unité du pays anglican : dans le Lancashire, l'évêque James Fraser, quelque peu enragé par la multiplication de catholiques dans son diocèse de Manchester (ils y sont alors déjà quelque deux cent mille), est partisan d'une rigueur extrême quand ses collègues peuvent paraître parfois plus conciliants. Le paramètre social n'est pas négligeable : nombre de ritualistes se recrutent, en effet, dans les bourgeoisies moyennes et supérieures, parmi des personnes éduquées, issues parfois du Trinity College de Cambridge, qui a pris le relais théologique d'Oxford, et ils constituent localement des groupes de pression qu'aucun évêque ou homme politique ne sauraient ignorer.

En 1874, le Parlement finit par voter le *Public Worship Act* et y définit les poursuites judiciaires à engager contre les ecclésiastiques novateurs : cinq membres du clergé seront l'objet de poursuites et de peines de prison, en partie pour avoir contrevenu aux injonctions de leurs évêques, mais aussi pour avoir refusé de comparaître sur ces chefs d'inculpation devant un tribunal laïc. Ces procès paraissent à ce point déplacés en une ère de liberté et de progrès que la loi tombera dans le discrédit et en désuétude dès la décennie suivante ; d'autant plus que ses retombées électorales ont paru douteuses, les conservateurs perdant des soutiens dans des milieux devenus quelque peu anticléricaux, les libéraux n'en bénéficiant pas toujours !

Victoria aura tenu un rôle douteux dans le processus de condamnation du ritualisme. Elle semble avoir été obsédée par le danger représenté par Rome au point d'avoir rêvé d'une grande union de toutes les forces protestantes dans une « grande phalange dont les membres, oublieux des petites différences de forme, se transformeraient en défenseurs de la grande cause du protestantisme ». Dans sa correspondance de l'époque avec l'empereur allemand, elle va jusqu'à faire état d'une grande alliance naturelle entre ses sujets protestants et le peuple germanique. Elle a poussé l'archevêque Tait à agir et, dans une lettre du 15 janvier 1874, elle insiste en affirmant que « quelque chose devait être fait » et que les évêques devaient recevoir les moyens, avec le soutien des laïcs, de prendre des mesures rigoureuses contre les « tendances romanisantes ».

Elle trouve d'ailleurs en Tait un interlocuteur très favorable et qui, de surcroît, après la mort accidentelle en 1873 de l'évêque d'Oxford Samuel Wilberforce, n'avait plus de rival à sa mesure dans son Église : l'épiscopat, pour l'essentiel, avait été renouvelé par un Palmerston très attentif à l'orthodoxie protestante des impétrants, et Tait usa fréquemment des encouragements personnels de la reine pour pousser à la roue. Victoria agit aussi par l'envoi de lettres, voire de télégrammes, à Disraeli, et, en juillet 1874, au moment du débat décisif aux Communes, elle le presse de démontrer qu'il « était bien sérieusement déterminé à faire voter le projet ». Après le vote, elle reçoit son Premier ministre à Osborne, « toute sourires et aussi excitée qu'un oiseau dans sa volière », et elle lui fait des compliments multiples sur son courage, y compris physique lors des débats, puisqu'il souffrait d'un accès de goutte. Dans son enthousiasme, elle alla jusqu'à confier au doyen de Windsor que, si les Communes avaient rejeté le projet, elle aurait abdiqué ! Comportements et propos étranges sur une question que ses sujets auraient, dans leur majorité, estimé bien superficielle...

Victoria avait rarement fait preuve d'autant de combativité. On soulignera que la séparation de l'Église et de l'État en Irlande (ou *Disestablishment*), promulguée le 26 juillet 1869, avait été mieux acceptée et comprise, au nom sans doute d'un réalisme qui avait également convaincu le Premier ministre Gladstone. Celui-ci avait procédé avec habileté, obtenant l'appui de l'archevêque de Cantorbéry, Tait, lui-même. La reine, de son côté, avait fait connaître combien serait inopportune une crise ouverte entre les Communes, favorables au « *Disestablishment* », et la Chambre des lords qui se risqueraient à mettre en question un vote majoritaire de la Chambre basse.

D'autres démarches ont également été, heureusement pour la Couronne, davantage en phase avec l'évolution des forces politiques et certains mouvements de l'opinion.

La marche à la démocratie

Car il est bien vrai que, fâcheusement pour la Couronne, les principes du système politique britannique sont en train de changer rapidement.

En 1867, Disraeli a effectué son « saut dans le noir ». Il est persuadé que le changement est dans l'ordre des choses et que son parti doit épouser son temps. Il propose une réforme qui conférerait, pour la première fois dans l'histoire, le droit de voter et d'être élu à des non-propriétaires : c'était, dans l'ordre du politique, choisir une voie aussi révolutionnaire que celle de Robert Peel en 1846 dans le domaine économique ; mais la manœuvre fut assez habile pour ne pas provoquer cette fois la scission des tories, d'autant qu'elle révèle de profondes dissensions parmi les libéraux, et les embarrasse tous : la *Schadenfreude* ne fut pas le lot du seul « Dizzi » ! Ce dernier n'en est que plus à l'aise pour replacer sa proposition dans le droit fil de toute une action et une pensée passées ; il justifie ainsi son ralliement à quelques amendements venus de la gauche radicale, dont le plus important aboutit à ne pas exiger des locataires-électeurs qu'ils aient personnellement acquitté les impôts locaux (ou *rates*) sans passer par le propriétaire. Dans la course à la réforme, il n'est pas toujours possible de freiner, et le Premier ministre doit se résigner à avaler quelques couleuvres, dont une redistribution des sièges, aux dépens de son parti, au bénéfice des villes : sa soumission au vœu de la majorité sera payée de retour par l'électorat en 1874. La rage des traditionalistes, dont l'historien et philosophe Carlyle, ne fut d'aucun effet : à long terme, le pari disraélien apparut gagnant, puisqu'il obligea son parti à tenir compte de l'avènement d'une partie des masses et du coup à moderniser son programme ; il fut gagnant aussi parce que les masses n'étaient pas révolutionnaires et que leur esprit de déférence sauva la mise représentative des élites[32].

Complétée par la suite, en particulier en 1872, lorsque le Cabinet libéral de Gladstone fait adopter, au grand dam des tenants de la thèse du « citoyen [ouvertement] responsable », la règle du scrutin secret, la démocratisation est en marche. Le doublement du nombre des électeurs a contraint les partis à définir leurs programmes, mais aussi à se doter d'une machine électorale efficace et, en ce sens, les années 1870 sont bien le moment de la naissance du système partisan moderne. Pour conquérir l'électorat populaire, libéraux et conservateurs rivalisent alors de lois sociales avancées ; les conservateurs disraéliens sont assurés qu'elles constituent la nécessaire condition de la grande union rêvée des élites et de la masse, du peuple et de la Couronne, d'une véritable refondation de l'ordre monarchique.

Le mouvement est irrésistible. Lord Acton, lui-même libéral, dans une lettre du 24 avril 1881 à Mary Gladstone[33] le disait fort bien :

> Quant à la démocratie, il est vrai que des masses de nouveaux électeurs sont absolument ignorants, qu'ils sont aisément trompés par l'appel aux préjugés et à la passion, et qu'ils sont donc instables. [...] La difficulté de leur expliquer les questions économiques et de lier leur intérêt à l'intérêt de l'État, peut devenir un danger pour le crédit public, sinon pour la sécurité de la propriété privée [...].

Nous sommes contraints, en toute équité, de partager le gouvernement avec la classe laborieuse. [...] Le vieux dogme que le pouvoir appartient à la propriété s'est effondré. La justice a exigé que la propriété, sans abdiquer, partage sa suprématie politique.

Nos opposants diront que les classes ignorantes ne peuvent pas comprendre les affaires de l'État et sont sûres d'errer. Mais, chose étonnante, les nations les plus prospères du monde sont toutes gouvernées par les masses – la France et l'Amérique. [...] Le fait est que l'éducation, l'intelligence, la richesse sont une sécurité contre certaines erreurs de conduite, non pas contre les erreurs politiques. [...] Imaginez un congrès de célébrités éminentes comme More, Bacon, Grotius, Pascal, Cromwell, Bossuet, Montesquieu, Jefferson, Napoléon, Pitt, etc. Le résultat en serait une Encyclopédie d'erreurs. Ils soutiendraient l'esclavage, le socialisme, la persécution, le droit divin, le despotisme militaire, le règne de la force, la supériorité de l'Exécutif sur le Législatif et le Judiciaire, la vénalité des charges, l'abolition du crédit [...].

Les classes supérieures avaient coutume de jouir d'une domination indivisible et l'utilisaient pour leur propre avantage [...] par des lois égoïstes et souvent inhumaines. Presque tout ce qui s'est fait pour le bien du peuple l'est depuis que les riches ont perdu le monopole du pouvoir.

Dans le début des années 1880, peut-être convertie par Disraeli, devenu comte de Beaconsfield en 1876, Victoria semble ne pas avoir contesté cette marche du temps. Bien plus, elle contribue à la mise sur pied d'une réforme encore plus considérable, celle de 1884-1885, qui constitue l'un des cas peu nombreux où aurait joué une influence sans doute importante de la Couronne[34].

Reprenant peut-être la stratégie disraélienne d'affaiblissement de l'adversaire, les conservateurs, alors dans l'opposition, ont fait adopter le 8 juillet 1884 à la Chambre des lords une résolution prévoyant l'extension du suffrage à deux millions de ruraux : sous la houlette de lord Salisbury, ils se faisaient les champions de la démocratie en accusant le cabinet Gladstone d'immobilisme et en se disant prêts à affronter le nouvel électorat ; la querelle s'envenime au cours de l'été, les radicaux demandant même la suppression ou la réforme de la Chambre haute. En fin de compte, un compromis intervient sur un projet de loi qui aboutirait à plus que doubler le nombre d'électeurs, mais qui serait complété par un autre texte sur une redistribution des sièges tolérable pour les tories.

Ce compromis, qui a été négocié par Gladstone avec Salisbury et Northcote, leader conservateur aux Communes, a été favorisé par la reine, que Gladstone, dans ses lettres, saluera comme une médiatrice qui aurait joué un rôle majeur. En fait, elle a multiplié les appels aux chefs tories, en particulier Salisbury, et elle a su gagner le plein soutien de deux aristocrates influents au sein de la droite, le duc de Richmond et lord Cairns, qui, l'un et l'autre comme la reine, résident souvent en Écosse et qu'elle convie à Balmoral. Elle leur représente, sans doute alertée par Gladstone, le risque suicidaire pour les Lords de soutenir une position extrême, étendre le droit de vote, mais refuser une nouvelle loi électorale. Et, à la fin octobre, c'est elle qui recommande aux chefs des partis opposés de se rencontrer et envoie des invitations simultanément à Gladstone, Salisbury et Northcote. Et le premier lui ayant fait part de sa réserve devant l'attitude encore négative de Salisbury, elle n'hésite pas, le 17 novembre, à envoyer un télégramme à Richmond et à Cairns pour les informer de l'esprit conciliant du Premier ministre et les adjurer de faire pression sur leur propre chef de file. Elle avait illustré, ce faisant, l'utilité possible de la monarchie dans des négociations de coulisse qu'elle seule pouvait faciliter sans encourir le moindre soupçon de parti pris.

Quoi qu'il en soit, cinq millions de citoyens sont désormais habilités à exercer leur droit électoral, ils représentent les cinq huitièmes des hommes majeurs, la loi excluant des résidents récents, les non-inscrits, les domestiques logés, les fils de famille vivant sous le toit de leurs parents, etc. Plus que jamais, on pénètre dans l'ère des masses, et seules les femmes sont une catégorie exclue par principe de toute participation à la vie électorale et parlementaire.

Les grands débats politiques sont évidemment affectés par l'intrusion de la masse dans le jeu des partis. Les radicaux, à la gauche du parti libéral, et derrière Joseph Chamberlain jusqu'à sa grande rupture de 1886, n'ont de cesse d'ouvrir la voie à des réformes sociales d'envergure, propres à retenir le peuple sur la pente du socialisme. Leur préoccupation est aussi celle des conservateurs de progrès, groupés sous la houlette de lord Randolph Churchill et de son « quatrième parti » : ils demandent, en fidèles du message disraélien, une attention plus forte aux exigences des malheureux, ils se veulent des « tories sociaux », tout en exaltant les possibilités offertes par l'Empire ; lord Randolph n'a-t-il pas été à l'origine de la « Ligue de la primevère » (du nom de la fleur favorite de Disraeli) qui, à partir de 1884, cherche à endoctriner et enrôler les masses dans les rangs des impérialistes ?

Surtout, la question irlandaise a pris une nouvelle dimension. Une fois son aspect religieux réglé en 1869, elle se résume à deux facettes majeures. L'une est politique, avec la reprise de l'agitation ancienne des *Repealers*, favorables à la rupture de l'Union de 1801, et qui, sous la houlette de Charles Parnell, en viennent à revendiquer un Home Rule, c'est-à-dire une souveraineté interne ; les années 1880 sont d'ailleurs celles où, effrayés par cette perspective, nombre de protestants, si nombreux dans le cours du siècle dans les rangs nationalistes, en viennent à s'y opposer, en partie parce que la démocratisation contribuerait à les noyer dans une énorme majorité catholique. La seconde est sociale, liée aux inquiétudes des fermiers menacés par le coût des baux et leur précarité, et c'est celle que les milieux libéraux regardent en Angleterre avec le plus de bonne volonté.

La reine ne peut pas, évidemment, sympathiser avec des sécessionnistes. Elle s'émeut surtout lorsque la contestation revêt un caractère tragique : c'est le cas en 1882 avec l'assassinat à Dublin de lord Frederick Charles Cavendish, tout juste arrivé dans l'île d'Érin pour y occuper l'importante fonction de secrétaire en chef du nouveau vice-roi, le comte Spencer. Très curieusement, c'est en réagissant à un article du *Times* que la souveraine, dans sa correspondance, dit son horreur.

Le journal, dans son éditorial du 8 mai, avait vu dans ce crime « sans exemple » un coup très dur porté à la politique libérale du gouvernement et une réponse outrageante au geste d'apaisement qu'avait été la libération de Parnell après six mois d'emprisonnement, sur l'initiative, « fatale » dira Victoria, de Gladstone. L'attentat s'était produit au cours d'une paisible promenade dans Phœnix Park, Cavendish et son compagnon Bruke « attaqués et mis à mort, avec une préméditation évidente et cruelle », écrit le journal, qui ajoute qu'ils « furent poignardés par une bande de quatre assassins », non encore identifiés. Le *Times* dénonçait cette « férocité des hors-la-loi irlandais », soulignait la difficulté de franchir le précipice entre « idées et faits », relevait que Parnell et ses amis s'étaient bien gardés « de se mettre en avant en condamnant inconditionnellement l'outrage », exhortait Gladstone de modifier sa politique de conciliation du tout au tout, seule manière pour le Cabinet d'obtenir « le pardon de ses désastreuses illusions et des horreurs que ses avancées ont poussé à réaliser ». Revenant le 12 février 1883 sur le sujet, le *Times* exposait les soupçons qui pesaient sur les hommes de l'ombre qui auraient fomenté le crime.

Et c'est à ce dernier article que la reine fait écho dans la lettre qu'elle adresse, le 21, à sa petite-fille Victoria de Hesse :

> Nous sommes ici complètement accaparés par les horribles révélations de Dublin et vous devriez vous faire lire leur récit dans le *Times* ou le *Standard*, peu importe ce qui se trouve à votre disposition, à commencer par le numéro du 12, et les accusations dans les journaux des 17 et 19 sont des plus stupéfiantes.
> Ils craignent que les fomenteurs soient d'un rang bien plus élevé que celui d'assassins ordinaires et que même des députés soient susceptibles d'être impliqués!!! C'est trop terrible!

La sensibilité de la souveraine à la violence terroriste n'a pu qu'être aiguisée, cette même année 1882 par la septième attentat perpétrée contre elle à Windsor, alors qu'elle marchait de son train vers sa voiture : un jeune homme, Roderick MacLean, tira sur elle d'une distance de quelques mètres, et, cette fois-ci, son pistolet était chargé et la souveraine dut peut-être la vie à la présence d'esprit d'un élève d'Eton qui frappa de son parapluie le bras du tireur avant le départ de la balle. Arrêté et jugé sous le chef de « haute trahison », MacLean fut reconnu irresponsable et enfermé dans un asile. Verdict que Victoria ne comprit pas et qui valut à ses conseillers juridiques, soucieux de lui représenter les dispositions de la loi, de longues discussions sur ce qu'était une « culpabilité avec intention de tuer ».

Tenu par sa conscience et son réalisme devant les nouveaux rapports de force politiques, Gladstone ne veut pas se laisser détourner de la voie qu'il juge nécessaire par des actes de terreur isolés. Il choisit donc, en 1886, de tenter, au nom de la justice et de l'histoire, et pour sauvegarder l'avenir, de faire voter aux Communes un projet de Home Rule. Son échec sera en partie lié à la désertion des partisans de l'Union dans son aile radicale, derrière Joseph Chamberlain, et de son aile droite whig, loyaliste ; il était certainement espéré par la souveraine. Nous y reviendrons.

Les réveils et le sens des réalités

Ces débats, les polémiques, les tourmentes d'un pays en crise semblent bien avoir réveillé les ardeurs de la reine. Elle témoigne plus qu'auparavant d'une volonté singulière de voyager : elle est allée en Suisse pour la première fois en 1868, elle visite l'Italie en 1879, le midi de la France en 1882, elle se rendra en Espagne en 1889, chaque fois incognito (« comtesse de Kent » en Suisse, « comtesse de Balmoral » en Italie), mais c'est un incognito qui ne résiste jamais longtemps à la curiosité générale... et à un train de vie somptueux. Elle revit dans ces contrées enfin découvertes, y peint, à la recherche de paysages majestueux, en particulier lorsqu'elle traverse les Alpes.

Sur bien des sujets, elle multiplie les interventions et les avis dans l'espoir que ses ministres en tiendront le plus grand compte. Elle le fait d'autant plus que ses opinions sont souvent davantage en conformité avec les inclinations de l'opinion qu'avec la politique de son cabinet. En particulier, Gladstone, entre 1880 et 1885, lui apparaît comme un fort médiocre successeur de son cher Disraeli, mort en 1881 :

> Je ne pouvais accorder ma confiance à M. Gladstone. Sa violence et son amertume ont été telles, la manière dont il avait, dans des temps de grande complexité, rendu ma tâche et celle du gouvernement si difficiles, et les alarmes suscitées à l'étranger au prononcé de son nom étaient si grandes qu'il m'était impossible de me fier complètement à lui, s'il était appelé à former le Cabinet[35].

Et ce fut d'autant plus ce qui se passa que l'ombrageux Gladstone ne permit aucune réelle autonomie à son secrétaire aux Affaires étrangères Granville, et que Victoria, sa correspondance l'atteste amplement, demeurait fidèle aux vues diplomatiques de Disraeli.

Plusieurs développements confirment cette irréparable différence de points de vue. Quand Gladstone ne s'engage qu'avec répugnance dans une action armée en Égypte, Victoria, au contraire, manifeste son enthousiasme et y voit la continuation d'une politique pour le contrôle de la vallée du Nil et des approches de Suez. Et elle encourage Granville, en septembre 1881, à refuser une évacuation prématurée du corps expéditionnaire britannique[36] :

> Je crois qu'il faut être très prudent en invoquant un retrait proche de nos troupes. Nous ne devons nous lier par rien. Nous n'avons pas combattu et versé un sang précieux, et n'avons pas engagé de grandes dépenses pour rien. À défaut d'une annexion, nous devons obtenir pour l'avenir une mainmise et un pouvoir assurés en Égypte. Une force nombreuse devra être laissée sur place pendant un certain temps ; et d'autres troupes, sans aucun doute, indéfiniment. Si vous prenez des engagements précipités, vous serez gênés [...], on rira de nous et nous serons méprisés par toute l'Europe si nous ne gardons pas un ton décidé.

Cependant qu'à la même époque, Gladstone presse le même Granville « de mettre fin à l'occupation étrangère le plus tôt possible » ! Ce qui conduit, en 1883, à des plans de réduction progressive, avec un premier retrait de trois mille hommes. À quoi, sur le conseil de Baring, tout juste arrivé en Égypte en septembre, on doit renoncer... dans l'attente d'une réforme crédible du gouvernement du khédive. Et la défaite de forces égyptiennes en novembre face aux mahdistes du Soudan, et ce malgré un encadrement partiel par des officiers britanniques, sonne opportunément comme une confirmation de l'impossibilité d'abandonner la partie. L'année suivante, des négociations avec la France poussent le Royaume-Uni à promettre une évacuation dans les trois ans et demi... mais toujours sous la réserve d'une stabilisation crédible du régime égyptien. En attendant, on décide pourtant d'abandonner le Soudan. Et c'est ici qu'une fois de plus, Victoria intervient, lorsque le général Gordon, envoyé pour procéder à cette évacuation, se trouve assiégé dans Khartoum par les forces du Mahdi.

Gordon y soutient un siège héroïque dans l'espoir que Londres finira par ordonner une campagne d'envergure, mais il est trop longtemps déçu par les hésitations coléreuses de Gladstone. Le Cabinet se décide trop tard : Khartoum est emportée, le 26 février 1885, et Gordon est tué. La reine a partagé l'impatience de l'opinion et tenté vainement d'emporter la décision d'intervention. La nouvelle de la catastrophe la met littéralement en rage : elle expédie un télégramme vengeur, et public, à Gladstone, laisse publier sa lettre de condoléances à la fille du général dans laquelle elle formule de violentes attaques contre ses ministres « déloyaux » ; elle convoque le secrétaire à la Guerre, lord Hartington, et, selon les termes du ministre, lui inflige une cinglante et méprisante leçon.

Toutefois, elle a conscience que son rôle ne peut être qu'épisodique et discret. Elle le dira clairement dans sa lettre du 17 mai 1885 au même lord Hartington, où elle s'indigne du retrait des troupes britanniques du Soudan décidé par le Cabinet : « La reine s'exprime avec vigueur, mais elle ne peut pas démissionner si les choses vont mal, et son cœur saigne. »

Ce réalisme rachète bien des initiatives et interventions royales dont nous avions relevé la maladresse. Et il a été marqué en d'autres lieux géographiques. En 1885, indignée par les avancées russes en Afghanistan, elle envoie un câble énergique au tsar, tout en s'indignant, dans une lettre à Gladstone du 1er mars, « de l'indécision et du manque de fermeté du gouvernement, objet de bien des inquiétudes pour l'avenir ». En mai 1884, Bismarck exige, en vain d'ailleurs, des négociations rapides sur le sort de l'île d'Héligoland, qui lui paraît indispensable à la protection de l'Allemagne en Baltique et en mer du Nord et fait, à son avis, partie du territoire normalement germanique ; Victoria adopte d'abord une attitude des plus indignées, mais se laisse convaincre par Vicky, sa fille et l'épouse du prince-héritier allemand, de ne pas manifester trop hautement son indignation, tant les sentiments antibritanniques, dans la presse comme dans l'opinion allemandes, interdisent, selon elle, d'attiser le feu. Mais on la retrouvera aux avant-postes sur le problème, quand, en 1890, Salisbury, en qui elle a au contraire une si grande confiance, acceptera, après la démission de Bismarck, la suggestion allemande d'un arrangement global où des concessions en Afrique seraient le prix payé en échange de l'abandon d'Heligoland. Victoria aura alors l'occasion d'expliciter, dans une lettre au Premier ministre du 9 juin, ses réactions antérieures :

> Les habitants ont toujours été des plus loyaux, et c'est une honte de les remettre à un gouvernement despotique et sans scrupules comme le germanique sans les avoir consultés au préalable.

Et, curieusement, la reine se trouvera alors en phase avec les réactions des libéraux, y compris Gladstone qui ira jusqu'à parler d'une « infraction à la Prérogative Royale » !

Revenons aux années antérieures. Victoria a été moins bien inspirée quand, en 1881, après une défaite britannique à Majuba Hill face aux Boers, elle refuse d'adopter le point de vue de Gladstone et d'accorder la paix et la liberté au Transvaal et à l'État d'Orange. Son point de vue, exprimé à Gladstone le 6 mars, est typiquement « impérialiste » : « Je n'aime pas la paix avant que notre honneur eût été lavé. »

Le bilan de la politique étrangère de Gladstone qu'elle dressera, dans une lettre à Granville du 28 avril 1885, lors de la chute du Cabinet démontre à l'évidence que son impuissance de fait lui a fait juger durement les actions et inactions de ses ministres :

> M. Gladstone nous a aliénés tous les autres pays par sa politique si changeante et incertaine, sans d'ailleurs le vouloir sans doute.

Et le même Granville, si l'on en croit la missive qu'elle envoie à sir Henry Ponsonby le 7 février, partage probablement alors cette condamnation : ce serait « un homme du passé, faible et indolent et incapable de travailler dur ».
La dent de la reine pouvait être particulièrement dure !

Le touche-à-tout sentimental

Et puis, il est d'autres interventions, si touchantes, qu'elles ne peuvent que remuer les âmes sensibles et les persuader que la souveraine n'était pas dénuée de cœur. Si elle fait relativement peu pour les hommes, elle affirme avec vigueur son amour, si constant tout au long de sa vie, pour les bêtes. Écoutons-la lorsque d'Osborne, le 14 août 1886, elle fait parvenir au gouvernement un mémorandum... en faveur des chiens :

> La reine entend redéfinir par écrit les points qu'elle est déterminée à faire promulguer, premièrement concernant les chiens, en second en rapport avec les cruautés infligées aux animaux en général :
> 1. En ce qui concerne ses pauvres chers amis les chiens, elle ne cessera de répéter qu'aucun chien ne devrait jamais être tué par la police sans qu'un vétérinaire l'ait dûment déclaré fou. Que les chiens proches de leurs maîtres ou maîtresses ou de la porte de leurs maisons, pauvres chiens

tranquilles, ne devraient pas être inquiétés, ni molestés. Un chien fidèle sera souvent porté à grogner, aboyer, voire mordre s'il est dérangé par un étranger.

2. Les refuges pour chiens devraient être multipliés et agrandis, et la durée des séjours considérablement allongée.

3. Sauf dans le cas de chiens très cruels, on ne devrait pas se servir de muselières, non plus qu'il ne faudrait faire la chasse aux chiens pour leur capture.

4. Les meilleurs vétérinaires devraient être consultés sur les meilleures manières de procéder. Mais on ne devrait tuer aucun chien avant d'être certain qu'il est fou. Les convulsions ne peuvent donner de certitude à ce sujet.

II. En ce qui concerne la cruauté contre les animaux en général, la reine estime qu'il conviendrait de nommer un commissaire pour enquêter dans les abattoirs. Ceux-ci devraient être de grande superficie. Il ne faudrait pas faire attendre des animaux jusqu'à complet épuisement, mais leur distribuer eau et même nourriture en abondance en cas d'attente prolongée.

2. Ils ne devraient pas être conduits sur de longues distances, ni battus, et il conviendrait d'organiser une inspection de manière à empêcher des bouchers et des hommes cruels de les conduire à destination. Il faudrait aussi interdire strictement la cruauté dans la mise à mort et l'empêcher par des pénalités. La reine a eu connaissance de cas antérieurs où des veaux, des oies et – bien que moins souvent – des porcs ont été habituellement traités avec cruauté et lentement mis à mort. Il en va de même du poisson sous le seul prétexte d'obtenir la bonne couleur de leur chair.

Sir Henry Ponsonby [secrétaire de la reine de 1870 à 1895] est autorisé à se servir du mémorandum auprès de gens disposés à apporter leur aide à ce qu'elle considère comme un devoir. Rien n'affecte aussi brutalement des êtres humains que la cruauté envers de pauvres animaux muets dont les regards plaintifs sollicitent l'assistance au point de faire fondre le cœur le plus endurci.

La reine pense que, près de sa résidence, elle serait en mesure d'imposer ses points de vue aux bouchers et aux abattoirs, et montrer l'exemple. Sir Henry irait-il jusqu'à recruter une personne de confiance qui enquêterait à Windsor et Cowes sur ces pratiques ?

Pour ce qui est des dispositions à prendre concernant les restes des pauvres chiens après leur mort, elle est sûre que la crémation n'est pas le bon moyen. Creuser des puits profonds et y déverser de la chaux mène à une destruction sans problème. Certains des meilleurs pourraient être enterrés à part.

Sir Henry devrait de même s'informer des méthodes de mise à mort instantanée du bétail et des bêtes destinées à l'alimentation, semblables à celles qu'on emploie pour des chiens. Les chats devraient de même être bien soignés dans des refuges.

La minutie de la protectrice des bêtes est proprement admirable. Sa sincérité ne fait aucun doute : un an plus tard, elle annoncera, éplorée, à sa petite-fille Victoria, la mort de son « cher vieux Noble » : « c'est une perte des plus douloureuses, celle d'un réel ami qui va terriblement me manquer » ; et elle joint à sa lettre deux photos du défunt animal. Sur la fin de sa vie, très vieille dame fatiguée, appuyée sur une canne, vêtue d'une énorme houppelande noire, elle se fera encore représenter par le portraitiste William Nicholson, avec, à ses pieds, un paisible petit terrier.

On dira peut-être qu'à tant se préoccuper des bêtes, elle témoigne d'un certain détachement vis-à-vis des graves problèmes de la société des hommes, ce qui la prédisposerait à devenir une icône... quand elle ne jouerait pas les mouches du coche !

LE PAYS RÉEL AU TEMPS DU DEUIL

Pendant que Victoria semble, même si cela est en partie inexact, se tenir sur la rive, spectatrice intéressée de l'évolution de son royaume, le « pays réel » évolue, les paysages se modifient, la puissance britannique voit ses fondements et ses aspects se transformer. John Bull est indispensable à Britannia, et celle-ci n'a certes plus, vingt-cinq ans après la mort d'Albert, les traits que le prince lui avait connus[37]. En l'espace d'une génération, on passe d'une Angleterre triomphante à un pays qui doute de lui-même et vit une crise grave. La contradiction entre ce que Victoria connaît et ce qui existe, son apparente éclipse contribueront paradoxalement à lui restituer une certaine autorité en la plaçant « ailleurs ». Cet « ailleurs » souvent dénoncé par les contemporains, il convient de le situer par rapport au réel. De toute manière, ce dernier a toujours été fort peu présent dans les écrits de la reine, et la mort d'Albert, plus sensible aux réalités sociales, a accentué son ignorance de fait ; seuls des événements tragiques ou des scandales parviennent à la « secouer ». Jamais son royaume n'aura été plus « étranger » à la reine, et en dresser le tableau permet de relativiser toutes les interventions de la souveraine en faveur du bien public.

La période faste : l'atelier du monde et la foi dans le progrès

L'expression d'« atelier du monde » date des années 1860, elle enorgueillit Gladstone, chancelier de l'Échiquier, quand il présente son budget en 1863 et évoque l'« étourdissant accroissement de richesses » de son pays en l'espace d'une génération. Et il est vrai que l'avance technique acquise a valu au Royaume-Uni d'ajouter, lorsque ses rivaux ont pris à leur tour leur essor, la fourniture de biens d'équipement, de machines, de rails, de locomotives à la vente traditionnelle des produits finis. Dans la décennie 1870-1879, la moyenne annuelle des exportations a atteint plus de 218 millions de livres quand elle n'était que de 100 millions vingt ans plus tôt. En 1870, les Britanniques produisent, pour la fonte et les cotonnades, la moitié de la production mondiale, ils sortent de leurs mines 112 millions de tonnes de houille, quand les Allemands en sont à 26, les Américains à 10 et les Français à 13. Leur production industrielle globale est proche du cinquième de la production mondiale de 1870, du tiers si on ne prend en compte que les productions mécanisées, et elle a crû, dans les années 1860, au rythme de 2,9 % par an. Les politiques de libre-échange auxquelles ont succombé progressivement les grandes nations, à la suite de l'exemple donné par la France de Napoléon III et le traité Richard Cobden-Michel Chevalier de 1860, ont ouvert les marchés les plus vastes aux producteurs du Royaume-Uni. Ils réalisent, au début des années 1870, 36 % du commerce international.

La richesse britannique comporte, par ailleurs, les énormes revenus du commerce extérieur et des investissements mondiaux et l'ensemble des revenus invisibles. Le taux de croissance moyen annuel du P.N.B. aurait été de 2,62 % pour le Royaume-Uni (2,83 pour la seule Grande-Bretagne) entre 1860 et 1870, respectivement encore de 2 et 2,77 dans la décennie suivante.

Le secteur agricole comptait encore pour 20 % du revenu national en 1850, il est revenu à 14 % dès 1870, à 10 % en 1881. Pourtant, les catastrophes craintes par les adversaires du libre-échange en 1846 ne se sont pas encore, en 1873, traduites dans les faits : outre l'intensivité croissante des productions dans le cadre du système du *high farming*, les besoins alimentaires d'une population en croissance garantissent d'autant mieux un marché fructueux aux possesseurs du sol que les techniques de transport à longue distance, du chemin de fer à la navigation à vapeur, n'ont pas encore triomphé à l'intérieur des continents nouvellement exploités ni sur les mers et océans. La production agricole globale ne cesse pas de croître jusque dans les années 1870. Les prix paraissent suivre les variations d'une conjoncture climatique et ne menacer en rien les revenus fonciers. Le capital agricole constitue encore le tiers de la fortune nationale pendant les années 1860. Les grands propriétaires ont beaucoup investi pour améliorer les sols, et acquérir de coûteuses moissonneuses-batteuses dont la rentabilité fut d'ailleurs mise en doute. La production agricole a augmenté de 14 % entre 1855 et 1874. La période 1855-1873 aurait constitué un « âge d'or de l'agriculture ».

Phénomène encourageant, dans le monde de l'industrie et du commerce, les crises cycliques, si redoutables dans la phase de révolution industrielle, se sont apaisées. Au cours des années 1860, les inquiétudes sont passagères ou sectorielles, même si les souffrances sociales sont considérables lors de la « famine du coton » qu'entraîne la guerre de Sécession aux États-Unis. Paradoxalement alors, d'énormes profits sont réalisés quand l'aide aux indigents doit être accrue (elle n'apparaît pas cette fois comme la récompense du vice, puisque la pauvreté résulte d'une catastrophe). Les capitalistes disposent des moyens de faire des investissements dans d'autres secteurs ou de se préparer à aider à la « reconstruction » des États-Unis d'après-guerre civile. Tout paraissant alors réussir à l'Angleterre, le boom sur les plantations de coton aux Indes suscite d'autres profits spéculatifs, mais entraîne aussi, pour une courte période, une extension des marchés indiens.

D'autre part, la crise du coton ne signifie nullement

crise générale : les chemins de fer continuent de soutenir une forte demande, l'âge de la navigation à vapeur stimule les chantiers navals, les industries sidérurgiques, sollicitées de partout, entrent dans un véritable âge d'or, les emprunts étrangers passent par un nombre croissant de maisons de banques au lieu d'être réservés à quelques-unes. Paniques et faillites retentissantes n'y changent rien, ainsi l'effondrement de la maison de courtage Overend and Gurney, qui toucha même des entreprises ferroviaires réputées comme Peto and Betts. Ces secousses ébranlent le système du crédit davantage qu'elles ne remettent en cause la tendance générale à la croissance.

Certes, au temps de l'Exposition universelle de Paris de 1867, la conviction de la supériorité technique anglaise a été ébranlée face aux performances de firmes sidérurgiques prussiennes, d'industries textiles françaises. Mais la reprise liée au redémarrage américain est ensuite si vigoureuse que les inquiétudes demeurent des plus modérées. L'indemnité de guerre française à l'Empire allemand provoque à partir de 1871 un flot de commandes, cependant que de nombreuses nations se tournent vers le marché financier et les biens d'équipement britanniques pour accélérer leur industrialisation et la construction de moyens de transport intérieurs modernes. Pour les sidérurgistes du Royaume-Uni, les années 1868-1872, caractérisées par une augmentation de 130 % des exportations et une hausse de près de 50 % des prix, sont longtemps demeurées mémorables.

Inauguré par l'impératrice Eugénie en 1869, le canal de Suez est d'abord le résultat du génie et des capitaux français : Palmerston avait dédaigneusement, peu avant de mourir, considéré sa construction comme une coûteuse lubie, qui, au mieux, vaudrait à l'Égypte de bénéficier d'une sorte de « tranchée » en cas de conflit avec la Turquie. Paradoxalement, les années 1870 sont celles où les Britanniques tirent le plus de bénéfices de l'essor des échanges maritimes par la nouvelle voie d'eau internationale, et Disraeli, qui a compris l'enjeu stratégique et commercial, réussit, avec l'aide de la banque Rothschild, à « souffler » à la France la moitié des actions mises en vente par le khédive d'Égypte en 1875. Les chantiers navals de la Clyde se spécialisent dans la construction des nouveaux bateaux en fer et à vapeur, emploient plus de quarante mille ouvriers vers 1875 et le tonnage moyen des navires lancés fait plus que doubler avant 1873, passant de huit cents à mille sept cents tonneaux.

Au moment où va commencer la crise mondiale, jamais on n'a été plus sûr des lendemains, plus optimiste, voire enthousiaste. L'année 1873 coïncide avec un triomphe, qui paraît définitif, des grandes conceptions du libéralisme économique : Adam Smith est un prophète, ses successeurs chagrins se sont trompés. La confiance des capitalistes est aussi celle du puissant mouvement syndical alors en plein développement, y compris dans le monde agricole sous la houlette de Joseph Arch, mais surtout dans le milieu de l'aristocratie ouvrière : le premier apogée du système capitaliste se trouve être aussi celui de la grande espérance des prolétaires en un âge d'or prochain, qui s'accomplirait dans l'harmonie des classes.

Les « grandes espérances » sociales

On n'empruntera pas à Voltaire et à son Candide la définition de l'optimiste, qui « pense que tout est bien quand tout est mal ». Bien des choses se sont améliorées jusqu'en 1873 au moins. Mais il est certain que les contemporains ont privilégié les aspects encourageants et ont eu tendance à ranger nombre de maux pourtant criants dans l'étrange catégorie des obstacles derniers à surmonter pour que l'humanité, la britannique tout au moins, sorte enfin et ici-bas de sa vallée des larmes !

Demeure certes une vision négative : une société profondément inégalitaire, un emploi menacé par la croissance démographique, une urbanisation de plus en plus terrifiante, des vices avérés étendant sans cesse le domaine des « bas-fonds » victoriens. Le bilan, vers 1873, n'avait rien de particulièrement exaltant : les riches de plus en plus riches, les pauvres, quand ils sont au travail, bénéficiaires de miettes du progrès. Des éléments d'uniformisation ne sont pas absents. Dans la mesure où la famille royale est devenue un modèle aux yeux des familles « respectables », on soulignera que la respectabilité est le souci majeur des classes supérieures et moyennes, mais devient aussi l'exigence de certains ouvriers plus favorisés. Malgré le deuil qui frappe Victoria, ses vertus et son attachement au souvenir d'Albert constituent un exemple et un miroir pour des groupes sociaux très diversifiés.

Et d'abord pour la « classe supérieure ». La fortune appartient toujours à une maigre élite. Un recensement foncier, entrepris entre 1871 et 1873 à la demande de la Chambre des lords, a abouti au « nouveau Domesday Book[38] » : le quart des terres du royaume est aux mains de douze cents personnes, la moitié appartient à sept mille quatre cents propriétaires ; en Angleterre et dans les Galles, quatre mille familles possèdent les quatre septièmes du sol agricole, auxquels s'ajoutent des parcelles urbaines de valeur croissante. L'aristocratie et la *gentry* continuent de se renforcer par leur ouverture à des enrichis des classes moyennes qui font de l'investissement foncier le signe même de leur honorabilité et le marchepied vers la promotion suprême à la pairie ; après John Strutt en 1856, le temps des hommes d'affaires élevés à la pairie sera pourtant postérieur à 1880. Cent seize des trois cent soixante domaines de plus de 10 000 acres (environ 4 800 hectares) appartiennent à des non-nobles, mais les plus grands propriétaires sont toujours des aristocrates titrés : le duc de Devonshire possède 100 000 hectares, le duc de Buccleuch plus du double, le duc de Sutherland plus de 600 000 ; quant au duc de Bedford, « le plus riche sujet de la reine » selon Disraeli, il tire plus de trois cent mille livres par an de ses possessions. Ils font évidemment grande figure en comparaison du millier de *gentlemen* possesseurs de « seulement » 1 500 à 5 000 hectares !

Concernant les revenus, et admettant que de mille à cinq mille livres par an constituent le minimum qui permette de définir un grand bourgeois, on retiendra que quarante-deux mille contribuables à l'imposition sur le revenu en 1867 étaient seuls recensés dans ce groupe pour l'Angleterre et le Pays de Galles ; ils constituent, avec l'Upper Class, moins de 5 % des quelque dix millions de bénéficiaires d'un revenu, moins de 0,5 % de la population active. Les bourgeois de moindre rang, mais encore pourvus d'un revenu de trois cents à mille livres n'auraient constitué qu'un groupe de cent cinquante mille personnes supplémentaires, portant l'ensemble des classes supérieures et de la moyenne bourgeoisie à environ 2 %. Quant à la petite bourgeoisie, entre cent et trois cents livres de revenus, elle aurait ajouté alors huit cent cinquante mille personnes au total et, s'agissant des métiers non manuels, mais valant moins de cent livres de revenus, encore à peu près un million de personnes de plus. Au total, les « classes moyennes et supérieures » n'auraient « pesé » que moins de 20 % de toute la population active.

Le fait nouveau est la croissance régulière du nombre des Anglais engagés dans des professions « bourgeoises » très diverses, du petit commerce aux professions libérales et enseignantes. Le trait commun à toute cette frange de la société est l'emploi, en nombre évidemment très variable, de domestiques. Tant il est vrai que le rang social se mesure à ce « signe extérieur de richesse » et d'inégalité, au fait que la fée bourgeoise du logis ne peut pas être astreinte au statut d'esclave de son foyer. Le minimum pour prétendre au rang d'un *gentleman* était d'employer au moins trois domestiques logés. Le nombre de femmes domestiques dans la seule Angleterre (plus Pays de Galles) avait augmenté de près d'un tiers dans la décennie 1851-1861, et il croît encore une fois dans la même proportion dans les dix années suivantes : on est passé ainsi en vingt ans de 751 641 personnes à 1 204 477, quelque 6 % de la population, mais 12 % des femmes. Le *Livre du gouvernement du ménage* d'Isabella Beeton, publié en 1861, fixe à cinq le nombre de domestiques dans les familles au revenu annuel de mille livres, le limite à deux à trois cents livres et suggère au moins une bonne à tout faire et une jeune servante quand on ne gagne que cent cinquante à deux cents livres. Employer des hommes, qui sont payés plus cher, est un autre signe visible de hauts revenus. Tout comme la capacité de loger et payer une gouvernante pour ses enfants ou d'employer un cocher, dont le nombre est passé de vingt-deux mille à trente-sept mille de 1851 à 1871.

Les apparences jouant ici un rôle majeur, le rang bourgeois et supérieur se reconnaît à bien d'autres signes. Le vêtement de l'homme et de sa famille doit être « décent » et, au bas de l'échelle bourgeoise, à la fin du siècle, on n'y consacrait pas moins d'un sixième de son revenu. Le logement est encore plus discriminant. Dans la moyenne bourgeoisie, qui loue normalement son appartement dans les villes, l'aspiration à la maison individuelle et à son jardinet a frappé Taine dès 1862, et elle peut se satisfaire à condition d'accepter d'émigrer vers les banlieues ; autrement « l'adresse » n'ayant pas de prix, on aura, jusqu'à la fin du siècle, des quartiers bourgeois caractérisés par le « surpeuplement » (*overcrowding*) que Booth définira comme l'occupation d'une pièce par deux personnes et plus. En montant dans la hiérarchie sociale, on passe évidemment à des demeures de plus en plus spacieuses, qui, dans le cas des plus riches, sont doublées de résidences à la campagne, dont on ne sait si elles sont « secondaires » ou « principales » et qu'on quitte pour la durée de la « saison ». Les intérieurs, plus ou moins riches, sont en tout cas caractérisés par une surcharge croissante de meubles, de rideaux et d'ornements de toutes sortes, et aussi, à partir des années 1860, dès que cela est possible, de salles de bains, de commodités, d'eau courante. De la lecture du journal, à l'« exil » des enfants dans des pensionnats de prix et de réputation proportionnés l'un à l'autre, de la nature des loisirs et du nombre de voyages d'agrément ou de séjours dans les villes d'eaux à l'utilisation de moyens de transport plus ou moins « communs » et, jusque dans les instants suprêmes, au luxe plus ou moins tapageur des obsèques, tout affirme à la fois la supériorité sociale des « classes moyennes » et, de manière plus ou moins subtile, l'existence de degrés correspondant au pluriel de l'expression. En 1873, lecteur assidu du best-seller de son temps, vendu depuis 1859 davantage même que la Bible, le *Self Help* de Samuel Smiles, publié pour la première fois quatorze ans plus tôt, constamment réédité, le petit bourgeois sait qu'en s'« aidant soi-même » on peut gravir les échelons de cette visible hiérarchie, et son sentiment anime d'espoir tous les « inférieurs » de ce groupe des « meilleurs ».

La voie de l'espérance « méritocratique » avait aussi été entrouverte aux classes populaires. En 1870, le gouvernement libéral de Gladstone avait fait adopter la loi « Forster » sur l'enseignement élémentaire. Neuf ans plus tôt, on avait publié le rapport de la commission présidée par le duc de Newcastle : on y avait lu qu'un enfant pauvre sur huit fréquentait l'école, la plupart des enfants la quittant avant leurs dix ans révolus et que les résultats de cette éducation demeuraient faibles. Ce qui, dans l'immédiat, avait pour effet de réduire les subsides publics, liés à la qualité des résultats obtenus par les élèves aux examens (c'est le système du « *payment by results* » auquel on se prend étrangement à rêver parfois dans la France de la fin du xxe siècle !). Pendant ce temps, des groupes de pression, la Société de Manchester pour l'éducation, la Ligue de Birmingham, poussent à développer un enseignement élémentaire public qui, seul, permettrait d'ailleurs de répondre aux besoins d'une économie et d'une société modernes.

En 1851, l'ensemble des écoles aidées encadraient deux cent cinquante mille élèves en Angleterre et dans le Pays de Galles, vingt-huit mille en Écosse, deux cent quatre-vingt-trois mille en Irlande. En 1870, on en était respectivement à un million cent cinquante-deux mille, cent quatre-vingt-dix-huit mille et trois cent cinquante-neuf mille.

Le choix du gouvernement fut l'instauration d'un système « dual » : on créerait une école élémentaire partout où il n'en existait pas, on reconnaîtrait les écoles libres existantes ; un conseil local des écoles lèverait les taxes locales nécessaires, fixerait des frais de scolarité dont les enfants pauvres pourraient être dispensés ; les écoles publiques seraient non pas laïques, mais neutres : en aucun cas, elles n'enseigneraient les croyances propres à une confession déterminée, mais elles pourraient dispenser un enseignement moral fondé sur la Bible et organiser les prières collectives à Dieu.

La loi est un point de départ, et elle entraîne d'ailleurs un effort considérable de scolarisation de la part des organisations confessionnelles, qui offrent un million de places supplémentaires avant 1876. En 1880, on en est à deux millions sept cent cinquante et un mille élèves en Angleterre et dans le Pays de Galles, à quatre cent cinq mille en Écosse et quatre cent soixante-neuf mille en Irlande.

Beaucoup restait à faire, les écoles secondaires demeuraient l'apanage des enfants des élites, par ailleurs favorisés par l'existence de grands pensionnats privés, les *public schools*, et seuls destinés à des études supérieures. Bien des précisions restaient à apporter, en particulier sur l'obligation scolaire, et longtemps encore il serait difficile de trouver assez d'instituteurs de qualité et nécessaire de recourir au discutable système monitorial ; la question de la réceptivité de petits ventres creux ne cesserait d'être posée dans la décennie 1880 ; la gratuité serait pour 1891.

Outre les perspectives ouvertes par la scolarisation, d'autres améliorations avaient été apportées aux humbles. On peut repérer une accélération, à partir de 1860, de la croissance du pouvoir d'achat. Comme dans le cas des classes moyennes, les degrés de satisfaction diffèrent selon les métiers, les lieux, les niveaux de qualification. Selon Dudley Baxter, un ouvrier qualifié pouvait espérer gagner entre soixante et soixante-dix livres par an, un semi-qualifié entre quarante-six et cinquante-deux, et un ouvrier agricole ou un manœuvre entre vingt et quarante et une livres. Vers 1867, un million trois cent mille ouvriers appartenaient à la catégorie « privilégiée », cinq millions d'autres figuraient dans la deuxième catégorie et à peu près autant dans la moins favorisée. Les femmes au travail de plus de quinze ans, éternellement défavorisées parmi les défavorisés, représentaient en 1871 près de 27 % de leur sexe en Angleterre et au Pays de Galles, un peu plus du quart seulement en Écosse, mais plus de 29 % en Irlande.

Les classes « inférieures » ne le sont pas seulement en termes de revenus. L'inégalité est aussi, bien évidemment, celle de leur vie de travail, même si le nombre d'heures travaillées a fléchi nettement et se situe autour de neuf à dix heures par jour vers 1873. Elle est celle de la vie de famille, puisque nombre de mères et d'enfants figurent dans le monde du travail et que le modèle « victorien » de la « mère au foyer » est interdit ou, en tout cas, vécu davantage comme un esclavage domestique que comme l'occasion de « gouverner » au domicile.

Elle se traduit dans l'inégalité devant vacances et loisirs. Elle détermine le complexe connu que l'on habille du nom de « déférence » et que le constitutionnaliste Walter Bagehot comme l'homme d'État Disraeli placent au cœur de leur espoir d'une société harmonieuse soumise à ceux nés pour gouverner, *born to rule* ».

Dans le système inégalitaire, où ranger les « marginaux » ? Il s'agit d'abord des indigents habilités à solliciter des secours de l'assistance publique. Dans le milieu des années 1870, il s'agit encore de près de cinq Anglais sur cent, coûtant plus de sept millions de livres aux contribuables de la Taxe des pauvres. Moins de 15 % des « bénéficiaires » de cette générosité sont les pensionnaires de *workhouses*. Mais, secourus à domicile ou enfermés, ils ne représentent qu'une fraction des démunis qui, pour échapper à la honte et au travail forcé, préfèrent mendier la charité privée, au moins aussi prodigue en secours que l'officielle, et vivre misérablement dans des « tannières » innommables, s'entasser en grand nombre avec d'autres sous-locataires dans des pièces minuscules, « s'échapper » dans la rue une partie de la journée, ou dépenser dans un pub les menues monnaies qui leur resteraient. Sous-prolétariat de travailleurs occasionnels ou de clochards, vagabonds affluant des campagnes vers les villes, des petites cités vers la capitale, combien sont-ils ? Chaque crise en accroît le nombre, chaque boom le réduit.

C'est dans une autre sphère que se situent les « classes dangereuses », le monde du vol à la tire, de l'agression, du cambriolage, du crime, de la prostitution. Ce monde est lui-même, dans la gradation des conditions de vie des membres de la « classe criminelle », un reflet de l'inégalité générale, et il a évolué avec le siècle. Des cours des miracles londoniennes, dans lesquelles la police hésite à pénétrer, et de leurs voleurs, escrocs et assassins, aux bandits de haut vol, de la fille de trottoir, si vérolée qu'en 1869, sous prétexte de protéger la santé des marins de la flotte, on a édicté un contrôle de santé obligatoire des prostituées, à la demi-mondaine si facilement confondue par le cockney moyen avec une grande dame, c'est bien une contre-société qui définit les bas-fonds. La clientèle des « Madeleines » sait faire la différence : elle est nombreuse à se recruter dans les classes supérieures, parce que le fait est universellement admis, qu'il est la contrepartie des mariages tardifs de raison, de l'exigence d'une « Madone » au foyer, l'effet aussi de la curieuse licence concédée à des feuilles à scandales et à des récits érotico-pornographiques quand on censure sévèrement les spectacles. Et que l'argent dérègle tout, les mœurs de ceux qui en ont, la vertu des filles pauvres et sous-payées, mais aussi, car il serait faux de sombrer dans un « misérabilisme », qu'il permet aux uns et aux autres de satisfaire les pulsions sexuelles que les contemporains désignent sous le nom de « vices ». On ne cherchera pas à calculer le revenu des diverses strates criminelles, des quatre-vingts à trois cent mille prostituées britanniques, on soulignera plus facilement que les « signes extérieurs » de l'inégalité sont les mêmes que dans les « hauts-fonds » : le logement, la domesticité, le loisir, le vêtement.

L'inégalité est davantage perçue qu'autrefois dans un monde de plus en plus urbanisé. Il y a quelque ambiguïté à ranger la vie urbaine au nombre des maux de la société, dans la mesure où la ville constitue aussi le lieu d'améliorations substantielles, dont l'effet devient perceptible dès 1873. Il n'en demeure pas moins que la période qui s'achève a valu aux citadins de traverser encore bien des épreuves.

Entre les deux recensements de 1851 et de 1871, puis dans la décennie suivante, la population urbaine n'a pas cessé de croître, mais, fait essentiel, la taille des agglomérations a également été croissante et la grande ville a de plus en plus supplanté la petite agglomération. Dans la Grande-Bretagne de 1851, on comptait 50,4 % de citadins vivant dans des villes de deux mille habitants et plus ; trente ans plus tard on en est à 67,1 %. À la même date, vingt-quatre villes britanniques ont plus de cent mille habitants et Londres, première métropole mondiale, en réunit plus de quatre millions sept cent mille.

De 1851 à 1901, l'évolution n'a pas cessé de favoriser les grandes concentrations. En même temps, à l'autre bout de l'échelle, on assiste au déclin des plus petites cités, celles précisément où solidarités et sentiments communautaires pouvaient être les plus développés.

Pour que la taille des villes s'enfle à ce point, il a fallu soit que la population des nouveaux venus, par migration ou naissance, accepte des conditions d'entassement de plus en plus inhumaines, soit que se développent les transports de masse, dans l'intérieur des limites municipales comme sur des distances plus longues.

Aux plus pauvres, la solution du départ vers les banlieues est toujours apparue très peu attrayante : aux coûts et fatigues supplémentaires s'ajoutaient les nostalgies des solidarités du voisinage, de la rue, des boutiques, l'éloignement des lieux de distribution de la charité publique et privée, ou aussi des échoppes des prêteurs sur gage, le risque, enfin, de ne pas être disponible quand se présenteraient des emplois occasionnels. Toutes les enquêtes font dès lors état de l'accumulation des plus démunis dans des quartiers effrayants de délabrement, de manque d'hygiène, où des maisons-cours mal entretenues, aux égouts longtemps à ras des fenêtres, abritent dans la plus grande promiscuité des sexes et des âges, au milieu des odeurs des ordures et des déjections de volailles et de porcs, des êtres sans vigueur et désespérés. Ce sont ceux que représente en 1869 le crayon de Gustave Doré, dont les croquis londoniens sont publiés sur un texte de Gerrold Blanchard trois ans plus tard ; c'étaient déjà ceux que le reportage de Mayhew, quatre volumes consacrés au début des années 1860 aux pauvres de la capitale, a voulu présenter, et qui ont « survécu » aux vingt années qui les séparent le constat de *La Plainte amère du Londres des déclassés* du pasteur congrégationaliste Andrew Mearns (1883) ; ce sont ceux aussi sur lesquels affluent les témoignages des évangélistes de toutes sortes, dont les prédicateurs de la Société missionnaire de Londres qui les consignent dans un annuaire régulièrement publié au cours du demi-siècle.

Le développement des moyens de transport a en fait plus aggravé les conditions de vie des habitants des quartiers de l'est de Londres, Whitechapel, Saint-George-in-the-East, qu'il ne les a améliorées. Au début des années 60, dans son *Commercial Traveller*, Dickens avait décrit les quartiers sinistrés, coupés par les tranchées et les chantiers des gares, évoqué les pans de murs dressés, les poutrelles sans supports, les excavations géantes. Les grandes gares dont Saint-Pancras, qui est achevée en 1876, témoignent certes de l'orgueil des compagnies et du génie des architectes, mais elles ont occupé une place autrefois encore réservée à un habitat pour pauvres, même s'il était fait de taudis.

Londres ne fait pas exception : de Manchester à Glasgow, de Liverpool à York, on retrouverait les mêmes phénomènes, à des échelles variables. Les villes sont souvent des enfers où courent les risques de maladies, d'épidémies, où, pour reprendre le titre du beau livre qu'Anthony Wohl a consacré en 1983 aux problèmes urbains du temps, les « vies sont en danger », où certains quartiers sont infestés de rats, que d'aucuns se consacrent à chasser pour organiser les fort populaires combats de chiens et de rats, et où la puanteur est telle que notre auteur conseille de lire son ouvrage « autant par le nez que par les yeux ». L'analyse des causes de la mortalité à Birmingham entre 1871 et 1880, décennie pendant laquelle le taux général de mortalité est de 25,82 % et le nombre total de morts de près de soixante mille, est édifiante : nombreux étaient les cas de dysenterie mortels et de maladies pulmonaires.

Partout, les analyses des médecins, plus tard celles des sociologues de la fin de l'époque victorienne, de Charles Booth pour Londres à Seebohm Rowntree pour York, ont mis en évidence le lien entre l'habitat et les taux de mortalité générale et, en conséquence, l'existence d'un véritable gradient social de la mort. Très normalement, à une société duale correspondait une différenciation devant les chances mêmes de vivre.

Il a toujours été consolant, pour les contemporains de la bonne société, de souligner quelques autres facteurs de raccourcissement de l'espérance de vie chez les pauvres. Ils évoquent toujours, en particulier, l'alcoolisme, contre lequel luttent avec énergie de multiples sociétés de tempérance, dont les membres prennent de plus en plus eux-mêmes l'engagement *(pledge)* de s'abstenir de toute boisson : en 1853, on a fondé à Manchester l'United Kingdom Alliance, qui encourage les propriétaires de terrains urbains à bannir les pubs de leurs lotissements, ce que font par exemple les Bedford à Londres. Des militants vont porter la bonne parole jusque dans les pubs eux-mêmes, quitte à en être chassés avec vigueur. On fait aussi pression sur les autorités en faveur de l'interdiction totale ou de limitations draconiennes de la consommation : l'Alliance exprime en vain le vœu que deux tiers des contribuables locaux puissent ordonner la prohibition dans leur circonscription de taxation, elle fait parfois campagne à travers des sociétés de non-conformistes pour transformer le parti libéral en un parti de prohibitionnistes. Les *teetotallers* agissent plus positivement en tentant de répandre les boissons « alternatives », le thé, le café, en ouvrant des tavernes et des restaurants sans alcool. D'autres les ont précédés, ainsi les clubs ouvriers qui, avant de céder à la pression de leurs adhérents vers 1880-1890, ont d'abord voulu n'offrir que des boissons non alcoolisées. Le nombre de débits n'a en fait pas cessé de croître (presque cinquante mille en 1869, date à laquelle on a tenté de réduire les nouvelles créations); et aux brasseries s'ajoutent les pubs habilités à faire commerce de toute boisson, ils sont soixante-dix mille en 1872 ; au tournant du siècle, on en sera à un pub pour 393 Londoniens, 279 citoyens de Liverpool, 215 de Birmingham, 176 de Sheffield, 168 de Manchester. Des distractions populaires comme le café-concert (*music hall*) ont grandement favorisé la consommation de boissons. Et on est loin d'en avoir fini : la décennie 1880, marquée par l'émergence des grandes brasseries comme Guinness et par la diffusion par James Buchanan, vite imité, de whisky meilleur marché, fait de mélanges et non plus de pur malt, fait davantage encore ressortir l'inanité des efforts de moralisation. Un quart à une moitié du revenu d'un ménage ouvrier serait allé à l'alcool, proportion que relève aussi Booth à Londres dans les années 1890, supérieure pourtant à celle que Rowntree rencontrera à York vers 1899 (un sixième, ce qui est loin d'être peu!). Avant la mise en application dans les années 1870 de grandes lois contre l'adultération des aliments et boissons, le fléau était aggravé par l'utilisation de vitriol, de gentiane et d'autres drogues comme additifs à une bière que l'on souhaitait rendre « plus forte ». Aux dépenses excessives que l'alcool inflige aux ouvriers, il conviendrait d'ajouter d'autres vices de luxe : le tabac, surtout fumé dans des pipes d'argile, aurait coûté en moyenne quelque deux à trois livres par an à l'ouvrier, ce qui représenterait encore 5 % du revenu d'un manœuvre.

Partant de tels constats, il n'était que trop facile de souligner la responsabilité individuelle de chaque victime adulte de la société et, une fois encore, de rappeler, comme Smiles, la nécessité d'un acte de volonté pour s'arracher « courageusement » au destin de la misère par l'épargne et l'austérité.

On retrouve aussi l'argument déjà ancien que les trop nombreuses familles sont une cause de difficultés et de misère. Dans les années 1860, les classes moyennes sont entrées dans l'ère de la régulation des naissances : aux rudimentaires méthodes des âges précédents, on ajoute à présent l'utilisation des contraceptifs en caoutchouc. Le nombre d'enfants commence à diminuer selon les cohortes de femmes mariées. Avant 1851, les femmes anglo-galloises avaient eu en moyenne 5,9 enfants, celles qui se sont mariées entre 1861 et 1871 en auront eu 5,3, et, en 1881-1886, 4,2. Reprenant un combat longtemps honni des bons esprits, celui de Francis Place dans les années 1820, de Robert Owen ensuite, Charles Bradlaugh et Annie Besant, dans les années 1860 et 1870, prêchent un nouveau comportement aux femmes du peuple... et s'attirent les foudres de la justice en 1877 pour avoir réédité *Les Fruits de la Philosophie*, ouvrage que l'Américain Charles Knowlton avait publié dans les années 1830. On est alors à deux ans de la fondation d'une Ligue malthusienne. Non sans hypocrisie, ceux-là mêmes qui, dans les classes supérieures, limitent le nombre de leurs enfants par des méthodes nouvelles font parler leur morale aussi bien pour condamner la propagation de ces méthodes que pour attendre des classes populaires un effort de continence sexuelle qui n'est pas le leur !

Tout n'est pourtant pas sombre et il n'est pas interdit de souligner les fondements des espérances de mieux-être. Si 1873 marque bien le début de graves difficultés économiques, on met longtemps à prendre conscience que le temps de la facilité est passé et que l'extension de la révolution industrielle fait entrer la Grande-Bretagne dans un monde d'âpre compétition et la société britannique dans une ère nouvelle de tensions.

Les améliorations résultent parfois de l'initiative d'autorités locales. Quand, maire de Birmingham en 1874, Joseph Chamberlain, qui se qualifie lui-même alors d'« extrême radical » au sein de son parti libéral, évoque les tâches des municipalités, de l'hygiène publique à l'école et au logement, il donne naissance à un « socialisme municipal » qui est l'héritier de cette tradition de décentralisation : son discours du 12 octobre 1874, préfigurant la dénonciation par Beveridge, en 1942, des « cinq piliers du malheur », retenait déjà « l'ignorance, la pauvreté, l'intempérance et le crime [...] [et] les horribles et honteuses conditions de logement des classes misérables ». Le bilan des efforts antérieurs n'était pas partout déshonorant[39]. La tendance générale, depuis le milieu du siècle, est pourtant que l'État prenne le relais ou assume un rôle de coordinateur d'efforts un temps dispersés.

Des réformes sanitaires de qualité sont réalisées dans quelques grandes métropoles. À Manchester, la municipalité obtient à partir de 1844 le vote de plusieurs « lois privées », ne s'appliquant qu'à son territoire et concernant la police comme une série d'amélioration des équipements collectifs : de 1847 à 1862, on réalise un immense projet d'adduction d'eau, dont le coût est alors estimé à six cent cinquante mille livres, et il permet de disposer de près d'un million et demi d'hectolitres par jour au lieu de moins de cent mille au départ ; on développe aussi considérablement les services de nettoyage. A Liverpool, on édicte la première législation sanitaire globale d'Angleterre : la loi privée de 1846 a fait de la municipalité la responsable du drainage, du pavage, des égouts, du nettoyage, l'action sanitaire a été confiée à un haut fonctionnaire spécial, l'officier médical de la santé ; à partir de 1847, un ambitieux projet d'adduction d'eau, après rachat public des deux compagnies privées existantes, permet de presque quadrupler en quinze ans les disponibilités d'eau potable par habitant par jour (cent quarante-deux litres au lieu de trente-six) ; un grand réseau d'égouts est construit entre 1848 et 1872. À Londres, la division des responsabilités entre trois cents autorités différentes, se fondant sur deux cent cinquante textes de lois locales, a exigé un travail préalable de réforme administrative : en 1847, une commission métropolitaine des égouts annonce la décision la plus importante avant la constitution, bien plus tard, en 1888, du conseil de comté, celle de 1855 créant un bureau métropolitain des travaux publics ; il permet d'assurer le drainage systématique de la Tamise d'amont en aval, et, surtout, définit un réseau entièrement repensé d'égouts aboutissant à un grand collecteur chargé de déverser les déchets bien plus en aval, à la hauteur de Greenwich : achevé en 1873 après quatorze ans d'efforts, ce réseau élimine provisoirement une grande partie des puanteurs, écarte de bien des quartiers les inconvénients des écoulements à ciel ouvert et du pullulement des rats... comme des germes qu'ils transportent.

Plus générale, la loi sur la Santé publique de 1848 a donné naissance, avant 1854, à environ cent quatre-vingt-deux administrations locales de santé sur simple demande d'un dixième des contribuables d'une paroisse (d'où la faiblesse certaine du bilan de 1854). Elles sont placées sous le contrôle d'un bureau général dont le premier commissaire, pendant six années, a été Edwin Chadwick, et elles sont habilitées à organiser travaux de drainage et adductions d'eau. L'énergie de John Simon, commissaire à partir de 1855 et apôtre de la vaccination obligatoire, trouve le relais, mais aussi le frein, d'une subordination du département de la Santé au nouveau département de l'administration locale, fondé en 1858, et qui est aussi bien responsable de l'assistance aux pauvres et de la police. L'épidémie de choléra de 1866 est un rappel douloureux des insuffisances du travail accompli.

En 1868, une loi nouvelle sur la Santé publique détaille les règlements d'hygiène municipale et les nuisances auxquelles il convient de s'attaquer. Elle précède la grande loi de 1872 qui divise l'Angleterre et le Pays de Galles en districts dotés d'« autorités sanitaires » urbaines ou rurales et les oblige à nommer des officiers de santé. On est alors à trois années de la loi de 1875 qui définit un « minimum sanitaire national » : adductions d'eau, égouts, tracé des rues, inspection des aliments, lutte contre la maladie, règles pour l'inhumation, règlement des marchés et des activités comportant des nuisances. Dès 1868, une autre loi avait voulu contraindre les propriétaires de logements locatifs à les entretenir convenablement.

Tout n'est pas évidemment résolu, les inspections sont trop rares, les notables élus dans les autorités locales sont surtout désireux d'économiser l'argent des propriétaires-contribuables, le logement demeure un scandale. Mais une voie a été tracée et l'interventionnisme croissant de l'État, sous des gouvernements aussi bien libéraux que conservateurs, témoigne bien d'un changement de l'état des esprits.

Les initiatives publiques sont aussi relayées par les particuliers. En ce qui concerne le logement, les années 1860 et 1870 connaissent la mise en application de quelques idées originales, dont Octavia Hill a été parfois l'inspiratrice. Auteur de plusieurs études consacrées aux foyers pour les pauvres de Londres, elle préconise de réhabiliter les maisons les plus mal entretenues grâce à l'apport de capitaux dont les pourvoyeurs seraient récompensés par un dividende de l'ordre de 5 % : d'où la description fréquente du système sous l'appellation ironique de « philanthropie à 5 % ». Pour parvenir à ces résultats, il convient de sélectionner soigneusement les locataires, d'exiger d'eux propreté et ponctualité dans le paiement des loyers, de leur prêcher la « respectabilité »... et de ne pas hésiter à renvoyer les familles incapables de se plier à la nécessaire discipline. On peut parler d'un « endoctrinement » social : les participants au système appliquent à coup sûr les thèses du *Self Help*, et la vision morale de la famille et du foyer correspond au stéréotype alors courant parmi les notables. Avant 1875, pas moins de trois mille logements sont ainsi rendus plus confortables. D'autres efforts sont plus anciens : depuis 1842, une Association métropolitaine pour l'amélioration des logis des classes laborieuses, fondée sous l'égide de lord Shaftesbury et avec les encouragements du prince Albert (qui, en 1851, présente « son » projet de maison ouvrière modèle), avait visé un autre objectif : la construction de logements neufs destinés à des ouvriers soigneusement sélectionnés et à qui on imposerait de payer un loyer régulier et de se soumettre à un règlement intérieur draconien. L'inconvénient prévisible avait été, avec le coût croissant des terrains urbains, la fixation de loyers trop élevés par comparaison aux moyens : de cinq à sept shillings par semaine à Saint-Pancras au début des années 1860, le tiers du revenu d'un ouvrier non qualifié. Par ailleurs, l'interdiction de sous-louer, de travailler à domicile, d'avoir des animaux domestiques, l'obligation de fermer les portes pour la nuit avec extinction des feux, avaient, dans le cas souvent cité du lotissement Peabody, du nom du philanthrope-fondateur, fait qualifier les maisons ainsi offertes du nom de « bastilles », de « casernes » ou d'« hospices ».

Par l'effet d'une dialectique compréhensible, les échecs ou les limitations des efforts privés mettent à nouveau l'intervention publique sur le devant de la scène. Les philanthropes des années 1870 la réclament, à l'exemple de la Société (londonienne) d'organisation de la charité (C.O.S.), et Octavia Hill l'écrit très clairement. La loi Torrens de 1868 autorisait déjà les autorités publiques à faire démolir les taudis : ce que la C.O.S. suggère notamment, dans un rapport de 1873, c'est de confier au Bureau métropolitain des travaux publics la responsabilité d'opérations d'assainissement, par l'expropriation des propriétaires privés (qu'on indemniserait), la remise des terrains à des compagnies privées à buts philanthropiques ou à des sociétés commerciales, les unes ou les autres chargées de construire de nouveaux logements locatifs bon marché. La suggestion conquiert le ministre de l'Intérieur de Disraeli, Richard Cross, qui fait voter en 1875 la Loi sur les logis des artisans. Les espoirs suscités par le projet, puis par le vote, ont été démesurés : si l'on a effectivement procédé ensuite à des expropriations, les nouveaux loyers, comme dans le cas des autres expériences, se sont révélés trop élevés pour les quelque vingt-trois mille personnes « déplacées » avant 1880, et le Trésor public a alimenté surtout les caisses de propriétaires généreusement indemnisés !

Rien n'est donc vraiment résolu, mais on a introduit une lueur d'espoir dans un monde urbain écrasé jusqu'alors sous le poids de ses problèmes et de l'excès d'égoïsme individuel des possédants. Et il est bien vrai que, pour des raisons variées, les élites semblent davantage jouer le jeu de la compassion.

Dans le cadre de la Loi des pauvres, on continue d'apporter des secours, vers le milieu des années 1870, à 4,5 % de la population anglo-galloise. Mais, en 1874, près de 54 % des pensionnaires des *workhouses* sont des invalides et plus de 31 % des enfants, et le rôle d'hospices et de centres de formation pour les plus jeunes paraît prévaloir quand près de 85 % des indigents reçoivent un secours à domicile. Rien n'est acquis, et une réaction liée à l'accroissement de la demande fait revenir, jusqu'en 1880, à la pratique de l'« enfermement » des adultes valides sollicitant des secours. Avant ce sursaut, on pouvait penser que le pire était passé.

La charité privée demeure des plus actives. Les périodes de souffrances sociales coïncident avec des élans de solidarité remarquables : c'est le cas au temps de la famine du coton dans le Lancashire, c'est aussi le cas en 1866-1869 dans l'East End londonien, où l'on multiplie les soupes populaires et les distributions d'aumônes, au grand dam de bons esprits qui continuent de dénoncer la perversion des lois de la nature et l'encouragement donné à la « paresse ». Peut-être parce que sensible à ces propos, la nouvelle fédération des œuvres charitables de Londres, la C.O.S., dont bien des membres viennent des professions libérales et sont les promus de leurs propres efforts, met l'accent sur la lutte contre « la démoralisation des pauvres » : il s'agit de stopper les aumônes distribuées indistinctement, de privilégier les actions collectives, la création de dispensaires de soins, d'accorder un secours à des indigents après enquête préalable, de se montrer ainsi encore plus rigoureux que les employés de l'Assistance publique. Mais la C.O.S., malgré son importance, est fort loin de rassembler une majorité des organisations charitables.

S'occuper des corps n'est pas la fin de toutes choses. On publie en 1872 les lettres qu'Edward Dennison, mort deux ans plus tôt, avait adressées à ses amis depuis 1867, tout en remplissant sa tâche d'aumônier d'une société de charité dans le quartier londonien de Stepney : il y dénonce l'ignorance dans laquelle on maintient les pauvres, affirme la nécessité de nourrir leur intelligence et de leur offrir des chances réelles de promotion ; Walter Besant, par ailleurs apôtre du malthusianisme familial, en est bouleversé au point de mener une longue lutte qui aboutit, en 1885, à l'ouverture de Toynbee Hall, sorte d'université populaire de l'Est londonien, et, deux ans plus tard, à celle du palais du Peuple, inauguré par la reine elle-même et destiné à servir de lieux d'expositions, de conférences, d'enseignements au bénéfice des démunis de la société.

Tout n'est pas pure générosité dans les motivations des réformateurs et des hommes de charité. La peur du crime, la hantise du péché, les calculs électoraux au lendemain de la réforme de 1867, jouent leur rôle. L'essentiel n'est pas là. Dans la décennie même où, de la fondation de la Première Internationale à Londres en 1864, au départ de l'organisation pour New York en 1873, les marxistes prêchent la lutte des classes, leur « clientèle » potentielle prend conscience, en Grande-Bretagne, des chances offertes par la coopération des riches et des pauvres. Tout se passe comme si, dans cette époque charnière du mouvement ouvrier mondial, le foyer d'accueil de Karl Marx (qui passe à Londres l'essentiel des années 1859-1883) était décisivement gagné, avant tous les autres pays, par le « révisionnisme ». Cette victoire, dont les socialistes révolutionnaires pensent encore, dans les décennies suivantes, pouvoir faire appel, ne peut pas être sans rapport avec la vigueur exceptionnelle du réformisme des notables.

Au premier rang des initiateurs du progrès, sont nombre de confessions religieuses. Au départ, les efforts des unes et des autres convergent surtout vers la pastorale et la charité. Ces efforts passent, par exemple, par l'édification de lieux de culte. Sous l'impulsion de la hiérarchie, mais aussi grâce à des associations locales, à Londres, à Birmingham, à Manchester, l'Église établie construit de nombreux temples paroissiaux : dans le nouvel évêché anglican de Manchester (érigé en 1847), où l'on compte cinquante lieux de prières existants, une société diocésaine contribue, avant 1868, à l'édification de quatre-vingt-dix nouvelles églises et à la restauration de soixante et une autres. Les sectes agissent de même : les congrégationalistes lèvent de multiples contributions (cent cinquante mille livres dans la seule année 1862) et édifient plusieurs centaines de nouveaux lieux de culte entre 1850 et 1880. L'Église catholique ne fait pas exception, Saint-Vincent-de-Paul à Liverpool édifiée grâce à une première collecte d'avril 1856 au printemps 1857 pour acquérir le terrain nécessaire, puis par le versement d'un véritable « denier du culte » équivalent, chaque semaine à une journée de paye de chacun des paroissiens, pourtant souvent fort pauvres. L'usage des *pews*, sans disparaître partout, devant les oppositions des notables et sous la pression des besoins de financement du culte, est abandonné dans bien des endroits : un tiers des églises londoniennes sont « égalitaires » en 1876, et on est sur la pente décisive, puisque, en 1890, près de quatre cinquièmes des temples anglicans sont dans le même cas ; leur exemple n'est pourtant pas suivi par les méthodistes wesleyens, encore moins par les congrégationalistes, qui jugent impossible de tarir cette source de revenus. Par ailleurs, on s'efforce de financer des lieux de culte dans les zones religieusement sous-développées, des « missionnaires » organisent des services religieux dans des quartiers deshérités, parfois dans des salles privées ou dans des caf' conc' en dehors des heures d'ouverture ; les méthodistes conservent, surtout parmi les primitifs, la coutume de faire « tourner » jusqu'à 10 % de leurs membres dans des circuits d'évangélisation ; l'époque autorise encore le recrutement de nombreux prêtres et pasteurs nouveaux. On voit des évêques anglicans prêcher en plein air. Bien des cultes empruntent leurs principes à une société alors en plein essor, et qui ne prendra qu'en 1878 son nom définitif d'Armée du Salut : sous la direction de William Booth, issu du méthodisme, elle entend évangéliser les masses en allant à elles, en mettant l'accent sur la participation active des fidèles, entraînés à chanter sur des airs populaires des psaumes et autres chants religieux ; elle promet à tous le salut par la foi et étoffe des rangs, très clairsemés dans les années 1860, de recrues venus des milieux les plus humbles.

Ce militantisme religieux n'a pas ramené à la pratique une proportion importante de citoyens. On n'a certes plus jamais connu un recensement religieux : mais toutes les enquêtes statistiques et sociologiques menées dans les dernières décennies du siècle ont démontré que la déchristianisation s'est accentuée, au point que, vers 1900, moins d'un quart des Britanniques fréquentaient les lieux de culte anciens et nouveaux. Mais les efforts de toutes les confessions semblent bien avoir contribué à forger quelques réalités nouvelles : ils ont réhabilité l'image du prêtre, fait circuler des images, des écrits et des paroles de fort contenu religieux, offert à l'élite du monde ouvrier, surtout au sein du méthodisme primitif, mais pas exclusivement, un lieu égalitaire de formation militante au discours et au dialogue, contribué, après ou en même temps que l'école, à préserver une religiosité de masse. Pendant longtemps, un orateur n'a pu être entendu d'un auditoire populaire, surtout dans les comtés de l'Ouest industriel ou dans le Pays de Galles, pour ne rien dire de l'Écosse, qu'à la condition d'employer les mots, les images et les comparaisons familières, empruntées à la Bible. Le fossé qui aurait pu se creuser entre une élite attentive à ses « devoirs religieux » et une masse majoritairement absente des temples a été évité. Ce faisant, on a rendu moins plausible un « grand soir » révolutionnaire et sanglant.

Les élans de générosité et de solidarité des uns et des autres minimisent le rôle de la puissance publique. Du coup, la faiblesse des interventions royales et l'apitoiement de la souveraine sur ses propres souffrances privées ont eu un retentissement sans doute limité, et ses serviteurs les plus loyaux ont pu ne pas rêver en imaginant possible une nouvelle foi patriotique populaire.

La crise et la fin des grandes illusions

Entre 1873 et 1880, le moteur économique connaît des ratés de plus en plus sérieux et, à la fin de la décennie, il faut bien se convaincre qu'il ne s'agit pas de maux passagers ou d'une conjoncture difficile. Tout, soudain, est remis en question.

La « Grande Dépression » anglaise a surtout, et d'ailleurs inégalement, affecté une agriculture que le libre-échange, associé à une nouvelle révolution des transports, condamne à la fois à la régression quantitative et à d'immenses mutations, et elle fait de la Grande-Bretagne une importatrice, en quantités massives, de produits alimentaires venus de colonies, mais surtout d'États ou régions neufs, et qu'il faut bien payer. L'industrie subit le choc du développement de nouvelles puissances : l'Allemagne que les cinq milliards de l'indemnité de guerre française a considérablement stimulée après 1871, les États-Unis, une fois leur « reconstruction » achevée vers 1878, mais aussi la France, l'Italie unifiée, la Belgique, et même la Russie des tsars qui connaît dans les années 1880 son premier « décollage ». Les Britanniques perdent des clients, qui se muent en rivaux sur les marchés du monde et, surtout, qui adoptent souvent plus rapidement de nouvelles techniques ou s'engouffrent dans des secteurs plus ou moins négligés ou ignorés auparavant, de la chimie à l'électricité, bientôt à l'automobile. On ne reste certes pas inactif en Grande-Bretagne : de dynamiques industries de consommation s'appuient, dès la fin des années 1880, sur de puissants réseaux de commerce de détail, la sidérurgie sait épouser l'âge de l'acier et de ses nouveaux convertisseurs.

Les handicaps sont pourtant lourds à surmonter. L'esprit des « entrepreneurs » est souvent celui d'« héritiers », éduqués dans des *public schools* et des universités plus ouvertes aux humanités et aux sports et soucieuses de la formation du caractère qu'elles ne prêchent la valeur des sciences et des techniques. Trop de firmes demeurent de faible taille et ont l'orgueil de refuser l'apport de capitaux extérieurs, que les banques d'affaires hésiteraient d'ailleurs à leur procurer directement. La rentabilité des investissements suscite des doutes ravageurs, quand on préfère croire en la « qualité britannique » ou se fier aux bas salaires relatifs dans une Angleterre encore bien pourvue en jeunes : sans s'apercevoir de la contradiction entre l'insuffisance du pouvoir d'achat des classes défavorisées, dans lesquelles un tiers de citoyens vivent sur une « frontière d'indigence », et les difficultés d'écouler un trop-plein de production nationale ! On ne croit plus alors réellement aux vertus du libre-échange ; mais pas non plus à la possibilité d'y mettre fin. Dès les années 1880, on avait rapidement même « enterré » la position pourtant plus modérée d'une Ligue « pour le commerce loyal » (Fair Trade League) qui, devant l'érection de barrières douanières partout dans le monde, demandait à tout le moins des accords bilatéraux et des concessions réciproques.

John Bull devient certes, dans les vingt dernières années du siècle, un investisseur forcené dans le monde entier, la Cité offre des services bancaires, des assurances, des produits financiers recherchés, les armateurs louent leurs flottes aux nations dépourvues de marines marchandes suffisantes. L'Angleterre « pompe » ainsi des revenus hors des îles Britanniques, et ce n'est pas forcément en contradiction avec les besoins supposés de l'industrie nationale : les économètres modernes, R. Floud, McCloskey, par exemple, ont bien fait remarquer combien il aurait été difficile de trouver suffisamment de capitaux pour garantir une croissance industrielle aussi forte que par le passé et, surtout, à l'âge des protectionnismes nationaux, combien l'Angleterre aurait été embarrassée de devoir écouler une production qui serait rapidement apparue largement excédentaire. Mais investir, compter sur des clients étrangers, c'est aussi songer à accroître la sécurité des communications et des capitaux, c'est éprouver quelque désir de planter son drapeau sur des territoires susceptibles de fournir marchés et matières premières indispensables, c'est cultiver la volonté d'« ouvrir » les espaces encore fermés aux grandes entreprises capitalistes, c'est solliciter de plus en plus l'État de couvrir et d'encourager ces entreprises.

La crise de l'économie connaît ses retombées sociales. On renoue avec l'attitude frileuse des entrepreneurs et la mentalité rétrograde des responsables de l'assistance publique. C'est à partir de 1878 qu'ils entendent faire des économies et « tenir » la dépense globale à un niveau de sept millions de livres, chiffre largement inférieur, en regard de la croissance démographique, à celui du début des années 1830 ; on a pu calculer que l'aide publique aux indigents a représenté entre 0,6 % et 1,6 % du produit intérieur brut britannique de l'époque. Dans les années 1876-1880, on a abaissé les secours à domicile à environ 22 % du total, deux à trois fois moins que dans la décennie précédente.

Les « privés », qui apportent à la charité plus d'argent que les administrations publiques, ne font pas nécessairement mieux, tant sont impitoyables les investigations menées avant d'accorder des secours à un indigent. Dans son rapport annuel de 1876[40], la Société d'organisation de la charité rappelle l'absolue nécessité de développer l'esprit de « *self help* » et de réserver le secours « à des infortunes exceptionnelles » ; les classes laborieuses « auraient dû anticiper les difficultés conjoncturelles et prendre les mesures nécessaires », par exemple par l'épargne ; il convient surtout de lutter contre un état d'esprit de dépendance, « fatal à tout progrès ; la mission de la Société n'est pas seulement d'aider l'ouvrier et sa famille, elle est aussi de lui faire passer ce message ». On lit, en regard, le terrible cri poussé par le pasteur Andrew Mearns en 1883, dans son *Bitter Cry of Outcast London* (*La Plainte amère du Londres des déclassés*), véritable voyage dans l'enfer urbain : Victoria en a eu connaissance et a pressé les membres de son gouvernement d'ouvrir une enquête sur le logement ouvrier, contribuant ainsi à la mise sur pied d'une Commission royale. C'est que Mearns l'avait bouleversée :

> Nous devons affronter les faits : et ceux-ci emportent la conviction que ce TERRIBLE FLUX DE PÉCHÉ ET D'INDIGENCE NE CESSE DE MONTER VERS NOUS. Il s'élève chaque jour. Cette affirmation, nous l'exprimons après une longue, patiente et objective investigation [...]. En fait, aucun imprimeur respectable n'imprimerait, et aucune famille décente n'admettrait l'exposé le plus sec des horreurs et infamies découvertes au cœur d'une brève exploration maison par maison. *Bien loin de rechercher le pire dans nos résultats de manière à en appeler à l'émotion, nous avons été contraints de minimiser chaque chose, et d'omettre totalement ce qui exigerait le plus d'être connu, pour ne pas infliger une souffrance insupportable aux oreilles et aux yeux de nos lecteurs*[41]. Pourtant, même édulcorée, notre narration doit représenter pour tout cœur chrétien un appel lourd et amer, un appel à l'aide [...].
>
> On ne doit guère nous créditer de consacrer toute notre richesse et tous nos efforts à pourvoir aux besoins spirituels de ceux qui vivent dans des conditions de confort, alors qu'on ne dépense rien en faveur des pauvres dans l'abjection. Il est vrai que nous n'avons pas ménagé notre peine envers une classe quelconque, mais cela ne justifie en rien notre totale négligence de l'œuvre de secours à la détresse. Refuser notre compassion à ceux qui en ont le plus besoin, sous prétexte que nous n'avons pas encore achevé notre œuvre en faveur de ceux qui la nécessitent le moins, est un choix que nous aurions de la peine à justifier devant notre Maître et Seigneur. [...] C'est une plainte des plus amères qui monte au ciel, expression de la misère de Londres face à l'apathie de l'Église.

Certes, la mégapole londonienne n'est pas nécessairement représentative de la situation dans des agglomérations d'échelle plus humaine, mais la générosité n'est nulle part de mise et, dans le cas de l'Écosse, où la législation est particulière, le faible nombre de secourus résulte davantage d'une définition plus restrictive des devoirs et des capacités financières des administrateurs que d'une réalité plus riante : Glasgow, avec ses quartiers industriels et portuaires, son réseau de rues et de venelles pouilleuses, ne fait assurément pas un contraste riant avec l'East End de Londres !

Les confessions religieuses sont impuissantes à éveiller suffisamment les consciences. Baptisée Armée du Salut en 1878, les « officiers » de William Booth constituent certes une puissante organisation pastorale; elle adopte une stricte discipline pour ses membres, les dote d'uniformes et organise des fanfares qu'elle fait défiler dans les rues ou jouer aux carrefours. Mais quelques années suffiront pour convaincre Booth que ventre creux n'a pas d'oreilles et que l'évangélisation exige au préalable la charité, par l'accueil et l'alimentation des indigents !

La crise a déçu les espérances réformistes des syndicats et amenuisé le nombre de leurs membres, le T.U.C. (Trade Union Congress) ramené de près de douze cent mille membres représentés au congrès de 1874 à un plancher de moins de cinq cent mille à celui de Londres en 1881 (la moitié du chiffre de Dundee en 1889). Les chances de nouvelles revendications salariales sont faibles jusqu'en 1888-1889. Les offensives patronales ont provoqué une baisse de 10 % des salaires nominaux en quelques années, et, surtout, un chômage qui ne touche pas moins d'un dixième des ouvriers qualifiés représentés dans les syndicats qui en font le décompte, sans doute bien pire parmi les travailleurs non qualifiés. Les trade-unions, qui assument aussi un rôle de mutuelles d'assurances en cas de maladie ou de chômage, sont financièrement quasi-exsangues et bien incapables, après de sévères défaites en 1878-1879, d'envisager des actions revendicatives. L'appareil dirigeant, qui s'accroche aux espérances passées, soutient un édifice qui a grand besoin de réhabilitation et de réorganisation.

Des regroupements politiques se sont aussi faits « à gauche » avec la diffusion bien plus considérable désormais, dans les années 1880, d'idées socialistes. Moins que Karl Marx, dont la mort à Londres, en 1883, sera signalée au *Times* par son correspondant parisien, c'est un plagiaire de ses œuvres, Henry Mayers Hyndman, auteur en 1881 de *L'Angleterre pour tous*, qui organise la première force socialiste crédible. Homme de pensée et d'action, infatigable propagandiste, utilisant par sa correspondance les colonnes des journaux bourgeois, sans scrupules excessifs quand il s'agit de s'allier localement à des adversaires, de calomnier des rivaux, Hyndman a longtemps poursuivi des fins qui lui paraissaient justifier tous les moyens; il ne se soucie pas d'amitié, ne craint pas de se contredire d'une année sur l'autre, et il est l'homme de toutes les ruptures et de bien des trahisons. En 1881, sur une logomachie marxiste, il construit un parti, la Fédération démocrate, qu'il transforme en 1883 en Fédération sociale démocrate et dans laquelle il fait un temps coexister des ouvriers convertis, comme John Burns, et des patrons et des esthètes, venus au socialisme par idéalisme, comme William Morris; les sociaux-démocrates connaîtront des succès de propagande, surtout en 1886-1887, parmi les chômeurs de Londres. Le 8 février 1886, notamment, John Burns brandit le drapeau rouge à Trafalgar Square et la scène est depuis restée fameuse.

Un petit syndicat d'ouvriers non qualifiés avait, en effet, organisé un meeting pour revendiquer « du pain, pas la charité » et exiger la mise en œuvre de travaux publics. Quinze à vingt mille manifestants médusés voient soudain arriver Hyndman et ses amis, Burns brandissant un drapeau rouge, et ainsi « confisquer » la réunion à leur profit. « Il y eut un grand rugissement quand l'homme au drapeau rouge escalada la statue qui surmonte la place. Tous les visages jusqu'alors tournés vers le sud se dirigèrent vers le nord. » Et le *Times* de poursuivre ainsi son reportage, en rapportant les propos enflammés de Burns : « Il faut une révolution pour changer l'état présent des choses. Le nombre, les ouvriers en disposent ; la minorité, ce sont les possesseurs de la richesse qui la constituent » ; et l'orateur de se référer aux canuts lyonnais de 1834 comme à ses ancêtres chartistes, pour affirmer, comme eux, « qu'il vaut mieux mourir en combattant que de mourir de faim ». À la fin, un cortège de deux milliers de personnes défile le long du Mall, de Saint James Street, des pierres sont lancées contre les fenêtres de clubs aristocratiques, on pille des bijouteries et des débits de boisson, les passants fuient, les commerçants ferment boutique. « Le bilan de cette journée », conclut le *Times*, « est une œuvre de désastre et de honte comme Londres n'en avait jamais connu de mémoire d'homme. » Et, dans les jours qui suivent, l'anxiété gagne les milieux dirigeants. Le climat de saison aidant, on croit voir surgir de la purée de pois les fantômes d'une révolution en marche. Les bourgeois vivent une sorte de « grande peur ».

Voilà l'événement qui fait sortir Victoria de ses silences quand elle n'a pas réagi aux excès de la misère. Elle n'a pas été la dernière à se manifester. D'Osborne, le 11 février, elle envoie une lettre furieuse à son Premier ministre, Gladstone :

> La Reine ne trouve pas assez de mots pour traduire son indignation devant la monstrueuse émeute de l'autre jour à Londres, et qui, mettant en péril des vies humaines, a marqué un triomphe mémorable du socialisme et une égale disgrâce pour la capitale. Si des mesures, et de très sévères, ne sont pas prises rapidement pour mettre un terme à ces événements en employant la manière forte, pour en punir sévèrement les véritables chefs, et pour aller, selon la promesse de M. Gladstone, « au fond des choses », le Gouvernement en subira les graves conséquences. L'effet produit à l'étranger est d'ores et déjà très humiliant pour notre pays ; et que cela se soit produit précisément à l'instant où un Cabinet

libéral-radical a pris les rênes, que tant de militants les plus respectés de M. Gladstone ont refusé de rejoindre, voire de soutenir, créera une impression des plus pénibles. Il semble que la police soit grandement à blâmer.

Aux amabilités de sa souveraine, trop heureuse de l'occasion de s'en prendre à un homme qu'elle en est venue à détester, le Premier ministre répond, dès le lendemain, avec une respectueuse, mais cinglante netteté :

> M. Gladstone s'est entretenu hier avec le Home Secretary des déplorables et déplaisantes émeutes, que l'on aurait si facilement pu prévenir, mais qui, de son avis, ont, en plus des maux immédiats, terni la réputation de notre pays aux yeux du monde civilisé. Il partage avec M. Childers le sentiment que toute enquête sur les erreurs commises devrait être reportée jusqu'au moment où l'ordre et la sécurité auront été complètement restaurés, mais pas au-delà de ce terme, et des arrangements judicieux ont été adoptés en ce sens et seront scrupuleusement observés. Cependant, l'événement devrait, au mieux, demeurer un sujet de douleur réelle et de regret. C'est une consolation de garder à l'esprit qu'il ne s'accompagne d'aucun trouble pour l'efficacité ordinaire de cette force admirable que constitue la police londonienne.

En fait, les troubles sociaux continueront d'affecter la capitale jusqu'à la fin de 1887, culminant au « dimanche sanglant » du 13 novembre 1887, où des forces de l'ordre impressionnantes, la police renforcée par un bataillon de Life Guards, chargent la foule, tuent ou blessent de nombreuses personnes, arrêtent quarante manifestants, dont John Burns. Après quoi, toute la violence retombe et force restera désormais à la loi. Ce qui ne signifie pas, loin de là, la défaite du socialisme idéologique.

En 1885, des dissidents, soutenus un temps par le verbe et l'argent de William Morris, ont créé la Ligue socialiste qui, sans l'aveu de Morris, sombre de plus en plus dans l'anarchisme. L'année précédente, des intellectuels se sont regroupés dans un club de réflexion socialiste, la Société fabienne, ainsi dénommée parce que, comme Fabius Cunctator face à Hannibal, elle entend temporiser, éduquer, faire la guérilla à son ennemie, la société capitaliste, avant de tenter de renverser le colosse affaibli. En 1887, les *Essais fabiens*, sous la plume de George Bernard Shaw, expliquent cette stratégie, au départ faite de réformisme et d'évolutionnisme, on dira de « gradualisme », et surtout de réalisme et de refus du verbiage et de l'émotion. Car, « dans la physique du socialisme, la lumière compte plus que la chaleur ». Les fabiens, qui se nomment aussi Henry George Wells ou Sidney Webb, suscitent certes l'ironie quelque peu jalouse d'un Engels, mais leur influence a été durable.

La montée de ces forces nouvelles ne représente pas encore une menace majeure pour les autres mouvements politiques, mais elle les oblige à tenir davantage compte des attentes populaires. D'où l'importance de faire passer dans la masse un message idéologique nouveau et stimulant. Et aussi de chercher à gommer les différences au sein des élites pour refaire la grande alliance des possédants de 1832.

Sur ce dernier point, l'exemple est apporté par la renonciation de Victoria elle-même à des préjugés qui, longtemps, s'étaient opposés à l'introduction de juifs dans la pairie. En 1885, elle accepte la proposition de Gladstone d'élever Nathaniel de Rothschild à la Chambre des lords. La suggestion tient en partie à la volonté du parti libéral de ne pas laisser le puissant financier, député aux Communes, glisser dans le camp tory. Mais, selon le secrétaire du Premier ministre, Eddie Hamilton, il s'agissait aussi « d'apporter une force commerciale aux Lords », en clair d'injecter un sang nouveau dans la Chambre haute en cessant de la réserver par priorité à des héritiers, des serviteurs de la Couronne, des grands propriétaires fonciers. La reine, qui avait fermement, en 1869, rejeté l'idée d'anoblir Lionel de Rothschild, a cette fois été d'autant plus facilement convaincue qu'elle avait fait la connaissance de Nathaniel en 1881, en sa qualité d'exécuteur testamentaire de lord Beaconsfield : elle l'avait jugé « bel homme, d'une contenance juive raffinée ». Le 9 juillet, le nouveau lord, entouré de ses deux « parrains », lord Carrington, son ancien condisciple de Cambridge, et lord Rosebery, son cousin par alliance, prête serment sur une bible hébraïque, le chapeau sur la tête ; il a, dans une courte missive, remercié Gladstone, « champion de la liberté civile et religieuse » pour avoir accompli en sa faveur un geste décisif, et les témoins de l'époque virent là le terme des dernières discriminations à l'encontre des juifs[42]. Du même coup, rien ne s'opposait à une unité encore plus affirmée de la société dirigeante.

Mais en même temps, cette société est consciente de la nécessité de rechercher quelques solutions pour humaniser le système. En 1882, Victoria décidément réveillée par la panique ambiante, avait commencé à juger l'Armée du Salut de manière bien plus positive, au point d'envoyer à ses chefs une lettre d'encouragement que le *War Cry*, journal de l'Armée, tiré à plus de trois cent mille exemplaires, publia et qui fut lue dans bien des assemblées. En 1890, la reine devait partager l'état d'esprit de nombre de membres de l'élite quand le général William Booth publia son livre *Dans l'Angleterre la plus sombre et la voie pour en sortir (In Darkest England and the Way Out)*, dans lequel il préconise d'aider, grâce aux souscriptions de généreux donateurs, les chômeurs à se constituer en colonies de fermiers ou, mieux encore, à émigrer. Quand son aumônier lui en fait l'éloge, Victoria autorise l'Armée du Salut à prendre acte de sa position[43] :

La reine ne peut bien sûr exprimer aucune opinion sur les détails d'un schéma dont elle n'a pas une claire connaissance, mais elle comprend que votre objet est d'alléger la misère et les souffrances, et Sa Majesté vous souhaite cordialement le succès dans l'entreprise que vous avez lancée.

L'idéologie impérialiste

Plus que jamais, elle est destinée à cimenter l'unité de la nation, toutes classes confondues. Elle repose sur les piliers du darwinisme social et de l'interprétation de l'histoire nationale ; elle s'exprime sous des formes littéraires variées. Ses résultats se mesurent sur la longue durée[44].

Le besoin de marchés et de sources de matières premières a en tout cas fait taire les héritiers des partisans d'une « Petite Angleterre » : en 1884, la *Pall Mall Gazette* croyait pouvoir affirmer triomphalement que « l'école de M. Godwin Smith est aussi éteinte que l'espèce des mégatériums, et la contraction de l'Angleterre sur elle-même ne garde plus un seul avocat dans la presse quotidienne, non plus que dans les rangs libéraux et radicaux où l'on rivalise d'enthousiasme patriotique avec les conservateurs[45] ». Même si l'exagération du propos est manifeste, elle témoigne de l'emprise de nouvelles idéologies et du ralliement de bien des forces vives de la société.

Charles Darwin a publié en 1859 son *Origine des espèces*, en 1871 son *De la descendance de l'homme*. À sa mort, en 1882, malgré un scandale qui n'est pas près de s'éteindre, certains de ses principes sont quasi-indiscutés : l'évolution commandée par la lutte pour la vie, la survie des « plus aptes », l'homme reconnu partie intégrante de ce grand jeu de la nature et en étroite parenté d'ailleurs avec d'autres espèces vivantes. Pendant que des théologiens, dès les années 1880, s'efforcent, au sein d'un nouveau courant « moderniste », de concilier la science et la foi en acceptant nombre de données nouvelles, des interprètes de la vie en société, dont Herbert Spencer, tirent leurs propres leçons et façonnent un « évolutionnisme » à l'échelle de l'homme. Le « darwinisme social » intègre bientôt des théories scientifiquement contestables et que Charles Darwin n'avait en rien professées. Sur le continent européen, on voit remettre en honneur, avec des interprétations neuves, les thèses du comte de Gobineau dans son *Essai sur l'inégalité des races humaines* (1853-1855) et, à la fin du siècle, l'Anglais Houston Stewart Chamberlain, établi en Allemagne et écrivant en allemand, fera du racisme et de la supériorité de la race aryenne les « fondements du XIXe siècle ». Dans le monde anglo-américain, chemine aussi l'idée que les races humaines sont dotées de moyens intellectuels et physiques différents, inférieurs ou supérieurs, et qu'à l'intérieur même de chaque groupe racial figurent des individus de plus ou moins grande capacité, les uns destinés à définir une élite, d'autres à constituer ses subordonnés. On voit ainsi se propager, de part et d'autre de l'Atlantique, depuis les écrits de Josiah Strong qui exalte le peuple américain (*Our Country*, 1885) jusqu'à l'essai du journaliste John Fiske (*Manifest Destiny,* 1885), des idées de supériorité d'une race anglo-saxonne : les Anglais voudront la faire « une », tandis qu'un Strong et un Fiske affirment les qualités spécifiques des fils de l'immigration et des grands espaces. Cette race, le mot a d'ailleurs le plus souvent une connotation culturelle et morale, aurait une « destinée manifeste » : gouverner le monde ou, en tout cas, permettre, au bénéfice de l'humanité tout entière, y compris des peuples trop inférieurs pour accomplir eux-mêmes cette noble tâche, le développement des richesses du monde. Pour les partisans de la colonisation, un habillage « scientifique » était ainsi apporté à des présupposés anciens et, comme la philanthropie antérieure, permet d'évoquer « un devoir de civilisation ». Au moment où, en Grande-Bretagne, le développement de l'enseignement multiplie les maîtres, à l'esprit souvent rempli de la fierté des connaissances, et leurs élèves anciens ou présents auxquels ils tentent de communiquer leur enthousiasme, il n'était certes pas négligeable de pouvoir appeler la science au secours de la pensée coloniale.

L'histoire ne manque pas d'y venir de son côté, quand la décennie 1880 hisse précisément cette discipline au rang revendiqué d'une « science » et la détache décisivement de ses liens anciens avec le genre littéraire. Les manuels scolaires de l'école primaire elle-même commencent à diffuser de grands exemples et une certaine idée de l'Angleterre[46].

Faire parler l'histoire n'est pas nouveau, comparer un pays à d'autres qui l'ont précédé sur les chemins de la grandeur est une méthode très avérée ; le XIXe siècle a connu toutes les quêtes de « lois de l'histoire », et les Britanniques ont lu les écrits du capitaine, puis amiral Mahan, professeur à l'École navale des États-Unis, qui, dans les années 1890, partant de l'analyse des victoires anglaises à l'époque révolutionnaire et napoléonienne, en déduit que la maîtrise des mers est la condition de la puissance... et préconise pour son pays aussi une active politique maritime et la conquête d'îles et archipels du Pacifique. De ce côté de l'Atlantique, on est d'autant moins en reste que les érudits sont nourris de culture antique, comparent volontiers la thalassocratie athénienne à la britannique ou, encore, en humanistes avertis, se tournent vers l'histoire de Venise et de sa longue domination en Méditerranée orientale. Éblouis par leur vision du passé anglais, les détenteurs des chaires professorales se muent volontiers en prophètes de l'avenir. Nous avons déjà évoqué J.A. Seeley dans sa justification, en 1883, de la préservation d'un Empire en Inde. La conclusion de son *Expansion of England* constitue un texte capital pour apprécier les apports de l'histoire académique à l'impérialisme[47].

La Plus-Grande-Bretagne ne constitue en rien, au sens ordinaire, un Empire. Considérons sa seule partie coloniale : nous contemplons une croissance naturelle, une extension simplement normale de la race britannique dans d'autres pays. [...] Cela crée non pas un Empire à proprement parler, mais seulement un très vaste État. [...] J'ai insinué que, dans le monde moderne, la distance a grandement perdu de ses effets, et qu'il existe des signes prouvant qu'un jour les États seront plus étendus qu'ils ne l'ont été jusqu'à présent. [...] Depuis l'époque de Burke, l'océan Atlantique a diminué jusqu'à devenir à peine plus large que la mer séparant la Grèce de la Sicile. [...] De vastes forces d'unification ont commencé à agir, le commerce et l'émigration. En même temps, les liens naturels qui unissent les Anglais retrouvent leur influence [...] je veux dire les liens de nationalité, de langage et de religion. [...] Il apparaît possible que notre soi-disant Empire colonial mérite de plus en plus d'être dénommé Plus-Grande-Bretagne, et que ses liens [internes] ne cessent de se consolider. Alors, les mers qui nous divisent pourraient être oubliées. [...] L'émigration à une vaste échelle pourrait devenir le remède au problème du paupérisme, une organisation pourrait graduellement être mise en place qui rendrait toute la force de l'Empire disponible en cas de guerre. [...]

On nous fait souvent des panégyriques abstraits sur le bonheur des petits États. [...] mais les jours brillants d'Athènes et de Florence n'eurent d'autre durée que celle de leurs relations avec des États de comparable étendue. [...] L'Angleterre a, dans le moment présent, le choix entre les deux termes d'une alternative : celui qui, à l'avenir, la placerait au niveau des plus grands États, le second qui la réduirait à l'échelle d'une puissance purement européenne tournée vers le passé, semblable à l'Espagne d'aujourd'hui comparée aux grands jours où elle nourrit la prétention d'être un État-monde.

Ce que j'ai dit ne s'applique pas à l'Inde [dont] la population est complètement étrangère et les institutions différentes des nôtres [...].

Il y a quelque chose d'irréel dans toutes les notions d'abandon des colonies et d'abandon de l'Inde. [...] Est-il dans notre pouvoir d'annuler la croissance de plusieurs siècles [...] ? L'écoulement du temps et la force vitale [...] limitent votre liberté plus que nous n'en avons conscience. [...] Nos hommes d'État, nos historiens pensent toujours à l'Angleterre, non à la Plus-Grande-Bretagne, en évoquant leur patrie ; ils continuent de penser seulement que l'Angleterre *possède* des colonies, et ils s'autorisent à parler comme si elle pouvait simplement, sur un coup de sifflet, les disperser et redevenir, en pleine quiétude, la vieille île solitaire de l'époque de la Reine Élisabeth. [...] Mais il ne s'agit que d'un rêve chimérique, fruit de l'inattention, un de ces monstres, car il s'agit de monstres, créés non pas par l'imagination, mais par le manque d'imagination ! [...]

La particularité de l'évolution anglaise [...] a été faite d'une expansion sans parallèle. Tenez-vous à cela et vous aurez la clef à la fois du XVIIIe et du XIXe siècle. Les guerres avec la France, de Louis XIV à Napoléon, rentrent dans des séries intelligibles. [...] La croissance de la richesse, du commerce et de l'industrie, la chute du vieux système colonial et l'essor graduel d'un nouveau système s'insèrent aisément dans la même formule. Enfin, cette formule relie le passé de l'Angleterre et son avenir et nous laisse [...] illuminés et plus profondément concernés, parce que en partie préparés à ce qui va survenir.

Tout est dit : le passé détermine l'avenir, la Grande-Bretagne ne demeurera une puissance qu'à condition de s'unir à ses excroissances d'outre-mer, l'histoire enseigne à la fois la montée d'États toujours plus étendus et la vocation de l'Angleterre, sa « force vitale », à une expansion qui crée les conditions de sa grandeur à l'avenir. Ce que soutient Seeley n'est pas renié par son contemporain James Anthony Froude (il meurt en 1894, un an avant Seeley) : outre une histoire des Antilles, il publie en 1886 son *Oceana*, titre audacieusement emprunté à James Harrington, auteur en 1656 d'un ouvrage fameux qui, entre autres, développait déjà le thème de la vocation de l'Angleterre à dominer les mers. L'un et l'autre ont partagé les vues d'un historien aussi célèbre de leur temps, J.R. Green, qui, dès 1880, prophétise le déclin de l'Europe, celui d'une France et d'une Allemagne engluées dans des querelles désuètes, annonce l'avènement de puissances au-delà du Pacifique et de l'Atlantique, et ne voit pour l'Angleterre qu'une issue : se hisser aux perspectives d'un État-monde.

Les « impérialistes de la chaire » ont trouvé des relais : parmi des hommes d'État, de hauts fonctionnaires, mais aussi dans des mouvements et des institutions de propagande. Divisions partisanes et retournements permettent aux personnalités les plus fortes et les plus déterminées de s'imposer plus aisément.

Le camp impérialiste a pu compter sur des individualités particulièrement brillantes. Du côté conservateur, après la mort en 1881 de Disraeli, le flambeau expansionniste avait surtout été repris par Randolph Churchill, qui anime un courant de « conservatisme démocratique » à la tête d'un « quatrième parti » de députés du rang et, en 1883, fonde la Ligue de la primevère (*Primrose League*) ; il a l'étoffe d'un chef de parti, et il est en 1886, chancelier de l'Échiquier et leader de la Chambre des communes ; par la suite, jusqu'en 1891, date où commence sa marche fatale à la mort, exerce une profonde influence sur ses collègues. Plus sceptique, plus prudent, héritier d'un illustre nom, le marquis de Salisbury est devenu dans les années 1880, et reste jusqu'en 1902, le chef des tories ; en 1878, on lui doit pourtant la formule fameuse qui détermine grandement son action par la suite : « Le commerce d'un grand pays aussi commerçant que le nôtre ne s'épanouira – l'histoire ne cesse d'en témoigner – qu'à l'ombre de l'Empire, et ceux qui voudraient liquider l'Empire pour garantir la prospérité du commerce finiraient par perdre l'un et l'autre. »

Malgré quelques répugnances, qui tiennent à sa méfiance des masses, il a adhéré à la Ligue de la Primevère en 1884. Son neveu, Arthur Balfour, député de Manchester de 1885 à 1906, avant de représenter, jusqu'en 1922, la Cité de Londres, a occupé des fonctions gouvernementales à partir de 1885, et succédera à son oncle en 1902 : il partage les mêmes préoccupations et d'identiques certitudes. L'un et l'autre se voient parfois forcer la main par leur allié, Joseph Chamberlain.

Ce dernier est un converti. En 1878, il avait mis en garde contre le « bas patriotisme des cafés-concerts » et, en 1879, avait dénoncé la politique de Disraeli, qualifiée par lui de « jingoïste ». Trois ans plus tard, il avait pourtant poussé à une action en Égypte sous le prétexte de combattre les vues « diaboliques » du chef nationaliste Arabi. En réalité, deux faits paraissent avoir joué un rôle majeur dans sa conversion : un voyage en Égypte, d'où il revient convaincu des nécessités de l'expansion, au point que ses adversaires lui consacreront un ironique pamphlet, *Avant que Joseph vînt en Égypte*, un déplacement au Canada et aux États-Unis, en 1887-1888 ; de ce dernier, il rapporte le sens d'une grande solidarité des peuples de langue anglaise, qui fera de lui un disciple sans réserves de quelques thèses sur le destin de la race anglo-saxonne ; il a aussi renforcé une estime ancienne, déjà démontrée lors du débat intragouvernemental sur l'Irlande en 1886, pour l'idée fédérale, dont il fait une condition de la consolidation intérieure de certaines colonies, mais aussi le guide de l'action à mener à l'avenir pour lier l'Empire et la métropole[48]. Selon Roland Quinault, il conviendrait de moins privilégier, en revanche, comme on l'a souvent fait, les attaches de la famille Chamberlain avec Birmingham et le souci des intérêts des sidérurgistes locaux. La crise de l'économie a pourtant contribué à orienter ses réflexions : en 1888, il se demande, dans un discours, s'il « existe quiconque assez insensé pour croire que la dense population de nos îles pourrait survivre un seul jour si étaient rompus les liens avec nos grandes colonies [...], marchés naturels de notre commerce ? Si demain cela arrivait [...], la moitié au moins du Royaume-Uni serait réduite à la famine ».

Qu'ils servent sur le sol britannique, à Whitehall, ou qu'ils soient, plus ou moins temporairement, expédiés au-delà des mers, les hauts fonctionnaires sont les experts prestigieux qui fournissent informations et conseils ; parfois, grâce à l'étendue de leurs prérogatives dans l'Empire, ils prennent, selon une tradition d'ailleurs bien établie, des initiatives locales susceptibles de déterminer ensuite des politiques de longue durée. Le général « *Chinese* » Gordon, héros malheureux d'une première tentative de mainmise sur le Soudan, ne s'y trompait pas, l'année même où il fut massacré à Khartoum : « Qu'une nation ait le droit d'avancer et d'annexer des États constitue une question que nous résolvons par la pratique. On peut en discuter dans la théorie et l'estimer infondé en droit ; mais, dans la pratique, nous agissons différemment. »

On n'aurait pu mieux tourner en dérision les débats idéologiques et politiques, ni davantage souligner le rôle des hommes de terrain. Non plus que minimiser la portée des éclats et des discordances au sommet de l'État, fût-ce entre la reine elle-même et tel membre du cabinet...

Les directions de l'action

Les ambitions sont mondiales, les directions prises par l'impérialisme sont, de même, à l'échelle du globe. Mais, dans la période qui nous préoccupe, l'Afrique revêt une importance croissante, cependant que l'Asie orientale et centrale, le Proche et le Moyen-Orient sont, par prudence, davantage réservés aux initiatives « informelles » et que le blocage est presque complet dans les Amériques. Ailleurs, on en est à la consolidation et à des aménagements limités, y compris sur les marges de l'Inde. Nous n'insisterons pas ici sur un élément pourtant majeur de la domination « tous azimuts » : le contrôle britannique sur la plupart des grands câbles télégraphiques transocéaniques, qui se multiplient entre 1865 et 1914, et dont le réseau équivaut à un véritable « Empire des communications », avec ses implications stratégiques et économiques évidentes, y compris la diffusion des « vérités » chères aux Anglais.

L'époque, pour le continent africain, est celle de la curée (*scramble*). Comme le fait fort bien remarquer M.E. Chamberlain[49], elle dura vingt ans, et fut d'autant plus remarquable qu'au début des années 1880 « aucune puissance, aucun homme d'État en Europe (à l'exception peut-être du roi Léopold des Belges), n'avaient d'idée claire sur les territoires à acquérir en Afrique, ou même ne savaient s'ils désiraient en acquérir du tout ». Elle a pour départ une tentative sans précédent, en 1885, sous l'égide d'une Allemagne bismarckienne encore relativement peu concernée par les ambitions coloniales, de résoudre par des accords les difficultés soulevées par les rivalités : la conférence de Berlin décide d'attribuer l'administration du bassin du Congo au roi des Belges à titre personnel, elle reconnaît la position « prédominante » des Britanniques dans le Bas et le Moyen-Niger, et elle pose, pour la souveraineté sur les côtes du continent africain, la théorie funeste de l'« occupation effective » qui, d'abord dirigée contre des prétentions portugaises et faisant dépendre la reconnaissance internationale du contrôle d'une action colonisatrice, entraîne en fait les puissances, Royaume-Uni en tête, dans un « activisme » que l'on n'avait guère envisagé auparavant. D'où les thèses contradictoires d'historiens : les uns soutiennent que l'occupation de l'Égypte a donné le signal de l'action africaine de la Grande-Bretagne, d'autres insistent sur les effets de la décision politique prise à Berlin. L'élan donné, c'est l'ensemble de l'Afrique occidentale, orientale et du Sud, qui devient objet des ambitions des uns et des autres. Et, la conquête des uns appelant la vigilance conquérante des autres, la souveraineté invoquée ici par une puissance faisant ressortir, aux yeux des autres, l'impérieuse nécessité d'asseoir la leur, incontestée, sur de nouveaux territoires, on entre dans un tourbillon sans fin. Cette âpreté même est le cadre qui donne naissance à la conception d'une Afrique « anglaise » bien soudée et inspire à Cecil Rhodes, dans les années 1880, l'idée bientôt mythique d'une jonction sur l'axe Le Cap-Le Caire. Et les inquiétudes des responsables militaires et navals donnent lieu à une intensification des établissements côtiers, dans une lutte ardente pour le contrôle des baies et des côtes, ambition ancienne à présent modernisée et théorisée d'un traditionnel effort des Britanniques pour préserver l'entière sécurité de leurs communications maritimes avec l'Inde. C'est en se plaçant dans cette optique que l'on comprendra mieux l'effort multiforme qui, bientôt, élargit la tâche rouge anglaise sur le continent africain.

L'Afrique occidentale constitue un champ d'action d'autant plus important que les Britanniques ont besoin de concrétiser sur le terrain les droits spécifiques qu'on leur a reconnus à Berlin. Et que, pour ce faire, ils doivent affronter les concurrences les plus diverses, de la France, de la Belgique, du Portugal, de l'Allemagne. Ces rivalités elles-mêmes achèvent de donner de l'importance à une zone qu'en 1865-1867 on avait sérieusement envisagé d'abandonner. On voit à présent les Britanniques rêver d'un contrôle qui irait de leur vieille possession de la Côte de l'Or loin vers l'Afrique centrale, avec le développement des établissements nigérians. Cette volonté, en ce qui concerne la Côte de l'Or, les entraînera dans une série de guerres nouvelles contre les Ashantis, soumises au prix de gros efforts militaires en 1895-1896 et 1900-1901.

Dans le bassin du Niger, comme souvent, les intérêts privés s'en mêlent, intérêts marchands traditionnels intéressés par un commerce de troc entre l'huile de palme et des produits fabriqués de la métropole, intérêts industriels et miniers. Parmi les promoteurs de l'expansion, on trouve un ancien officier, George Taubman Goldie, qui réussit à obtenir l'appui d'hommes politiques influents, dont lord Aberdare, président de la Société royale de géographie et ancien ministre libéral : de leurs efforts naissent des compagnies successives, qui, en 1886, prennent une forme unique en une Compagnie royale du Niger, la première des nouvelles compagnies africaines en faveur desquelles on fait revivre un mode ancien, désuet aux yeux de beaucoup, de conquête et d'établissement. Cette compagnie agit dans son aire géographique, cependant que d'autres activités gagnent du terrain, en particulier au Cameroun. Aux yeux des industriels de Manchester, et à un bien moindre degré de Sheffield et de Birmingham, avides d'exporter, l'Afrique occidentale paraît un champ propice et prometteur.

Alors que la protection d'anciens liens commerciaux et le vœu de les développer avaient alimenté l'énergie déployée à l'Ouest, c'est, selon Gallagher et Robinson, le souci stratégique de la défense de la route de l'Inde qui aurait été à l'origine des efforts les plus déterminés à l'est du continent. Une fois encore, les rivalités coloniales jouent leur rôle, surtout lorsque la France établit, en 1883-1885, sa souveraineté sur Madagascar et que l'Allemagne semble s'intéresser de « trop près » à l'Afrique orientale à l'occasion des explorations de Karl Peters qui, en 1884-1885, de sa propre initiative, a commencé à signer des traités avec des chefs indigènes du futur Tanganyika. On en vient alors à ne plus se satisfaire du contrôle, déjà ancien, sur le sultanat de Zanzibar. Par ailleurs, l'exploration de l'intérieur, en particulier de la région du Kilimandjaro dans les années 1870, a suggéré la possibilité de mettre en place de fructueuses exploitations, d'aucuns évoquant une « nouvelle Australie ».

En octobre 1886, un triple accord entre Zanzibar, la Grande-Bretagne et l'Allemagne confie aux Britanniques la colonisation du Kenya et de l'Ouganda, abandonnant le Tanganyika aux Allemands. Ici encore, on met sur pied une compagnie à charte, l'Imperial British East Africa Company, dont la présidence est confiée à sir William Mackinnon, un armateur écossais intéressé depuis plus de quatorze années au commerce avec Zanzibar. Les nouvelles possessions sont en principe destinées à s'ouvrir à des planteurs, mais exigent aussi de gros investissements, en particulier ferroviaires, avant une mise en exploitation sérieuse de leurs richesses; ce qui condamne la compagnie à vivoter et à solliciter sans cesse des avances de fonds publics. En 1890, un accord avec l'Allemagne autorise la conversion du contrôle anglais sur Zanzibar en un protectorat effectif, et un autre, avec le Portugal, vaut aux Britanniques la reconnaissance de leurs droits sur le Nyassaland.

Le développement le plus dangereux se situe plus au nord, au Soudan. Revendiqué par l'Égypte après comme avant la catastrophe de 1885, qui avait vu le général Gordon succomber devant les troupes rebelles du Mahdi, le Soudan est considéré à Londres comme un pays d'importance majeure. Une puissance hostile ne pourrait-elle pas détourner les eaux du Haut-Nil et réduire l'Égypte à un désert ?

L'Afrique australe, quant à elle, a longtemps été le lieu d'intrigues et de manœuvres, avant de se muer en théâtre d'une grande guerre nationale, et impérialiste à la fois, menée par le Royaume-Uni à l'aube d'un XXe siècle qui sera celui de la « guerre totale ».

L'homme du rêve impérial a été ici, on l'a relevé d'emblée, Cecil Rhodes. Sa biographie retient en général son arrivée première dans le Natal en 1870 : alors jeune homme tuberculeux à la recherche d'un travail agricole, il manifeste un génie qui lui permet de prendre une part prépondérante dans l'exploitation des mines de diamants, découvertes en 1867, mais qu'il sauve en s'intéressant d'abord au pompage des eaux au fond des puits et des galeries ; animé, aussi, d'un souci constant d'une meilleure éducation, il perfectionne ses connaissances par des séjours successifs à Oxford entre 1873 et 1881. De ne pas s'être désintéressé de la réflexion académique lui vaut d'être l'un des premiers convertis à l'idée de « race » et de supériorité au moins culturelle des peuples de l'Europe et de l'Amérique du Nord, partant à la conviction d'une « manifeste destinée » anglo-saxonne. Ses rêves sud-africains s'insèrent dès lors dans sa grandiose vision d'un monde tout entier ordonné autour des seuls hommes habilités à le guider. La politique, à laquelle il s'adonne sur place à partir des années 1880 jusqu'à devenir Premier ministre du Cap en 1890, n'est pour lui qu'un tremplin et un moyen nouveau d'approcher et d'influencer les hommes d'État britanniques, à commencer par Joseph Chamberlain. Sa richesse lui confère d'autre part la possibilité de mener des actions « privées » : en 1888, appuyé par Nathaniel de Rothschild, il a réussi à fusionner dans la De Beers Company les principales sociétés minières et à contrôler le marché mondial du diamant ; en 1888, il acquiert la concession de l'exploitation des mines de la future Rhodésie du Sud et, l'année suivante, en partie parce que Londres, ici encore, craint les appétits germaniques, il arrache au cabinet Salisbury son accord pour la création d'une compagnie à charte qui l'autorise, en toute légalité, à recruter son armée privée de « pionniers » et à se lancer à la conquête de la « Rhodésie ». Il sait n'avoir guère de chances d'y découvrir de l'or, mais pense promouvoir une colonie de peuplement au bénéfice de planteurs britanniques.

Ailleurs, de l'Anatolie à la mer du Japon, les terres à dominer, formellement ou informellement, sont nombreuses, et les rivalités entre les puissances exacerbées. Les méthodes ont différé, en fonction des enjeux, des calculs politiques et stratégiques, de l'estimation des moyens des uns et des autres, du moment : mais, sans établir un lien artificiel entre des territoires très variés sous le prétexte de leur position géographique sur un même et vaste continent, il n'est pas interdit d'affirmer la solidarité de nombre d'entre eux. En particulier, le gouvernement du vice-roi en Inde n'est jamais indifférent à ce qui se trame en Perse, dans l'empire ottoman, pour ne rien dire du monde malais et chinois et des zones himalayennes.

L'empire ottoman, « homme malade de l'Europe » fait en principe partie des zones privilégiées de l'influence britannique, et l'acquisition de Chypre en 1878 a ajouté aux capacités stratégiques de la Grande-Bretagne dans la région. La Perse, empire très faible, a la malchance d'être aussi précieuse aux yeux des Anglais installés en Inde que des Russes qui la bordent au nord. Dans l'un et l'autre cas, s'entremêlent inextricablement les préoccupations stratégiques, les intérêts commerciaux, les appétits industriels suscités par des marchés potentiels et la perspective du développement.

Il n'est pas question de partage territorial, ni même de concessions limitées. On se trouve ici devant un cas typique d'extension de l'« Empire informel » : le drapeau compte moins que la prépondérance des capitaux, les contrats industriels et miniers, l'influence sur des gouvernements aux abois que l'on entend contraindre par l'arme économique et financière à souscrire aux exigences de sécurité de l'Empire et des routes qui mettent ses diverses parties en rapport.

L'Asie indienne et ses périphéries est un autre lieu privilégié de l'expansion. Où s'arrête la notion de périphérie ? Claude Markovits a récemment rappelé[50] que c'était « pour assurer la sécurité de la route des Indes que les Britanniques annexèrent Malte, Chypre, l'Égypte, Aden, le Somaliland, Socotra, l'île de l'Ascension, Sainte-Hélène, Le Cap, l'île Maurice » et que c'était avec des troupes indiennes qu'« ils conquirent la Birmanie, Ceylan, Singapour, le Nyassaland et le Soudan anglo-égyptien ».

Pour nous en tenir à des zones très voisines, et à notre période, on relèvera la récurrence de la question afghane. Les ambitions russes créent des tensions dans les années 1880, et ce n'est pas avant 1887, huit ans après une inutile et nouvelle guerre menée par lord Lytton en Afghanistan, qu'un accord frontalier est enfin conclu ; mais le destin de turbulentes tribus pachtou et des Baloutches, sur les confins anglo-afghans, n'est pas facile à régler.

On est plus heureux à l'Est : en 1885, une troisième guerre birmane autorise l'occupation de la Haute-Birmanie et le rattachement de l'ensemble du pays, jusqu'en 1937, à l'Empire des Indes.

La tâche essentielle est à présent le maintien de l'ordre intérieur et le développement économique des provinces et des principautés indiennes.

En Asie orientale, pendant que le Japon, à partir de 1867, entre dans l'ère de modernisation qui le place à la fin du siècle dans une position d'égalité avec les grandes puissances occidentales, la Chine demeure l'objet de tous les appétits[51].

L'Empire et le sursaut de la monarchie

Le royaume et l'Empire que Victoria doit incarner à mesure qu'on avance dans les années 1880 doivent bien peu à l'action de la souveraine. En retour, il n'est pas excessif de souligner que celle-ci doit presque tout aux hommes d'État, aux entrepreneurs, aux serviteurs des administrations civiles et des armées : leurs succès, leur capacité de faire face aux difficultés ont érodé les aspérités sociales et entretenu un climat de suffisante confiance dans les élites dirigeantes pour que les critiques républicaines à l'encontre de la Couronne ne touchent qu'un petit nombre et les critiques socialistes du régime que des franges encore plus limitées de la nation. Si Victoria a contribué à la préservation de l'ordre, la qualité de cet ordre a sauvé le trône.

Mais s'il est un point auquel la souveraine a apporté son appui, c'est bien la grandeur de l'Empire. Nous l'avions vue sensible jusqu'à l'excès à l'ivresse d'une nouvelle titulature impériale. L'enthousiasme qu'elle manifeste pour l'expansion se reflète, avant le jubilé d'or de 1887, dans l'intérêt qu'elle porte, en 1886, à l'Exposition coloniale et indienne qui se tient à South Kensington. C'est pour Victoria l'occasion de se montrer à son peuple comme aux plus beaux jours de la décade prodigieuse. Il n'est pas ici de meilleur « reporter » que la reine elle-même pour décrire sa triomphale visite à l'Exposition, le 4 mai 1886[52] ; suivons donc son récit :

> Une belle matinée claire. Il gelait et pourtant il ne faisait pas froid. À onze heures, nous quittions Windsor, tous les gentilshommes en uniforme. À Paddington, la duchesse de Bedford, les grands officiers de l'État, etc., étaient venus m'accueillir, et on forma le cortège [...]. Les foules étaient immenses et des plus enthousiastes. Je descendis à l'entrée de l'Exposition, saluée de grandes acclamations, de la sonnerie des trompettes et de l'exécution du *God Save the Queen*. Bertie [le prince de Galles] et Arthur se joignirent à nous. Nous pénétrâmes d'abord dans une tente dont la porte était gardée par deux jeunes Indiens, puis, après quelques minutes, avançâmes vers un grand vestibule où s'étaient

réunis toute la famille royale et les commissaires de l'Exposition. Là, ils me furent tous présentés, et un cortège se forma, qui traversa le hall et le bazar indiens. [...] Puis nous passâmes entre des Indiens de toutes sortes, réunis en trois rangées de part et d'autre, portant les costumes les plus chatoyants, tous en rapport avec l'Exposition et ses objets, y compris les travailleurs. [...] Nous fûmes salués avec chaleur, avec des « salams ». [...] Puis, passant l'entrée vers le « vieux Londres » en direction des colonies australiennes (l'Avenue centrale) et ainsi de suite jusqu'à l'Albert Hall rejoint par un couloir souterrain [...]. Des fanfares se firent entendre en divers endroits sur notre passage. Combien mon cher mari aurait-il eu de plaisir à tout cela [...].

L'Albert Hall était plein à craquer. Nous nous tînmes sur une grande estrade sous les orgues, on y avait placé un trône indien sur un tapis de l'Inde. L'hymne national fut chanté, la deuxième strophe en sanscrit sur une traduction du professeur Max Müller[53], et on applaudit à tout rompre, une acclamation en faveur de l'Union demandée au public qui répondit avec chaleur à l'exhortation [...]. Bertie lut une longue adresse, à laquelle je répondis par la lecture d'un discours. Cher Bertie, des plus gentils tout au long de la cérémonie, me baisa ensuite la main. Que de pensées de mon cher mari me vinrent alors à l'esprit, lui qui fut l'inspirateur de l'idée d'une exposition [...] et qu'il sut mener à bien malgré toutes les difficultés ! [...] Ainsi de tristes pensées se mêlèrent à d'autres, fières et reconnaissantes.

[Après une prière dite par l'archevêque, un alléluia entonné par un chœur, le chant de *Home sweet Home* chanté par Albani et le *Rule Britannia*], nous repartîmes pour le palais de Buckingham. Les foules de badauds étaient énormes et de la meilleure humeur enthousiaste du monde. La chaleur à l'intérieur et à l'extérieur était pénible. Je me sentis très fatiguée, mais remplie de gratitude et de plaisir après une si belle journée, si bien organisée.

Le deuil était toujours présent, comme en témoignent les allusions répétées à Albert. Mais le retour à la splendeur et au faste était aussi bien avancé, et 1886 annonçait bien la réconciliation de 1887 entre une reine enfin présente et la majorité d'un peuple avide de se reconnaître en elle et de partager avec sa souveraine la fierté d'appartenir à un grand Empire !

CHAPITRE V

La construction de l'icône victorienne 1887-1889

Dans un Royaume-Uni qui a basculé, en quelques années, d'une situation hégémonique dans une ère de tempêtes, la fonction monarchique a pris et prendra une nouvelle dimension. Quand le socialisme révolutionnaire se fait soudain menaçant, que la démocratie déferle irrésistiblement, que l'Irlande retrouve les voies de l'agitation et vient perturber les équilibres partisans dans tout le Royaume-Uni, que la prospérité ébranlée tire vers le second rôle, au bénéfice des États-Unis, celle qui fut la première puissance industrielle du monde, et attise toutes les formes de contestation de l'ordre social, que partout prolifèrent les impérialismes, soudain paraissent bien consolantes les certitudes et les traditions héritées du passé. Et une reine septuagénaire retrouve le chemin d'une improbable popularité, transformée rapidement « de veuve irritable en impératrice matriarcale »[1].

La nouvelle Victoria

Malgré un chagrin constamment affiché, Victoria n'avait pas vécu, à partir de 1861, dans la morosité permanente. Dans son entourage, moins discutés qu'un John

Brown, des personnages hauts en couleur ont agrémenté sa vie quotidienne.

Parmi les plus remarquables, à partir de 1884, Alexander Yorke, dit « Alick », fils cadet du comte de Hardwicke, un temps, jusqu'à la mort du prince, au service de Léopold, fils de la reine, et son condisciple à Oxford ; d'aucuns lui prêtent d'avoir été à l'origine de la fameuse exclamation de la souveraine : « la Reine n'est pas amusée » ; l'ayant obligé à lui répéter une histoire un peu salée qui avait fait pouffer un invité prussien, elle aurait eu ce jugement définitif[2]. Quoi qu'il en soit, il fut pardonné et semble avoir joué, au cours des seize dernières années du règne, un rôle un peu étrange d'amuseur, de « bouffon de cour », interprétant des saynètes, chantant des airs d'autrefois, sachant tenir des propos pleins d'esprit et faire rire Victoria aux éclats.

En 1888, sa nièce, Marie Adeane, devient demoiselle d'honneur et, sans avoir les talents de son oncle, contribue à distraire la souveraine. Un temps en retrait de la Cour, après son mariage avec Bernard Mallet, elle y reprend sa place comme dame de la garde-robe, jouant en fait le rôle d'une confidente, mais aussi d'une lectrice et d'une interlocutrice des plus appréciées.

Victoria se passionne pour les courses de chevaux. Elle adore recevoir des souverains ou leurs représentants, particulièrement s'ils sont « exotiques » et leurs mœurs et manières jugées curieusement intéressantes. On a aussi fait remarquer que son air morose sur ses photographies tenait davantage de la longueur des poses nécessaires qu'à son naturel qui aurait été habituellement plus souriant.

Parler de la nouvelle Victoria en 1887 n'est donc pas évoquer une métamorphose, mais il est de fait que, cette année-là, elle renoue avec bonheur avec une existence moins recluse et paraît retrouver une authentique joie de vivre. Et c'est son jubilé d'or, la célébration de cinquante ans de règne, qui lui offre cette occasion.

LA CONSTRUCTION DE L'ICÔNE VICTORIENNE, 1887-1889

Le 21 juin 1887, la souveraine note dans son Journal qu'elle a été irrésistiblement portée à se remémorer les fastes de l'Exposition de 1851 pendant que se déroulaient les événements du jour et qu'elle rencontrait partout l'enthousiasme délirant de foules immenses ; son jubilé d'or a correspondu à un renouveau de la fête pour la nation comme pour elle-même.

La veille, le *Times* a profité du jubilé pour faire le bilan de cinquante ans de règne. Les éloges sont nombreux :

> Nul monarque constitutionnel n'a montré un respect plus déterminé des libertés publiques ou une plus claire conception des devoirs du souverain. La REINE reçoit cette semaine la récompense à laquelle elle doit attacher le plus de prix, l'expression spontanée de l'enthousiasme de la nation.

Suit l'énumération de toutes les familles princières qui seront représentées aux cérémonies : de l'Allemagne à l'Autriche-Hongrie et aux principautés germaniques, de la Grèce à la Suède, à la Russie, au Portugal, des « princes de notre Empire des Indes » à tant d'autres.

> Mais l'élément le plus impressionnant à contempler sera la masse populaire. Les Britanniques, malgré leur habitude de grommeler, considèrent leurs anciennes institutions avec une ferme affection et révérence, et leur attachement à la monarchie est à présent mélangée au respect qu'inspire le caractère de la REINE.

Et le journal de souligner le rôle éminent, pendant un demi-siècle, de la Cour dans le « raffinement et la purification de la vie en société et des mœurs », de relever que Victoria, « en public comme dans sa vie privée », par la sagesse de ses avis, y aurait particulièrement contribué. Non sans entonner un vibrant couplet à la mémoire du prince consort, mais aussi des hommes d'État qui ont servi la couronne, de Melbourne à Peel, Disraeli et Gladstone, de Palmerston à Russell, et non sans mentionner les grands écrivains et hommes de loi qui illustrèrent le règne. « La tâche de la REINE a été de préserver la neutralité de la COURONNE et cette tâche [...] a fidèlement été menée à bien. »

Le *Times* n'est pas avare de références, il cite pêle-mêle les grands savants, les penseurs les plus divers, les entrepreneurs, les poètes et les romanciers, il fait état de l'abolition de l'esclavage comme des grandes lois sur le travail des femmes et des enfants, mentionne le réveil d'une Église sortie de sa « léthargie ». Tout cela comme si la reine, personnellement, pouvait se voir attribuer ces mérites démiurgiques !

Ce faisant, et bien involontairement, en faisant du jubilé de Victoria l'heure d'un bilan particulièrement brillant pour la nation, il jette une lumière crue sur ce qu'est devenue la souveraine : le symbole du progrès général et, par-delà ses mérites propres, l'incarnation de la grandeur : une icône sacrée !

La fête du lendemain, il est vrai, sera haute en couleurs. La reine s'y était montrée, certes sans diadème ni couronne, même si d'aucuns, à l'instar de lord Rosebery, alors jeune (il avait quarante ans) homme d'État libéral, pensèrent que « le symbole de notre vaste Empire était une couronne et non pas un bonnet ». Mais elle portait des vêtements magnifiques. Le 26 août, elle envoie à sa petite-fille Victoria sa photo en *Jubilee dress* : c'est un véritable tableau, auquel ne manque pas la riche tenture et le petit dressoir qui le ferme sur la droite ; la souveraine est parfaitement « centrée », prise de profil, la main gauche légèrement posée sur une desserte ; sur la tête, à l'inévitable bonnet blanc, mais piqué de diamants, a été ajouté un voile d'Alençon dont la retombée atténue quelque peu l'empâtement du visage ; un collier de perles autour du cou, la poitrine barrée de l'ordre de la Jarretière, elle pose, vêtue d'une robe de demi-deuil à rayures blanches et noires, et porte un large manteau qui contribue à atténuer une corpulence évidente; très droite, son regard pourtant fixe et ses yeux comme éblouis par la lumière qui accentue le contraste entre face et dos, Victoria s'impose par son port majestueux.

Elle n'a pas réussi à ne pas célébrer son jubilé en un jour, qu'elle considère pourtant comme marqué par le deuil puisqu'il commémore pour elle la mort de Guillaume IV. En fait, la fin juin sera seulement le début de multiples festivités, étalées sur plus de deux mois, jalonnées par exemple, en juillet, par la revue des « Volontaires » londoniens à Buckingham Palace, par celles de l'armée à Aldershot, de la flotte de guerre à Spithead, et aussi, après l'inauguration du palais du Peuple à Mile End dès le mois de mai, la pose de la première pierre de l'Imperial Institute de South Kensington en juillet, suivie par l'inauguration de l'École royale d'infirmières; aux manifestations dans la capitale s'en ajoutèrent d'innombrables dans bien des localités, parfois aussi prétextes à inaugurer des monuments ou des bâtiments publics.

Le palais du Peuple pour l'est de Londres traduisait la conversion des élites à la conception d'une société de loisirs capable de séduire les déshérités et, par là même, de limiter leurs amertumes et leurs révoltes. Inspiré du « palais des Délices » décrit dans le roman de Walter Besant « Toutes les sortes de la condition humaine » (1882), le palais doit son financement à des legs et dons, à une souscription publique et à un subside de la compagnie des drapiers. Victoria inaugure en 1887 le Queen's Hall, orné d'œuvres d'art, dont des statues la représentant; les autres parties du palais seront peu à peu mises en service, depuis une bibliothèque publique dès l'année suivante jusqu'à des ateliers, des laboratoires, une école d'art, un gymnase, etc.

Revenons aux festivités, suivons le « reporter » le plus concerné, Victoria elle-même, dont le Journal privé et la correspondance comportent une foule de précisions sur les événements marquants de son jubilé.

Le 19 juin, elle note les informations que lui a communiquées lord Salisbury : une excitation et des préparatifs à Londres « tout à fait merveilleux », la crainte cependant que provoque l'afflux prévisible dans la capitale « d'un demi-million de personnes ».

Le 20 au matin, elle quitte Windsor pour Buckingham Palace. À l'arrivée en gare à Londres et sur le trajet, « d'énormes foules et un immense enthousiasme », dont le ministre Smith dira qu'ils témoignent de la « loyauté, de la gratitude » de la grande majorité des sujets, heureux que « la Providence ait favorisé un règne fertile en bénédictions » pour la nation... À son arrivée au palais, elle est accueillie par les souverains belges, par la famille princière de Cobourg, et elle rencontre immédiatement les « Royalties » : le roi de Saxe, Rodolphe d'Autriche, le prince Louis de Bavière, « Willy », le futur empereur allemand, Carlos et Amélie du Portugal, Henri de Prusse, Antoine d'Orléans, de nombreux princes allemands (Weimar, Hesse...). Puis, elle reçoit la reine de Hawaï, le prince japonais Komatzu, les princes du Siam et de Perse. Dans l'après-midi, arrivent les souverains grec et danois.

Le 21 juin est le grand jour :

> La matinée fut belle et ensoleillée, et fraîche. Des troupes passèrent tôt, au son des fanfares, au milieu d'applaudissements incessants [...].
> À onze heures et demi, nous quittâmes le Palais. [...] Juste en avant de ma voiture, douze officiers indiens à cheval et, devant eux, mes trois fils, cinq gendres, neuf petits-fils et petits-fils par alliance. Puis venaient les carrosses transportant mes trois autres filles [Vicky et Alice l'accompagnaient], trois brus et mes petites-filles et petites-filles par alliance. [...] Tous les autres invités royaux constituaient un cortège séparé. George Cambridge [le comman-

dant en chef] a chevauché tout le temps à côté de mon carrosse, et le maître de l'Écurie, les écuyers, etc., derrière lui, avec bien sûr une escorte royale. C'était réellement une vision magnifique.

[Le cortège gagne Marble Arch, passe par Trafalgar Square, se porte vers Westminster]. Sur tout le trajet des grilles du Palais à l'Abbaye, se pressaient des foules énormes, et il y eut une extraordinaire flambée d'enthousiasme, telle que je n'en avais pas connue à Londres auparavant; tous les gens paraissaient de si bonne humeur. [Toutes les rues étaient richement décorées, beaucoup d'écoles étaient venues avec leurs élèves.]

[Dans l'Abbaye, où se mêlent invités royaux, membres du Parlement, diplomates, la reine est accueillie par le *God Save the Queen* et l'*Ouverture solennelle* de Haendel.]

Je m'assis seule (oh! sans mon époux bien-aimé, pour qui un tel jour aurait été une telle occasion de fierté), à l'endroit où je m'étais tenue quarante-neuf ans plus tôt, et où j'avais reçu l'hommage des princes et des pairs. [Le service fut magnifique et il fut suivi du défilé de toute la famille de la reine, chacun lui baisant la main et recevant en retour son baiser.]

[Au retour], la chaleur était très forte, mais il soufflait une petite brise réconfortante [...]. Nous n'arrivâmes qu'à trois heures moins le quart [...] et ce n'est qu'à quatre heures que nous passâmes à table. [Après quoi, la reine reçoit les présents de ses invités.] Épuisée, et proche du malaise, je fus alors reconduite en fauteuil roulant à ma chambre.

Le dîner fut suivi de la réception du corps diplomatiques et des envoyés étrangers et la reine regrette de n'avoir pas eu ensuite la force de contempler les « splendides » illuminations de la ville. Le lendemain, visites et réceptions se succèdent, les cadeaux et les télégrammes s'accumulent. Après quoi, on quitte le palais et on traverse Hyde Park, où avait été organisé un pique-nique géant et où se pressaient de nombreux enfants des écoles, qui entonnent le *God Save the Queen* sur le passage de la reine, sans, dira-t-elle, toujours respecter la note juste, et applaudissent un lâcher de ballon portant le nom de Victoria sur ses flancs; lady Jersey se rappellera d'avoir entendu un enfant expliquer sérieusement à ses camarades qu'il « transportait la reine vers le Paradis » !

Le retour à Windsor est triomphal, le cortège royal quitte le train à Slough et regagne Windsor dans des carrosses :

> Tout le long de la route, des décorations et des foules assemblées; un peu avant Eton, un bel arc de triomphe avait été dressé et construit comme une partie du vieux Collège, et des élèves, déguisés en Templiers d'autrefois, se tenaient à son sommet. [...] [À Windsor], la ville était un océan de drapeaux et de décorations. [Le soir, au palais] la tour ronde fut illuminée à l'électricité, de même que certaines parties du château.

Et la conclusion est exaltante :

> Ces deux journées demeureront à jamais imprégnées dans mon esprit, et je suis pleine de gratitude envers la Providence miséricordieuse, qui me protège depuis si longtemps, et envers mon peuple dévoué et loyal. Mais avec quelle peine je ressens l'absence des êtres chers que j'ai perdus!

On ne sous-estimera pas la portée de la fête sur l'esprit d'une souveraine qui, désormais, sera davantage convaincue de la nécessité de tenir son rang et de se montrer. La classe politique a été loin d'être insensible à cette perspective, et les lettres que reçoit Victoria après son retour le démontrent amplement.

W. Smith, le 23 juin, dit carrément son soulagement :

> Les serviteurs de Votre Majesté ne pouvaient qu'être tourmentés quant aux conséquences de vastes rassemblements populaires dans une atmosphère de grande excitation, mais le caractère et le contrôle de soi des gens du

peuple, leur dévouement et leur loyauté envers la Couronne, augurent bien de la stabilité des institutions du pays.

Étrange jugement, qui paraît attester que le doute sur cette stabilité était jusqu'alors permis !

Le marquis de Salisbury est, le même jour, tout aussi dithyrambique : « Il félicite Votre Majesté de tout cœur et avec respect pour les scènes de liesse merveilleuses de ces derniers jours. De tous côtés, il entend parler de l'impression produite sur nos visiteurs étrangers. »

Et ce n'est pas fini. Le 29 juin, Victoria retourne à Londres, à nouveau saluée par des foules enthousiastes. Elle prend alors congé de ses hôtes princiers au cours d'une garden-party où elle reçoit sous sa tente plusieurs princes indiens : ceux-ci pensent-ils alors au mépris ordinaire, teinté de racisme, où les tiennent résidents et hauts fonctionnaires en Inde, dont beaucoup n'ont pas le rang ou les titres nécessaires pour jamais espérer une audience royale ?

Ils auraient eu l'occasion de savourer cette revanche le 30, quand, de retour à Windsor, la reine offre une grande réception :

> Après le lunch, à trois heures, j'offris, dans le grand salon vert, une grande réception aux Princes et aux députations venues de l'Inde, en présence des grands officiers de la Couronne (et de plusieurs de mes enfants ou gendres). L'escorte indienne se tenait face à moi, dans sa splendeur. Le tableau était très imposant. Sir Partar Singh [...] se tenait derrière moi avec les grands officiers. Holkar [maharadjah d'Indor et chef de la délégation des princes] fut introduit en premier et offrit son présent, après quoi je lui offris un portrait de moi-même en émail, le décorai de la Grand-Croix de l'Étoile de l'Inde et le fit chevalier. Il éprouva une grande difficulté à s'agenouiller. Puis vint le jeune et beau Rao de Koutch, splendidement vêtu ; son frère et lui composaient un tableau réellement de rêve ; il portait de magnifiques joyaux. Il m'apporta une Adresse dans un coffret d'or et dit quelques mots de circonstance, avec tant de

grâce et dans un anglais si bon, il me fit aussi présent de beaux ornements de table en argent. Il reçut aussi de moi mon portrait en émail et fut investi de la Grand-Croix de l'Empire des Indes. [Victoria cite d'autres princes et d'autres échanges de cadeaux.] Après quoi, je reçus les députations des municipalités et corporations de Calcutta et Bombay. Sir Partar Singh s'avança ensuite, et, déposant son épée à mes pieds, m'offrit une adorable parure de perles [...] en marque d'hommage et de fidélité, disant que tout ce qu'il possédait était à mon service. [...]

Nous sortîmes et le Thakore de Morvi monta devant moi un jeune cheval de son propre élevage de Chettawa, splendidement caparaçonné et complètement recouvert de ce qui paraissait être une sorte de cote de mailles [...]. Deux indigènes conduisaient le cheval, et le Thakore, descendant de sa selle, me pria de l'accepter en présent. Je lui dis ma sincère gratitude.

À travers ce récit, on devine la fierté et la passion mêlées de la souveraine d'un grand empire oriental, et on mesure aussi combien de telles visions, rapportées par la presse, contribuèrent à développer l'imaginaire impérial dans la nation. On mesurera aussi combien il était exaltant pour des Anglais de voir naître sous leurs yeux une nouvelle hiérarchie féodale, liant leur souveraine et des vassaux prestigieux et exotiquement lointains. La reine, par son ascendant, servait l'Empire et, par un retour sans surprise, l'Empire servait le prestige monarchique.

Oubliés les sceptiques de la veille, les quelques écrits radicaux et socialistes qui avaient protesté contre les énormes dépenses engagées « pour célébrer cinq autres années de la vie d'un laquais royal » ! Plus que jamais, c'est avec ferveur qu'on va entonner encore et encore, confondant la reine et Britannia, l'un des deux grands hymnes officiels, le *Rule Britannia* composé en 1740 par Thomas Arne, mis en musique par James Thomson, et promu à son grand destin sous Victoria. Évoquant une sorte de « destinée manifeste » des Britanniques au sein des nations, faisant d'eux les dépositaires de la grandeur et de la liberté, il se termine par ces mots fervents :

Gouverne, Britannia, Britannia, domine les vagues,
Des Britanniques jamais même un seul
Ne sera esclave.

L'autre hymne officiel, encore davantage favorable à la personne du souverain, est le *God Save the Queen*, qui aurait été transporté en Angleterre par les révoltés jacobites en 1745 et adopté par les Hanovre. Selon une interprétation relativement constante, il dériverait du *Dieu Sauve le Roi*, composé par Lully pour Louis XIV sur commande de Mme de Maintenon à l'occasion d'une visite du monarque à Saint-Cyr, et aurait ensuite été « révélé » par celle-ci à Jacques II, réfugié à Saint-Germain après la Glorieuse Révolution.

Des poètes peu connus s'étaient préparés eux aussi à célébrer la reine. Sous le titre *Le Trône et l'Empire*, on pouvait lire ces vers exaltants, qui ont l'avantage de relier eux aussi la gloire de l'Empire et celle de sa souveraine[3] :

Regardez à droite, regardez à gauche, les collines sont
[étincelantes,
Les vallons les séparent avec légèreté,
Car il y aura cinquante ans cette nuit
Que Dieu sauve la Reine.
Lorsque la flamme qu'ils contemplent ne dominera plus
Le sol qu'ils ont foulé,
Compagnons, nous nous rappellerons ces amis
Qui ont partagé le travail avec Dieu.
L'aube se lèvera en Asie, dévoilant leurs tombes,
Et les noms du Shropshire deviennent lisibles ;
Et le Nil se répand en crue
En coulant à côté des morts de la Severn.

*Le nouveau loyalisme monarchique
et ses « grands prêtres »*

La flamme monarchiste a besoin d'être entretenue par quelques « grands prêtres » influents et puissants, qui guident l'opinion et peuvent constituer ses modèles et références. Sans les connaître et les présenter tous, tâche impossible, il n'est pas inutile d'en reconnaître certains. Et d'abord lord Rosebery.

Il fut l'un des tenants essentiels du libéralisme impérialiste, et, aristocrate dilettante, mais converti à une forme de démocratie, il réussit à devenir, dès 1880, un proche de Gladstone, auquel, sans en avoir réellement envie, il succéda à la tête du cabinet libéral en mars 1894[4]. Né en 1847, héritier de son titre à vingt et un ans, époux d'une Rothschild depuis 1878 qui lui apporta une rente annuelle de cent mille livres, laissant à sa mort, en 1929, un héritage estimé à près de deux millions de livres, bon écrivain et orateur, grand amateur de livres, yachtman distingué et éleveur de chevaux de course à trois reprises vainqueur du Derby, ministre des Affaires étrangères à trente-neuf ans, replacé au Foreign Office en 1892 avant d'accéder deux ans plus tard au 10, Downing Street, qu'il abandonna sans regrets après sa cuisante défaite électorale de 1895, il n'eut pas grand-chose d'un « radical ».

Mais qu'on ne s'y trompe pas ! Il ne renia jamais ses grands principes monarchiques, dont il a l'occasion de faire étalage lorsqu'il adresse, le 7 juillet 1887, à Victoria une lettre d'un rare enthousiasme. Il déclare s'autoriser à lui écrire, bien que sans fonction officielle, au titre d'ancien serviteur de la souveraine dans le Cabinet précédent (il y avait eu la charge du Foreign Office). Et l'emphase de ses remarques se veut à la hauteur d'un événement qu'il prétend singulier :

> Il est peut-être permis à présent de se réjouir du déroulement sans nuages de cette grande fête, à la fois nationale et historique.
> Peu de gens, même étrangers, ont pu contempler sans ressentir une grande émotion la procession du Palais à l'Abbaye, avec sa fière cavalcade de princes, sa majestueuse représentation des souverainetés du monde, et les

multitudes enthousiastes qui saluaient son passage ; mais encore moins le moment touchant et magnétique de l'apparition de Votre Majesté, seule et au-dessus de tous – symbolisant avec tant de justesse la position réelle de Votre Majesté – pour apporter le témoignage muet des bienfaits et des chagrins qu'il a plu à Dieu d'apporter à Votre Majesté et à votre peuple pendant deux générations. Et lorsque, plus tard, Votre Majesté passa du rôle de souveraine à celui de mère, la touche de naturel qui a valu à Votre Majesté la sympathie des plus humbles de ses sujets ajouta la suprême émotion à une scène incomparable. Nul de ses spectateurs ne pourra jamais l'oublier ; car c'était le mélange de l'histoire et de la nature humaine qui apparaissait achevé en une image unique et étincelante [...].

Tout fut digne de Votre Majesté et de l'Empire, tout a tendu à renforcer les fondations d'une monarchie qui étend son ombre sur le globe et incarne l'union et les aspirations de trois cent millions d'êtres humains.

Et, exaltant le présent après avoir fait référence aux deuils passés, lord Rosebery ajoute :

Aucune classe, ni aucun parti n'ont pu revendiquer un quelconque monopole de cette fête ; celle-ci fut aussi nationale et spontanée que la loyauté qui lui fut sous-jacente [...].

Que Votre Majesté soit préservée et soit le témoin de bien des années qui, même si elles ne marquent pas un jubilé, n'en seront pas moins des années de loyauté et de gratitude pour les bienfaits et la splendeur du règne sans rival de Votre Majesté.

L'auteur d'une lettre aussi enthousiaste est de trop haut rang pour être assimilé à un vil flagorneur. Les sentiments patriotiques de fierté qu'il affiche semblent correspondre à des choix idéologiques qui sont les siens depuis son entrée en politique. L'homme d'État a peut-être été particulièrement bien placé pour percevoir, à cet instant, la signification spéciale que revêt la Couronne et le choc bénéfique créé par une souveraine enfin offerte à un peuple qui ne voulait que s'offrir à elle. Les accents qui sont les siens témoignent de la réalité d'un consensus entre les leaders des grands partis de gouvernement dès qu'il s'agit de la monarchie. Un Disraeli ne les aurait certes pas désavoués.

Victoria, dans sa réponse du 21 juillet, qu'elle veut personnelle et dans laquelle, pour ce faire, elle s'interdit de parler d'elle-même à la troisième personne, s'affirmera très touchée par le message de lord Rosebery, auquel elle envoie la médaille du jubilé ; et elle s'affirme à l'unisson des impressions de son ancien ministre :

> Il m'est impossible de dire combien profondément et immensément j'ai été touchée et remplie de gratitude par l'enthousiasme merveilleux et si général de mon peuple, des élites comme de la masse, des riches et des pauvres, en cette remarquable occasion, de même que par le respect que m'ont témoigné les souverains étrangers et leurs peuples. C'est très gratifiant et très encourageant pour l'avenir, et cela démontre que cinquante années de dur labeur, de craintes et de soins, sont appréciées et que ma sympathie envers les chagrinés, les souffrants et les humbles est reconnue.

Victoria, on le voit, paraît oublier le quart de siècle de sa trop longue éclipse et considérer les applaudissements saluant son jubilé comme une sorte de reconnaissance de ses mérites. Ne cherchons pas à souligner l'orgueil, somme toute naturel, qui teinte ses propos. Mais il est peut-être permis de considérer qu'en faisant ainsi sien le panégyrique de son action, elle confirme combien il n'était pas inutile qu'une fête autorisât ses sujets à lui en donner un aussi éclatant quitus.

Tout en remerciant son correspondant, qui lui a fait parvenir en cadeau une broche dans laquelle était serti le portrait d'Élisabeth la Grande, elle en profite pour affirmer son peu de sympathie pour celle qui l'a précédée sur le trône, et privilégier ses attaches avec une Écosse qui lui est devenue si chère :

> Je descends de la reine qui fut sa rivale [Marie Stuart, reine d'Écosse] et qu'elle a si cruellement sacrifiée [...].

Ce qui lui vaut une réponse de lord Rosebery :

> Je peux tout à fait comprendre que Votre Majesté n'éprouve aucune affection, ni cordialité, envers la reine Élisabeth, qui, malgré toute la force de son caractère, semble avoir manqué précisément de la qualité de sympathie même qui distingue de manière si subtile et constante le règne de Votre Majesté. C'est grâce à elle que Votre Majesté a cimenté la force de notre vieille Monarchie, car elle comporte la magique prérogative d'unifier les hommes du rang le plus élevé et ceux parmi les plus humbles, sans porter atteinte à leur respect et leur considération mutuelles, mais au contraire en les accroissant.

Réponse de courtisan ? En tout cas, elle est à l'aune d'une époque qui, pour la première fois, transporte véritablement Victoria au niveau d'Élisabeth la Grande, et elle traduit les sentiments de tous ceux qui la voient incarner, avec la grandeur de l'Empire et la continuité des institutions, l'image maternelle de la protectrice de tous ses sujets. Souveraine désincarnée, Victoria peut devenir l'objet d'un culte qui rassurera ses adorateurs. Quant à Rosebery, qui partage au demeurant avec sa souveraine la passion de l'Écosse, il nouera avec elle une relation d'amitié particulièrement rare.

Autre soutien déterminé de l'ordre monarchique : lord Randolph Churchill. Tout le chapitre VII de la biographie que Winston Churchill[5] a consacrée à son père Randolph est un hommage au « toryisme » démocratique, tel que ce dernier, alors à l'apogée de ses capacités et de son influence, avait contribué à le définir dans les années 1880. Winston s'enorgueillit du ralliement déterminé de son père à la réforme démocratique qui triomphe en 1884-1885 après s'être heurtée longtemps aux réserves de la vieille garde conservatrice; il cite les discours qu'en 1884, candidat à Birmingham, son père tenait à ses électeurs, mais aussi aux masses, pour promettre le retour de l'harmonie sociale dans le Royaume-Uni grâce à la prise en considération des problèmes des plus infortunés, à des progrès de la législation du travail, à l'espoir rendu à la jeunesse; fidèle à son parti conservateur, il entendait diriger en son sein une fraction qualifiée de « quatrième parti » (le troisième « grand » étant l'irlandais) et il a su y attirer le propre neveu de lord Salisbury, Arthur Balfour, qui semble avoir vu dans son ralliement la chance d'un apprentissage réussi de la vie politique. Winston met en exergue la grande formule de son père, en 1888 : « rallier le peuple autour du Trône, unir le Trône au peuple, un Trône loyal et un peuple patriote – voilà notre politique, voilà notre foi », et il attribue à Randolph le mérite d'avoir sauvé les tories d'un élitisme destructeur et d'avoir permis « une fois encore que les anciennes institutions du royaume britannique bénéficient de l'estime des masses du peuple de Grande-Bretagne ».

Lord Randolph, fils cadet du duc de Marlborough, époux d'une Américaine à la beauté aussi appréciée que la vivacité de son intelligence, avait connu, dans les années 1880, une ascension politique rapide, et, porté par lord Salisbury à la chancellerie de l'Échiquier en août 1886, semblait promis à de hautes destinées. Son caractère orgueilleux et quelque peu impétueux le conduit pourtant, la même année, à démissionner et, de fait, à compromettre ainsi définitivement sa carrière ministérielle.

On vérifiera alors le jugement cruel que Salisbury portait sur lui dès 1884, à une époque où l'Angleterre était engagée dans un sévère conflit avec les Mahdistes, fanatiques religieux, au Soudan : « Randolph et le Mahdi occupent mes pensées presque à égalité. Le Mahdi donne l'apparence d'être à demi fou, mais, en réalité, est tout à fait sain d'esprit. Pour Randolph, c'est exactement le contraire [6]. »

Avant que l'état de sa santé l'affaiblisse physiquement et intellectuellement, à partir surtout de 1892, il a pourtant gardé une immense influence sur l'aile réformatrice du parti tory. Victoria l'appréciait ; elle avait invité le couple Churchill à Windsor en novembre 1886, et son Journal rend hommage à Jennie « très belle et très noire de cheveux » tout en s'étonnant à ce point des propos de son époux qu'elle en fait rapport au Premier ministre Salisbury dans une lettre du 25 novembre. Après avoir fait la remarque que lord Randolph lui avait paru « très malade »[7], elle en vient aux propos politiques de son interlocuteur :

> Il pensait que la position des partis était devenue si étrange que cela ne pourrait pas durer. La Reine répliqua que la division entre Unionistes et partisans du Home Rule était très profonde [elle sait que c'est bien le cas] et il répondit que c'était exact pour les leaders, mais pas au même degré parmi les hommes qui les suivaient. Puis, il en vint à lui demander si elle ne pensait pas qu'ils devraient essayer de se rapprocher autant que possible des vues de lord Hartington [leader à la Chambre haute des libéraux unionistes dissidents]. Elle répondit que les Conservateurs commettraient une erreur en changeant leurs principes pour tenter de gagner les voix libérales, ce en quoi il se déclara d'accord.

Divers autres sujets sont abordés, lord Randolph dit ses inquiétudes quant à une attaque possible de la Russie contre l'Inde, quand la souveraine dit « ne rien craindre pour l'Inde, mais beaucoup pour l'Europe » ; il ajoute que l'administration locale lui pose des problèmes, donnant à la reine la sensation « qu'il était susceptible de créer des désagréments et qu'il souhaitait obtenir le soutien de sa souveraine ».

Le 26 novembre, Salisbury explique à Victoria, sur le dernier point, que le Cabinet unanime, à la seule exception de Randolph, donnait priorité à la mise sur pied de nouveaux conseils de comté sans toucher à la gestion de l'assistance publique.

Dans son Journal, à la date du 16 décembre, la reine relève un nouveau différend entre le Premier ministre et son chancelier de l'Échiquier : ce dernier voudrait réduire les crédits militaires, et jette son poste dans la balance, quand sa position paraît irréaliste à ses collègues. Victoria souhaite son maintien sans partager sa position.

Sa démission acquise, les idées de lord Randolph et les possibilités d'utiliser ses talents font l'objet d'échanges relativement nombreux dans la correspondance de la reine avec son Premier ministre.

Et, de fait, l'ancien chancelier s'efforce constamment d'apporter son appui à la Couronne. On citera, à ce propos, le grand débat aux Communes, du 22 au 26 juillet 1889, qui a pour enjeu les finances de la famille royale et, très particulièrement, l'octroi d'une liste civile aux enfants du prince de Galles. La reine en est tenue informée par W.H. Smith, secrétaire d'État au Trésor, qui représente le Cabinet dans une discussion dont le Premier ministre, pair du royaume, est inévitablement exclu. Elle oppose les libéraux, hostiles à toute « vaine » munificence, à un gouvernement décidé à être en tout loyal envers la souveraine. L'ensemble des propos alors échangés est fort éclairant pour comprendre la position de la monarchie à cette époque.

Divers orateurs libéraux ont déposé des amendements à un projet d'augmentation de la liste civile. Labouchère insiste sur la possibilité, au prix d'économies dans la gestion de la Maison de la reine, de satisfaire à tous les besoins de la famille royale. Gladstone, de son côté, est opposé à un excès de générosité et le Cabinet ne doit qu'au ralliement de lord Hartington et de Joseph Chamberlain de faire repousser de justesse ces amendements au sein de la commission spécialement constituée sur le sujet des « subsides royaux »; dans un marchandage relativement sordide, Gladstone et ses amis parviennent, en se joignant à la majorité des conservateurs, à limiter à trente-six mille livres la somme annuelle attribuée à la famille du prince de Galles au lieu des quarante mille proposées par Smith. Le débat en séance publique est houleux. Labouchère et son collègue Storey dénoncent une augmentation indue de la liste civile quand, affirme Storey, « les pensions accordées à des écrivains et savants pauvres sont limitées ». Gladstone, fidèle à des thèses qui lui sont familières, n'admet pas cette comparaison : « richesse et subsides de la monarchie sont liés à des devoirs et à des dépenses publics, elles sont nécessaires à la splendeur de la Cour que ni lui-même ni le peuple ne souhaitaient voir réduire »; affirmant la possibilité d'économies grâce à l'accroissement des revenus du duché de Lancaster, il n'en pense pas moins qu'« en tant que député, il était bien le serviteur de ses mandants, mais que, davantage encore, il était celui d'une souveraine qu'il avait eu l'honneur de servir pendant de si nombreuses années ».

L'intervention de lord Randolph se situe dans ce contexte relativement favorable[8]. Il n'a guère de peine à réfuter, non sans user d'un ton fort sarcastique, les arguments tout juste énoncés par le républicain Charles Bradlaugh, selon qui les terres de la Couronne étaient virtuellement propriété du peuple. Il s'appuie sur l'histoire et les précédents pour démontrer que « le souverain a le droit de compter sur la libéralité du Parlement en faveur de sa famille ». « L'assertion selon laquelle il n'était pas justifié de transférer à la caisse privée du monarque les fractions non dépensées de la Liste civile équivalait à une accusation de détournement de fonds et tout ministre qui, depuis 1837, aurait ratifié un tel transfert serait exposé, en y ayant été impliqué, à une procédure d'*impeachment*. Se référant à l'allégation de Storey selon laquelle Votre Majesté possédait trois millions en liquide, il dénonça les mensonges destinés à enflammer le peuple et à le détourner dans une mauvaise voie. »

Le débat permet ainsi à lord Randolph de souligner la ferveur de son loyalisme monarchique. Le résultat du scrutin, une majorité de 398 voix contre 116, atteste que ce loyalisme est largement partagé, Smith indiquant à la reine que le *Front Bench* de l'opposition, c'est-à-dire ce que nous appelons aujourd'hui le « cabinet-fantôme », et les députés d'Irlande s'étaient joints aux tories pour faire adopter le compromis mis au point en commission.

Mais si Randolph, avec son immense talent, a bien été le digne héritier de l'idéologie et de la lucidité d'un Disraeli, son esprit de réforme a pu sembler compromettre d'autres points d'un héritage que les traditionalistes voulaient préserver : la Chambre des lords, support aristocratique de la Couronne, incarnation des valeurs éternelles de l'Angleterre ; et, aussi, une Église privilégiée dans son statut et fondement majeur d'un patriotisme monarchique ; sans omettre le règne d'une loi qui, partout dans le monde britannique, portant le sceau royal, garantit l'unité du droit.

C'est ici que le « clan » aristocratique joue pleinement son rôle, représenté très particulièrement par celui qui, en 1885, est devenu sans discussion le chef du parti conservateur et qui le demeura ensuite au-delà même de la mort de la souveraine dont il fut un autre soutien des plus précieux : Robert Arthur Talbot Gascoyne-Cecil, lord Salisbury.

Il est l'héritier d'une famille qui, depuis Élisabeth la Grande et Jacques Ier, a fait sa fortune en la confondant avec les intérêts de la monarchie. C'est un propriétaire foncier fort riche, même si, à sa mort en 1903, il ne laisse pour héritage « que » trois cent mille livres. Député à vingt-cinq ans, en 1855, ministre à trente-six au secrétariat pour l'Inde, poste qu'il retrouve en 1874-1876, il entame véritablement sa carrière en devenant ensuite secrétaire au Foreign Office, d'abord de 1878 à 1880, puis à nouveau, associant cet emploi à celui de Premier ministre, pendant onze des douze années qu'il passa au 10, Downing Street. Siégeant à la Chambre des lords à partir de 1868, il s'est imposé, à la mort de Beaconsfield, comme son successeur indiscuté à la tête du groupe parlementaire conservateur dans cette assemblée.

Il a vécu sans enthousiasme l'irrésistible progression de la démocratie, puisque, selon lui, elle consistait « à accorder à n'importe quelle classe un pouvoir électoral disproportionné à ses intérêts dans le pays » ; il finit pourtant par s'en accommoder, se ralliant non sans difficulté, nous l'avons vu, à la réforme de 1884-1885, participant à la grande réforme locale qui, en créant des conseils de comté à partir de 1888, enleva au monde aristocratique une part essentielle de ses traditionnelles responsabilités, conscient que « contre la mode du jour, il est impossible de discutailler[9] ».

Robert Blake, dans le portrait qu'il trace de lui[10], est sensible à son pragmatisme « héritier sceptique d'un grand nom et d'une maison célèbre, se tenant comme un roc au milieu de la marée montante de la démocratie, emblème d'un monde en voie de disparition et, tout en étant un grand ministre des Affaires étrangères, avant tout négatif, et même réactionnaire face aux problèmes intérieurs ; à coup sûr, il chérissait une vision sombre, presque fataliste, de la société civile. D'une religion très stricte, il en retirait une grande part de sa vigueur. [...] Il n'était en rien disposé à choisir l'indifférence, en aucun cas il ne partageait l'opinion de certains que retarder ce qu'on appelait "le progrès" n'en valait pas la peine. [...] Tout à fait d'accord pour consentir à des concessions tactiques limitées à "l'esprit du temps", il ne se sentait pas pour autant tenu de s'incliner devant lui, encore moins d'y croire. »

Sa compétence en matière internationale, sa finesse stratégique, son sens de l'autorité en cas de besoin, expliquent la longévité exceptionnelle de son ascendant politique, qui fit de lui, dans les dernières années du règne, un serviteur et un conseiller souvent présent auprès de la reine.

Celle-ci, peut-être parce qu'elle détestait Gladstone, qu'elle avait dû accepter comme Premier ministre d'avril 1880 à juin 1885 et qu'elle avait été ravie de voir démissionner, au lendemain du rejet par les Communes d'une augmentation des droits sur la bière et les alcools, s'était réjouie de l'arrivée au pouvoir de Salisbury. Mais ce dernier n'y demeure que jusqu'à fin janvier 1886 : le parti libéral était encore uni, son aile radicale très sensible aux revendications des ouvriers agricoles et des fermiers, et il avait bénéficié de l'adhésion de nombreux députés irlandais lors du vote d'un amendement à l'Adresse regrettant que le discours du Trône demeurât muet sur les mesures agraires indispensables en ces temps de crise de l'agriculture. Victoria décerne alors son premier brevet de satisfaction au Premier ministre conservateur. Le 29 janvier, elle lui écrit d'Osborne sans chercher le moins du monde à dissimuler ses préférences politiques :

> Même si la Reine est assurée de revoir lord Salisbury et a confiance que très peu de temps (au plus) s'écoulera avant de le retrouver en fonction, elle écrit pour dire combien grande a été son admiration de la remarquable façon dont il a conduit les affaires publiques et du succès triomphal de sa gestion de la politique extérieure : en sept mois, elle a hissé la Grande-Bretagne à la position qu'elle devrait tenir dans le monde. Personnellement, elle a connu plaisir et réconfort en travaillant avec lui et a ressenti quelle

bénédiction c'était d'avoir un ministre auquel elle pouvait totalement se fier et dont l'opinion s'exprimait toujours de façon si aimable et sage.

Son opinion apparaît d'autant plus sincère qu'elle offre au Premier ministre sortant, en récompense, un titre ducal, que celui-ci, le 31 janvier, refusera en jugeant le geste excessif. L'avoir exprimée souligne aussi combien l'évolution constitutionnelle n'empêchait pas le souverain d'avouer une préférence, même si elle était sans portée politique...

Au lendemain de la victoire électorale conservatrice de juillet 1886, et après la démission du cabinet Gladstone le 20, Victoria écrit le 22 à Salisbury, alors en cure en France, à Royat, une lettre pour l'inviter à former le nouveau gouvernement. Le ton, une fois encore, est loin d'être neutre : « Lord Salisbury sait quelle confiance elle a en lui [...]. La reine espère voir lord Salisbury [à Osborne] samedi entre trois et quatre heures, et espère qu'il y demeurera le dimanche. » Et, le 24, elle inscrit dans son Journal privé : « Ai vu lord Salisbury, qui paraît remarquablement bien. Nous avons passé en revue l'ensemble de la situation. [Après discussion sur la composition future du Cabinet], lord Salisbury baisa mes mains, ce dont j'informai M. Gladstone par télégraphe. »

Dans le cours des années, si la reine expose souvent sa confiance en lord Salisbury et en sa politique, la connivence n'a pas toujours été totale. Lord Salisbury, si fidèle à la Couronne, attentif à toujours bien informer la souveraine, à lire ses avis et recommandations, s'en tient pourtant à la position de tous ses prédécesseurs depuis des décennies : la priorité du Cabinet, son droit de refuser de suivre la reine si celle-ci se laisse aller à vouloir imposer des décisions douteuses.

LA CONSTRUCTION DE L'ICÔNE VICTORIENNE, 1887-1889

Rien n'illustre mieux, semble-t-il, ce type de rapports entre Victoria et son Premier ministre que les grandes manœuvres de 1890 autour de la nomination de nouveaux évêques. Plusieurs diocèses sont vacants, ou susceptibles de le devenir en cas de « mouvement » d'un titulaire vers un autre poste. Au nombre des plus recherchés Winchester, qui, avec Londres et Durham, vaut à son évêque l'avantage insigne de siéger immédiatement à la Chambre des lords, quand ses collègues doivent attendre leur tour en fonction de leur ancienneté de nomination. Et Victoria rêve, cette année-là, de faire nommer à Winchester le doyen Davidson de Windsor, qu'elle connaît et apprécie, et dont le diocèse engloberait alors sa résidence d'Osborne et Windsor même. Elle le dit le 20 août dans une lettre à Salisbury, usant d'arguments qu'elle veut de poids :

> [La reine] a retenu des propos de lord Salisbury qu'on manque grandement à la Chambre des lords d'un orateur de talent et compétent [...]. L'évêque de Rochester [auquel a pensé Salisbury pour Winchester] est vieux et fragile, il ne servirait à rien en tant qu'orateur, et ne resterait probablement pas longtemps à son poste. [...] Le Doyen devrait aller à Winchester, et elle pense que ce serait naturel, puisqu'une partie de Windsor et Osborne, avec toute l'île de Wight, sont dans [ce diocèse], dont l'évêque est prélat de l'ordre de la Jarretière. De cette manière, perdre le Doyen serait moins douloureux, car il serait proche et disponible, toujours en communication avec la Souveraine. De plus, il serait immédiatement disponible pour la Chambre des lords [...].
> Chacun dans l'Église, haute et basse, a confiance dans le Doyen Davidson pour sa grande intelligence, son savoir, sa droiture, et tous désirent sa promotion. Bien sûr, son départ constituerait une perte grave sous bien des rapports pour la Reine, mais elle se sentirait consolée s'il était placé dans une position de réelle utilité [...].

Lord Salisbury peut être assuré que sa nomination recevrait une pleine approbation de l'Archevêque et de l'actuel évêque de Winchester, et de beaucoup d'autres, laïques et ecclésiastiques.

Devant cette insistance, le Premier ministre ne plie pas, et, de La Bourboule où il prend les eaux, lui répond le 23 :

> Il ne peut pas recommander à Votre Majesté [cette nomination]. Le Doyen, compétent et hautement apprécié de ceux qui le connaissent, n'est pas, à ce jour, un homme de distinction [...]. La faveur qu'on lui ferait serait jugée excessive, son mérite, pour ce qu'il est connu de l'opinion, ne la justifierait pas. Le parti Basse Église n'en serait pas autant satisfait que de la promotion du Dr Thorold.

Et le Premier ministre de suggérer de nommer Davidson soit à Worcester, soit à Rochester.

Le 27, Victoria revient à la charge, cette fois-ci depuis Balmoral. Le ton est pincé :

> La Reine pense que lord Salisbury est en peine de comprendre ses vues quant aux nominations ecclésiastiques qu'elle lui a récemment demandées [...].
> Ce n'est pas l'amitié personnelle qu'elle éprouve pour le chanoine Westcott qui a incité la Reine à le recommander pour Durham, mais sa conviction qu'il était manifestement fait pour ce poste ; et lord Salisbury, en fin de compte, l'a rejointe, gagnant l'approbation générale de l'Église et des laïcs [...].
> La Reine ne pousse pas à la nomination du Doyen Davidson à Winchester du fait de la considération personnelle qu'elle lui porte, mais parce qu'il remplit les conditions avancées par lord Salisbury [...].
> Lord Salisbury pourra découvrir que cette nomination serait presque universellement bienvenue, et la Reine maintient l'opinion que le bien-être de l'ensemble de l'Église et

non pas les sentiments d'une fraction partisane devrait l'emporter dans des nominations aussi élevées et importantes.

La Reine ne peut pas s'empêcher de rappeler à lord Salisbury que lorsqu'elle avait pressé fortement lord Beaconsfield à nommer le Dr Tait, alors évêque de Londres, archevêque de Cantorbéry, ses objections avaient été vigoureuses. Elle avait pourtant insisté, lord Beaconsfield avait fini par le nommer, et il a été jugé par tous le meilleur des Primats jamais connus. Le Doyen de Windsor est son gendre et, pendant plusieurs années, a été son bras droit.

Salisbury demeurant sourd à cette argumentation, Victoria en appelle à l'archevêque Benson. Dans une lettre « très confidentielle » du 1er septembre, elle lui demande d'appuyer la candidature de Davidson, dénonce l'« étrange » position de Salisbury ; elle enjoint le primat d'écrire lui-même une lettre au Premier ministre « sans mentionner [son] nom » et d'inviter quelques autres hommes d'Église influents à l'imiter.

Une semaine plus tard, Benson lui répond par l'affirmative, reprend à son compte les arguments de la souveraine et lui fait part de la correspondance qu'il a envoyée à lord Salisbury.

Ce dernier n'en démord pas, et, le 23 septembre, demande que Davidson choisisse entre Rochester et Worcester. Ce qui lui vaut derechef le 27 une longue missive de reproches de sa reine :

> Lord Salisbury n'a-t-il pas reçu sa dernière lettre du 3 [septembre] consacrée à ce sujet ? Elle y exposait avec une grande vigueur, à son intention, les raisons pour lesquelles, si le Doyen de Windsor doit servir à quelque chose, ce que lord Salisbury et l'Église attendent et exigent de lui, il devrait sans tarder être promu à la Chambre des lords, au lieu de recourir au vieil homme fragile qu'est l'actuel évêque de Rochester. L'Archevêque a écrit à la Reine dans les termes les plus nets à ce sujet, et la Reine pense qu'il

doit aussi avoir écrit à lord Salisbury. Elle est tout à fait incapable de comprendre pourquoi il rejette de tels conseils et l'opinion du premier dignitaire de l'Église.

On notera ici le quasi-enfantillage de la stratégie épistolaire de la vieille souveraine ! Celle-ci poursuit :

> Elle craint que lord Salisbury n'ait été grandement mal informé [...]. Le Doyen, à coup sûr, est particulièrement bien connu, il a participé à d'importantes manifestations, ainsi la Conférence ecclésiastique l'an passé, il est tout près de publier [cet hiver] la biographie de l'Archevêque Tait.

Et, prenant subitement conscience de son impuissance :

> Cependant, si malheureusement, comme la Reine doit le penser, lord Salisbury persiste à adopter une vue différente, elle ne retardera pas davantage son consentement à la nomination de l'évêque de Rochester au siège de Winchester, le Doyen se voyant alors offrir le choix entre Rochester et Worcester, ce qui vaudra à la Reine une perte cruelle à Windsor.

Et, voulant achever par une sorte de flèche de Parthe :

> Elle ne peut pas se retenir de rappeler à lord Salisbury que, au moment où s'était posée la question de nommer un évêque à la tête du diocèse dans lequel se trouve Hatfield [siège de la famille de Salisbury], la Reine, ne voulant penser qu'à être agréable à lord Salisbury, n'avait formulé aucune objection à ce qui lui était proposé, même si on avait mentionné le nom du chanoine Lindon. Alors que dans ce cas de Winchester, qui borde Windsor et inclut Osborne, les vœux personnels de la Reine ont été ignorés.
> Ce n'est pas sans chagrin que la Reine dit tout cela ; mais lord Salisbury sait qu'elle est toujours franche dans ses relations avec lui.

L'affaire est vénielle. Mais elle en dit long : le gouverneur suprême de l'Église d'Angleterre, la souveraine du plus vaste empire que le monde ait jamais connu, en est réduite à user de stratagèmes et de tenter de vains marchandages, voire d'en appeler à la générosité, dès lors que son Premier ministre estime juste une décision à laquelle elle s'oppose.

Après avoir guerroyé tant d'années avec Gladstone que l'âge avait rendu de plus en plus irréductible, Victoria devait constater que les amis les plus dévoués de la monarchie entendaient faire sa gloire en la traitant certes avec respect, mais en s'en tenant à leur jugement propre. Victoria, toujours informée par le Cabinet en place, toujours ardente à formuler avis et recommandations, n'est plus en position d'infléchir les politiques. La considération que lui portent les hommes d'État paraît à la mesure inverse de son influence réelle.

On assiste bien à son passage au statut d'« icône ». C'est ce que démontreront des affaires autrement plus importantes que le choix d'un nouvel évêque. Mais, surtout, ce qui est vrai pour les « grands prêtres » de la monarchie correspond de plus en plus désormais à l'attente des fidèles, de plus en plus nombreux, du culte de la Couronne.

Le nouveau patriotisme monarchique[11]

Depuis 1867 peut-être[12], les Affaires étrangères et impériales enflamment périodiquement l'opinion publique au sens large, les élites sous l'influence d'un système éducatif qui met l'accent sur la compétition et la « nécessaire » violence, sensibles aussi comme toujours à l'esprit du chrétien missionnaire, les classes populaires plus attentives au souvenir des batailles glorieuses et à la recherche de nouveaux héros chevaleresques. Le génie de Disraeli aura été de percevoir ces pulsions et de les exploiter politiquement.

Les années 1870 et 1880 ont été particulièrement favorables à l'essor du « jingoïsme », alimenté chez les mieux informés par l'irrésistible progrès des thèses du darwinisme social. Les souvenirs d'enfance de Clement Attlee, ceux d'Esmé Wingfield-Stratford attestent que les enfants des années 1890 sont déjà pénétrés d'idéaux impérialistes; le second de ces témoignages, qui remonte jusqu'en 1887, évoque « les livres favoris de l'écolier, récits de guerres à venir au sortir desquelles, au prix de tueries horriblement agréables, l'Empire britannique émergerait plus grand et plus dominateur que jamais [13] ». Au tournant du siècle, J.A. Hobson, condamnant le rôle qu'aurait joué le music-hall des décennies écoulées dans la formation d'un chauvinisme exalté, dénonçait la conversion des prolétaires, en grand nombre, à « un patriotisme à l'envers qui transforme l'amour de sa nation en haine d'une autre et en désir farouche de détruire les individus qui en feraient partie ».

Comme le montre fort bien Penny Summerfield [14], sous le terme de music-hall on découvre des réalités très diverses et des publics qui n'appartiennent pas toujours aux mêmes groupes sociaux : entre les pubs qui accueillent à l'occasion musiciens et chanteurs en tournée, les véritables « cafés-théâtres », moins coûteux et socialement plus ouverts que les salles de théâtre traditionnelles, les « guinguettes populaires » où la chanson se taille épisodiquement une place, on ne reconnaît aucune similitude réelle. En principe, les patrons de tels établissements devaient solliciter une licence spéciale délivrée par les juges de paix, puis, à partir de 1888 et de la naissance des conseils de comté, des nouvelles autorités locales : mais les caf' conc' clandestins n'étaient pas rares, d'autant plus courus que leurs spectacles étaient alors très bon marché, et que, parmi les élus, c'est le cas dans le conseil de comté de Londres, les partisans de la tempérance réussissaient souvent à limiter le nombre d'autorisations accordées à ces lieux de loisirs « arrosés ».

C'est dans de tels endroits que fleurirent, à partir de 1878, les « *jingo songs* », après le succès éclatant des *Chiens de Guerre* de G.W. Hunt, où, pour la première fois, l'invocation de Jingo, dieu mystérieux, accompagne la prédiction d'inéluctables succès contre les Russes « assoiffés de sang ». Le même Hunt, en 1879, a d'ailleurs composé « un nouveau chant patriotique » qui relie les guerres afghanes, toujours contre le Russe, à l'évocation de la puissance de l'Empire :

Le lion britannique n'est pas assoupi
Comme dans les années passées.

Les bruns fils de l'Hindoustan
Se tiendront sous notre bannière.
L'Australie, oui, et le Canada,
L'un et l'autre aiment le cher vieux pays !
Il n'est pas d'ennemi que nous craignions – nous
                              [combattons pour le droit !
Il n'est pas de jour que nous regrettions jamais,
Si l'Angleterre, chère vieille Angleterre,
À elle-même veut simplement être fidèle.

Dans les années suivantes, quand la France, l'Allemagne, l'empire allemand et le Portugal paraissent parfois prêts à se battre pour un morceau d'Afrique et que l'Angleterre se trouve sans allié, de nouveaux messages sont diffusés. À Oxford, en octobre 1885, J.H. Jennings fait représenter *Britannia* ; un messager interrompt le spectacle en dénonçant les dangers qui guettent l'Empire assoupi, mais Britannia vient rassurer chacun :

Ils viendront de l'Orient, ils viendront de l'Occident
Les mains offertes, les cœurs loyaux, les plus nobles et
                                        [les meilleurs,

LA CONSTRUCTION DE L'ICÔNE VICTORIENNE, 1887-1889

À l'aide des fils de la vieille Angleterre, dès l'approche du
[danger,
Par amour de la mère patrie que leurs pères chérissaient
[tant.
Il y a peu à craindre pour l'Angleterre,
Avec des fils coloniaux braves,
Prêts dès l'instant du besoin sonné,
Porteurs d'argent, d'hommes et de canons [...].
Que longtemps persiste leur amour
Que le monde entier en soit témoin.

L'affiche de *Britannia* annonçait, dans le spectacle, des danses régionales et nationales de troupes et d'acteurs anglais, irlandais, australiens, gallois, indiens, canadiens et écossais. D'autres spectacles militaro-impériaux sont donnés dans les années suivantes, parfois en extraits-sketches ou chansons.

La reine n'est pas toujours présente dans les œuvres; on la retrouve pourtant dans *Soldiers of the Queen*, écrit par Leslie Stuart en 1881 :

Les nuages de la guerre se rassemblent au-dessus de tous
[les pays
Nos traités sont menacés à l'Est comme à l'Ouest
Des Nations que nous avons saluées
Tentent de mettre à l'épreuve nos engagements sacrés.
Elles ont pu nous croire assoupis [...].
Mais les Bretons s'uniront
À l'appel au combat,
À la bataille pour la cause commune de la vieille
[Angleterre.

Alors quand nous évoquons la domination de l'Angleterre
Rappelez-vous qui l'a faite ainsi [...].
Ce sont les soldats de la Reine, mes compagnons,
Dans la lutte pour la gloire de l'Angleterre, mes
[compagnons,
Chantons sa gloire dans le monde,
Et lorsque nous affirmons que nous avons toujours
[gagné,

LA CONSTRUCTION DE L'ICÔNE VICTORIENNE, 1887-1889

Et qu'ils nous demandent comment,
Nous désignerons fièrement
De l'Angleterre les soldats de la Reine.

La veine est évidemment loin d'être tarie en 1890, et ensuite, comme auparavant, sur des airs anciens, parfois en empruntant les paroles les plus exaltantes, on voit revenir le même orgueil national.

Lorsque Victoria reçoit les acclamations de la foule lors de son jubilé, qu'elle rencontre les représentants de son Empire, elle incarne une patrie nouvelle : le sentiment public, avivé par l'action de la Ligue de la primevère, forte d'un million d'adhérents dès 1891 et de groupes de jeunes, parfois constitués sous l'égide de l'éphémère Ligue pour la Fédération impériale, s'enorgueillit, en plus de l'existence d'une thalassocratie à l'échelle du monde, d'un univers britannisé. En ce sens, le patriotisme exalté, s'incarnant dans la personne de la souveraine, contribue à faire croître le loyalisme monarchique des masses.

Grands dangers et grands tumultes

La loyauté envers le monarque doit être maintenue, en cette fin de décennie 1880, au prix de la recherche de quelques espérances dans un monde de plus en plus menaçant. La crise économique se prolonge, avec des rémissions qui sont autant d'occasions pour des forces revendicatives de redresser la tête, les doctrines les plus « dangereuses » paraissent se frayer la voie du Continent vers le Royaume-Uni, la xénophobie est fille de la peur, le crime semble aller de pair avec l'ébranlement de l'ordre, et le règne triomphant de la science et des techniques apporter dans son cortège de sombres visions de guerre et, surtout, achever de saper le pilier religieux d'une harmonie sociale de plus en plus douteuse. Même une icône prestigieuse peut en souffrir et l'impérialisme ne représente pas un dérivatif universel. L'amour manifesté à Victoria n'est pas un blanc-seing pour ses serviteurs et se pose la qualité du bouclier que l'institution monarchique procure aux gouvernants.

La désespérance des pauvres

Elle tarde à troubler les puissants, malgré quelques beaux mouvements parlementaires en faveur des journaliers agricoles, principales victimes de la « Grande Dépression » agraire, et la publication de rapports officiels sur la triste situation du logement des classes laborieuses. On ne lit pas sans étonnement ce que Victoria rapporte des propos de Gladstone, chef d'un parti libéral, encore fort d'une aile radicale et de députés ouvriers élus sous son étiquette. Dans son Journal, à la date du 30 juillet 1886, elle relate ce que le Premier ministre démissionnaire lui a dit au cours d'une brève rencontre à Osborne : « Nous avons parlé de l'éducation, que l'on pousse à l'excès, et il a été entièrement d'accord avec moi qu'elle ruinait sans utilité la santé des classes supérieures et qu'elle rendait la classe laborieuse incapable de fournir de bons domestiques et journaliers. »

Que Gladstone ait voulu ne pas contrarier la reine dans ses opinions ou que l'un et l'autre aient été du même avis importe peu : on en était encore au temps d'une instruction primaire payante, et, dans les grandes villes, de classes d'une centaine d'élèves difficilement encadrés par un instituteur et ses « moniteurs »; partout sévissait l'absentéisme scolaire ou, pire encore si l'on en croit les rapports d'inspecteurs des écoles, les présents, trop mal nourris, étaient incapables de travailler avec efficacité.

Il est vrai que leurs parents n'étaient pas mieux traités. On a souvent rapporté le propos de Winston Churchill, dans sa biographie consacrée à lord Randolph, pour définir ce qu'était la classe ouvrière des années 1880 : « Les grandes batailles avaient été gagnées [...]. Les esclaves étaient libres. Les consciences étaient libres, les échanges étaient libres. Mais la faim et la misère et le froid étaient libres aussi, et le peuple réclamait quelque chose de plus que la liberté[15]. »

Pendant longtemps, le socialisme et ses solutions avaient été bavardages d'intellectuels. Les manifestations de chômeurs de 1886-1887 ont pourtant contribué à une propagation plus large de mots d'ordre ou de slogans. Surtout, pour les ouvriers conquis par la Social Democratic Federation, celle-ci a été une véritable « école de cadres », qui vient compléter ce que, dans le sein de la confession des méthodistes primitifs, beaucoup acquièrent en matière de capacité oratoire et de sens démocratique. Et parce qu'ils sont davantage conscients des réalités et de la psychologie de leurs camarades, ces néophytes sont aussi plus attentifs aux exigences d'un combat professionnel au sein de syndicats combatifs : c'est le sens de l'action d'un John Burns, quelques années plus tard, de l'Écossais James Keir Hardie, c'est la révélation qu'un Will Thorne porte en lui à partir de la fin des années 1880[16], quand il contribue à la victoire du courant « néo-unioniste » au sein de la Confédération intersyndicale, comme il va favoriser, au tournant du siècle, l'éclosion du travaillisme. Thorne, comme Keir Hardie, puise aux sources du marxisme pour expliquer et justifier la marche de l'histoire, et il est redevable à la tradition jacobine et chrétienne de sa foi dans l'individu et dans la conversion de bourgeois à un nouvel évangile social. Le socialisme anglais est aussi poussé de l'avant par son internationalisme : fondée en 1889, la IIe Internationale reçoit l'adhésion de la Fédération de Hyndman.

C'est en 1889 précisément, aux débuts d'une rémission de crise qui se prolongera deux années, et dans la lutte, que se forge l'instrument de la rénovation syndicale grâce à la création d'unions d'ouvriers non qualifiés, qui ont peu à perdre en cherchant à briser leurs chaînes et qui rendent obsolète la foi des anciens en un progrès lié au libre jeu des forces économiques et sans intervention aucune de l'État. Thorne et ses gaziers, Ben Tillett et ses dockers représentent le fer de lance d'un syndicalisme de combat et prolongent les espérances soulevées dès 1888 par la grève des allumettières de Londres. La longue grève des dockers au cours de l'été 1889 représente « le point culminant de l'agitation dans le monde du travail », c'est la seule à avoir droit à un nom en majuscules, la *Dock Strike*[17]. Du 12 août au 16 septembre, trente mille grévistes paralysent le port de Londres, s'attirent la sympathie de l'opinion, gagnant pour finir l'arbitrage en leur faveur du lord-maire et de l'archevêque catholique, le cardinal Manning. Parmi les conséquences de la victoire et de la formation de puissants syndicats d'ouvriers non qualifiés, on observe la conversion du T.U.C. à des thèses interventionnistes, mais aussi une chance supplémentaire donnée dans la capitale aux fabiens : ceux-ci y inspirent les « progressistes », partisans d'un socialisme municipal, et ils commencent à diffuser nombre de brochures sur les objectifs à atteindre. Parmi ceux-ci, l'éducation ouvrière par l'adhésion à un modèle déjà éprouvé sur le plan local et la mise à nu des défectuosités de la société. Chaque brochure reprend le désormais célèbre slogan : « dans la physique du socialisme, la lumière importe davantage que la chaleur ».

Mais, ce faisant, et même si l'objectif ultime des pragmatiques est, en sapant la société ancienne, de ménager les chances d'une marche graduelle vers la société sans classes, et si le réalisme, en promettant aux désespérés des conquêtes prochaines, contribue à restreindre les chances ou les risques d'une grande révolution socialiste ; si les apparences sont celles d'un combat, dans les faits, c'est la perspective d'insertion des pauvres dans la société qu'il conviendrait d'évoquer.

Rien ne permet d'affirmer que la reine ait pris la mesure d'enjeux dont on ne l'a guère entretenue. Mais l'ordre qui est le fondement de son système de gouvernement n'a pu que gagner, paradoxalement, à l'encadrement syndical des travailleurs et à la formulation de revendications que les patrons, en temps de prospérité, ne jugent pas exorbitantes.

Tout ce qui limite le gonflement des bas-fonds de la société et la poussée de la classe criminelle joue, de même, en faveur de la stabilité du régime.

La peur du crime

Elle revêt, précisément à cette époque, une singulière intensité. Rien ne l'illustre mieux que l'affaire de Jack l'Éventreur[18]. Une série de crimes sordides commis dans la période du 31 août au 9 novembre 1888 dans l'East End de Londres, en particulier à Whitechapel, six prostituées assassinées et dépecées, révèlent soudain l'intensité des peurs dans une société malade et prête à céder à toutes les fantasmagories. Police et opinion ont soupçonné tour à tour un « médecin sadique », évoqué la possible culpabilité d'un shohet juif, tueur rituel patenté dans les abattoirs, celle d'un barbier « polonais ». On a chuchoté, dans une rumeur absurde reprise jusqu'à nos jours, le nom d'un prince royal, le duc de Clarence. Les journaux les plus sérieux, y compris le *Times*, ont rendu compte avec un luxe de détails inouï, des meurtres et de leur macabre mise en scène. Un mystérieux *Jack the Ripper* a envoyé des lettres à la police et aux journaux pour revendiquer ses crimes, et jamais on ne l'identifia. Même si l'imaginaire lui prêta quelques autres horreurs, il disparut aussi soudainement qu'il s'était manifesté.

L'attention prêtée à un tueur en série, dont les « exploits » ont été plus que surpassés depuis lors, a révélé l'origine de bien des peurs. La ville, à commencer par Londres, « moderne Babylone », effraye les nombreux déracinés qui y recherchent habitat et emploi, leur insalubrité, qui n'est pas pour rien dans les « purées de pois » si favorables aux malfaiteurs, l'existence dans les grandes métropoles d'un « peuple des abysses », pour reprendre la définition légèrement plus tardive de Jack London (1902), crée de redoutables cours des miracles. Le sang se vend bien dans des livres et feuilletons bon marché, diffusés à des centaines de milliers d'exemplaires parfois. Surtout, la peur du sexe, le goût comme le dégoût du péché, trouvent avec Jack une traduction proprement épouvantable; aux frissons recherchés dans les écrits érotiques et pornographiques s'ajoute à présent la réalité de meurtres commis sans l'« excuse » de l'appât du gain, et la description sans fard des horribles blessures imposées à des victimes qui sont aussi des filles de rue. Tout se passe comme si les tabous cédaient devant l'avidité de l'information et comme si l'information elle-même remuait une accumulation de perversions. Des valeurs sacrées, la pudeur, l'amour de la famille, semblent menacées, quand l'hypocrisie ancienne avait réussi à jeter le voile sur l'existence de dizaines de milliers de prostituées, dans les rues comme dans les maisons closes, dans un demi-monde trompeur comme dans les bouges les plus infâmes; soudain, en prenant conscience des plus épouvantables apparences de l'« ailleurs », on oublie l'indulgence pour les écarts des hommes mariés, qui transforment leurs épouses en madones du foyer et recherchent leur plaisir dans cet ailleurs.

Et si la morale s'effondre, si les valeurs sont menacées, que dire de la propriété, déjà mise en péril par un monde du crime que l'on décrit volontiers dans sa diversité et sa multiplicité, véritable « contre-société » où, du pickpocket de tout âge au brillant chef de bande, une hiérarchie parallèle à celle de la société « visible » sape à sa manière l'ordre protecteur? Crime d'argent, crime de sang, crime sexuel, l'« addition » devient proprement intolérable, angoissante. La protection policière ne rassure pas, un policier pour sept cent soixante-neuf habitants en Angleterre et dans le Pays de Galles, mais une force pour plus de la moitié réservée à Londres même, et un agent pour mille résidents écossais ! Des hommes de qualité très inégale, objets fréquents des moqueries du satirique *Punch* : le temps est venu des grandes détectives de fiction, à commencer par Sherlock Holmes à partir de 1887, mais leurs exploits imaginés ne font que renforcer la méfiance envers les détectives en chair et en os.

La reine elle-même interroge Salisbury sur le mauvais fonctionnement de sa police, la médiocrité du commissaire principal de Londres Warren, les insuffisances du ministre de l'Intérieur Henry Matthews. Le 10 novembre, elle est informée par le ministre de la démission de sir Charles Warren ; accusé de vouloir être trop indépendant du ministère, il s'attire une sévère réplique de sa souveraine.

> La reine craint que sa démission ait un mauvais effet en encourageant les personnes irrespectueuses de la loi à défier la police, laquelle, sous sir Charles Warren, a toujours accompli son devoir admirablement.
>
> En même temps, la reine craint que le département criminel ne soit pas aussi efficace qu'il le devrait. Il ne fait pas de doute que les récents crimes de Whitechapel ont été commis dans des circonstances qui ont rendu les investigations difficiles ; pourtant la reine pense que, dans la petite zone où ces horribles meurtres ont été perpétrés, un grand nombre d'inspecteurs pourraient être déployés, que chaque suggestion devrait faire l'objet d'un examen attentif et, si elle se révélait réaliste, être suivie.
>
> A-t-on enquêté à bord des bateaux transporteurs de bétail et à bord des navires de passagers ?
>
> A-t-on enquêté parmi le grand nombre d'hommes qui vivent seuls dans leur chambre ? Les vêtements du meurtrier doivent être imprégnés de sang et conservés quelque part.

Est-on suffisamment vigilant la nuit ?
Voilà quelques-unes des questions qui viennent à l'esprit de la Reine quand elle lit les comptes rendus de cet horrible crime.

Victoria transformée en détective improvisée ! Ses commentaires ne manquent pas d'un mets que le Français consomme dans un Café du commerce !

Le 17 novembre 1888, elle note dans son Journal le compte rendu d'un entretien à Windsor avec le Premier ministre : » Ai évoqué le cas de M. Matthews, qui n'est certainement pas fait pour le Home Office ; lord Salisbury a mentionné la possibilité d'en faire un juge à la cour d'appel. » En fait, il est maintenu à son poste.

On le constate : la souveraine ne dédaigne pas les faits divers et se comporte comme le plus ordinaire de ses sujets dans sa passion de dénoncer les dangers meurtriers... et de jouer les policiers amateurs.

Salisbury doit encore, le 15 juin 1890, prendre la défense de Matthews dans une lettre à Victoria : « Il connaît la maladresse, en plusieurs occasions, du Home Secretary et admet avoir été trop sensible l'automne dernier à la perspective de perdre un siège. (Mais on a voulu le critiquer trop sévèrement.) M. Matthew n'est pas l'homme qu'il faut en une place qui exige décision et connaissance du monde, mais il a été desservi [par les campagnes hostiles]. »

On supposera que ces divers échanges n'ont, au mieux, qu'encouragé des rumeurs. Et que la grande majorité des Britanniques ont ignoré que leur souveraine avait un temps voulu assumer réellement un rôle protecteur qui ne pouvait ici être sien qu'en théorie.

C'est que du crime crapuleux on pouvait bien passer un jour à une subversion plus dangereuse. Ce que suggère un texte de *Punch* du 13 octobre 1888, qui s'attaque à l'excès d'attention que la presse accorde aux actes sanguinaires les plus répugnants et à l'affichage publicitaire qui, sur les murs, vient prolonger son effort de séduction des lecteurs.

> Ces monstruosités murales, insoucieuses du crime,
> Étincelant horriblement au milieu de la saleté et de la
> [poussière,
> Doivent produire un effet qui un beau jour en appellera
> Aux légions de travailleurs à l'esprit sale.

Ajoutons que l'affaire Jack l'Éventreur a éclaté dans un temps de difficultés économiques graves et de xénophobie marquée à l'encontre de la main-d'œuvre immigrée, d'où les soupçons de certains contre les juifs, qui arrivent en vagues nombreuses de Pologne et de Russie, fuyant les pogromes, et les Polonais non juifs, souvent exilés politiques, auxquels on prête les desseins révolutionnaires les plus terribles.

Et pourtant, l'Irlande tout proche suffisait à fournir ample matière à inquiétudes sociopolitiques autrement graves !

L'agitation irlandaise

Elle est souvent évoquée par Victoria et les ministres qu'elle reçoit ou avec lesquels elle correspond. Et les préventions de la reine à l'encontre de Gladstone ne trouvent jamais meilleure occasion de se manifester.

Les passages au pouvoir du chef libéral avaient auparavant permis de résoudre ou de faire avancer deux des problèmes majeurs qui composaient la « question d'Irlande » : la séparation de l'Église (anglicane) et de l'État en 1869 qui avait donné entière satisfaction aux catholiques sans porter atteinte dans la réalité à la place encore considérable de la confession protestante, et l'adoption, à partir de 1881, d'une politique favorable aux fermiers, de la stabilité de leur tenure à de justes loyers ou indemnisations en cas d'éviction. Seul le problème politique demeurait à régler et il s'était singulièrement compliqué dans les années 1880, nous l'avons vu, lorsque la démocratisation électorale radicalise et fige le discours de protestants ; ceux-ci sont désormais inquiets d'avoir, en cas d'indépendance ou d'autonomie, à « subir la loi de Rome ». À l'inverse, l'immense majorité des Irlandais ont trouvé une voix, puisque les quatre cinquièmes des élus aux Communes allaient devoir leurs sièges aux suffrages « papistes » et que leur bloc risquerait de bouleverser l'équilibre des forces au Parlement et de faire d'une « colonie » l'arbitre du pouvoir dans sa « métropole ». Même si de telles perspectives ne s'imposèrent pas avant le début du siècle suivant, les esprits lucides surent en déceler la venue : les uns dès lors résolus à l'intransigeance la plus totale à l'encontre des revendications nationalistes, ce fut la position d'un Randolph Churchill, d'autres persuadés qu'il fallait tendre la main à l'Irlande avant qu'elle ne conquière son destin par la violence ; Gladstone, à partir de 1886, ne fait ainsi pas mystère d'un choix qu'il présente comme un acte de justice, mais qui est en réalité de bonne stratégie politique. Et, revenu au pouvoir, il affirme vouloir instaurer un Home Rule, c'est-à-dire accorder à un État irlandais une souveraineté interne qui serait une reconnaissance du fait national, mais préserverait aussi toutes les chances d'une étroite coopération entre la Grande-Bretagne et l'Irlande ; la première serait de la sorte débarrassée du risque de déséquilibre institutionnel, la seconde rivée au Royaume-Uni dès lors que se poseraient des problèmes diplomatiques ou de défense. Le Home Rule devait permettre de faire taire la violence en Irlande et hors d'Irlande, d'éviter les assassinats politiques comme les attentats si redoutés, de renoncer dans l'île d'Érin aux lois de « coercition » qui, malgré la sévérité des mesures de sécurité publique, n'avaient jamais fait plier les terroristes.

Gladstone échoue, le 8 juin 1886, à convaincre une majorité des députés, et sa tentative lui a valu la désertion d'une partie de l'aile radicale conduite par Joseph Chamberlain comme de la plus maigre aile « whig » des tenants de la modération. Il avait exposé ses vues dans un beau et vain discours :

> L'Irlande se tient à notre barre, dans l'attente, pleine d'espoir, suppliante. Ses mots sont les mots de vérité et de modération. Elle sollicite un saint oubli du passé, et à cet oubli, notre intérêt est plus profond que le sien l'a jamais été [...]. Ainsi, je salue l'exigence de l'Irlande de ce que j'appelle un oubli sacré du passé. [...] Réfléchissez, je vous le demande, pensez bien, pensez sagement, ne pensez pas pour l'instant, mais pour les années à venir, et ne venez pas à rejeter le projet de loi.

Lorsqu'il renouvellera sa tentative en 1892, ce sera, après l'avoir emporté aux Communes, pour se heurter à l'opposition victorieuse de la Chambre des lords.

Dans cette période décisive où se détermine jusqu'à nos jours le destin de l'Irlande, Victoria a été des plus intéressées, mais ni des plus neutres ni des plus positives. Au contraire, rarement la monarchie aura, à l'époque contemporaine, autant cherché à peser sur le déroulement des événements. Dès le 24 janvier 1886, quand Gladstone n'est encore que le chef de l'opposition, Victoria s'ouvre, dans une lettre « confidentielle » datée d'Osborne et adressée au député libéral Goschen, de son angoisse devant le danger d'une chute du cabinet Salisbury :

> Le discours de M. Gladstone a été des plus insatisfaisants. Tandis qu'il parlait en faveur de l'union, sous la Couronne, des deux pays, il ne s'est pas expliqué, ni n'a émis la moindre rétractation de ses propos, aussi excessifs et ambigus, qui ont soulevé tant d'alarme ; et la manière dont les Irlandais l'ont applaudi démontre ce que ses penchants réels sont supposés être. Montrer que les chefs

modérés du parti libéral n'inclinent pas dans le même sens devient à présent un devoir pour tous les patriotes, et la Reine ne peut pas un instant douter que telle est leur intention. Mais il ne faut plus se permettre aucun délai [...]. Je vous prie de faire connaître à lord Hartington les points de vue de la Reine.

On ne pouvait davantage interférer dans la vie d'un parti politique ! Et ce n'est pas fini. Lorsque Salisbury est finalement renversé le 27 janvier, elle écrit de nouveau à Goschen :

> Pourquoi ne pouvez-vous pas, vous autres whigs modérés, loyaux, patriotes, vous unir et déclarer que vous refuserez de suivre M. Gladstone et de le soutenir ? Il ruinera le pays, s'il le peut, et de quels maux n'est-il pas déjà responsable ?

Propos incroyables : la Couronne intriguant pour provoquer un bouleversement politique ! Rendue publique, une telle position aurait pu ruiner un demi-siècle d'évolution constitutionnelle. La combativité de Victoria, par chance pour son régime, n'eut pas d'autres résultats qu'un embarras silencieux de ses interlocuteurs...

Dans ses Mémoires, la reine inscrit sa conversation du 28, à Osborne, avec le Premier ministre démissionnaire. Lord Salisbury lui déconseille de refuser de faire appel à Gladstone : elle en ferait « un martyr ». C'est le même conseil que lui donne sir Henry Ponsonby le 30 janvier. Une fois le Cabinet mis en place, elle ne désarme pourtant pas, et fait preuve d'une singulière ardeur.

Le 26 mars, par exemple, elle note qu'elle a rencontré Goschen à Windsor, qu'elle a entendu avec plaisir son interlocuteur lui confirmer la décision de ses amis de ne pas voter un projet de Home Rule et qu'elle a encouragé les adversaires de Gladstone à constituer, lors des élections à venir, un parti qu'elle suggère de nommer « Loyalistes ou Constitutionnalistes » ! Le même jour,

Gladstone informe la reine de la décision du Cabinet de soumettre au Parlement un projet constitutionnel instaurant à Dublin une Assemblée législative qui, « à l'instar des Assemblées existant dans les colonies, existerait par l'autorité du Parlement impérial et s'occuperait des affaires de l'Irlande à l'exclusion des problèmes impériaux » ; il lui fait part, en même temps, de la démission du gouvernement du secrétaire à l'Écosse G.O. Trevelyan et du ministre des Administrations locales, Joseph Chamberlain. En réponse, « la Reine ne peut pas nier qu'elle regarde l'avenir avec anxiété face aux développements à venir d'une mesure qui ne semble pas rallier l'approbation de la majorité de ses sujets du Royaume-Uni ». Le 10 avril, Gladstone lui précise que tout ce qui touche à la Couronne, à l'armée, à la flotte et à la défense, à certains aspects du commerce extérieur, serait exclu de la souveraineté irlandaise, que l'Assemblée de Dublin devrait être composée de deux Chambres élues, la Chambre haute intégrant à titre viager les vingt-huit pairs irlandais siégeant à ce moment à Westminster et aussi que le terme même de « Parlement » ne serait pas employé. Il ne convainc manifestement pas sa souveraine.

Le 11 avril, celle-ci écrit d'Osborne au marquis de Hartington :

> Cette question n'est pas partisane, elle regarde la sécurité, l'honneur et le bien-être de ses possessions : la reine tient à exprimer personnellement à lord Hartington, non pas seulement son admiration pour son discours de vendredi soir, mais aussi sa gratitude. Il démontre que le patriotisme et la loyauté passent, comme ils le devraient toujours, avant le parti. Et elle a une confiance désormais assurée que ces mesures dangereuses et erronées concernant la malheureuse Irlande ne passeront pas.

À quoi son correspondant répond le 13 en lui confirmant les chances de voir échouer le projet de loi en seconde lecture[19], mais en lui exprimant ses craintes pour le futur équilibre politique.

Une fois le projet officiellement déposé lors d'un bref débat les 13 et 14 avril, la souveraine, depuis Buckingham, tient à redire ses réserves dans une lettre à Gladstone du 6 mai :

> Avant son départ pour Windsor, la reine tient à répéter à M. Gladstone ce qu'elle a tenté d'exprimer – mais peut-être ne l'a-t-elle pas fait très clairement –, que son silence sur les mesures capitales concernant l'Irlande, que lui seul pense de son devoir de proposer, n'implique nullement sa propre approbation ou son acceptation. Tout comme tant des meilleurs amis et fidèles soutiens de M. Gladstone, et aussi comme certains des hommes d'État les meilleurs et les plus avisés, la reine ne peut discerner dans la politique qu'il poursuit que le danger pour l'Empire.
> La reine écrit cela avec chagrin, car elle désire toujours donner à son Premier ministre son entier soutien, mais il lui est impossible d'agir ainsi lorsque l'union de l'Empire est menacée de désintégration et de troubles graves.
> Pour finir, elle souhaite ajouter qu'elle n'a pas le moindre doute que M. Gladstone soit motivé seulement par sa conviction qu'il accomplit ce qui est le mieux pour l'Irlande, et aussi pour l'ensemble de l'Empire.

Dans sa réponse, le 7 mai, Gladstone relève avec gratitude la dernière phrase... mais la contredit quant à l'opinion de la majorité du peuple, sans nier la relative précarité de sa situation au Parlement.

Tenue ensuite régulièrement informée par le Premier ministre du déroulement des débats, ce dont elle le remerciera d'ailleurs le 9 juin, Victoria apprend à Balmoral, avec soulagement, la défaite du gouvernement et confie à son Journal, le même jour, sa satisfaction : « Je n'ai pas bien dormi, tant j'étais inquiète et tendue. À mon lever, un télégramme m'a apporté la nouvelle de la défaite du Cabinet à une majorité de trente voix. Je ne peux pas m'empêcher de me sentir soulagée, et je pense que c'est le mieux pour les intérêts du pays. »

L'affaire irlandaise n'est évidemment pas close. D'avoir rappelé ce qu'elle fut en 1886 permet de souligner deux faits essentiels. Confrontée à un problème qui lui paraît vital, la reine ne se contente pas des rôles constitutionnels qu'un Bagehot avait si bien délimités ; elle n'entend pas être une icône silencieuse. Mais il ne faut pas non plus s'exagérer la portée de ses interventions : le Premier ministre est demeuré sourd à ses appels et n'a pas modifié d'un iota sa résolution ; les libéraux dissidents ont agi sous l'impulsion de leur conscience et n'ont pas dissimulé le trouble et les inquiétudes que la rupture de la discipline de parti leur occasionnait ; si les adversaires du projet sur l'Irlande ont sans doute accueilli avec faveur les adjurations de leur souveraine, y voyant la confirmation de leur patriotisme soucieux, ils ont eu quelque mal à faire ouvertement mention de ce soutien royal : d'où l'inquiétude de Victoria que son « silence » soit mal interprété. Mais de cette inquiétude, c'est à Gladstone qu'elle fait part : il lui est impossible de sortir ouvertement de son rôle.

Curieusement, dans ce cas comme dans d'autres, le réveil de Victoria n'a connu que bien peu d'échos ; le respect croissant que lui témoigne l'opinion publique, les manifestations d'amour qui ne la laissent pas insensible doivent davantage à ses apparitions qu'à ses opinions et options politiques. Il n'y a pas de message royal, l'évangile du jour n'est pas dit par celle qui devient une idole : il est bien écrit, en revanche, par le bénéficiaire d'une majorité parlementaire !

Chapitre VI

La fin du règne
1890-1900

Le 22 janvier 1901, s'achève l'un des plus longs règnes de l'histoire européenne. Louis XIV l'emporte au décompte des années passées sur le trône : il n'avait que cinq ans à la mort de son père, et, lorsque à vingt-trois ans il entama son « règne personnel », il ne lui restait « que » cinquante-quatre années pour tenir les rênes de l'État, quand Victoria aura effectivement régné pendant soixante-trois ans. Ni ce décompte ni surtout son contenu ne méritent qu'on s'y arrête réellement, et, dans l'un et l'autre cas, la mort du souverain aura signifié la perte d'un dirigeant que plusieurs générations avaient fini par croire quasi immortel ! Monica Charlot l'a noté avec un rare bonheur : » [Dans le temps du règne de Victoria] la France a connu un empereur et sept présidents de la République. Les États-Unis ont usé dix-sept présidents [...]. Tous les pairs du royaume vivants lors de son accession au trône, en 1837, ont disparu, à l'exception d'un seul. Tous les députés aux Communes, sauf un, de même, ont été renouvelés[1]. »

Les années 1890 ont confirmé l'effacement progressif de Victoria, dès lors qu'il s'agit de choisir une politique et de prendre les décisions immédiates. Aucun de ses trois derniers Premiers ministres, Gladstone, Rosebery et Salisbury, n'aurait accepté de faire davantage que lui manifester un infini respect, l'informer, la consulter, voire lui demander d'opportunes interventions épistolaires auprès de tel ou tel membre de sa nombreuse parentèle européenne. Par plus d'un trait, le système évoluait vers une sorte de perfection ; la monarchie garantissait la stabilité et la perpétuation de certaines grandes traditions, tout en bénéficiant du bouclier qu'un gouvernement parlementaire lui procurait en l'innocentant de toutes les erreurs ou fautes qui viendraient à être commises ; du même coup, le gouvernement était assuré de sa nécessaire légitimité et de sa sécurité constitutionnelle. Le deuxième jubilé, celui de diamant en 1897, en est la meilleure démonstration.

De même, les interventions de Victoria auprès de sa parentèle étrangère ne laissent pas de revêtir un goût de suranné et ne suggèrent pas une réelle influence sur le cours des événements. En janvier 1896, par exemple, Victoria écrit à son petit-fils Guillaume II pour lui reprocher l'appui donné l'année précédente au président du Transvaal, Paul Krüger : elle lui écrit « en tant que grand-mère », s'exprime avec sévérité pour condamner le geste « très inamical » et accuser les agents de l'Allemagne dans les colonies de nuire aux bonnes relations anglo-germaniques ; elle conclut, encore sur le mode familial : « j'espère que tu prendras mes remarques en bonne part, car elles sont entièrement dictées par mon désir de te faire du bien » ; elle obtient alors de Guillaume II une piètre lettre d'excuses et la communique à Salisbury dont la réplique serait digne de figurer dans une anthologie de Premier ministre s'adressant à une vieille reine respectable et respectée, mais trop ambitieuse [2] :

> L'Empereur allemand a toujours eu la plus profonde révérence pour votre Majesté et son ton bienséant et amical vient de la force de ce sentiment [...]. Lord Salisbury conseillerait respectueusement à Votre Majesté d'accepter

pleinement ses explications sans trop rechercher la vérité et de lui répondre sur un ton d'entière confiance dans ses protestations d'amitié.

Dans la pratique extérieure comme intérieure, la nation a pris le pas sur celle qui l'incarnait, et les Victoriens « tardifs » sont à l'évidence plus responsables de la marche générale de l'État, de l'économie, de la société et de la culture que leur souveraine.

La démocratie couronnée

Donc Victoria règne, si elle ne gouverne plus guère. Vieille dame très respectée, elle continue de harceler ses gouvernements, les épaule à l'occasion, mais ne voit triompher ses points de vue que lorsqu'ils coïncident avec ceux des hommes au pouvoir. La nouvelle classe politique qui émerge ne renie pas la monarchie, elle est même de moins en moins sensible aux sirènes républicaines ; mais les intérêts qu'elle représente font entendre une voix autrement influente que celle de la souveraine. La relève se révèle limitée au sommet de l'exécutif, sans que cela contribue à renverser ou freiner l'évolution de toute une ère. Le jubilé de 1897 permet pourtant de mesurer ce que la monarchie apporte à la préservation de traditions et comme ciment de tout un peuple.

La nouvelle classe politique

Sans qu'on puisse parler d'une relève, on note pourtant d'importantes évolutions[3]. Après 1874, les Communes voient siéger davantage d'hommes de loi, de manufacturiers et autres hommes d'affaires, et cela dans l'un et l'autre des deux grands partis de gouvernement. Les influences proprement aristocratiques sont sur le déclin, surtout au bénéfice des élus de Londres et des comtés environnants, de leurs financiers et membres de professions libérales, plus que des représentants de comtés industriels, trop empreints d'un esprit de clocher. En 1892, finance et commerce comptaient pour 16,5 % des nouveaux élus libéraux, pour plus d'un cinquième des conservateurs, les manufacturiers pour respectivement un quart et 12 % ; en janvier 1910, on en sera respectivement à 17 % et 21 % pour financiers et commerçants, à 27 % et 20 % pour les manufacturiers. Les hommes de loi et autres représentants des professions libérales, issus des mêmes milieux que les financiers, font chaque fois l'énorme différence. Ce qui n'est pas sans rendre compte d'un fait : quand, vers 1895, bien des industriels seraient favorables à une forme de protectionnisme, les autres n'envisagent de solution que dans l'expansion formelle ou informelle de l'Empire... et trouvent sur ce terrain l'alliance traditionnelle des apparentés de l'aristocratie.

Le ralliement des « unionistes » de Joseph Chamberlain à l'étroite alliance avec les tories a contribué à l'uniformisation de l'élite représentative en convertissant d'anciens radicaux à la cause conservatrice. Avant la fusion de 1912, au sein d'un parti « conservateur et unioniste », les unionistes ont pesé dans bien des votes parlementaires : ils sont soixante-dix-neuf en 1886, quarante-sept en 1892, soixante-dix en 1895, encore soixante-huit en 1900, et ils permettent en 1886 aux conservateurs de gouverner ; ils consolident nettement leur majorité en 1895, quand leurs alliés contrôlent trois cent quarante et un sièges et ne dépasseraient, sans leur apport, que de six sièges la majorité absolue. Ils apportent certes dans leur nouveau camp une forme de réformisme social, mais, de plus en plus, c'est de l'essor mondial qu'ils attendent le paradis pour tous.

Le monde ouvrier a conquis un droit de vote qui, pourtant, est loin d'être universel ; il n'a pas pour autant encore fait une entrée remarquable dans l'enceinte de Westminster. Les partis qui se réclament du socialisme n'enregistrent, sous Victoria, que des résultats décevants. La Fédération social-démocrate de Hyndman, sans doute parce qu'elle paraît trop « rouge » à l'électorat, n'a pas un seul élu dans la période qui nous intéresse. Le parti travailliste indépendant, animé par James Keir Hardie, a rassemblé nombre de jeunes transfuges du syndicalisme de gauche néo-unioniste, qui sont sous le coup de l'interdiction prononcée par la Confédération intersyndicale, dans les années 1890, de cumuler action politique et action syndicale. Le jeune parti effraie moins les électeurs modérés ; son programme s'inspire surtout des leçons du christianisme social, son langage est celui des Évangiles. Il n'en demeure pas moins que son leader représente son seul élu de la période et qu'il est battu en 1895. Les nombreuses sections locales de l'Independant Labour Party et ses cinquante mille militants de la fin du siècle ne suffisent pas à lui garantir un véritable décollage. S'il existe des parlementaires d'origine ouvrière, en dehors de quelques individus qui se sont bâtis un fief parlementaire, à l'image de John Burns, c'est dans les rangs du parti libéral qu'il convient, comme auparavant de les rechercher, et ils ne dépassent pas la quinzaine d'élus dans le meilleur des cas.

En 1899, un syndicalisme victime d'une série de verdicts judiciaires hostiles et un socialisme politique incapable de surmonter seul ses handicaps financiers et militants s'unissent enfin pour former, l'année suivante, le Comité pour la représentation des travailleurs. La décision a revêtu historiquement une portée majeure : c'est de cette réunion des forces du travail qu'est sorti, en 1906, un parti travailliste alors fier de ses quarante parlementaires. Sous Victoria, rien n'est encore joué, et les déchirements qui opposent révolutionnaires et révisionnistes, ces derniers inspirés souvent par le message fabien, n'annoncent pas nécessairement des lendemains triomphants.

À la Chambre haute, les choses changent plus lentement, mais elles bougent aussi. En juin 1885, sur la proposition de Gladstone, la reine va jusqu'à conférer la pairie à son premier sujet juif. Alors qu'en 1869, elle avait jugé « impensable » une telle promotion au profit de Lionel de Rothschild, elle a changé d'avis : Disraeli y a contribué par ses commentaires et, étrangement par sa mort, qui vaut à Nathaniel de Rothschild, l'un de ses exécuteurs testamentaires, de rencontrer Victoria en 1881 et de produire sur elle une heureuse impression : « c'est un bel homme d'environ trente-huit à quarante ans, qui sait adopter une élégante posture juive ». Le 9 juillet 1885, avec son accord, Nathaniel entre à la Chambre des lords, ses deux parrains étant lord Carrington, un ancien condisciple de Cambridge, et le marquis de Rosebery qui, en 1878, a épousé Hannah, la cousine du nouveau pair[4]. La promotion d'un Rothschild est faite au moment où deux autres banquiers, également sans attache foncière, Tweedmouth et Revelstoke, sont nommés sur la proposition de Gladstone. Lord Salisbury a, auparavant, suivi l'exemple de Disraeli, qui avait fait promouvoir sir Edward Guiness, devenu Ardilaun, en nommant un autre brasseur, Henry Allsop, qui choisit le titre de baron Hindlip. Les propriétaires de brasserie demeurent à l'honneur, avec la création d'une pairie en faveur de Michael Bass. Le groupe de ces nouveaux nobles est épinglé par les humoristes comme les « barons de la bière » (« *Beer Barons* » par homophonie avec « Peer »). Mais ni la métallurgie, ni la finance, ni l'armement naval ne sont en reste au cours des années 1890. Celles-ci voient accéder à la pairie une autre branche des Guiness avec la promotion de lord Iveagh. Et, en 1895, on connaît le premier pair issu de la presse Algernon Borthwick, créé Lord Glenesk : c'est le début des « Press Barons ».

L'homogénéité du groupe est préservée par les intérêts croisés, mais aussi par l'adoption ou la préservation d'un mode de vie : les nouveaux venus acquièrent de grands domaines et pratiquent les loisirs chers à la vieille aristocratie, laquelle ne peut que les juger « fréquentables ». L'unité se fait aussi sur quelques tranquilles convictions : malgré les analyses d'un Bagehot et la démocratisation, qui fait des Communes la représentante par excellence de la nation, les pairs continuent de croire en une sorte d'élection particulière ; héritiers de lignées anciennes ou fils de leurs œuvres, ils représenteraient un monde d'autant plus utile qu'ils ne seraient pas soumis à la loi « démagogique » des campagnes électorales et n'auraient de réel souci que l'intérêt national. Belle théorie, qui fait encore accepter par beaucoup leur veto à tout Home Rule pour l'Irlande. Même attaqués par les radicaux et les socialistes, qui voient en eux le legs d'un passé incompatible avec la démocratie, ils se drapent dans des oripeaux d'apparence encore honorable. Ils seront rattrapés par les faits quelques années après la mort de Victoria, quand leur opposition forcenée à une fiscalité progressive sur les revenus et les successions démontrera à l'évidence leur égoïsme de classe et les contraindra à subir, en 1911, un abaissement devenu alors inévitable.

L'exécutif

La grande satisfaction de Victoria, au cours des années 1890, a été la fin politique de celui qu'elle en était venu à considérer comme son adversaire, William Gladstone. Revenu au pouvoir en 1892, il doit s'effacer le 2 mars 1894 après l'échec de son deuxième projet de Home Rule pour l'Irlande.

Sur les sentiments de la reine, on dispose du précieux témoignage de son secrétaire particulier, sir Henry Ponsonby[5], et des lettres qu'il a sauvegardées. Ainsi celle du 12 août 1892 à lord Lansdowne, vice-roi des Indes : elle est d'autant plus significative qu'elle suit la victoire électorale des libéraux et la démission de lord Salisbury :

> [La reine] ressent plus que jamais l'importance de pouvoir s'appuyer en Inde sur un vice-roi si capable et fiable, en cet instant pénible et inquiet, quand un vote incompréhensible et indigne, résultat de la plus injuste et abominable campagne électorale, a entraîné la défaite du Gouvernement le meilleur et des plus utiles.
> La reine-impératrice peut avec peine exprimer avec justesse ce qu'elle ressent et pense à se propos [...]. Le danger pour le pays, pour l'Europe, pour son vaste Empire et tous les grands intérêts qui leur sont liés, les voilà confiés à la main tremblante d'un vieillard rude et incompréhensible âgé de quatre-vingt-deux ans et demi. L'épreuve est terrible, mais grâce à Dieu, le pays est sensé, et cela ne pourra pas durer. La majorité est tout à fait divisée, et elle dépend du seul vote des Irlandais.

Victoria semblait alors faire une grosse différence entre les quatre-vingt-deux hivers du chef libéral et ses soixante-douze printemps.

Deux ans plus tard, après bien des impatiences, elle pourra enfin recevoir, de la main de Gladstone, sa lettre de démission, dans laquelle, confirmant la mauvaise opinion de sa reine, comme il l'avait déjà fait au cours d'entretiens privés avec elle peu auparavant, il invoquait l'infirmité physique, sa croissante surdité, sa perte aussi de la vision, pour justifier sa retraite politique.

Au témoignage de Ponsonby, tout se passa dans une atmosphère courtoise, et à l'occasion d'une invitation du Premier ministre et de sa femme à Windsor. Mais le secrétaire de la souveraine notait aussi que celle-ci s'était bien gardée de solliciter de Gladstone le moindre avis sur le choix de son successeur, et que, entre lord Kimberley, lord Harcourt et lord Rosebery, elle préféra ce dernier sans en informer elle-même son ministre démissionnaire. Celui-ci apprit la chose par une lettre privée de sir Henry Ponsonby le 4 mars, alors qu'il avait déjà quitté Windsor. Cette façon de procéder souligne assez l'acrimonie persistante de Victoria envers un homme d'État qui l'avait pourtant servie, à divers postes, pendant plusieurs dizaines d'années ! L'historien Robert Rhodes James juge le procédé « dénué de cœur, un affront brutal », mais veut trouver à Victoria les excuses de l'« honnêteté » : « elle méprisait Gladstone, le considérait comme un déséquilibré irresponsable ».

Son choix de Rosebery, alors âgé de quarante-sept ans, prêta moins à discussion, et le clan favorable à Harcourt se révéla impuissant à convaincre le parti libéral qu'il y avait eu injustice. Nous avons évoqué les ardeurs impérialistes du nouveau Premier ministre. Mais il était surtout un aristocrate, dilettante et brillant, considéré par les uns comme un visionnaire, par d'autres comme un amateur peu fiable. Il avait construit sa réputation politique et son immense popularité en Écosse sur le soutien financier et personnel décisif qu'il avait apporté à Gladstone, lors de la campagne électorale de 1879 dans les Midlothians : paraissant ensemble sur les tribunes, les deux hommes donnèrent l'impression d'être « le père et le fils du peuple écossais ». Ses talents d'orateur populaire, sa capacité d'allier humour et clarté lui valurent une immense influence sur ses auditoires. Et, dans le privé, comme le rapporte James, il n'était pas moins séduisant, capable, aux dires du jeune Churchill, de fasciner ses interlocuteurs par la profondeur d'une pensée dissimulée sous le vernis d'un verbe léger et teinté de gaieté. Physiquement, il était fort bel homme ; un portrait peint par John Everett Millais en 1885 le représente dans toute sa séduction, légèrement appuyé à une table, enveloppé dans un élégant manteau qui ne dissimule pas un large col, jeune homme romantique et fier, la tête très droite, le regard hardiment tourné vers son interlocuteur, le menton peut-être légèrement empâté. Churchill encore dresse de lui un portrait flatteur : « Il paraissait autant un maître en bavardage futile qu'en thèmes profonds. Il était intensément conscient de tous les aspects de la vie. Sportif, épicurien, lecteur passionné, critique littéraire, collectionneur avide de souvenirs historiques, possesseur érudit de véritables musées de trésors d'art, il n'éprouvait jamais le besoin de s'évader d'une question[6]. »

On dirait aujourd'hui que sa personnalité était « charismatique ». Surtout, ce riche propriétaire foncier, cet heureux époux d'une Rothschild, ce possesseur d'une écurie de courses réputée, ce personnage à l'intelligence et à la simplicité aussi apparentes tranchaient aussi bien sur les images projetées par ses concurrents et adversaires que sur celle, si controversée, de son prédécesseur. Et on ne pouvait pas lui en vouloir d'avoir favorisé Gladstone autrefois, tant il avait su démontrer au cours des années 1880 son indépendance d'esprit et son absence de tout carriérisme. Il semblait un touche-à-tout de génie, bon ministre des Affaires étrangères en 1886, « Home Ruler » sceptique, mais loyal, premier président, en 1889, du conseil de comté de Londres où il démontra son sens de la réforme sociale, respecté de toute la classe politique. Les failles de l'homme et de son caractère, pour être moins évidentes, étaient dangereuses : Churchill encore, en fin connaisseur de l'art politique, l'a critiqué pour son dédain du quotidien, sa dilection pour les seules questions « dramatiques » et pour les gestes brillants. Et puis, profondément affecté par la mort, en 1890, de sa femme Hannah, ce « nouveau Pitt » avait sombré dans une mélancolie récurrente.

Bien des traits de son physique comme de sa personnalité avaient eu de quoi séduire Victoria, dont la correspondance avec son Premier ministre trahit souvent au départ une sorte d'affection « maternelle ».

Et pourtant, le passage au pouvoir de Rosebery s'avéra un complet échec : indécis sur l'Irlande, malavisé dans des projets mort-nés de réforme des lords, en conflit constant au sein du cabinet avec Harcourt, son grand rival, combattu de l'extérieur par les gladstoniens, confronté à de multiples et contradictoires pressions dans son parti sur la réforme électorale, sur la séparation de l'Église et de l'État en Écosse et dans le Pays de Galles, affaibli par une maladie qui le laisse déprimé, contraint en février 1895 de lancer un véritable ultimatum à son Cabinet pour retrouver un peu d'autorité. Très affecté par la mort de son ami Randolph Churchill en janvier, il s'achemine sans gloire vers une inévitable démission. Auparavant, il a heurté la reine par ses propositions de réforme parlementaire, a dû aussi la mêler à la question difficile du remplacement au commandement en chef de l'armée du duc de Cambridge, vieilli et sans efficacité, mais obstiné dans un long refus de démissionner. Sa popularité souffre auprès des non-conformistes, piliers du parti libéral, de son goût du jeu et, surtout, de la notoriété inespérée de son écurie qui gagne pour la première fois le Derby en 1894 et récidive l'année suivante. Ayant suggéré de dresser une statue à Cromwell à Westminster, et l'ayant finalement payée de ses propres deniers, il offense ses amis irlandais.

Les lettres de Victoria à son Premier ministre deviennent acrimonieuses, elle critique ses discours parlementaires dans leur forme comme dans leur contenu, s'inquiète de certaines de ses propositions d'anoblissement : ainsi, en juin 1895, l'élévation à la baronnie d'un tout récent et jeune transfuge du parti conservateur, passé opportunément aux libéraux, Naylor-Leyland, député tory de Colchester, dont la démission, en février, avait permis au parti de Rosebery, manifestement averti, d'organiser une fulgurante et victorieuse élection partielle.

Rien n'aura pourtant égalé en gravité la crise larvée de régime, demeurée alors secrète, que provoqua en octobre 1894 l'annonce, dans son discours de Bradford du 27, qu'il entendait appliquer son programme de réduction des pouvoirs de la Chambre des lords, voire la supprimer. Pour Victoria, il s'est agi d'une agression délibérée contre une Constitution dont elle se veut la gardienne. Elle s'en ouvre à lord Salisbury, lui fait connaître son opposition totale à une mesure « déloyale et malhonnête » et lui demande son avis sur une éventuelle dissolution. Le chef du parti conservateur, en plein accord avec elle sur la nécessité de préserver la Chambre haute, l'approuve dans son rôle de défenseur de l'ordre constitutionnel, mais lui représente le danger qu'il y aurait pour la Couronne à intervenir aussi directement dans la vie parlementaire, et, éventuellement, dans le processus électoral. Victoria mesure une fois encore les limites des pouvoirs de la monarchie..., mais bénéficie de l'incapacité de Rosebery d'imposer ses vues à l'ensemble de son parti.

Le 21 juin 1895, un vote-surprise, à une courte majorité, dans une Chambre des communes désertée par la plupart de ses membres, et sur une question vénielle, permet à Rosebery de s'accorder ce qu'il appellera un « plaisir suprême » : rendre à la reine les sceaux qu'un autre « plaisir suprême » lui avait permis de recevoir d'elle. Victoria ne s'y trompa pas :

> Ce serait pour lui un immense soulagement [...] car les affrontements au sein du Cabinet ont dû être tout à fait horribles.

La souveraine rappelle lord Salisbury aux affaires et ce dernier, après dissolution des Communes, obtient pour son parti trois cent quarante sièges et pour les unionistes, ses alliés, soixante et onze autres, sur un total de six cent soixante-dix. Ainsi peut commencer le règne ministériel d'un homme qui sera le dernier chef de l'exécutif de Victoria. Et avec lui, c'est toute une parentèle des Cecil qui accède aux marches du pouvoir.

Le cabinet Salisbury de 1895 se compose de dix-sept membres, parmi lesquels huit aristocrates, dont trois chefs de grande famille[7] : « Jamais », écrit Élie Halévy, témoin direct de cette relève politique, « la haute aristocratie n'avait paru jouir d'une popularité plus assurée. On remarquait l'habitude nouvellement prise par un très grand nombre de municipalités de choisir, pour être leur président en quelque sorte honorifique, le porteur de quelque grand nom. » Le *Spectator* du 29 juin s'extasiait devant la qualité des membres du Cabinet, dont cinq, en dehors de Salisbury, étaient selon lui, dignes de diriger un gouvernement : Joseph Chamberlain, le duc de Devonshire Arthur Balfour, George Goschen et lord Lansdowne. Arthur Balfour, leader des Communes et neveu du Premier ministre, était sans doute le plus respecté de ces hommes d'État, esthète, métaphysicien à ses heures, auteur en 1880 d'une *Défense du doute philosophique*, esprit pourtant religieux, comme l'exprime ses *Fondements de la croyance* publiés précisément en 1895, aussi énergique que fin diplomate et, selon Halévy, « enfant chéri, enfant gâté du Parlement, comme Chamberlain en était l'enfant terrible ».

Même si nombre d'aristocrates le sont de fraîche date et que la Chambre haute donne l'impression de devenir en fait le reposoir d'une ploutocratie, les plaintes sont pourtant parfois grandes parmi les « oubliés », peu admiratifs de l'« Hôtel Cecil ». En 1898, député du rang et militant dévoué de son parti tory, George Bartley exprime à Salisbury d'amers regrets devant la distribution très sélective des récompenses : « Tous les honneurs, émoluments et places sont réservés à des amis et parents du groupe favorisé. » Ce qui n'empêcha nullement Salisbury, lors du remaniement ministériel de 1900, de faire appel à davantage encore de membres de sa parentèle[8].

*Le jubilé de diamant
et l'affirmation du rôle monarchique*

Il constitue un beau cadeau de la nation à sa souveraine. Il vaut, en retour, à toute une société agitée de soubresauts et menacée par moments de révolutions, de se retrouver autour de son icône royale.

De l'avis général des observateurs du temps comme des historiens, la célébration du jubilé de diamant surpassa tout ce qu'on avait vu en 1887 et, surtout, la fête revêtit davantage la tonalité d'un véritable hymne à l'Empire.

Le 20 juin, cette année-là, tombait un dimanche et le jour-anniversaire de l'accession au trône donna lieu partout à d'innombrables services religieux. Le mardi suivant devenait le grand jour d'une semaine qui demeura dans les mémoires pour l'éclat des cérémonies et la splendeur des décors. Le 26 juin, la revue navale à Spithead et, le 1er juillet, celle des troupes de terre à Aldershot constituèrent deux moments majeurs.

À l'invitation du ministère des Colonies, les onze Premiers ministres de colonies autonomes avaient été conviés, et des détachements venus de tout l'Empire avaient été prévus pour les défilés.

Dès le 22 juin, le ton de l'éditorial du *Times* illustre l'humeur du moment :

> Aujourd'hui, les yeux de tout l'Empire, et ceux de millions d'hommes éloignés de son giron, seront fixés sur Londres et sur la grande et stimulante cérémonie au cours

de laquelle nous célébrerons les soixante années de règne de la REINE. Ils seront fixés sur la face révérée et aimée de la femme qui, depuis deux générations entières, représente à une si grande fraction de la race humaine les principes d'ordre, de civilisation et de progrès rationnel. Ils seront fixés sur un être qui, dans une période de changements multiformes, a offert pendant toutes ces années un extraordinaire exemple de stabilité politique et morale.

On le notera : dans cet exergue, Victoria apparaît nettement comme au-delà du destin d'une simple souveraine ; elle est décrite dans sa fonction symbolique et dans son rôle d'icône exemplaire. Faisant la part inévitable du genre panégyrique, on ne peut qu'être frappé par la transcendance d'un visage, que les portraits nous montrent devenu bien ingrat, en une figure proprement divinisée !

Le *Times* poursuit :

> Il est de fait facile, en un tel moment d'excitation patriotique, d'exagérer le pouvoir d'un monarque d'aujourd'hui, et certains attribueront sans doute à la REINE une influence directe sur la vie publique et privée telle que, dans son bon sens, elle n'a jamais entendu exercer. Dès le départ, SA MAJESTÉ a saisi le véritable principe de sa position constitutionnelle, et elle ne s'en est jamais écartée. Son travail n'a pas été de prendre des initiatives, non plus que de s'opposer à des transformations, mais d'en limiter les excès. Dans ses rapports avec ses ministres, elle a toujours préservé, sans jamais les excéder, ses droits constitutionnels ; et son extraordinaire connaissance des précédents – car sa mémoire est aussi exceptionnelle que son expérience est longue – lui a toujours valu un grand avantage dans la discussion.

Ici, on remarquera, plus que l'exagération de prêter à Victoria une résignation immédiate à un rôle effacé, combien la philosophie constitutionnelle d'un Walter Bagehot semble alors correspondre à un ordre des choses irréversible. L'auteur de *The English Constitution* aurait pu faire sienne la description de la capacité monarchique que fait un éditorialiste, sans doute familier d'ailleurs de ses thèses.

Le journal relève, dans un long développement, qu'au cours des vingt dernières années, l'action de la souveraine avait surtout été importante dans les relations internationales, où ses relations de famille et « sa sagesse » firent d'elle une conseillère écoutée. D'où s'ensuit un nouveau portrait :

> Chacun sent que la REINE est quelqu'un d'unique, quelque chose d'extraordinaire, quelque chose dont le monde nous envie la possession; et les multitudes s'enthousiasment de la posséder. Les longues journées, dont l'étendue est sans précédent, sont à elles, et elle est à nous. Quoi de plus naturel en une telle période que la conscience nationale surdimensionnée ?

Victoria transformée en acquis de son peuple! Reine-objet que l'on possède! On aura rarement été aussi près d'une béatification du vivant de la « sainte ».

Tout aussi significatif est le long passage consacré à la gloire impériale :

> [Imaginant la longue procession qu'elle va connaître à travers sa capitale], il est permis d'imaginer certaines de ses pensées. Elle progresse escortée par les soldats de son Empire et les Premiers de ses grandes colonies, accompagnée de ses enfants et des enfants de ses enfants, par les Princes de son sang et les envoyés spéciaux de Puissances étrangères, au milieu de centaines de milliers de ses sujets qui se pressent le long des kilomètres de rues. [...] Que de transformations depuis le premier cortège royal lors du couronnement de 1838 ! Ces coloniaux qui constituent peut-être la plus applaudie des sections de son cortège ont parcouru des milliers de miles pour être présents. Ils sont venus sur des vapeurs rapides qui, aux yeux de nos grands-pères, seraient apparus comme des merveilles peut-être

monstrueuses, de territoires à peine connus soixante ans plus tôt, en réponse à des invitations transmises par une méthode dont on commençait tout juste à parler en 1838, le télégraphe électrique. Ils sont venus représenter non pas quelques petites communautés dispersées, mais des millions d'hommes braves, intelligents, riches et loyaux. Ces Indiens aussi, fils de l'« Orient immuable », ont changé. Ce sont des Princes fiers, dont les origines sont séculaires et qui, pourtant, sont devenus les fidèles vassaux de la REINE. Ils sont le signe et le symbole de la Paix britannique [...].

Évocation enflammée, qui consacre Victoria en tant qu'icône impériale.

Inévitablement, le journal en vient à citer les hommes de toutes classes sociales, tous bénéficiaires de l'accumulation de richesses dans le royaume, beaucoup devenus électeurs :

On leur a donné un vote [...] ils sont loyaux envers le TRÔNE comme toute autre classe de la communauté, et, pour eux, les prédicateurs de révolution sociale ou autre ne présentent aucun attrait.

Le soulagement qu'exprime une telle remarque est à l'aune des craintes qui avaient présidé à la démocratisation du système. Et il mène naturellement à tenter de deviner ce que la souveraine peut bien représenter aux yeux de la nation assemblée pour l'applaudir.

[Le spectateur] regardera d'abord la REINE comme la personne dont les qualités intellectuelles et morales, développées au cours de soixante années de règne, ont permis autant qu'un seul personnage humain pouvait le faire cet immense progrès continu. Il la regardera comme l'incarnation d'un sentiment de devoir envers son peuple ; il se rappellera ce qu'il a entendu dire de son dur et incessant travail ; de la correspondance qui la retient encore longtemps après minuit ; de sa grande sagesse pratique [...] ; de son expérience politique sans rivale. [...] Il se souviendra des nombreuses occasions qui l'ont montrée prompte à reconnaître tel haut fait ou telle grande souffrance à travers le monde, de ses messages à ses soldats et à ses marins, comme à ceux qui travaillent au fond des mines et dans les usines. [...] Il se remémorera les tristes expériences de sa vie privée [...]. Par-dessus tout, il réfléchira à la grande, à l'immense influence qui a été sienne dans « la moralisation de la vie politique et sociale », pour reprendre l'expression employée par l'evêque de Londres dans son beau sermon de Saint-Paul. L'Évêque n'a en rien entendu donner un sens étroit à ses mots, et il n'y a aucune étroitesse qui puisse être accolée au règne de la REINE. La pureté n'est pas la même chose que le puritanisme, et la Cour royale a été pure, non pas puritaine.

Et la chute se veut grandiose :

> Quels que soient les éléments complexes des sentiments que voudront exprimer à SA MAJESTÉ les multitudes assemblées aujourd'hui, il en est un, profond et fort, le sentiment d'attachement dévoué à sa personne et à son office, de révérence envers la SOUVERAINE et, qu'on nous permette de l'ajouter, d'amour filial et reconnaissant pour la Mère de son peuple.

Rarement éditorial aura aussi bien réussi à exprimer ce que signifia la déification d'une reine. Dans les pages du plus austère et du plus influent des journaux de qualité, on aurait pu attendre quelque sens critique : il le cède manifestement à la plus enthousiaste des dévotions.

C'est aussi à l'occasion de l'année du jubilé que Kipling compose son grand poème *Recessional*, hymne à l'Empire qu'incarne la reine :

> Dieu de nos pères, depuis longtemps reconnu,
> Seigneur de notre ligne de bataille oriflamme au vent,
> Sous la Main terrifiante duquel nous trouvons
> Notre domination sur le palmier et le pin,
> Seigneur Dieu des armées, sois à nos côtés encore,
> De peur que nous oubliions – de peur que nous oubliions.

La fête réserva, il est vrai, bien des occasions d'orgueil dynastique et national. Parmi les monarques présents, un petit-fils de Victoria, particulièrement en vue : l'empereur allemand Guillaume II. La vision de la puissance navale britannique, lors du défilé de Spithead allait d'ailleurs le convaincre de donner suite aux projets de l'amiral von Tirpitz : doter son pays aussi d'une force de haute mer crédible. Paradoxalement, un moment exceptionnel d'unité des dynasties aurait abouti à mettre en place une fatale rivalité entre Grande-Bretagne et Allemagne !

On n'en est pas encore là : le lien monarchique paraissait aussi de plus en plus le ciment d'un nouvel ensemble à construire de nations regroupées librement au sein de l'Empire britannique. Et puis, la reine est encore une personne pleine de vie et qui ne cherche plus à le dissimuler.

Victoria et la saveur des vieux jours

Le jubilé ouvre une courte période pendant laquelle Victoria semble jouir de sa popularité et trouver une nouvelle saveur à la vie. Deux ans plus tard, pour son quatre-vingtième anniversaire, trois à quatre mille lettres de vœux lui parviennent et elle semble avoir particulièrement goûté ces manifestations spontanées et individuelles de loyalisme et d'affection.

Elle continue de prendre le plus grand plaisir à ses vacances sur la Riviera française, où elle se montre volontiers en public, parfois aux rênes d'une petite voiture attelée à un âne, à l'occasion aussi au milieu de fêtes populaires comme la « Bataille des fleurs » de Grasse. Elle organise volontiers des concerts et invite des chanteurs fameux à lui donner un récital. Son plaisir est si grand qu'elle avoue dans son Journal regretter parfois de devoir s'en retourner vers « le Nord sans soleil ».

Les lettres que, très régulièrement, la reine envoie de Nice à sa petite-fille Victoria évoquent bien le plaisir que lui procurent ses séjours.

Le 21 avril 1897, datée de l'Excelsior Hotel Regina à Cimiez, la missive évoque une promenade : « Hier encore, nous sommes partis en voiture attelée sur la corniche, un peu plus loin qu'il y a quinze jours (le jour de votre anniversaire) et sommes rentrés par la route du bord de mer qui est belle. Mais le temps était nuageux [...]. Nous sommes tous *unberufen* heureux et le séjour ici m'a fait le plus grand bien. »

L'année suivante, le 1er avril, toujours du même hôtel, la lettre de la grand-mère à sa petite-fille n'est pas moins enthousiaste.

> Nous n'avons pas eu le grand beau temps, du moins la semaine dernière où le vent a soufflé très fort et a été froid, et le lundi et le mardi, quand il a plu à torrents et que nous avons dû à trois reprises passer la nuit sous l'orage et les éclairs.
>
> [Elle continue le 2 avril.] J'ai pu rendre visite à votre cher oncle Affie [Alfred], *La Surprise* ayant pu ancrer dans le port jeudi matin ; hier, on m'a « roulée » [*sic*] à partir du quai sur la passerelle et je suis montée à bord, et ai pu marcher facilement jusqu'à la cabine d'oncle Affie. Il est encore tenu de demeurer couché pendant une semaine de plus.
>
> J'ai rencontré cette pauvre fille infortunée [Marie de Mecklembourg-Strelitz, petite-fille d'une cousine de la reine, séduite et devenue mère d'un bâtard]. Elle était parfaitement inconsciente, pas timide ni éperdue. [...] Ses parents, stupidement, ont laissé la chose devenir publique. [...] Augusta [sa grand-mère] a été des plus gentilles, mais je pense qu'il serait préférable de la tenir éloignée quelque temps, tant je crains que l'on jase beaucoup à ce sujet.

On le voit : les distractions de la reine en France n'excluent jamais ses préoccupations de matrone familiale ! Ni n'oblitèrent les principes de la moralité comme de l'hypocrisie victoriennes.

Le 1er avril 1899, nouvelle lettre de la même adresse :

> [...] Nous avons eu toutes la famille ici. Chère Marie [Mallet?] qui a passé une partie du séjour avec nous est partie ce matin, à notre grand regret, car elle est si adorable *und passt so gut zu uns* [et est en telle harmonie avec nous].
>
> Oncle Bertie et Tante Louise sont encore à Cannes, mais la seconde s'en va demain. Tante Vicky quitte Bordighera demain. Oncle Affie a passé dix jours avec nous il y a deux semaines, et Oncle Arthur et Tante Louischen, de retour d'Égypte, s'étaient joints à nous, pendant six jours, au même moment.
>
> La première semaine a été très belle et très chaude, après quoi la semaine suivante a connu un vent glacial, bien qu'il fît très clair ; cette dernière semaine a été bien plus chaude et ensoleillée. Hier, le temps a été splendide et toutes les fleurs sont en train de venir [...].

Les vacances de la reine sont ainsi l'occasion de réunir des membres de sa famille et la royale touriste, si elle glisse de temps à autre quelques mots sur la situation internationale, semble davantage préoccupée par les mondanités que par la politique.

Pourtant, ces contacts mêmes avec sa parentèle lui permettent, et parfois l'obligent, à être convenablement informée de toutes les grandes affaires du monde.

Elle s'enflamme parfois, ainsi en 1899, lors du deuxième procès Dreyfus en France. Comme l'ensemble de la presse britannique, le *Times* a consacré au procès de Rennes plusieurs colonnes chaque jour, et aucun lecteur de la presse britannique ne peut avoir été dans l'ignorance des faits. *A fortiori*, Victoria, qui s'est passionnée pour le sujet, et dont la correspondance avec Salisbury comme celle avec l'ambassadeur en poste à Paris montrent le grandissant intérêt et même l'angoisse. Elle est sensible à l'injustice, devenue flagrante depuis l'acquittement en 1897 du probable vrai coupable, Esterhazy, et y voit la preuve d'une fragilité des esprits en France. Le capitaine Dreyfus condamné en 1894 pour espionnage, ne l'a été que par un outrage judiciaire dénoncé par ses défenseurs. Dès 1897, quand la France se divise entre dreyfusards et antidreyfusards, l'Angleterre, où l'on n'est pas toujours fâché de constater les défauts d'une nation une fois de plus « ennemie », n'éprouve guère de doutes sur l'innocence du capitaine. Et sa reine est en harmonie avec l'opinion générale. Elle va même jusqu'à se demander si ses séjours à Cimiez ne pourraient pas sembler une approbation donnée aux autorités françaises et si elle ne devrait pas y renoncer. Un entretien à Londres, en juin 1899, avec l'ambassadeur Cambon, qui lui prédit un acquittement à Rennes, l'apaise un moment. La deuxième condamnation, « avec circonstances atténuantes », lui inspire « indignation et horreur », et elle s'en ouvre à Salisbury, et, surtout, va jusqu'à envoyer à l'ambassadeur britannique à Paris un télégramme en clair, où elle manifeste hautement son opinion. Vite connu, ce télégramme lui vaut de violentes attaques des antidreyfusards et des caricatures d'un goût douteux dans la presse française d'extrême droite. Il ne fait pas de doute que Stanley Weintraub, qui a rapporté les détails de ces incidents[9], exagère plus que fortement la portée de la révolte de Victoria sur la décision du président Loubet et du gouvernement Waldeck-Rousseau de gracier Dreyfus. On retiendra surtout une démonstration : la belle capacité de la souveraine, même âgée, à prendre fait et cause dans les affaires qui, pourtant, ne la concernent pas directement.

En Grande-Bretagne même, Victoria se préoccupe aussi de loisirs. Elle demeure très friande de spectacles, surtout d'opéras. En 1899, pour son anniversaire, célébré à Windsor, elle s'est fait donner une représentation de

Lohengrin, et juge, dans son Journal, cet opéra de Wagner « la plus glorieuse des compositions, si poétique, si dramatique et, il faudrait presque le dire, au fondement religieux » ; elle avait déjà, l'année précédente, été transportée en écoutant des extraits de *Parsifal.* Pourtant, ses rencontres avec Richard Wagner, une première fois en 1855, la seconde en 1880, où il lui fut présenté à Windsor sans qu'elle lui demandât de jouer pour elle, n'avaient pas produit sur l'esprit des deux interlocuteurs une impression profonde ! Rien ne paraît plus, sur le tard, devoir lui échapper des plus connues des œuvres modernes : elle avait aimé le *Roméo et Juliette* de Gounod et elle se fait donner des représentations, en juin 1900, de *Cavalleria Rusticana* et aussi d'extraits de *Carmen* ; elle avoue un penchant pour Puccini. Une sorte d'avidité dévorante traduit, dans le domaine musical, ce qui est peut-être une rébellion contre le temps qui passe et les occasions qu'elle risquerait de manquer à jamais. Elle se fait aussi beaucoup lire, le plus souvent par Marie Mallet, des romans inédits, prenant le plus grand plaisir à *Corleone* de Marion Crawford, auteur américain à la mode.

Son voyage en Irlande, qu'elle a substitué en 1900 à ses habituelles vacances en France, lui donne aussi l'occasion de se distraire, y compris en visitant les jardins zoologiques de Dublin, où elle admire particulièrement un lion et d'autres « specimens magnifiques ». Son écuyer et secrétaire-adjoint, Frederick Ponsonby, a rapporté pourtant combien elle était aussi fatiguée, facilement accablée par la chaleur, s'assoupissant dans sa voiture : sa tâche essentielle, à l'approche de villages, était d'« éperonner [son] cheval de manière à le faire soudainement bondir et hennir : la princesse Béatrice savait toujours ce que cela signifiait et, si la reine ne se réveillait pas d'elle-même, elle s'en chargeait ».

Tout en prenant plaisir jusqu'au bout à ses déplacements, Victoria a pris surtout conscience que le rôle de la Couronne était aussi d'exalter le patriotisme. Le conflit sud-africain devait renforcer cette impression...

Triomphe de l'impérialisme et gloire de l'Empire

S'il est un domaine où Victoria retire tous les bénéfices de l'action, et, en même temps, en est consciente, c'est l'expansion mondiale de son royaume. Lorsqu'il reprend la rédaction de sa grande *Histoire du peuple anglais au XIXe siècle* et que, désespérant de l'achever, il décide de sauter du milieu du siècle aux années 1895-1914, qui en forment à ses yeux l'« épilogue », Élie Halévy intitule son premier volume « Les impérialistes au pouvoir ». En fait, ils l'ont été dès le retrait ultime de Gladstone au profit de lord Rosebery, en mars 1894. Bien des facteurs concourent alors à créer ce que le Français Victor Bérard, en 1900, voudra baptiser le « panbritannisme ». Sur les mappemondes britanniques, les taches rouges qui signalent les terres soumises à la Couronne s'élargissent encore. L'impérialisme anglais de la période s'inscrit, il est vrai, dans un courant qui entraîne la plupart des très grandes puissances, mais, paradoxalement, n'interdit pas encore à leurs dirigeants, comme aux maîtres des opinions publiques, de rêver de l'avènement d'une paix entre tous les « civilisés » : en juillet 1899, la première convention de La Haye ne prévoit-elle pas « le règlement pacifique des conflits » ? Quoi qu'il en soit, les sujets de Victoria auront élargi son Empire et défini les objets de l'ambition nationale bien avant que la souveraine, sur la fin de son règne, vienne sanctionner les faits accomplis et prendre son ultime part à un élan national.

LA FIN DU RÈGNE, 1890-1900

Vers un panbritannisme ?

On ne reviendra pas sur certaines motivations traditionnelles, religieuses ou philanthropiques, du mouvement colonialiste en Angleterre. Elles sont loin d'avoir épuisé pourtant leur potentiel agressif, mais elles contribuent aussi à garantir un minimum de respect des droits humanitaires des populations assujetties ; le nombre de traductions de la Bible, cent dix-neuf entre 1876 et 1902, le triplement du nombre de missions protestantes en Afrique entre 1886 et 1895, témoignent d'un élan religieux et moralisateur, qui est loin d'ailleurs d'être l'apanage de la seule Albion. On remarquera que les catholiques, alors quelque 10 % de la population anglaise, ne réagissent pas différemment de leurs concitoyens protestants : le 20 décembre 1899, le cardinal Vaughan le manifeste fort bien dans une circulaire au clergé :

> Cet Empire a été développé par la même Providence qui a appelé l'Empire romain à l'existence, et de même que Dieu a utilisé l'un pour réaliser Son Premier Dessein divin de grâce, c'est de la même manière qu'Il semble en train d'utiliser le second.

On ne saurait mieux dire que l'expansion impériale entre dans le grand objet de la conversion du monde à la vraie foi ! Il convient pourtant d'insister sur les nouveautés.

Le Royaume-Uni tombe de son piédestal de géant du monde. Après avoir cédé la première place industrielle aux États-Unis en 1890, il est précédé par l'Allemagne vers le milieu de la décennie (le cri d'alarme devant la concurrence allemande, *Made in Germany*, d'E.E. Williams, est de 1896). L'industrie subit le choc du développement de nouvelles puissances.

La demande des consommateurs britanniques ne suffit pas à amortir le choc, même si leur pouvoir d'achat s'accroît. L'importation massive de produits alimentaires étrangers, dont les viandes congelées qu'à partir de 1890 les ménagères accueillent avec méfiance, conduit à une baisse significative des prix. La « révolution du commerce de détail » substitue au colporteur, au *Jack of all Trades*, des centaines de milliers de boutiques, quelques grands magasins (ainsi Harrod's) et des chaînes de coopératives et de quelques entreprises privées, Boots, Lever, etc. Des produits autrefois de luxe, du vêtement à des aliments (thé, viande, sucre) sont désormais à la portée de clients plus nombreux. L'alphabétisation de la population, réussie à 98 % au tournant du siècle, favorise la vente de livres, de journaux. Les loisirs, pour les plus aisés, réclament bicyclettes, voire automobiles, donc transformation de caoutchouc d'hévéa, pétrole, essence. Il est vrai que, dans de tels cas, la hausse du marché intérieur devient un autre facteur de l'expansion extérieure et de la mainmise sur les espaces les plus prometteurs en matières premières...

Le journaliste J.A. Hobson, en 1902, avant Lénine, parlera de l'impérialisme comme d'« un stade ultime du capitalisme ». Et, comme il est difficile pour des gouvernants de s'appuyer sur le froid cynisme des chiffres, comment n'en seraient-ils pas venus à rechercher l'adhésion populaire en encourageant la diffusion de slogans et d'idéologies d'apparence plus noble ?

Il peut arriver que la compétition débouche sur une sorte de « lutte » à la loyale. En 1900, les États-Unis avancent le principe de la « porte ouverte » (*Open Door*) en Chine, partant de l'intégrité territoriale de l'Empire du Milieu. C'est l'occasion de faire fructifier une autre notion, déjà vivace au temps du libre-échange : celle des « colonies sans drapeau » ou des « empires informels » ; et, en cas de concession de mines, de voies ferrées, d'espaces à cultiver ou à bâtir, cela revient en fait à conférer à la puissance étatique et tutélaire des missions et des risques nouveaux.

Étrangement, on constatera une sorte d'alliance « objective » entre les intérêts traditionnellement prêtés au monde aristocratique, qu'on suppose avide, pour ses rejetons, de postes administratifs et d'emplois rémunérateurs dans la Navy et l'armée, et le monde du commerce, désormais convaincu de la nécessité de disposer de la force pour défendre ses marchés : E.J. Hobson, dans son *Imperialism. A Study* de 1902, veut appliquer désormais l'image de l'« *outdoor-relief* » à l'ensemble des classes dominantes, et constate ainsi que la « charité publique » est sollicitée par John Bull autant que par Britannia !

Les illustrations ne manquent pas : Cecil Rhodes, soucieux d'étendre le contrôle britannique sur les mines d'or du Transvaal, est ainsi l'un des grands responsables du bellicisme qui prévaut en Afrique australe dans les années 1890, et, non sans raison, le député libéral F. Madison, dans la *North American Review* d'avril 1900, lui attribuera la guerre alors en cours : « Les mines d'or sont les sources de tous les troubles, le désir de faire des Rhodésiens les maîtres du Transvaal a constitué la plus puissante motivation de l'agitation capitaliste. »

Rien n'est simple. Nombre de libéraux demeurent fidèles à un esprit pacifiste qui les éloigne de toute idée de conquête par la violence, et ils n'hésitent pas à le faire savoir. En 1900, à Birmingham, en plein fief de Joseph Chamberlain, David Lloyd George prononce un vigoureux réquisitoire contre la guerre en cours... et doit s'éclipser rapidement pour ne pas être écharpé ; son collègue F. Madison, au printemps 1900, avait dénoncé, nous l'avons vu, dans un article de la *North American Review*, la culpabilité des propriétaires de mines, des « Rhodésiens », dans la recherche d'une guerre ; leur chef de parti, Campell-Bannerman, n'hésite pas, l'année suivante, à mettre en cause les atrocités anglaises en Afrique du Sud, ce qui lui vaudra longtemps une place d'honneur exceptionnelle dans la mémoire des Boers. Les héritiers du christianisme social, les nouveaux adeptes de formes de socialisme se font souvent les dénonciateurs du bellicisme et du capitalisme expansionniste. Si les élus sont encore rares dans leurs rangs avant 1906, ils se font entendre dans d'autres enceintes, en particulier syndicales ou même religieuses (parmi les méthodistes et les baptistes notamment) et pourraient constituer, s'ils étaient unanimes, un groupe de pression gênant. Ce n'est assurément pas le cas et leur argumentation pèche par leur ignorance volontaire de quelques réalités gênantes.

Les pacifistes sont d'autant plus prompts et plus mordants qu'ils s'en prennent à leurs compatriotes bellicistes. Citons Edward Carpenter. Il publie, à Manchester, en 1900, un brûlot proboer, *Boer and Briton* :

> Ils peuvent avoir leurs défauts. Ils ont pu être durs envers les Kaffirs et autres indigènes, parfois barbares, mais je doute qu'ils aient pu être aussi *systématiquement* cruels que les Anglais. Ils ont pu faire preuve d'étroitesse d'esprit et soutenir des idées démodées, mais jusqu'à présent, dans la guerre, ils semblent avoir agi plus humainement que nos troupes professionnelles. Religieux, presque puritains (car ils relèvent des mêmes sources puritaines que nous), de vie simple, ils aiment leur pays, leurs troupeaux, leurs foyers – ils ont seulement demandé à être laissés à eux-mêmes dans leur patrie.
>
> Eh bien, pensez à ces gens et à leur vie ; et pensez à nouveau à Johannesburg depuis qu'on y a découvert de l'or, depuis que la fièvre de l'or s'en est emparée, entièrement rempli de juifs, de financiers, de spéculateurs avides, d'aventuriers, de prostituées, de bars, de banques, de salons de jeux, et de toutes les inventions diaboliques [...]. Le

capitalisme, la volonté brute et sans âme des Compagnies, c'est déjà assez mauvais pour l'Angleterre ; mais en Afrique, c'est de loin bien pire.

Et Keir Hardie de tenir un langage similaire dans le *Labour Leader* du 6 janvier 1900, opposant lui aussi le mode de vie des Boers à la cruauté du capitaliste anglais :

> En tant que socialistes, nos sympathies ne peuvent aller qu'aux Boers. La forme républicaine de leur gouvernement témoigne en faveur de la liberté [...], leurs méthodes de production pour l'usage commun sont plus proches de notre idéal que toutes les formes d'exploitation pour le profit.

Le refus de constater les défauts évidents des Boers favorise les adeptes d'autres vérités. Les farouches descendants des calvinistes néerlandais sont des racistes sans complexe, persuadés d'être les élus du Seigneur, et qui voient dans le Blanc le seul être susceptible de prétendre au rang de véritable disciple du Christ. Les thèses de la pureté du sang, qui conduiront l'Afrique australe aux pires abominations des années 1948-1980, sont déjà bien présentes dans leurs esprits.

La conversion, « scandaleuse » aux yeux de ses camarades de la IIe Internationale, d'un Hyndman à la thèse de la « guerre pour les valeurs humanitaires » et au bénéfice des Noirs opprimés mériterait certes toutes les réserves. Elle n'est pas incompréhensible. Et d'autres, si sensibles aux idylliques descriptions des communautés paysannes, peuvent apparaître parfois bien naïfs.

George Bernard Shaw, dans son style mordant, a tenté de montrer comment les intérêts savaient utiliser le sentiment :

> Un Anglais n'est jamais en peine pour se draper dans le manteau de la morale. Grand champion de la liberté et de

l'indépendance des nations, il conquiert et annexe la moitié du monde, et il dénomme cela colonisation. Lorsqu'il désire un nouveau marché pour ses biens frelatés de Manchester, il envoie un missionnaire pour enseigner aux indigènes l'Évangile de la Paix. Les indigènes tuent le missionnaire : il court aux armes pour défendre le christianisme, combat pour lui, conquiert pour lui ; et il s'empare du marché comme d'une récompense du Ciel [...] Son mot d'ordre est toujours Devoir ; et il n'oublie jamais qu'une nation qui permettrait à son devoir de contredire ses intérêts serait perdue [10].

Ce que confirmerait l'explorateur Stanley :

On compte quarante millions d'habitants au-delà de la porte d'entrée du Congo, et les filateurs de coton de Manchester attendent de pouvoir les vêtir. Les fonderies de Birmingham rayonnent du rouge métal qui va être transformé en ferronneries à leur intention et en breloques qui orneront leurs poitrines poussiéreuses, et les ministres du Christ sont pleins de zèle pour les amener, ces pauvres païens plongés dans les ténèbres de l'ignorance, jusqu'au sein du troupeau chrétien [11].

Les désirs des industriels et des marchands ne pouvaient pourtant pas automatiquement décider du choix d'une politique. Même fortement représentés dans tous les corridors du pouvoir, ils devaient de plus en plus tenir compte du poids d'un électorat que les réformes successives de 1867 et 1884-1885 ont plus que quintuplé. D'où l'importance du « populisme » d'un Joseph Chamberlain qui liait ainsi prospérité et colonisation, dans un discours de 1894 : « Croyez-moi : la perte de notre domination pèserait d'abord sur les classes laborieuses de notre pays. Nous verrions se déchaîner une misère chronique. L'Angleterre ne pourrait plus nourrir son énorme population [...]. Car l'expérience nous montre que le commerce suit le drapeau *(Trade follows the Flag)*. »

En 1899, un journal satirique français, *Le Musée de Sires*, qui ne pardonne pas à Victoria ses sympathies dreyfusardes et qui ne veut pas non plus oublier Fachoda, représente la souveraine comme une obèse vieille dame affalée sur un fauteuil, sur la tête une couronne trop large ; dans un coin, rigide et froid, Joseph Chamberlain est censé être le montreur de cette marionnette ironiquement intitulée « Sa Gracieuse Majesté »[12]. À tout le moins, l'auteur de la caricature démontre qu'aux yeux de l'étranger aussi, le ministre des Colonies mène en partie le jeu impérial.

Chamberlain, dans la dernière décennie du siècle, a fait de l'Empire la grande ambition de sa vie, au point, en 1895, au moment de la constitution du cabinet Salisbury, de revendiquer le poste, jusqu'alors mineur, de ministre des Colonies, au lieu d'un emploi plus prestigieux et à sa portée, comme la chancellerie de l'Échiquier. Il conservera cette fonction jusqu'à sa démission volontaire en octobre 1903, quand il se vouera à sa propagande en faveur de la protection et des préférences impériales au sein de la Ligue pour la réforme douanière *(Tariff Reform League)*. Membre du Cabinet jusqu'à ce moment, il est en mesure d'intervenir dans toutes les questions de politique générale, mais surtout dans les affaires internationales qui, de fait, sont de plus en plus inextricablement liées aux affrontements coloniaux. D'où son influence considérable, même si elle n'est pas nécessairement prépondérante.

Conservateurs et unionistes ne sont pas les seuls partisans de l'Empire et trouvent dans les rangs libéraux des émules qui figurent au premier rang des responsables du parti. La majorité des libéraux a basculé en vingt ans dans le camp impérialiste, et le mouvement s'est accéléré à partir de la retraite politique de Gladstone en 1894. Lord Rosebery, Premier ministre en 1894-1895, chef du parti libéral ensuite jusqu'en 1896, figure au premier rang des libéraux impérialistes. Herbert Asquith, entré aux Communes en 1886, Home Secretary en 1892-1895, limite son radicalisme aux questions politiques et sociales, et veut croire très tôt à un destin expansionniste de l'Angleterre ; il en est de même d'un autre « jeune » (Asquith est âgé de quarante ans en 1892), Edward Grey, député en 1882, à l'âge de vingt ans, et déjà sous-secrétaire d'État aux Affaires étrangères en 1892-1895. Tous ces hommes sont des individualités brillantes et de premier plan. Ils permettent à l'Angleterre de mettre en œuvre une politique « bipartisane ».

Cette politique est facilitée par la multitude des contacts informels qu'autorisent le recrutement de l'élite politique dans un même milieu, les amitiés contractées dans les écoles et universités, les relations familiales, la vie mondaine, l'adhésion à des clubs. Les occasions de rencontre sont multiples. Dans *Mes Jeunes Années (My Early Life)*, qu'il publie en 1930, Winston Churchill rappelle l'éblouissement que lui a valu, grâce à lord Randolph, d'être accueilli dans des cénacles influents, ainsi le cercle Rothschild, où, très jeune, il a rencontré des adversaires politiques de son père, ainsi lord Rosebery, des banquiers, des aristocrates, des industriels. Il en fait le récit pour illustrer sa formation, mais décrit ainsi une réalité qui ne trouvera son nom de baptême qu'au milieu des années 1950, l'*Establishment*.

Comme auparavant, les serviteurs de l'État, dans les grands postes de la fonction publique et de l'armée, issus des mêmes cercles que les parlementaires et ministres, épaulent leurs supérieurs politiques, mais contribuent aussi à forger ou renforcer leurs opinions. Citons, pour cette période, deux « grands commis » parmi les plus remarquables : Evelyn Baring et Arthur Milner.

Le premier nous est déjà connu par quelques-unes de ses initiatives antérieures. Devenu baron Cromer en

1891, élevé au rang de comte en 1901, il avait été, au lendemain d'une mission d'enquête de l'ancien ministre libéral, lord Dufferin, renvoyé derechef en septembre 1883, des Indes où il se trouvait alors, en Égypte, comme « agent britannique » et consul général au Caire ; sans qu'on passe à un véritable protectorat, il y représentera l'autorité de fait pour, selon les mots de Dufferin, « empêcher la construction tout juste édifiée de s'effondrer au sol au moment même où la main [de l'Angleterre], qui la soutient, serait retirée ». Il a lui-même exposé plus tard, dans sa *Modern Egypt* (1908), les conceptions qui ont guidé son action. Son vœu est de léguer au pays qu'il va gouverner « un système qui agirait en conformité avec les exigences évidentes de la civilisation moderne » ; ce qui suppose une mutation de la mentalité orientale traditionnelle. Selon lui, celle-ci ferait « du sens commun quelque chose d'étranger ». Il faut donc un projet de développement économique et de réorganisation financière ; ce qui suppose une stabilité de l'action britannique excluant toute « aventure ». Baring, de ce fait même, méprisera profondément les efforts de Gordon pour entraîner son gouvernement à agir au Soudan et se tiendra d'ailleurs sur une identique réserve dix ans plus tard. Il n'en reste pas moins, comme l'a souligné Gladstone en avril 1884, que l'Angleterre était devenue « un gouvernement de l'Égypte » et que son « proconsul » avait pris en charge la réalité des pouvoirs. Ses avis sont écoutés à Londres de tous les gouvernements qui se succèdent en le confirmant, pendant plus de vingt ans, dans ses fonctions. Et, entre autres influences, il joue un rôle considérable dans la formation d'un nouveau type de hauts fonctionnaires : son meilleur « élève » est Alfred Milner[13].

Né en mars 1854 d'une mère allemande et d'un père anglais, Milner est éduqué à King's College, à Londres, puis à Oxford (Balliol College) où il subit profondément l'influence des idées d'Arnold Toynbee : celui-ci est, entre autres, l'auteur de *Duty of Democracy to Subject Races (Le Devoir de la démocratie envers les races assujetties)* et un prophète, par conséquent, du rôle civilisateur de son pays dans le monde. D'abord journaliste (associé au célèbre William Stead), Milner devient, à partir de 1884, secrétaire particulier et ami de l'homme d'État conservateur George Goschen qui le convertit définitivement à l'impérialisme ; son protecteur étant devenu chancelier de l'Échiquier, il travaille deux ans aux Finances et, en 1888, est nommé Director General of Accounts en Égypte, ce qui lui vaudra d'occuper, six mois après, et pour deux ans, les fonctions de sous-secrétaire d'État aux Finances dans le gouvernement... égyptien ; il subit alors l'influence de Baring-Cromer, dont il admire les principes et l'énergie. Revenu à Londres, au département des impôts directs, de 1892 à 1897, il refuse un poste au ministère des Colonies, mais accepte les fonctions de gouverneur du Cap et de haut commissaire pour l'Afrique du Sud : ce qui vaut au pouvoir de réussir une fort belle opération de consensus national en recueillant les applaudissements de la fine fleur des libéraux impérialistes, lord Rosebery, Asquith, William Harcourt. Il arrive au Cap le 5 mai 1897, plein d'enthousiasme pour la cause de l'Empire, à laquelle s'assimile, selon lui, la grandeur britannique, et c'est cette passion qui, selon V. Halpérin, lui a valu sa nomination. Il entretient les plus cordiales relations directes avec Chamberlain, qu'il revoit épisodiquement à Londres, et il a convaincu son ministre de la nécessité inéluctable d'une épreuve de force. Sa responsabilité dans l'éclatement de la guerre est manifeste et sa « dépêche des îlotes », envoyée à Chamberlain le 4 mai 1899 et largement diffusée à partir du 14 juin, a été déterminante pour forger une opinion publique belliqueuse, que surexcitent l'« asservissement » et les malheurs

« infligés » aux citoyens anglais par les autorités du Transvaal. Milner a voulu la guerre et l'a obtenue. « Faucon » en 1899, Milner a été capable de devenir, la paix rétablie, la « colombe » de la réconciliation et de guider, jusqu'en 1905, le processus du changement. Le haut fonctionnaire avait plus que démontré l'importance des administrateurs dans la définition et la conduite d'une politique ; « je suis impérialiste et non pas "Petite Angleterre" parce que je suis un patriote de race britannique [...]. L'État britannique doit suivre la Race », écrit-il sur la fin de sa vie en guise de « credo »[14], après avoir connu une brillante carrière d'homme d'État et être devenu l'un des pères du Commonwealth britannique des Nations !

Bien d'autres personnages seraient à mentionner encore. Sur le terrain, on perçoit toujours l'ampleur des pouvoirs donnés aux vice-rois en Inde : George Nathaniel Curzon, par exemple, éduqué à Eton et sorti, comme Milner, de Balliol College, s'est fait connaître par des voyages en Orient, d'où il a tiré en 1889 son *Russia in Central Asia* ; nommé vice-roi en 1899 et le demeurant jusqu'en 1905, il adopte une politique sans faiblesse à l'égard des nationalismes indigènes, tout en proclamant haut et fort que l'Inde devait constituer la priorité impériale absolue et en essayant de persuader son gouvernement de mener la plus active des politiques antirusses sur les questions du Tibet, de l'Afghanistan et du chemin de fer de Bagdad. Curzon aura pourtant le mérite, en 1899, de renoncer définitivement à toute occupation de l'Afghanistan. D'autres, en partie plus obscurs, tel Frederick Lugard, le « fabricant » des colonies du Nigéria et le promoteur de l'*indirect rule*, méthode d'exercer, par des résidents, une « autorité chuchotée », seraient à citer.

Dans les administrations centrales, à Londres même, existent d'importants relais, tant au ministère de la Guerre qu'au Foreign Office, d'autant plus que les antagonismes coloniaux sont au cœur des grands enjeux de la politique internationale, de la direction donnée à la quête d'alliances, des compromis et des réconciliations nécessaires.

L'adhésion de l'opinion

Rien n'aurait pourtant été possible sans l'appui de l'opinion, qui s'exprime parfois dans les élections générales : nous reviendrons sur les « élections kaki » de 1900, triomphalement remportées par les partisans de la guerre sud-africaine.

Dans les années 1890 et 1900, le rôle de la propagande a été immense ; il a été récemment bien étudié par John M. MacKenzie[15]. Une multitude de vecteurs anciens et nouveaux portent le message de l'Empire dans les masses. La presse se renouvelle dans les années 1890 avec la naissance des journaux populaires à sensation, le *Daily Mail* en 1896, le *Daily Express* en 1900, qui, outre les options individuelles de leurs fondateurs ou rédacteurs, trouvent dans l'exploitation des passions et les fièvres guerrières l'aliment de tirages de plus en plus considérables, dépassant le million pour le premier nommé dès le tournant du siècle. Moins connue, mais d'une influence d'autant plus forte qu'elle s'exerce précocement, la presse pour enfants et adolescents, dont l'essor est frappant dans les décennies 1870 et 1880, et qui insère nombre de récits d'aventures exotiques et fait appel aux enthousiasmes patriotiques : la fin du siècle connaît bien une centaine de titres différents. Par ailleurs, le public juvénile, dans la mesure où l'on se fie aux manuels scolaires en usage à l'époque, était aussi touché par l'enseignement : souvent marqué, très tôt, du sceau du nationalisme, son développement « naturel » semble avoir été l'impérialisme[16], un impérialisme fait davantage pourtant d'orgueil et de joie, d'exaltation des héros pacifiques et de l'œuvre coloniale, que de mise en avant d'une supériorité raciale. On sera ici prudent, puisqu'un quart seulement des écoles élémentaires (à un moment où l'obligation de scolarité est généralisée) consacrent, en 1899, du temps à l'étude de l'histoire ; à partir de 1892, dans le secondaire (encore largement réservé aux fils des classes moyennes et supérieures), les « codes » éducatifs incluent des suggestions pour l'étude de l'Empire colonial à partir de la classe de troisième, mais l'enseignement de l'histoire commence en général par la haute Antiquité. Pour les adultes, comptent davantage des lectures variées : les romans exaltant l'Empire se multiplient, en particulier ceux de Kipling, et l'exotisme impérial tend à prendre le pas, dans l'imaginaire populaire, sur les récits de chevalerie. Rudyard Kipling a écrit, en 1899, un poème exalté sur le « fardeau de l'homme blanc » qui est de se dépenser sans compter pour civiliser « les peuples mi-enfants, mi-sauvages » : il l'a destiné par priorité aux Américains, après leur conquête des Philippines, mais le message passe très vite l'Atlantique et est ensuite évoqué constamment en Grande-Bretagne. On insistera aussi sur toute une série de nouveautés des dernières décennies du siècle : l'extraordinaire prolifération des affiches et tracts, certains portant des messages de l'armée ou des missions religieuses. On notera la « révolution de la photographie » ; elle alimente la fascination pour les images exotiques, avant de pénétrer plus tard, à partir de 1904, la presse populaire, et elle nourrit une véritable « folie de la carte postale ».

Certains produits sont utilisés pour une propagande sans vergogne en faveur de l'Empire par des missionnaires désireux d'encourager la charité privée à destination des colonies, mais aussi par des centaines de compagnies de tabac, de thé, de confiseries. À quoi s'ajoutent, passant de la lanterne magique au cinéma, de fascinantes images « animées ».

Si l'œil est ainsi de plus en plus souvent sollicité,

l'oreille compte toujours : les chansons populaires continuent d'abonder qui alimentent en particulier les appétits des classes moyennes... et des pianistes amateurs (cent mille pianos vendus chaque année en moyenne entre 1870 et 1910). On produit nombre de marches et de morceaux entraînants à l'occasion des campagnes du Soudan ou des actions militaires et navales dans le monde entier ; cependant que la vogue est aux fanfares populaires, qui reprennent et amplifient l'écho de ces « chefs-d'œuvre » patriotiques.

Bénéficiant d'une information de plus en plus grande, même si ce fut souvent aussi au prix d'une « désinformation », les citoyens britanniques comprennent mieux le discours que leur tient une partie majeure de l'élite politique et économique. Et, surtout, chacun « baigne » à ce point dans la grandeur impériale que l'impérialisme colonial devient pour beaucoup un aspect « évident » du destin national. D'où la remarque de Victor Bérard, dénonçant le « panbritannisme » en 1900 : « Le peuple ne voit dans l'Empire qu'une énorme et flamboyante machine de guerre, capable d'éblouir et d'écraser l'univers..., Britannia dressée sur le monde dans une gloire de salves et de poudre ! »

De l'idéologie à la guerre

Sir Édouard Grey, dans une lettre au président Théodore Roosevelt, évoquera, en 1906, la griserie guerrière qui aurait caractérisé la jeune population britannique à la fin du siècle de Victoria. La biologie aurait commandé les enthousiasmes guerriers : l'argument a de quoi donner matière à méditation aux polémologues d'aujourd'hui ! Il demeure que les Britanniques acceptent alors la guerre, y participent ou, dans leur majorité, l'applaudissent.

Les développements les plus dangereux concernent d'abord le Soudan. En 1896, rompant avec dix ans d'attentisme, à la tête d'une armée anglo-égyptienne dont il est le « Sirdar », le général Kitchener et ses trente mille soldats s'attaquent au Mahdi et à ses soixante mille guerriers fanatisés. À Omdurman, une bataille titanesque aboutit à une grande victoire des troupes de la « civilisation ». Le lieutenant Winston Churchill y a pris part et, après avoir pourtant connu les batailles de la Grande Guerre, considérera encore en 1930 qu'Omdurman fut le plus coloré, le plus féroce, le plus étincelant des grands combats du siècle. De là, on manque déboucher sur une grande guerre européenne.

Au Soudan, les Britanniques rencontrent, à Fachoda, une mission française, sous le commandement de Marchand, chargée d'établir une route transafricaine Est-Ouest sous drapeau tricolore. Le ministre français des Affaires étrangères, Delcassé, dans un discours fameux à la Chambre le 8 février, avait invoqué une sorte de fatalité historique, soulignant qu'il n'était pour rien dans l'obligation « de porter le drapeau français des rives de l'Oubangui supérieur aux abords du Nil ». L'incident est grave même si, face à face, quelques centaines de Français sont affrontés à trente mille soldats entraînés. Cela aurait pu conduire, dans l'excitation générale, à une guerre franco-britannique : la sagesse de Paris permet toutefois en mars 1899 un arrangement qui laisse la souveraineté du Soudan entre les mains conjointes des Britanniques et des Égyptiens.

On a pu mesurer, dans cette période de haute tension, combien l'opinion, le Parlement, la presse britanniques avaient été sensibles aux destinées de l'Empire et hostiles à tout compromis avec Paris. Salisbury entend faire de son mieux pour ne pas humilier ses interlocuteurs français. Le ton d'un Chamberlain, d'un Goschen, d'un Curzon a, en revanche, été carrément belliciste, le premier évoquant même devant le comte Metternich, qui deviendra l'ambassadeur autrichien à Londres, la nécessité de régler une fois pour toutes le différend avec la France en « lui présentant la note non seulement en Égypte, mais dans le monde entier, et, en cas de refus de l'acquitter, de lui déclarer la guerre »[17]. Dans l'opposition libérale, Rosebery et Grey n'étaient pas moins fermes. En fait, le soutien majeur apporté à Salisbury dans sa politique ferme, mais non pas belliqueuse, fut celui de Victoria; clairvoyante, désireuse de ne pas aller à la guerre « pour un objet aussi futile », elle partage l'avis de son Premier ministre et lui écrit, le 31 octobre 1898 : « Nous devons essayer de sauver la France de l'humiliation. » Il est difficile de mesurer la portée de ce soutien !

Le conflit résolu, le moment est arrivé où le grand rêve de l'axe Le Cap-Le Caire peut prendre corps. D'autant plus que l'avance de Kitchener au Soudan s'est accompagnée à partir de 1896 de la création d'une voie ferrée, avec un écartement de rails identique à celui en usage au Cap, et qu'au prix de quelques accords avec les Belges, on peut espérer sérieusement la naissance d'une route moderne entre le nord et le sud de l'Afrique. On est alors à la veille des ultimes efforts pour unifier l'Afrique australe en faisant entrer de force les républiques boers dans le giron de la Grande-Bretagne. La découverte des mines d'or dans la région de Johannesburg avait ravivé les regrets de l'émancipation accordée par Gladstone aux républiques boers; l'arrivée de Blancs anglais relativement nombreux dans le Transvaal, leur statut d'*Uitlanders* dépourvus de droits civiques, la conviction des impérialistes, qu'exprimera cyniquement G.B. Shaw en 1900, qu'on ne saurait laisser à de « misérables paysans » le contrôle de richesses qui permettraient de mener le monde, avaient entretenu des fièvres. En 1895, Rhodes s'était cru assez fort pour lancer un « raid », conduit par l'un des directeurs de sa Compagnie, Jameson, contre Johannesburg : il se solde par un fiasco et entraîne la démission du Premier ministre du Cap.

Ce raid a aussi eu pour effet de consolider de vieilles sympathies entre Boers et Allemands, que ceux-ci ont manifestées après le raid, par l'imprudent télégramme de soutien de Guillaume II au président du Transvaal Krüger : l'empereur éveille par là les craintes de Londres d'une mainmise germanique sur des territoires aussi essentiels, quand, d'autre part, le Transvaal essaie déjà d'échapper à la tutelle économique des Anglais en développant ses communications extérieures à travers des territoires portugais (le chemin de fer vers Delagoa Bay a été achevé en 1894). On comprendra qu'Alfred Milner, à son arrivée comme haut commissaire, ait été particulièrement résolu à réagir, qu'il se soit inquiété du renforcement militaire des Boers et de leurs achats d'armes en Allemagne et qu'il ait cherché le prétexte d'une intervention ; il la découvre miraculeusement dans la situation faite aux *Uitlanders*. En octobre 1899, alors que Krüger se débat contre l'exigence anglaise de concessions en faveur des citoyens britanniques du Transvaal, l'arrivée de renforts en provenance de Grande-Bretagne le convainc de déclencher lui-même une guerre préventive : se plaçant en position d'agresseur, il facilite une adhésion nationale massive des Britanniques à ce que le jeune Lloyd George qualifie vainement de guerre ridicule (« l'Empire britannique contre un petit pays, plus petit que le comté de Carmathon – l'Empire contre le Carmathonshire ! ») et que des hommes d'État lucides, les libéraux Campbell-Bannerman et John Morley en particulier, condamnent tout aussi vainement au nom de la morale et de l'utilité.

La guerre des Boers, commencée sous Victoria en 1899, se terminera sous Édouard VII en 1902. On ne saurait minimiser son importance, ni sa portée pour l'ensemble de l'Empire. Elle a mobilisé des forces considérables, quelque quatre cent mille Britanniques, mais aussi des Australiens, des Néo-Zélandais, des Canadiens, des Sud-Africains, au point d'inspirer à certains des arguments inédits en faveur d'une fédération impériale. Elle a divisé la nation entre ceux qui dénonçaient, non sans courage physique, la guerre en elle-même et, bientôt, ses atrocités et d'autres séduits par les arguments des impérialistes, y compris de missionnaires et d'humanitaires sensibles au sort des Noirs dans les pays boers, mais aussi de socialistes qui, à l'instar d'un Hyndman ou d'un Shaw, et contre l'attentisme d'une importante proportion des syndicats et les rejets d'un Keir Hardie, se sont voulus eux aussi des « civilisateurs », des artisans d'une prospérité plus grande des travailleurs en métropole ou des visionnaires d'un monde futur que domineraient les seuls grands empires.

L'opinion publique, dont les ardeurs sont entretenues par une propagande de tous les instants, par les émotions suscitées par les défaites initiales et le sort de quelques garnisons assiégées, puis par l'ivresse des victoires, a témoigné de son adhésion de manière indiscutable. Les volontaires ont été nombreux à vouloir s'engager dans l'armée, peut-être en partie parce que c'était une façon d'échapper au chômage. Leur nombre même permet de jeter une lumière crue, dans les régions industrielles, sur l'intolérable dégénérescence physique d'une partie de la nation : ce fut en partie la raison du développement ultérieur de services publics de santé et d'autres services sociaux. Les foules de manifestants dans les rues ont également prouvé, non sans violence à l'occasion[18], combien la fièvre belliqueuse était montée à un haut degré. À cet égard, les démonstrations populaires de mai 1900, après l'annonce de la levée du siège de Mafeking, le 17 mai, sont exemplaires.

John Galsworthy, bien plus tard, en 1914, dans sa pièce *The Mob*, a parfaitement su montrer combien les esprits raisonnables avaient peu de chances de se faire entendre, ni de leurs propres amis, ni *a fortiori* de cette force violente qu'est une foule en délire, « *the mob* ». Son héros est un député du nom de More, que des manifestants déchaînés, après avoir envahi sa maison, finiront par tuer. Auparavant, une discussion animée l'avait opposé à un ecclésiastique, le doyen de Stour, et à un ami, Mendip [19] :

> Le doyen de Stour : Je ne suis pas d'accord avec vous, Stephen ; je vous désapprouve absolument, entièrement.
> More : Je n'y peux rien.
> Edward Mendip : Vous ne pouvez pas vous permettre...
> More : De suivre ma conscience ? Voilà qui est nouveau, Mendip.
> Mendip : L'idéalisme peut être inopportun, mon ami.
> Le doyen : le gouvernement a à faire ici à une race sans loi, et il me semble que tout sentimentalisme à son égard serait du gâchis.
> More : Dieu les a faits, Doyen.
> Mendip : J'ai mes doutes... Mon cher ami, allez-vous devenir cette sorte de malheureux déchet social, un champion de causes perdues ?
> More : La cause n'est pas perdue.
> Mendip : Juste ou mauvaise, une cause perdue est toujours perdue dans notre monde. Il n'y a jamais eu d'époque où le mot de « patriotisme » a davantage excité les sentiments de la foule qu'aujourd'hui. Prenez garde à la foule en révolte, Stephen, prenez garde à la foule.

Dans les élections générales de 1900, les dernières sous le règne de Victoria, les candidats conservateurs triomphent. À Oldham, le jeune Winston Churchill (alors âgé de vingt-six ans), de retour d'Afrique du Sud où, journaliste, il a un instant connu la captivité et l'ivresse de l'évasion, est aisément élu ; il a pu, lui aussi, brandir la couleur kaki de l'uniforme des soldats. Plus de 51 % des suffrages exprimés, quatre cent deux élus sur six cent soixante-dix, quand leurs adversaires libéraux, eux-mêmes divisés, n'en ont que cent quatre-vingt-quatre : les tories et les unionistes ont semblé avoir bénéficié d'une exceptionnelle conjoncture. Quelques réserves s'imposent pourtant : les candidats, même impérialistes, se sont volontiers plaints de l'« apathie » de l'électorat prolétaire ; certains historiens, ainsi Henry Pelling, ont pu mettre en doute la corrélation entre élan impérial et succès électoral, relevant qu'entre 1885 et 1910, *a fortiori* en 1900, ni l'impérialisme ni le socialisme n'ont constitué des enjeux majeurs des campagnes électorales. Le fait demeure qu'aux yeux mêmes des vainqueurs des élections, leur « patriotisme » a constitué un facteur essentiel de leur succès. Mais, dans l'opposition libérale, on souligne volontiers que, sur les cent quatre-vingt-six députés libéraux du nouveau Parlement, cent cinquante-deux sont « virtuellement » des impérialistes eux aussi, dont certains avaient reçu, avant le scrutin, de la part d'un Imperial Liberal Council, un certificat d'« inattaquable patriotisme »[20] !

Au prix de deux cent cinquante millions de livres de dépenses, de six mille morts au combat et de plus de seize mille autres par maladie, de près de vingt-trois mille blessés, la victoire finale a fini par sourire à l'armée de loin la plus nombreuse. L'incompétence et l'arrogance du général Buller, la « semaine noire » de décembre 1899 avec les défaites de Magersfontein, Stormberg et Colenso, le siège de Kimberley, Mafeking et Ladysmith, ont propulsé au commandement le général Roberts et son adjoint, le général Kitchener. C'est entre février et juin 1900 que les Britanniques obtiennent alors la levée des sièges et l'occupation de Johannesburg et de Pretoria.

Après les grands succès de 1900, dix-huit mois de guérillas, où s'illustrent les généraux boers Smuts et Botha, ont fourni aux Britanniques l'occasion d'inaugurer, outre la tactique de la terre brûlée, la stratégie de « villages de regroupement » et de « camps d'internement » : les uns et les autres sont scandaleusement gérés, au prix de nombreuses morts de femmes et d'enfants (vingt-huit mille morts, près du quart des cent dix-huit mille internés). Un an après la disparition de Victoria, le temps vint enfin de négocier une « paix magnanime » : le traité de Vereeniging de mai 1902 sauvegarde la culture et la langue afrikaners, promet le retour rapide à l'autonomie de gouvernement et la réparation des dommages causés aux Boers. Produits peut-être de la mauvaise conscience des vainqueurs, ces clauses ouvrent la voie à une future coopération qu'aurait applaudie Cecil Rhodes, mort en mars de la même année, à l'âge de quarante-neuf ans, non sans fonder, à Oxford, une institution, la Cecil Rhodes Foundation, destinée à accueillir des étudiants et chercheurs issus de la « race supérieure », l'anglo-germanique !

Les autres champs d'expansion

Ailleurs dans le monde, les ambitions britanniques existent, mais les résultats sont souvent moins spectaculaires... et aussi moins sanguinaires.

De l'Anatolie à la mer du Japon, les terres à dominer, formellement ou informellement, sont nombreuses, et les rivalités entre les puissances exacerbées. Les méthodes ont différé, en fonction des enjeux, des calculs politiques et stratégiques, de l'estimation des moyens des uns et des autres, du moment : mais, sans établir un lien artificiel entre des territoires très variés sous le prétexte de leur position géographique sur un même et vaste continent, il n'est pas interdit d'affirmer la solidarité de nombre d'entre eux. En particulier, le gouvernement du vice-roi en Inde n'est jamais indifférent à ce qui se trame en Perse, dans l'empire ottoman, pour ne rien dire du monde malais et chinois et des zones himalayennes. Dans un Orient riche déjà en promesses pétrolières, la France est loin de se désintéresser d'une zone d'influence traditionnelle, et même les États-Unis, pourtant largement en avance, sur leur propre sol, pour l'extraction du pétrole, nourrissent un temps de grandes ambitions, qui se manifesteront sur le tard, en 1909-1910. On comprendra du coup la constante vigilance de l'Amirauté britannique : l'enjeu pour elle, c'est le ravitaillement des flottes de l'océan Indien et du golfe Persique, celui également de la flotte de Méditerranée, en un temps de modernisation de ses navires.

Il n'est pas question de partage territorial, ni même de concessions limitées. On se trouve ici devant un cas typique d'extension de l'« Empire informel » : le drapeau compte moins que la prépondérance des capitaux, les contrats industriels et miniers, l'influence sur des gouvernements aux abois que l'on entend contraindre par l'arme économique et financière à souscrire aux exigences de sécurité de l'Empire et des routes qui mettent ses diverses parties en rapport. Il en va de même avec la Perse.

Pendant que le Japon, à partir de 1867, entre dans son ère des « Meiji » et de l'occidentalisation à outrance, la Chine demeure l'objet de tous les appétits [21]. Sa retentissante défaite devant le Japon en 1895 en fait une proie largement convoitée. On constate « une véritable ruée sur la Chine », « à l'importation de marchandises s'ajoute l'investissement de plus en plus massif de capitaux », l'octroi aussi de prêts publics qui supposent celui « de garanties : menus abandons territoriaux, zones cédées à bail, [...] constructions concédées d'équipements ». Mais les États-Unis, en imposant après 1899 l'idée de la « porte ouverte », c'est-à-dire du libre accès de tous aux marchés, ne permettent pas un partage de la Chine en colonies territoriales clairement distinctes. Pour les Anglais, comme pour les autres, c'est bien une expansion « informelle » qui prime. Et, lorsqu'elle est menacée, ils contribuent à s'opposer aux réactions nationalistes xénophobes : la révolte des Boxers de 1900 entraîne l'envoi d'une armée internationale à laquelle ils participent, de même qu'ils sont signataires de l'accord d'août 1901 qui met fin au conflit ; les Occidentaux, qui se vengent alors avec barbarie en détruisant des trésors architecturaux, démontrent les limites de leur « humanitarisme ».

La Grande-Bretagne s'assure une sphère d'influence prépondérante : la vallée du Yangzi Jiang qui est « le morceau de roi ». Des firmes britanniques et des sociétés mixtes anglo-chinoises ont considérablement développé leurs actions : ainsi la British and Chinese Corporation, fondée en 1898, réunit la firme Jardine, Matheson and Company et la puissante Banque de Hong Kong et Shanghaï, liées par ailleurs avec les banques Rothschild et Baring de Londres. En 1897, on a constitué le Syndicat de Pékin, en 1901 la Compagnie de la vallée du Yangzi Jiang. Toutes les entreprises bénéficient du soutien et de l'assistance du Foreign Office. Après 1900, la politique de soutien aux investisseurs industriels devient systématique.

On jugera, avec Cain et Hopkins, que l'investissement financier a progressivement pris le pas sur toutes les autres formes d'échanges entre la Grande-Bretagne et l'empire du Milieu, même si la Cité a eu tendance à réagir avec quelque prudence aux enthousiasmes des milieux politiques...

La Grande-Bretagne a aussi élargi sa colonie de Hong Kong en obtenant, en 1898, la concession pour quatre-vingt-dix-neuf ans d'une portion de terre continentale, les « Nouveaux Territoires », et elle dispose en de nombreux ports maritimes et fluviaux chinois, les *Treaty Ports*, de concessions autonomes ou partagées (c'est le cas de la concession internationale de Shanghaï, née en 1863 de la fusion de concessions anglaise et américaine).

Inquiets par ailleurs de l'expansion française en Indochine, les Britanniques préfèrent sauvegarder l'indépendance du Siam, qui devient une marche séparant possessions anglaises de Birmanie et colonies et protectorats français de la péninsule indochinoise. Mais le royaume fait partie de la zone d'influence anglaise.

Sur le continent américain, le temps de l'expansion est manifestement terminé, et la doctrine de Monroe aurait conduit les États-Unis à s'opposer à toute nouvelle emprise territoriale. On le voit bien en 1895 : le Venezuela, alarmé par la progression britannique dans la vallée de l'Orénoque, à partir de la Guyane, demande une médiation américaine que le président Cleveland entend bien imposer à Londres ; on craint un instant une guerre entre les deux puissances anglo-saxonnes lorsque Cleveland, dans un message au Congrès de décembre, emploie quelques formules belliqueuses ; le gouvernement Salisbury préfère céder, et d'ailleurs, en 1899, la médiation se conclut en faveur des prétentions britanniques.

C'est également à la diplomatie que l'on accorde priorité pour trouver une solution à un conflit sur la définition de la frontière entre l'Alaska et la Colombie britannique, devenu virulent lorsque les Canadiens ont découvert, en 1896, des gisements aurifères dans le Klondike. En 1903, une commission mixte de représentants des trois États en cause aboutira à un compromis.

Ce qui compte le plus pour les Britanniques, c'est de préserver leurs immenses intérêts économiques en Amérique latine et aux États-Unis mêmes. Pour le reste, ils se contentent des territoires sur lesquels leur souveraineté a été reconnue antérieurement.

La défense de l'Empire mondial

Le problème devient de plus en plus de construire les moyens militaires et diplomatiques qui autorisent de constituer la thalassocratie britannique en un immense espace de paix intérieure et extérieure. Fatiguée, l'Angleterre est à la recherche d'un système viable, et, mère d'un grand Empire, elle regarde avec une faveur grandissante l'idée d'en partager, à un degré d'ailleurs discuté, les responsabilités avec les plus proches de ses « enfants ».

On n'en est pas là [22]. En fait, 1897 constitue une charnière dans les relations avec l'Empire. L'isolement a cessé d'être pour les gouvernements britanniques un motif d'orgueil. L'année précédente, au Parlement canadien, on avait parlé pour la première fois de « splendide isolement »; Chamberlain, le 21 janvier, puis le *Times*, le 22, avaient repris l'expression : Salisbury la considère immédiatement comme du « jargon ». On vit dans le monde l'ère des systèmes d'alliances : au bismarckien commence à s'opposer l'alliance franco-russe. Les Britanniques sont tentés par un pacte méditerranéen, tandis que Salisbury a pensé un moment à un rapprochement avec l'Allemagne sur la question ottomane. La fraternité des peuples de « race » anglo-saxonne est aussi chère à Chamberlain qu'elle l'avait été et l'était pour la dynastie des Churchill, et, encore en décembre 1897, à Toronto, le ministre des Colonies évoquera « les branches d'une même famille [...], les jeunes et vigoureuses nations qui ont semé dans l'univers la connaissance de la langue anglaise et la passion tout anglaise de la liberté et de la légalité, [formant] une même race issue du même sang ». La vision se révèle un leurre et ne séduit nullement les hommes d'État de Washington.

L'idée de consolider les solidarités impériales se révèle, en fin de compte, la plus prometteuse. Depuis 1884, son organisation imitée de l'ancienne Anti-Corn Law League de Richard Cobden, une Ligue pour la fédération impériale, avec ses sections nationales, ses « filiales » au Canada et en Australie, répandait le message de Frederic Young (The Imperial Federation, 1876) : tant l'intérêt que le mouvement de l'histoire devaient porter à l'organisation de la « Plus-Grande-Bretagne » sous la forme d'une fédération des colonies anglaises de peuplement et de la métropole. Brochures, meetings, conférences ralliaient aristocrates et intellectuels derrière lord Rosebery, J.A. Froude, J.R. Seeley, E.M. Forster. Au cours de ses neuf années d'existence, la Ligue a eu le temps de s'entre-déchirer : sa faction centralisatrice luttant pour un Parlement fédéral et la plus grande unité possible d'un ensemble « national » ; un « parti militaire » songeant surtout à offrir aux colonies de partager le fardeau de la défense de l'Empire ; les « affairistes » avant tout soucieux de développer les liens économiques et des tarifs préférentiels, et se contentant volontiers de liens politiques très vagues, de consultations périodiques. Lorsque les dissensions finissent par provoquer un éclatement, les idées fédératrices trouvent refuge dans une Ligue impérialiste et, au Parlement, parmi les libéraux-impérialistes. Ceux-ci, à la suite d'Edward Grey, voient volontiers l'Empire comme un ensemble tripartite : les colonies blanches, l'Inde civilisée, mais tenue en tutelle, et les colonies à civiliser ; avec le darwinien Asquith, ils prêchent la mise en œuvre de l'élan vital propre aux Anglais et à leurs descendants d'outre-mer : ils évoquent une « union de sympathie » avec les colonies blanches pour asseoir l'utile domination sur les peuples de couleur.

À tous ces militants de la cause impériale, l'initiative de Salisbury de réunir une conférence des représentants des pays coloniaux présents à Londres en 1887 pour les fêtes du jubilé avait déjà paru une excellente initiative. Le Premier ministre s'était bien gardé de faire allusion à une fédération, et il avait surtout mis en exergue les thèmes de la discontinuité territoriale et de l'unité des objectifs, en faisant quelques appels du pied à une coopération militaire. Les assistants lui avaient réservé un accueil poli, mais s'étaient montrés d'un enthousiasme modéré dès lors qu'il s'agissait de contribuer à des dépenses militaires : seules les colonies australiennes et la Nouvelle-Zélande se déclarèrent prêtes à participer à la création d'une flotille de cinq croiseurs légers et de deux canonnières destinée à protéger leurs eaux territoriales, mais Londres dut s'engager à faire les avances financières indispensables, les colonies se chargeant surtout des frais d'entretien des navires.

Dix ans plus tard, Joseph Chamberlain a pris le relais. Dès 1896, il avait plaidé en faveur d'une unité douanière de l'Empire et avait commencé à rêver d'un Zollverein impérial. En 1897, en réunissant la deuxième conférence coloniale, il y accueille le Premier ministre canadien avec un enthousiasme certain : le libéral Wilfried Laurier, tout juste vainqueur des élections de 1896, ne venait-il pas, tout en déclarant que c'était sans esprit d'exclusion contre d'autres États, de réduire d'un quart les droits de douane sur les produits en provenance de Grande-Bretagne et de Nouvelles-Galles du Sud, les seules selon lui ouvertes réellement aux exportations de son pays, et n'avait-il pas parlé alors de « préférences impériales » ? À la médaille d'or du Cobden Club londonien, il ajouta derechef un titre de chevalier, et ses interlocuteurs libre-échangistes voulurent ignorer qu'il ne songeait qu'à persuader la métropole d'entrer dans la voie d'un protectionnisme à l'échelle de l'Empire, qui aurait mis le Canada à l'abri de la concurrence industrielle la plus proche, celle des États-Unis. Chamberlain tenta d'exploiter l'atmosphère ainsi créée pour pousser les Premiers ministres des colonies autonomes à s'engager dans la voie d'une politique étrangère commune, sous l'égide d'un Conseil fédéral à définir : il échoua dans cette tentative de détourner vers le politique un esprit essentiellement ouvert à la coopération tarifaire. Lorsque le secrétaire d'État aux Colonies en vint à évoquer la défense, il n'eut guère plus de succès : tout au plus l'Australie et la Nouvelle-Zélande furent-elles d'accord pour contribuer aux frais de stationnement d'une escadre de la Royal Navy dans le Pacifique. Seule consolation : les partenaires de la Grande-Bretagne se rallièrent à l'idée que de nouvelles consultations seraient utiles, dans un délai de trois ans, et Laurier alla jusqu'à insinuer qu'il serait heureux de voir des Canadiens siéger à Westminster dans un organisme élu par les citoyens de l'Empire ; il entreprit, par la suite, de nuancer fortement son propos !

On n'en avait pas moins identifié les deux principales directions d'un rapprochement durable : la défense et les accords douaniers, et ces deux domaines se trouvèrent au cœur de toutes les discussions ultérieures entre Britanniques et dominions existants ou en devenir.

La guerre des Boers et la participation militaire de certaines colonies eurent pour résultat de donner quelque nerf à la recherche d'une coopération militaire ; d'autant plus que les Britanniques ont alors mesuré leurs propres faiblesses et qu'à la recherche d'alliances étrangères, ils ne dédaignent pas l'assistance à tirer de leur Empire. Dès la conférence de 1902, Joseph Chamberlain emploiera l'expression fameuse de « titan fatigué » pour décrire la position d'un pays qui « chancelle à décrire l'orbite trop vaste de son destin ». D'où les appels répétés à la responsabilité, les tentatives pour donner une réalité à un comité de défense coloniale, apparu déjà de manière éphémère en 1878, ressuscité en 1887 avec pour mission de définir des stratégies de défense de l'Empire. Surtout, la guerre avait valu aux gouvernants britanniques le sentiment de pouvoir s'appuyer sur l'opinion. Robert Rhodes James[23] a cité l'une des exhortations des unionistes lors de la campagne électorale d'octobre 1900 :

> Électeurs, debout et à l'action ! Vos enfants vous appellent, ils vous réclameront des comptes et vous demanderont comment vous avez voté au cours de cette crise de

l'Empire. Que votre réponse ne soit pas : « en faveur d'une Petite Angleterre, d'une Angleterre déclinante, d'une Angleterre dégradée, d'une Angleterre soumise » [...] Votez pour LA PLUS-GRANDE-BRETAGNE !

La réponse des électeurs avait paru sans réserve. Et cette fin de règne pouvait paraître à ses contemporains l'aube naissante d'un Empire aussi immense que solidaire.

Cette notion de solidarité transparaissait bien quelques mois plus tôt, dans les commentaires du *Times*, au lendemain de la promulgation, le 9 juillet, du *Commonwealth Bill* instaurant la Fédération australienne. Oubliées alors les tentations indépendantistes des colonies australiennes, si vives dans les années 1880, omis les fortes dérives républicaines, tout comme le quasi-ultimatum adressé à la métropole, sommée de se rallier sans amendement majeur au projet constitutionnel adopté par le peuple australien ! Le journal ne voulait retenir que la promesse de la survie glorieuse de l'Empire.

> La sanction donnée par la REINE à ce texte [...] peut être décrite sans excès de langage comme le pas le plus grand accompli dans l'histoire récente de l'Empire vers sa consolidation. [...] On a tout lieu de s'enorgueillir, aussi bien pour la mère patrie que pour ses nations filles qu'à la fin du siècle qui a été le témoin de la naissance et du développement de la population britannique de l'Australie, il soit loisible de contempler la reconnaissance officielle, en vertu du pouvoir législatif du Parlement impérial, de la maturation nationale de nos concitoyens des colonies [...]. Les colonies australiennes ont consenti à « s'unifier en un Commonwealth fédéral indissoluble sous l'autorité de la COURONNE du Royaume-Uni de Grande-Bretagne et d'Irlande » [...]. Le Commonwealth australien s'élèvera naturellement (comme le canadien) dans l'échelle des nations [...]. Nous croyons que cette consolidation de la puissance australienne constitue un gain réel pour l'Empire tout entier.

Nul Anglais patriote et intelligent n'en a jamais douté. L'immense majorité des colons australiens [...] se sont réjouis de l'occasion offerte par la guerre en Afrique du Sud pour démontrer qu'ils étaient aussi disposés et prêts à risquer leurs vies sous le vieux drapeau que tout autre sujet de la REINE. L'œuvre admirable accomplie par les contingents australiens dans la campagne du Transvaal ne sera jamais oubliée [...]. Elle nous a enseigné, comme à eux, combien puissants étaient nos liens de sang [...].

Le monde change. Nos concitoyens d'Australie en sont venus à reconnaître qu'ils ne sont pas à l'abri des desseins de puissances étrangères, contrairement à ce qu'on imaginait il y a encore peu. Ils ont appris la valeur de la Flotte impériale en tant que force de protection incomparablement fidèle. Ils comprennent que la maîtrise britannique des mers vaut à l'Australie une sécurité face à des attaques navales d'égale valeur à celle dont jouit l'île de Wight.

[...] Lorsque l'honneur et l'autorité du drapeau britannique ont été délibérément et audacieusement mis au défi en Afrique du Sud, les Australiens ont senti que ce n'était pas seulement la métropole qui était insultée, mais que c'était la puissance impériale dont ils partagent le sort qui était mise en danger [...].

Nous avons tout lieu de penser que le Commonwealth australien constituera aussi sûrement que le Canada un élément de défense de l'Empire [...]. Les Australiens ont toujours été des impérialistes [...]. Les liens de l'unité impériale ont été resserrés, encore plus fortement que par la grande loi constitutionnelle tout juste promulguée par la Souveraine hier, par le sang versé sur les champs de bataille d'Afrique du Sud par les soldats du Royaume-Uni et ceux des colonies, qui ont combattu côte à côte.

L'éditorial vient à point nommé souligner ce que la Couronne pouvait comporter de positif pour l'unité future de l'Empire.

Victoria, pilier de l'impérialisme : son « réveil » de 1900

La reine, au temps du conflit africain naissant, des premières défaites et des victoires encore précaires, a été au diapason de ses sujets. Elle a toujours rempli son devoir, inspectant par exemple des troupes sur le départ du haut de sa voiture, qu'elle était alors physiquement incapable de quitter ; sa vue très affaiblie (elle avait rejeté dix ans plus tôt toute idée d'opération de la cataracte), elle avait pourtant remarqué la couleur kaki des uniformes, qu'elle voulut bien juger « très pratique ». Apportant ainsi son soutien au moral des soldats, elle en avait été récompensée par les saluts enthousiastes des régiments en partance.

La Cour devient un lieu de prières pour les troupes au combat. Marie Mallet, qui vit constamment aux côtés de Victoria, écrit à ce sujet, le 11 février 1899, d'Osborne, une lettre édifiante[24] :

> Nous eûmes ce matin notre petit service d'intercession, avec le chant d'hymnes particuliers et un court sermon plein de tact de M. Clement Smith [...], mais je ne peux pas me pénétrer de l'esprit du Vieux Testament avec les prières pour la victoire et l'étalage de notre bon droit dans cette cause. La guerre est si éminemment antichrétienne, si pleine de mal que je ne peux pas aller jusqu'à prier que nous puissions massacrer nos ennemis. Je ne suis pas du tout à ma place dans ces cercles belliqueux où le seul appel est : « Exterminons les Amalécites ! »

Dans cette indignation très individuelle, on lira *a contrario* la fièvre qui enflamme la majorité de l'entourage royal.

Soucieuse de participer au maintien du moral des troupes, Victoria fait expédier à chaque soldat sur le front sud-africain une boîte métallique de chocolats, le profil de la souveraine gravée sur le couvercle, fermée par un ruban rouge ; elle sera remise à ses cent mille destinataires vers la mi-janvier 1900. Le geste frappe Kipling, qui improvise quatre vers consacrés au profit et où il prête aux heureux récipiendaires une réaction de bonheur mitigé :

> Avez-vous entendu parler de la Veuve de Windsor
> Celle qui porte une couronne d'or sur sa chevelure ?
> Elle a des bateaux qui voguent sur l'écume des vagues,
> [elle a des millions
> Et elle nous paie, nous pauvres mendiants, en rouge.

En décembre 1899, elle reçoit les volontaires américains embarqués à bord du navire-hôpital *Maine*, dont l'affrètement est largement dû à l'activité militante de la veuve de Randolph Churchill : une fois son fils Winston parti comme correspondant de guerre en Afrique du Sud, elle le rejoindra à bord du navire... dont l'un des premiers blessés hospitalisés ne sera autre que son fils cadet Jack[25].

Que la guerre ait provoqué chez la souveraine un regain de participation à la vie publique semble en tout cas évident au grand journaliste William Stead[26] :

> J'ai réservé pour la bonne bouche le plus notable des incidents du mois dernier [mars 1900]. Je fais allusion au soudain et bienvenu rajeunissement de la Reine. Sa Majesté est soudain redevenue ce qu'elle avait été dans son plus jeune âge. Elle a circulé parmi le peuple, elle a fait sentir sa gracieuse influence dans les hôpitaux comme dans la rue ; elle est redevenue une fois encore une présence vivante au milieu de nous, introduisant partout une douceur bienvenue faite d'humanité et de féminité dans l'amère et désagréable vibration de la machine politique. Plus que tout, elle paraît, à la onzième heure, s'être soudain réveillée et avoir pris conscience de la seule tache noire qui défigure la splendeur de son règne. Après une absence de trente-neuf années, elle

s'est décidée à aller en Irlande [...]. Nous ne pouvons retenir un soupir de regret que cette sortie bienheureuse d'une retraite qu'on ne regrettera jamais assez ait été si longtemps retardée. Que Dieu fasse aussi qu'en cette dernière heure, la tension ne soit pas trop forte.

On ne saurait exprimer avec plus de netteté l'amertume ressentie par beaucoup lorsque la reine s'était réfugiée dans son deuil, on reconnaîtra aussi la virulence d'une plume qui oblitère les réapparitions de Victoria au temps, par exemple, de ses jubilés... et on comprendra que les lecteurs aient peut-être été autant sensibles aux allusions à une mort proche qu'à la joie d'un retour inespéré sur la scène publique.

Les manifestations populaires lors de la libération de Mafeking apportent pourtant aussi le témoignage d'une véritable communion entre le peuple et la Couronne. Suivons le récit du *Times,* publié le 21 mai :

> Samedi, c'est toute la population de notre pays qui s'est abandonnée à la joie. [...] Aucune trace de flegme britannique dans le comportement des foules qui avaient envahi les rues de Londres jusqu'aux petites heures du dimanche matin. [...] Certes, l'administration témoigna de retenue et les bâtiments publics se signalèrent par l'absence de déploiement d'oriflammes [...]. Les gens, quant à eux, refusèrent de se laisser décourager au moindre degré par cette réserve officielle. Dès vendredi soir, quand la nouvelle fut annoncée, et sans plus tarder, ils improvisèrent une fête remarquable. Rien de plus frappant que la rapidité avec laquelle une foule complètement équipée de bannières et d'instruments de musique primitifs remplit toutes les principales avenues [...]. L'homme de la rue savait parfaitement ce qu'il célébrait avec grand fracas [...]. Il était tout simplement exubérant parce qu'une poignée de ses concitoyens, après avoir mené une longue bataille désespérée, dont il avait guetté les nouvelles pendant de longs mois, avaient été finalement secourus par les troupes britanniques [...]. Le sentiment général était que Mafeking est l'affaire du peuple plutôt que de l'armée [...] et que [les combattants] sont

représentatifs de la race et portent témoignage sur ses réserves de courage, d'énergie, d'imagination et d'endurance...

À travers [toutes les possessions britanniques], on a instinctivement ressenti qu'à Mafeking on eut la vision de l'homme ordinaire de l'Empire. [...] L'essentiel fut de reconnaître, peut-être inconsciemment, comme cela arrive souvent, mais avec une sûre intuition, que nous avons eu là la démonstration du cran essentiel à notre race, et, défiant l'analyse, celle des qualités qui ont fait l'Empire en dépit de politiciens médiocres et de généraux maladroits, ainsi que de l'incapacité, à travers les siècles, de certains fonctionnaires.

SA MAJESTÉ, toujours prête à sympathiser avec ses sujets et toujours avisée dans sa perception des choses, a exprimé ouvertement son propre orgueil rempli de gratitude et, par la suite, s'est associée aux expressions de joie populaire en étant présente à un défilé de porteurs de torches à Windsor. De même, son poète-lauréat n'a pas manqué de célébrer l'occasion dans un poème, que nous publions aujourd'hui, et écrit selon le modèle de Drayton lorsqu'il avait chanté la victoire d'Azincourt. Chacun à sa manière, dans leur patrie ou à l'étranger, tout Anglais se joindra à la joie, pure de toute passion vile, qui remplit à présent les cœurs de [ses concitoyens].

Nul doute que les lecteurs du *Times*, si largement recrutés dans les élites, ont trouvé dans ses colonnes des récits de nature à satisfaire leurs ardeurs patriotiques. L'allusion à Windsor se réfère aux événements vécus par Victoria en ce 19 mai : partie visiter un collège, elle est, sur le chemin du retour, salué par des élèves d'Eton en délire, elle passe sous une arche où l'on avait inscrit « Bienvenue à la reine de Mafeking » !

La souveraine demeure pourtant capable de réserve, voire de crainte ; à sa petite-fille Victoria, elle écrit le 10 juin suivant : « Les nouvelles de la guerre, que les gens attendaient avec une impatience si débridée au lendemain de la prise de Pretoria, ne sont pas si bonnes, sauf en ce qui concerne sir R.B. Buller qui se porte à merveille. »

Attentive à la dimension du conflit, la souveraine entend témoigner à ses sujets d'au-delà des mers combien elle est sensible à leur participation à la guerre. Dans son Journal, à la date du 16 novembre 1900, elle rapporte l'entrevue qu'elle a eue à Windsor avec certains des héroïques soldats blessés au combat :

> J'ai passé en revue environ cent soldats originaires des Colonies et devenus invalides. Il y avait là des Canadiens, des Australiens, des Tasmaniens, des Néo-Zélandais, des citoyens du Cap et de Ceylan, et ils représentaient quarante-cinq régiments. Certains de ces hommes avaient fort belle allure, tous en uniforme kaki et porteurs d'un chapeau feutre. [...] Un vieil aumônier australien qui avait perdu sa jambe à la suite de la morsure d'un cheval fou a nommé les régiments dont les hommes étaient issus, à mesure qu'ils passaient devant moi. [...] Ensuite, ils poussèrent un triple hourra, et un sergent demanda « un colonial de plus », ce qui apparemment constitue une manière particulière d'acclamer en Australie.

Victoria apparaît là enchantée de la rencontre, enthousiaste et, en soulignant la diversité des origines, quelque peu exaltée par cette unité de l'Empire autour de sa souveraine.

Cette lucidité et cette capacité d'intérêt, démontrées par la suite des événements, confirmeraient l'impression de Stead d'un réveil de la souveraine au temps d'un grand péril national. Mais il était bien trop tardif.

CONCLUSION

La reine morte... et toujours vivante
1901 et après

L'hagiographie a commencé son œuvre bien avant la date fatidique de la mort de Victoria. Le XXe siècle, en Grande-Bretagne et ailleurs, n'a pas été avare en études spécifiques, en comparaisons plus ou moins flatteuses avec ses successeurs immédiats ou lointains et d'autres monarques dans le monde, en évocations souvent d'autant plus respectueuses que la divulgation de nouveaux documents dépendait entièrement de la bonne volonté des héritiers naturels de Victoria, en l'occurrence la famille royale. Dans un siècle qui a connu l'apogée de la « galaxie de Gutenberg », mais aussi l'avènement de tant d'autres médias et instruments de culture et d'information, le personnage de la reine a rarement été ignoré. Parce qu'elle avait incarné, à tort ou à raison, un système de valeurs, des vertus et une sagesse qu'ont ensuite combattus des philosophies de la vie infiniment différentes et un esprit de liberté jugé excessif par les prudents et les conservateurs, elle a continué de servir de référent ; le qualificatif de « victorien » a fait « mouche » jusqu'à nos jours, étendu par un Peter Gay jusqu'aux manifestations multiformes, dans le monde atlantique, d'un « empire des sens », repris encore, en 1994, par l'excellente historienne américaine Gertrude Himmelfarb dans son étude de la « dé-moralisation de la société », sous-titrée « des vertus victoriennes aux valeurs contemporaines »[1] ! Loin de pouvoir se borner à une « oraison funèbre », ce chapitre entend prendre en compte l'empreinte de la souveraine sur un siècle dont elle n'a connue, vivante, que quelques mois.

La mort de Victoria

L'année 1901 ne sera pas vieille de plus de quelques semaines avant que se produise l'événement tant redouté par ses proches : la fin d'un règne de quelque soixante-quatre années. Elle avait pourtant commencé sous le signe de l'optimisme : en ce début du XXe siècle, le *Times* avait trouvé, dans son éditorial du 1er janvier, des accents extraordinaires :

> L'aube du vingtième siècle s'est levée pour nous ; et, tandis que nous naviguons paisiblement pour passer cette balise au large du temps, des sentiments de crainte et d'interrogation viennent naturellement nous envahir [...]. Pour les Anglais, les Écossais et les Irlandais, la première de toutes les réflexions devrait être la suivante : de quelle manière le siècle nouveau affectera-t-il la grandeur morale et matérielle de leur pays et de leur Empire ? [...] Les augures ne sont pas défavorables. Nous pénétrons dans le nouveau siècle porteurs d'un héritage de réalisations et de gloires plus anciennes, plus continues et en rien moins splendides que celles de n'importe laquelle des autres nations du monde. Notre caractère national, comme l'ordalie de l'année passée l'a abondamment démontré, n'a rien perdu de sa virilité et de sa ténacité lorsqu'il est confronté à l'épreuve de la guerre. Notre constitution est passée d'une Monarchie personnelle limitée par le pouvoir d'une aristocratie héréditaire à un système démocratique du type le plus libéral, dont les éléments sont reliés par un Trône auquel toutes les communautés autonomes de l'Empire sont profondément attachées. Cette transition a été effectuée sans

aucune des ruptures violentes qui, dans le passé de pays moins heureux que le nôtre, ont dérobé aux fruits de la liberté les bénédictions et avantages qu'ils comportent naturellement. [...] Dotés d'un tel instrument de gouvernement, avec notre vaste accumulation de richesses largement répandue au sein de notre communauté, et, par-dessus tout, avec un peuple prospère, satisfait, viril, intelligent et responsable de lui-même, nous pouvons regarder l'avenir avec bon espoir face aux tempêtes et aux conflits qui seraient susceptibles de nous attendre.

Mais le plus grand de tous les avantages pour affronter le futur réside dans le fait que notre race n'est pas confinée à ces petites îles. [...] Nous pouvons nourrir une confiance raisonnable : l'Angleterre et ses fils émergeront triomphants de l'épreuve à la fin du XXe siècle comme à la fin du XIXe, et alors, et pour les générations à venir, ils vivront dans la prospérité, formant un peuple uni en un seul Empire pour constituer un rempart en faveur de la cause des hommes.

Il était difficile d'être plus positif. Et l'ombre de la mort de la souveraine et de ses conséquences éventuelles sur le destin de la monarchie n'était pas même évoquée. Vingt-deux jours plus tard, c'était pourtant le drame, que le grand journal londonien et tous les habitants de l'Empire allaient être amenés à affronter.

Pour la reine, la mort et les morts ont toujours été présents. Cela vaut pour ses compagnons quadrupèdes : ne fait-elle pas dresser à Osborne une plaque de marbre en l'honneur de son chien Waldmann, « rapporté de Bade en avril 1872, décédé le 11 juillet 1881 » ? Outre les monuments et statues, les portraits et les images de toutes sortes, le culte qu'elle ne cesse de vouer à Albert touche à la morbidité : les appartements du prince défunt à Windsor sont entretenus en l'état, ses vêtements brossés de frais, de l'eau fraîche versée chaque jour dans son lavabo[2]. Certes, elle ne s'enfonce pas dans son deuil, non plus dans l'inaction la plus totale : elle continue d'exercer son métier de reine et, sa vue s'affaiblissant de plus en plus, se fait donner lecture des documents officiels qu'on lui transmet pour approbation. Sa piété réelle ne devient jamais, au seuil de sa mort, une bigoterie.

La reine meurt à Osborne. Elle s'éteint après avoir éprouvé ses derniers grands chagrins familiaux : le 30 juin 1900, la mort subite de son second fils, Alfred, duc de Saxe-Cobourg ; puis l'annonce du cancer de la moelle épinière de sa fille Vicky, impératrice douairière de l'empire allemand, si mal traitée par son fils, Guillaume II ; à l'automne, le décès par maladie, en Afrique du Sud, de son petit-fils Christian Victor ; et, le matin de Noël, celui de son ancienne dame d'honneur, lady Jane Churchill. Elle commence l'année 1901, ce qu'elle note dans son Journal, « si mal en point » qu'elle ne pouvait qu'en éprouver « de la tristesse ».

Sa fin a été rapide : les premiers symptômes d'une attaque sont du 15 janvier, l'annonce officielle d'un état inquiétant du même jour ; dès le 19, les informations officielles sont alarmantes au point de provoquer le grand rappel de la famille royale autour de la souveraine. Le prince Arthur, duc de Connaught, revient précipitamment d'Allemagne où il représentait la famille royale aux fêtes du bicentenaire du royaume de Prusse, et Guillaume II lui-même est du voyage, rappelant qu'il est l'aîné des petits-enfants de Victoria. Le 22, en expirant, elle dit un dernier mot, « Albert » ou « Bertie », sans qu'on ait jamais pu savoir si sa pensée était allée alors à l'époux bien-aimé qu'elle allait rejoindre ou à un fils peu aimé qui allait lui succéder.

À l'annonce de la gravité de son état, puis de sa mort, le chagrin général semble partagé aussi bien par les jeunes générations que par les femmes en quête de leur émancipation. Comme le dit si brillamment Lytton Strachey, la réaction dominante fut la stupeur, « comme si quelque monstrueuse révolution de la nature allait survenir » ; et d'ajouter : « elle était devenue, pour l'immense majorité de ses sujets, la souveraine qu'ils avaient toujours connue, elle était devenue une partie inséparable de leur ordre des choses et l'idée de sa perte se heurtait à l'incrédulité devant l'impossible ».

Convient-il de prendre pour définitif un jugement aussi flatteur ? Élie Halévy fait grand cas du témoignage d'un haut fonctionnaire de l'époque, sir Wilfrid Blunt, qui a publié son Journal privé pour la période 1880-1908 ; le grand historien le décrit comme « clairvoyant et cynique [3] », mais, en tout cas, il avait recueilli les confidences d'un Goschen, d'un Balfour, d'un Wyndham. On est loin du panégyrique :

> Pour ce qui est de la personne de la reine, on n'aime pas dire tout ce qu'on pense, même dans un journal intime. De ce que j'ai entendu sur son compte, il résulte qu'elle était dans ses dernières années une digne vieille dame assez banale, pareille à tant de nos douairières, de vues bornées, sans goût pour l'art et la littérature, aimant l'argent, ayant un certain don d'application aux affaires et de capacité politique, mais facile à flatter et s'attendant aux flatteries, tout à fait convaincue de sa position providentielle dans le monde et toujours prête à faire n'importe quoi pour l'étendre et l'affirmer. [...] D'ailleurs, le public a fini par considérer la vieille dame comme une sorte de fétiche ou d'idole, et personne, même à présent qu'elle est morte, n'oserait imprimer un seul mot qui ne fût à sa gloire.

Il n'est certes aucune raison de prendre au pied de la lettre une oraison funèbre aussi manifestement à contre-courant, comme Blunt le souligne lui-même, de tout le discours ordinaire. À tout le moins, venant d'un homme qui n'a aucune attache républicaine connue, on ne peut l'ignorer.

Pour prendre, à l'inverse, la mesure du choc « officiellement » ressenti, relisons l'éditorial inspiré du

Times, daté du 23 janvier 1901, le lendemain du décès de la souveraine.

L'emphase des première lignes donne littéralement le sentiment que les mots manquent pour exprimer l'inexprimable.

> Le coup que l'on craignait est tombé, et un Empire mondial s'enfonce dans le deuil d'une perte irréparable. Notre bien-aimée REINE, chargée d'années et d'honneur, est allée une vers son repos. Il n'est pas de mots pour exprimer le chagrin universel, le sentiment général d'une perte nationale et individuelle.

S'ensuit l'évocation d'une vie consacrée « à chaque développement de la politique et de la destinée nationales » et « toujours avec l'intuition d'un naturel sensible, mais fort équilibré ». « Seule une rare combinaison de douceur et de force, seul un subtil mélange des plus hautes qualités de cœur et d'esprit » lui auraient permis d'exercer l'influence qui fut la sienne. Un retour sur l'histoire du règne permet une première observation importante : « Peu parmi nous sont en mesure de se rappeler l'attitude du peuple envers la monarchie dans les années trente et quarante, mais chacun possède assez de matière pour se convaincre du contraste frappant avec l'état de l'opinion publique aujourd'hui. »

La description du rôle politique de la souveraine est, non sans prudence, suspendue à la production de documents encore inconnus, mais le *Times* sait rappeler combien la souveraine avait été attentive à ses prérogatives comme à ses devoirs. Et aussi combien, en politique étrangère, sa nombreuse parentèle européenne avait permis qu'elle fût à la fois bien informée et en mesure de faciliter l'action de ses gouvernements.

Le journal insiste pourtant tout autant sur le modèle offert grâce à elle par la monarchie.

> Toute sa vie, publique et privée, constitue une grande et durable leçon quant à l'importance majeure du caractère. Nulle leçon n'est plus nécessaire de nos jours, en un temps où l'intelligence superficielle, ou alors une réelle capacité dénuée de tout scrupule, l'emportent trop souvent aux yeux du public [...]. Ses triomphes, elle les a gagnés par sa seule force de caractère. Bien que richement dotée d'un salvateur sens commun, et de la sûreté de jugement qui constitue le don essentiel de l'intellect, la REINE n'était pas spécialement remarquable parce qu'elle aurait développé une quelconque vigueur dans une des spécialités de l'esprit. Ce fut la combinaison de la sûreté du jugement et de la compréhension constante des principes fondamentaux de conduite qui lui ont permis d'atteindre des résultats hors de portée des esprits les mieux doués, mais privés du support d'un caractère.

Vient la justification de l'appellation « victorienne » de l'Angleterre des dernières années :

> Son règne coïncide très précisément avec une sorte de deuxième Renaissance [...]. Depuis l'époque élisabéthaine, on n'avait pas connu pareil éveil de l'esprit national, aussi remarquable élan sur la voie du progrès, semblable expansion hors de nos frontières de la race et de la domination britanniques dans le monde [...]. Rien ne peut obscurcir le fait que la période en considération a été celle d'une envolée intellectuelle, d'un énorme progrès social et économique et, par-dessus tout, d'une amélioration de la morale et de la spiritualité.

Le romancier rejoindra plus tard le journaliste. Dans sa *Saga des Forsyte,* John Galsworthy parvient à retrouver la fraîcheur de ses impressions et à faire de la mort de la souveraine comme la date de la disparition d'un monde : « (On a vécu la fin d'une époque). Une époque qui avait si bien couvert d'or la liberté individuelle qu'avec de l'argent on était libre en droit et en fait, et sans argent on était libre en droit et pas en fait. Une ère qui avait si bien canonisé l'hypocrisie que pour être respectable, il suffisait de le paraître. Une grande époque à l'influence transformatrice de laquelle rien n'avait échappé, sauf la nature de l'homme et la nature de l'univers[4]. »

Ces bilans n'ont pas la même signification, et le romancier a été plus sensible à la signification sociale de la disparition de la reine qu'il ne s'est appesanti sur ce qu'elle pouvait représenter en elle-même. Il convient de souligner combien la douleur populaire, lors des funérailles de Victoria, est venue en apparence ratifier les impressions du rédacteur du *Times*.

La reine avait entendu organiser ses propres obsèques[5] et laissé des instructions précises : le noir serait banni, elle-même, dans son cercueil, serait revêtue d'une robe de soie blanche avec son voile de mariée. Elle avait voulu emporter dans la tombe des objets particulièrement chers : la robe de chambre du prince consort, des bagues, des chaînes, des photographies de ses êtres aimés. Elle avait interdit toute exposition publique de son corps et, à Osborne, dans la chambre mortuaire, c'est sur le cercueil capitonné qu'on renouvela tous les jours les fleurs blanches, surtout le muguet, qui étaient ses préférées.

Plus étrangement, elle avait, dans un temps de guerre, voulu être transportée sur un affût de canon, comme un soldat. Le yacht royal *Albert* amena le cercueil de Cowes, dans l'île de Wight, à Portsmouth : il était déposé sur un baldaquin surélevé et dans une vaste tente cramoisie ; des bâtiments de guerre formaient une haie d'honneur, certains étrangers : quatre cuirassés allemands, des bâtiments français, japonais, portugais, espagnols ; deux navires civils transportaient pairs et députés, faisant escorte au yacht royal. De Portsmouth à Londres, le transfert se fit par chemin de fer jusqu'à la gare Victoria, et, sur le passage du train, la foule des villes et des campagnes s'était rassemblée pour un dernier hommage.

Le tracé du cortège, à Londres, à partir de Victoria Station, allait de Buckingham à Picadilly, en passant par le Mall, traversait Hyde Park pour se porter à Marble Arch, puis, par London Street, gagnait la gare de Paddington d'où le cercueil devait être transporté à Windsor. La traversée de la capitale, pour reprendre l'expression de Monica Charlot, tenait plus de la marche triomphale que d'une marche funèbre, tant étaient colorés les décors, les uniformes, les oriflammes. Édouard VII, en uniforme de maréchal, monté sur un cheval noir, conduisait le cortège en compagnie de son neveu Guillaume II et de son frère, le duc de Connaught; ils étaient suivis par les souverains du Portugal et de Grèce et par une impressionnante pléiade de rois, de princes-héritiers, de représentants hautement titrés des Cours les plus marquantes. Le service d'ordre était assuré par trente mille hommes de troupes, mais la foule, immense et silencieuse, ne posa aucun problème.

À Windsor, de nouveau porté sur un affût de canon, le cercueil fut conduit à la chapelle royale pour une cérémonie cocélébrée par l'évêque de Winchester et l'archevêque de Cantorbéry. Après quoi, le lendemain, en présence de la seule famille, l'inhumation se fit à Frogmore, aux côtés du prince Albert.

Attentif à respecter bien des vœux de sa mère défunte, le nouveau roi l'a pourtant, dès le départ, en quelque sorte enterrée une deuxième fois en affichant sa volonté de ne pas la suivre en bien des domaines. Devant le Conseil privé réuni le 23 janvier, Albert-Édouard, « Bertie », que Victoria aurait sans doute souhaité voir couronné sous le nom de son père, dit sa résolution de réserver à ce dernier la gloire d'un tel prénom : il régnerait non pas en tant qu'Albert Ier, mais d'Édouard, comme le dernier grand roi saxon, relevant un patronyme qu'aucun souverain anglais n'avait plus porté depuis 1556. Certes, le respect du fils envers le père était réel, mais son choix marquait l'aboutissement de bien des tensions lointaines et le vœu d'assumer personnellement la part de l'héritage qu'il jugerait bon de préserver.

Si Victoria reposa à Frogmore, Édouard eut soin très rapidement de faire disparaître les statues élevées à Windsor et Balmoral en l'honneur de John Brown et de manifester clairement, dans les diverses résidences royales, son désir de mettre fin au culte mortuaire devenu si cher à la souveraine[6].

Dès le 14 février 1901, le nouveau roi inaugure la session du Parlement, rompant ainsi sans plus attendre avec les répugnances si fréquentes de Victoria à paraître devant les Lords et les Communes en une telle circonstance.

Les oraisons funèbres ne manquèrent pas en Grande-Bretagne, dans l'Empire, à l'étranger. Il ne semble pas indispensable de les analyser dans le détail : les paroles de circonstance s'imposaient, l'émotion de la parentèle de la souveraine l'assurait d'être pleurée sur bien des continents, son exceptionnelle longévité de favoriser les propos philosophico-spirituels les plus nostalgiques.

Les legs de la souveraine

Il ne s'agit pas ici d'envisager ce que pouvait représenter l'immense patrimoine d'une souveraine qui, à bien des contemporains, a pu sembler fort soucieuse, dirons-nous bourgeoisement préoccupée, de constituer un capital croissant de maisons, de terres, de fiefs anciens, et de concéder le moins possible aux appétits éventuels du fisc. L'immense fortune de la dynastie jusqu'à nos jours a indéniablement été liée en partie à l'énergie déployée par Victoria pour la préserver et l'agrandir.

Plus importante est la transmission d'un État et d'un système de gestion des affaires publiques. Nous avons assez souligné, tout au long de cet ouvrage, les concessions que, souvent de mauvais gré, Victoria dut consentir à l'évolution silencieuse de la Constitution. Il n'est que plus probant de souligner que ni Édouard VII ni George V ne songèrent jamais à les remettre en question et qu'ils bénéficièrent ainsi pleinement de la sagesse forcée de leur mère et grand-mère. Pour celle-ci, on retiendra la formule de Monica Charlot[7] : son plus beau succès réside dans une « banalisation de la monarchie », devenue une part tellement évidente du système constitutionnel que le républicanisme paraît totalement dévalué, puisque absolument inutile.

Pourtant, Balfour vient nuancer ce tableau en novembre 1927, dans l'introduction qu'il rédige pour la première édition de l'*English Constitution* de Bagehot en « World Classics » : l'ancien ministre de Victoria, qui fut l'ex-Premier ministre d'Édouard VII et l'homme d'État éminent et expérimenté des décennies suivantes, rattache au règne de Victoria et de ses successeurs immédiats, Édouard, puis George V, des changements que l'on n'aurait pas encore perçus en 1901. L'évolution de la monarchie aurait parfaitement coïncidé avec l'essor de la démocratie, dans la mesure même où, devenue « populaire », elle exprimerait précisément la supériorité de la nation tout entière dans le système politique. Le souverain, sans plus de lien avec aucun parti, n'était plus le défenseur d'une seule classe. À quoi s'ajoute la position, que les Victoriens avaient déjà encensée, de chef constitutionnel de démocraties dans l'Empire.

> [Bagehot] ne traiterait plus la Monarchie comme quelque chose de peu supérieur à une survivance insigne et vénérable d'un âge plus ancien, privée de toutes les prérogatives qui pourraient menacer la liberté, et valable surtout par l'attrait facile qu'elle exercerait sur l'imagination des

ignorants. Il aurait perçu, je crois, l'importance du rôle qu'elle est destinée à jouer dans la consolidation de l'Empire. [...] Il aurait certainement noté combien cela aurait été impossible si, au XXe siècle, comme au XVIIIe, elle avait participé au jeu des partis ; ou persisté, comme c'était le cas au temps de Bagehot, à agir dans les affaires des États devenus aujourd'hui Dominions sur les conseils de Ministres dépendant de majorités en Grande-Bretagne. [...] Nous ne pouvons pas douter que, parmi les transformations qui, par degrés insensibles, ont converti nos institutions les plus anciennes et les plus vénérables à des pratiques des plus modernes, la tranformation de la Monarchie britannique est loin d'avoir été la moins heureuse et la moins réussie.

Replacer les renoncements consentis par Victoria, au départ sur les conseils du prince Albert et ceux de ses meilleurs ministres, dans la longue durée permet ainsi de mieux percevoir combien son règne a compté dans la formation de la « démocratie à l'anglaise » de l'époque contemporaine. Mais on remarquera aussi que, dès avril 1901, la *Quarterly Review*, sous une plume anonyme, exprime la première critique publique de Victoria depuis son décès. Souhaitant rompre avec l'excès des discours hagiographiques, l'auteur de l'article s'en prend à l'interventionnisme constant de la reine, qui, par ses propos et ses écrits, aurait en fait démontré qu'elle n'avait pas une conscience suffisante de ce qu'était un régime parlementaire et les prérogatives du Cabinet.

Il ne saurait être question de revenir ici sur les gestes politiques et constitutionnels accomplis par la reine. Mais c'est peut-être le lieu de souligner qu'à des intuitions et gestes particulièrement bienvenus, s'opposent certains refus qui en font davantage une femme du passé qu'un instrument du progrès.

Dans certaines sphères du politique, sa clairvoyance et son action ont été des plus positives. On peut relever, avec Keith Robbins[8], son apport à la formation de la nation britannique : loin de se borner, pendant l'essentiel de son règne, à la seule Angleterre, comme la plupart de ses prédécesseurs, si l'on met à part, en avril 1822, une exhibition de George IV à Édimbourg, en kilt rouge sur une paire de collants roses, elle semble avoir accordé une égale importance à tous ses domaines régionaux. Son premier voyage officiel en Écosse en 1842 lui vaut le plus agréable des chocs : les jeunes pêcheurs écossais sont « très propres et rappellent les Hollandais », « les Écossais ne se marient jamais en dehors de leur classe », et, ici ou là, elle a été frappée par « la construction des maisons en pierre, l'apparence des gens, si différente des Anglais, avec leurs chevelures de sable, leurs joues rebondies, les enfants aux longs cheveux hirsutes et aux jambes et pieds nus, de petits garçons en kilt » ; « un peuple si chevaleresque, délicat et plein d'activité ». Balmoral n'a pas été seulement sa résidence, mais le lieu qu'inévitablement les plus élevés des serviteurs de la monarchie devaient connaître. Albert et Victoria contribuent à la mode du *sporting estate,* domaine de chasse au cerf et à la grouse, et de pêche au saumon. Première reine de Grande-Bretagne à visiter la grotte de Fingal dans les Hébrides, immortalisée en 1830 par l'ouverture d'une symphonie de Mendelssohn, elle en a été très fière. Elle ne sépare pas ensuite sa tendresse pour l'Écosse de son deuil d'Albert, qui est également figuré dans un grand monument national à Édimbourg. Pour le meilleur ou, selon bien des nationalistes d'aujourd'hui, le pire, elle a contribué, dans la même veine qu'un Walter Scott, à la naissance d'un folklore nouveau, dont bourgeois et aristocrates s'emparent pour annexer la personnalité écossaise en la coupant de ses seules racines claniques et populaires[9]. Mais la sincérité de Victoria empêche de parler d'une stratégie de pouvoir. Keith Robbins cite son propos de 1873 : « Les gens ont témoigné d'une telle loyauté à la famille de mes ancêtres, car le sang des Stuarts coule dans mes veines, que je me sens à présent leur représentante, et ils me sont aussi dévoués et loyaux qu'ils le furent envers cette dynastie infortunée. »

Le Pays de Galles, sans lui valoir d'identiques attachements, ne lui demeura pas non plus étranger, et elle le parcourut du nord au sud. Quant à son royaume irlandais, source pour elle de tant de tourments, elle sut y effectuer en 1900 un dernier séjour de plusieurs semaines où sa simplicité et son refus de précautions policières extraordinaires créèrent un instant l'illusion d'une harmonie possible.

Mais d'autres positions de Victoria entretiennent le scepticisme sur sa capacité d'évoluer. Ainsi, jusqu'aux marches de son tombeau, elle demeura toujours aveugle aux revendications féministes qui prenaient de l'ampleur à la fin de son règne.

Théodore Martin, qui l'a servie et bien connue, a publié en 1908 ses souvenirs sur son auguste maîtresse, et raconté l'espèce de rage qui avait saisi la souveraine en 1870 quand elle avait eu vent d'un grand meeting en faveur du suffrage féminin :

> La reine est des plus soucieuse de dresser la liste de toute personne capable de parler ou d'écrire et de prendre sa part dans la lutte contre cette folie furieuse et mauvaise des « Droits de la Femme », avec toutes ses horreurs connexes [...] dans l'oubli de tout sens de la féminité et de la conduite à tenir. Cela mériterait une bonne administration du fouet. Ce sujet rend la reine si furieuse qu'elle en est à ne plus savoir se contenir. Dieu a voulu que les hommes et les femmes soient différents, que chacun demeure donc dans son état approprié. Tennyson a écrit quelques belles lignes sur la différence entre hommes et femmes dans « La Princesse ». La femme deviendrait le plus haïssable et dégoûtant des êtres humains sans cœur si elle acceptait de s'« asexuer » elle-même, et où en serait la protection que

l'homme est fait pour apporter au sexe faible ? La reine est sûre que Mrs Martin est d'accord avec elle.

Ignorant les développements inspirés de John Stuart Mill, en particulier en 1869, sur l'« asservissement de la femme », qui ferait du sexe faible la « seule relique d'un vieux monde de pensée et de pratique, désintégré en toutes autres matières », Victoria demeure toujours insensible aux efforts de ceux et celles, nombreux, qui, dans le dernier quart du siècle, plaident en faveur de la justice pour l'autre sexe. Une Lydia Becker, fondatrice à Manchester dès 1869 d'une Société nationale pour le suffrage des femmes, Annie Besant, condamnée en 1878 pour sa propagande en faveur de la contraception, Joséphine Butler, dont la campagne contre les lois de contrôle des prostituées de 1867-1869, finirent par aboutir à leur abrogation par le Parlement en 1886, les socialistes fabiennes ou révolutionnaires, d'Eleanor Marx à Julia Verley, les militantes suffragistes des années 1890, à commencer par Mrs Fawcett, ont ou auraient paru à la reine hautement critiquables. Et pourtant, en 1895, ladite Mrs Fawcett a publié dans les *Eminent Women* une vie de Victoria, l'a comparée à Élisabeth la Grande, l'a louée de se tenir à l'écart des jeux de la politique ordinaire, a exalté son rôle de mère et les soins et pensées qu'elle avait prodiguées à ses enfants, prouvant par là même que revendiquer des droits politiques n'était pas faire fi de la fonction la plus traditionnelle du sexe faible !

Peu de femmes, il est vrai, invoquent la parité de capacité avec les hommes, et le message de Mary Wollestonecraft, vieux de plus d'un siècle, resurgit difficilement, même si Mrs Fawcett, encore, a réédité ses revendications en 1890-1892. Le magazine *The Nineteenth Century,* riche en débats sur tous les aspects de la vie intellectuelle, littéraire et religieuse, a multiplié dès ses premiers temps (il apparaît en 1877) les articles polémiques sur le sujet de la spécificité des femmes. Dans son édition de mai 1886, Millicent Garrett Fawcett affirme que « la mutation politique ne viendra pas d'une révolution, mais de la reconnaissance par l'État que le sort des femmes en Angleterre n'est plus ce qu'il était au début de ce siècle », mais elle a dû, en 1878, croiser le fer avec une certaine A. Sutherland Orr, qui, en juin, a écrit que « les femmes sont intelligentes, elles ne sont pas créatives [et que] l'impulsion à l'action mentale doit nécessairement leur venir de l'extérieur » ; il fallait donc se garder de toucher aux prérogatives des hommes. À quoi notre féministe répond en août qu'il s'agit de leur concéder une place décente et non pas de le faire au détriment du sexe « fort ». Ce qui ne prévient pas George J. Romanes, en mai 1887, de trouver un nouvel argument pour retarder toute échéance fatale : « si on peut accepter que l'esprit féminin a été injustement traité dans le passé, le long courant de négligence honteuse à laquelle l'égoïsme des hommes a asservi la culture de la femme a laissé sa trace » et la question se pose « du temps nécessaire à l'avenir pour obtenir la guérison de la femme ». Et puis, la comtesse Katie Cowper, en janvier 1890, tout en reconnaissant la nécessité du développement éducatif des femmes, est hostile à leur entrée dans la vie publique, qui se ferait aux dépens « de leurs vertus féminines, qui sont la gloire d'un pays civilisé ». Elle est à peine moins courtoise envers son sexe que Louise Creighton, qui, en août 1889, affirmait avec force : « Le sexe est un fait, nul Act du Parlement ne peut l'éliminer, et la femme, en tant que femme [...] a la charge, dans la société, de préserver une touche élevée de moralité. [...] Si elle en venait à participer à la lutte politique, elle dévaloriserait son sexe et diminuerait le respect des hommes envers l'idéal de la féminité [...]. Elle aura plus de pouvoir en ne luttant pas pour ses droits, mais en essayant de vivre sa propre vie noblement et généreusement »! Une théorie répandue est celle des « deux sphères », qui plaît aux hommes sans paraître toujours méprisable à leurs compagnes.

Comment ne pas évoquer ici l'un des plus éminents et influents intellectuels de l'époque victorienne, John Ruskin ? Critique d'art capable de faire et défaire les réputations et les courants, il est aussi l'auteur en 1861 de « Of Queen's Gardens », qu'il publie, quatre ans plus tard, dans son recueil *Sesame and Lilies*. Kate Millett, à partir de son ouvrage *Sexual Politics* de 1968 en a tiré une longue analyse où elle l'oppose à John Stuart Mill[10]. S'il rendait hommage aux qualités de la femme, « complémentaires » de celles de l'homme, il n'en soulignait pas moins la différenciation inévitable de leurs rôles :

> Le pouvoir de l'homme est fait d'action, de progrès, de défense. Il est par excellence celui qui fait, crée, découvre, prend la défense. Son intellect est fait pour la spéculation et l'invention ; son énergie pour l'aventure, pour la guerre et pour la conquête. [...] Mais la puissance de la femme consiste à réguler, non à se battre, et son intellect n'est pas fait pour l'invention ou les loisirs, mais pour, en douceur, développer un ordre, arranger et décider. Elle perçoit la qualité des choses, ce qu'elles exigent et quelle est leur place. Sa grande fonction est de louanger ; elle n'entre dans aucune contestation, mais infailliblement adjuge la couronne au vainqueur du débat. Par son office et son rôle, elle est protégée de tout danger et de toute tentation. L'homme, dans son rude labeur dans le monde, doit affronter tous les périls et épreuves, à lui revient la responsabilité de l'échec, l'offense, l'erreur inévitable, souvent il est destiné à être blessé ou soumis, souvent il se trompe, et toujours il s'endurcit [...].

Certes, le sexe faible trouvait d'autant plus aisément en son sein des défenseurs du progrès que la société politique et civile lui avait consenti, dans le dernier quart du siècle, des droits plus substantiels : depuis 1882, la femme mariée pouvait enfin revendiquer un réel droit de propriété sur ses biens patrimoniaux et ses revenus propres; quatre ans plus tôt, le divorce avait été facilité au bénéfice des épouses victimes de mauvais traitements; les universités de Cambridge (1869-1872) et d'Oxford (1879-1893) avaient établi des collèges féminins, concédant à des étudiantes non pas le privilège d'obtention de grades, mais au moins l'autorisation d'assister à des cours et de passer des examens mineurs, cependant que l'université de Londres était totalement ouverte à l'égalité des femmes dans les études. Même en matière politique, des lois successives, entre 1869 et 1894, avaient accordé à certaines propriétaires l'accès à des instances locales d'éducation et d'assistance publique, les admettant en 1875 comme « *Guardans* » : à la fin du règne de Victoria, elles n'étaient pas loin d'un millier, dotées de ce titre électif qui leur valait autorité dans les organes dirigeants de l'assistance. Mais restreintes à ces rôles charitables et éducatifs, les concessions ne portent pas véritablement atteinte aux points de vue traditionnels.

Certains romanciers, sans s'engager dans la défense d'une thèse, font pourtant, par leurs œuvres, campagne en faveur d'une nouvelle vision de la femme. Thomas Hardy, dans son *Tess d'Uberville* (1891) et son *Jude l'Obscur* (1896) dénonce les turpitudes des hommes, décrit les femmes en victimes et émet bien des doutes tant sur la morale sexuelle prévalente que sur les bienfaits du mariage. L'héroïne du roman de Mark Rutherford, *Clara Hopkins* (1896), sait précisément refuser le mariage après avoir été séduite, parce qu'elle ne veut pas épouser qui elle n'aime pas; c'est aussi le destin d'Herminia, le personnage féministe de Charles Grant Allen dans *The Woman who did* avec la circonstance aggravante aux yeux de la « bonne société » qu'elle aime son amant, mais entend préserver sa propre liberté; la revanche des vertueux est le suicide, plus tard, de

Herminia pour ne pas empêcher par sa présence à la cérémonie le mariage de sa fille.

Victoria n'avait sans doute ni lu ni demandé qu'on lui lise de telles œuvres, qu'elle aurait jugées scandaleuses. À l'évidence, on le voit bien, en refusant toute évolution, elle demeurait en phase avec la tradition dans laquelle on l'avait elle-même éduquée. Et elle ne percevait sans doute aucune contradiction entre sa propre dignité et son pouvoir et l'abaissement des autres femmes : n'était-elle pas l'élue de Dieu, consacrée par l'Église et échappant par là même aux critères ordinaires ?

Il serait vain de multiplier exemples et contre-exemples. Et si l'hagiographie est interdite, on ne niera pas que la reine a exercé dignement, et au moins à l'égal de bien de ses contemporains de la classe dirigeante, les responsabilités qui étaient siennes et usé des prérogatives que sa popularité et, partant, celle du système monarchique en son temps avaient interdit de lui retirer.

Sans doute, son chagrin aurait-il été que la royauté britannique ne garde pas trace très longtemps de signes qui lui étaient chers. Certes, ses successeurs sont des « rois-empereurs » jusqu'en 1947. Mais Édouard VII avait refusé de devenir Albert Ier et de proroger le culte auquel s'était vouée sa mère. Et, en 1917, son petit-fils, George V, devant la montée de l'antigermanisme dans ses États et parce que étaient définitivement mortes les attaches et l'affection si prolongées de Victoria avec ce qui était allemand, doit renoncer au patronyme que le mariage de 1840 avait donné à la dynastie régnante : « Saxe-Cobourg-Gotha » doit faire place à « Windsor », tout comme, à d'autres familles aristocratiques, s'impose un semblable renoncement : les « Battenberg », par exemple, deviennent les « Mountbatten » !

Du moins, jusqu'en 1936 et le choix peu cornélien d'Édouard VIII, tous les successeurs de Victoria font preuve du sens aigu de leurs responsabilités et témoignent du succès d'une véritable « morale monarchique » !

L'héritage de l'artiste et de l'écrivain

Marina Warner[11] a rappelé combien la reine tenait à ses esquisses et aquarelles et le soin qu'elle avait pris de les léguer comme biens de la Couronne. Sans doute y trouvait-elle, comme d'autres dans un album de photographies familiales, les traces de ce qu'elle avait aimé, des êtres, des paysages, des représentations théâtrales ou musicales qui lui avaient le plus tenu à cœur!

La valeur de cette œuvre artistique n'est pas en question : « elle n'est jamais profonde, mais c'est parce qu'elle est toujours personnelle » ; « son art constitue une exclamation devant la vie, tout comme la ponctuation dans son journal et les mots qu'elle souligne dans sa correspondance ». Et Marina Warner de rappeler combien peu elle avait tenté de se remémorer des occasions ou des lieux solennels : « peu de couronnes, de sceptres, ou de témoignage de respect de sujets, peu de moments de haute importance... ; le dôme de cristal de la grande Exposition n'est pas là [...], non plus que les batailles, impériales et splendides de son règne, mais on y trouve Arthur et Alfred, en soldat et en marin, accomplissant leur devoir sous un déguisement [...] les mutations politiques et les réformes du siècle n'inspirent pas un coup de pinceau ». Mais les paysages, les enfants, leurs jeux, les chiens, les gitanes, les chevaux et « sur la scène, Taglioni dans[ant] avec un sourire ».

Qu'en diffusant dans le public certaines de ses œuvres Victoria ait tenu à faire partager par ses sujets ses émotions esthétiques ne témoigne pas nécessairement d'un orgueil d'artiste et constitue au contraire un trait touchant de son personnage.

Et c'est à des conclusions comparables que mène la lecture de ses multiples écrits, même s'ils ont été expurgés et sélectionnés par la famille royale, même si, à l'occasion, elle suit les mémorandums et les brouillons que ses proches ou ses serviteurs ont mis à sa disposition. Sa correspondance multiple, son Journal privé, les commentaires qu'elle ajoute aux ouvrages consacrés à ses aquarelles favorites, sont d'une femme cultivée, sincère, capable d'exprimer, fût-ce avec excès, nous l'avons vu en analysant ses lettres les plus morbides, opinions et sentiments. Engagée dans l'action quotidienne, mère, grand-mère, arrière-grand-mère envahissante, consciente de sa place et orgueilleuse de préserver son rang et son autorité, elle n'est pas à juger comme un mémorialiste ordinaire. La découverte ou la révélation autorisée d'écrits toujours plus nombreux interdisent de porter un jugement définitif. Mais son écriture si longtemps ferme, son habitude de souligner les mots et les phrases qui lui paraissaient essentiels, une personnalité qui ne se cache jamais entièrement derrière le détenteur de la plus haute fonction imaginable font de Victoria un témoin irremplaçable de son temps et permettent d'ajouter beaucoup au portrait de la femme aristocratique éduquée du XIXe siècle, et pas seulement à celui de la reine en action. Il serait aussi ridicule de vouloir « découvrir » une « Victoria-écrivain » que d'ignorer l'extraordinaire attrait de sa prose !

L'image de la reine après sa mort

L'icône était en place en 1901. Son devenir fut sans surprise. Ce que fut la reine, on l'a recherché non seulement dans ses propres écrits, mais aussi dans ceux, innombrables, de ses contemporains, en particulier des témoins de son entourage qui l'ont le mieux connue. Dès 1874, on s'est arraché des extraits des Mémoires de Greville, qui couvrent les années 1814-1860 et sont ceux d'un haut fonctionnaire du Conseil privé pendant quelque trente années, d'un parent de grandes familles aristocratiques, les Portland et les Devonshire, d'un homme instruit de bien des secrets, dont certains, révélés lors de la première publication, leur valurent le qualificatif d'« outrageants » dans la bouche de Disraeli. Plus affectueux sûrement sont les propos de sir Henry Ponsonby, longtemps secrétaire privé de la Reine et dépositaire d'une correspondance publiée par son fils ; sir Henry, frappé d'une attaque cérébrale qui le fit mourir en moins d'un an en 1895, dut à l'amitié de Victoria de pouvoir résider dans une maison du domaine d'Osborne pendant toute la durée de son ultime maladie. Les membres de l'immense famille de Victoria ont, quant à eux, utilisé ou publié nombre de documents liés à leurs relations avec leur ancêtre commune. Et, il faut bien le dire, la reine ayant côtoyé les hommes d'États les plus éminents qui ont successivement été aux rênes du pouvoir pendant plus de soixante années, toute biographie de l'un de ces éminents personnages renferme nécessairement nombre d'images et de documents relatifs à la souveraine ; de même, toute étude du « temps victorien » ne peut pas ne pas concerner celle qui, au moins nominalement, fut responsable de toutes les grandes évolutions et des choix intérieurs et extérieurs les plus déterminants. En ce sens, la préservation de l'icône correspond en fait à celle de toute une époque de l'histoire britannique, qui demeure celle d'un apogée de puissance et de rayonnement.

La « mise en place » de la stature de Victoria fut immédiate, associée par exemple au profond retentissement des fêtes jubilaires, mais aussi largement liée à la diffusion multiple de l'image elle-même. La gravure demeure jusqu'en 1890 largement prioritaire. Mais le dernier quart du siècle coïncide avec l'avènement de la photographie[12]. Elle se traduit par la diffusion d'innombrables cartes, de taille variée, consacrées à toutes sortes de personnalités, mais aussi, bien évidemment, à la reine. C'est le temps de la diffusion du stéréoscope, apparu en 1851, dont on avait vendu alors plus d'un million d'exemplaires en trois mois, et dont la vogue ne se dément pas dans les décennies suivantes : un système de lentilles donnait du volume à des photographies spécialement éditées à cette intention. Les années 1880, avec l'invention du film, permettent la diffusion d'appareils bon marché, commercialisés par Kodak. Et les années 1890 autorisent l'impression de la photo et sa très large diffusion sur cartes postales, dont le prix, divisé par douze dans le cours de la décennie, tombe d'un shilling à un penny. Cependant que la presse, à commencer par l'*Illustrated London News*, continue, jusqu'en 1904, à se contenter de la reproduction de gravures. On devine quelle diffusion a pu être ainsi assurée aux grands et petits événements auxquels était mêlée la souveraine.

Au passage, on notera que la presse étrangère fait largement écho aux efforts éditoriaux et illustratifs des médias anglais. *L'Illustration* en France ne ménage pas ses gravures. Aux États-Unis, le *New York Herald* n'est pas en reste : en mars 1895, il rapporte l'arrivée à Nice de la souveraine britannique, mentionnant au passage le temps superbe qui l'accueille, que l'on appelle désormais « *The Queen's Weather* » ; en mai, sa première page est illustrée par différentes représentations de la reine encore enfant, petite-fille de huit ans, jeune femme de vingt et un, femme mûre de quarante-quatre et, enfin, à l'âge de soixante-dix-sept ans qu'elle célèbre ; et le texte d'un bref article évoque « la doyenne des souverains », sinon la plus âgée, puisque, par l'âge, elle vient après le pape Léon XIII, né en 1810, le grand-duc de Luxembourg, le roi du Danemark et le grand-duc de Saxe-Weimar, respectivement nés en 1812 pour le premier, 1817 pour les deux autres ; le *New York Herald* « souhaite de tout cœur bien des choses heureuses en cette journée ». Les titres et articles sont plus nombreux et plus abondants l'année du jubilé de diamant, et l'on ajoute des reportages des festivités à Londres, à Melbourne, mais aussi à Paris. Le *New York Herald* souligne surtout que l'« immense enthousiasme populaire a constitué le fait frappant de la journée ». La mort de la souveraine lui vaudra un titre de première page et de nombreux articles.

Les photos et tableaux de la famille royale surabondent : la reine n'a-t-elle pas connu six enfants, trente-deux petits-enfants et trente-sept arrière-petits-enfants, alors que ses deuils, si nombreux, n'oblitèrent pas bien des visages, disparus en 1901, mais si présents dans les longues décennies du règne ?

Victoria est aussi immortalisée, à l'occasion des jubilés, par la mise en vente opportune d'assiettes, de tasses, de coupes, de boîtes de chocolat et de biscuits, parfois, pour ces dernières, distribuées dans les écoles par des autorités scolaires trop heureuses d'encourager ainsi le loyalisme monarchique et le patriotisme. Quand la reine n'y figure pas expressément, on trouve à tout le moins les attributs de ses fonctions, les drapeaux, la carte de ses possessions impériales. L'image de la souveraine, plus accessoirement du prince de Galles, est parfois flanquée de celles de soldats des colonies ou, mieux encore, de la représentation de Britannia.

Cette profusion d'images ne choque pas les foules. La ferveur royaliste des classes laborieuses est évidente aux yeux de tous les observateurs comme dans les mémoires ouvrières et, même si Victoria en a manifesté parfois quelque gêne, elle a aussi composé avec l'aspiration de son peuple, toutes classes réunies, pour « la voir ».

Le premier cinéma est aussi mis à contribution. R.W. Paul tourne de brèves séquences lors du jubilé de 1897, couvrant pour l'essentiel le défilé des troupes, et, pour cinq bandes sur douze celui de soldats coloniaux, canadiens, sud-africains, indiens. Tout comme les films consacrés, à l'extrême fin du règne, à produire de courts « panoramas », c'est moins l'image de la reine que l'on doit chercher à y trouver que celle de ses possessions lointaines, occasion d'exciter les sentiments patriotiques. C'est d'autant plus regrettable que, comme le note John M. Mackenzie, les producteurs de films de fiction anglais, jusqu'à la mort de George V en 1936, voient régulièrement censurer tout projet sur la reine Victoria... partant toute chance d'y voir intégrer des images réelles d'autrefois.

Le théâtre et le music-hall, si vivants dans la fin du XIXe siècle, font inévitablement allusion à la reine, mais la souveraine n'est évidemment pas elle-même représentée. On fait applaudir son nom et huer celui de ses ennemis, à commencer par l'empereur allemand, pourtant protégé par le censeur, en tant que souverain étranger et petit-fils de la reine, contre tout excès de propos.

Les pièces de théâtre consacrées, même longtemps après la mort de Victoria, à la reine ou à sa famille, sont rares : on devait franchir le rude obstacle de la censure du lord-chambellan, et, la plupart du temps, l'autorisation d'évoquer des souvenirs pourtant de plus en plus anciens fut refusée. Cette obstination de la censure devait se prolonger jusqu'au début des années 1970 : en 1953, on autorisa bien la production de *The Glorious Days* qui mettait en scène Victoria, mais c'est parce que l'auteur avait pris la sage précaution de confier le rôle à une actrice qui « rêvait » qu'elle était la souveraine, mais ne l'incarnait donc pas réellement !

Depuis son inauguration, le 10 mai 1893, l'Imperial Institute expose au grand public des images nombreuses se rapportant à la souveraine. La cérémonie de 1887 avait rassemblé nombre de têtes couronnées et la plupart des élites politiques métropolitaines et impériales, et l'ode triomphale composée par Lewis Morris et dirigée par Arthur Sullivan invitait les présents à se réjouir de l'existence d'un Empire « pour mille ans » et de ses promesses de paix et de prospérité. Le même Lewis Morris composa une nouvelle ode pour l'ouverture du palais, qui se fit en présence de vingt-cinq mille personnes attentives aux immenses bénéfices commerciaux de l'Empire évoqués par le compositeur. La reine avait activement participé aux cérémonies et ainsi l'avait bien annexée à sa propre gloire.

Toujours vivante

Circuler dans le monde, et pas seulement le monde anglo-saxon, est prendre conscience de l'extraordinaire empreinte du nom de Victoria sur les choses de la vie. Des gares et des hôtels innombrables ont été baptisés de son nom ; des paysages grandioses, lacs, montagnes, chutes d'eau, témoignent de la fidélité des explorateurs et conquérants, ou des administrateurs, à leur souveraine. Des musées, des salles de spectacles et des espaces publics variés voient Victoria parfois associée au prince Albert au fronton de leur façade, ainsi le Victoria and Albert Museum de Londres. Les statues de la reine, dans tout l'ex-Empire, illustrent largement, encore aujourd'hui, l'extraordinaire fascination qu'elle sut inspirer.

Icône de son vivant, Victoria conserve cette fonction divinisée après sa mort. La grandeur de l'Empire au temps où elle régnait lui est alors clairement associée et considérée comme l'un de ses legs à la nation. En 1896, le comte de Meath suggéra que le jour anniversaire de la reine, le 24 mai, devienne l'occasion de vacances pour les écoliers, la matinée consacrée aux cérémonies de la levée du drapeau, les autres heures à de grandes fêtes patriotiques. L'idée fut adoptée au Canada dès 1897, mais Victoria ne vécut pas assez longtemps pour la voir suivie en Australie (1905), en Nouvelle-Zélande et dans l'Union sud-africaine (en 1910), aux Indes (en 1923). Rejetée par les Communes en 1908, elle triompha pourtant dans le Royaume-Uni en 1916 et fut dès lors religieusement observée dans l'entre-deux-guerres et reprise pendant la Seconde Guerre mondiale, pour ne s'affadir qu'après 1946. Les cérémonies du nouveau rituel impliquaient souvent l'invocation de la souveraine défunte : c'est parfois devant ses statues, en Grande-Bretagne comme dans l'Empire, que se déroulaient les célébrations[13].

L'âge du cinéma est, dans les années 1930, celui d'un retour en force de l'image victorienne. Hollywood a montré la voie, mais est suivi par London Films. En Angleterre, on évite de mettre directement la reine en scène, mais elle est évidemment présente dans des films qui, parfois mis en scène par Zoltan et Alexandre Korda, chantent l'aventure impériale, les explorateurs, les missionnaires et, surtout, les combattants, les lanciers du Bengale, les soldats de Gordon et tous les héros des autres guerres africaines. Quant au personnage royal lui-même, son grand avènement se fait en 1937 lorsque, à l'occasion du centenaire de son accession au trône, deux films, *Victoria the Great* et *Sixty Glorious Years* viennent rappeler son extraordinaire destin.

Toujours vivante, Victoria ? Pour confirmer cette conviction, il suffit de souligner par ailleurs l'extraordinaire prolifération d'œuvres qui, directement ou indirectement, la représentent dans l'exercice de « son métier » tout comme dans les autres aspects de sa vie. Notre ouvrage lui-même ne représente qu'un nouveau chaînon dans une lignée continue et sans cesse enrichie[14] de biographies et d'écrits victoriens. C'est que l'historien ne cesse pas de poser au passé de nouvelles questions, à la lumière de ses préoccupations et de ses connaissances du présent et de la publication d'analyses novatrices. Et il suffit d'employer le terme victorien pour qu'en matière politique, économique, sur les rapports des sexes comme sur les droits de l'individu ou les devoirs de la société à leur égard, on comprenne immédiatement que c'est au paradigme constitué par la reine qu'on se réfère. Au cours des années 1980, si Margaret Thatcher ne peut en rien être comparée à Victoria, c'est, à tort ou à raison, à la rigidité morale de la souveraine, à son rejet des révolutions, à son souci de préserver la cohésion sociale sans s'ouvrir réellement à la mise en œuvre d'un État « collectiviste » que l'on a été renvoyé.

Victoria n'est pas seule à servir de modèle. Les amateurs d'historiographie du film l'ont classée bien après Élisabeth Ire. Quand Élisabeth II est montée sur le trône, chacun a surtout espéré voir renaître avec elle un âge d'or digne de son illustre prédécesseur et homonyme. Dans les tourments d'une famille divisée, dans les réactions rigides parfois de la reine devant les écarts de conduite de sa famille, comme aussi, dans leurs jeunes années, dans le modèle familial que, regroupée autour du duc d'Édimbourg et de son épouse, les Windsor ont tenté de présenter, on a pourtant retrouvé bien des préoccupations, des souffrances, des douleurs et des incompréhensions qui avaient été le lot de Victoria. Comme si, entêtée, l'histoire faisait subir à ses descendants, à l'aube du XXIe siècle, les épreuves que la mère du prince Albert-Édouard avait eu l'impression de devoir affronter...

Victoria a été, tout au long de ce livre, décrite comme un membre, le plus éminent, d'une société en évolution et l'incarnation d'un système de valeurs. Sa survivance doit évidemment beaucoup, peut-être surtout, aux nostalgies nourries dans l'Angleterre d'aujourd'hui par tous ceux qui ne se résignent pas au déclin de leur patrie ou à son nouveau choix d'intégration dans un ensemble européen plus vaste. Après tout, dans la splendeur de son siècle, elle a régné sur une thalassocratie inouïe dans l'histoire, elle a symbolisé un Empire mondial, elle a donné matière aux rêves et aux orgueils les plus fous : comment ne serait-elle pas aujourd'hui un point de référence pour ceux qui s'obstinent à songer au « Grand Large » et à une destinée qui ne serait pas accomplie sur le finistère du continent européen au bénéfice d'une population décroissante qu'on ne se résigne pas à voir nichée dans sa *Little England* ?

Les « ratés » de Victoria

Il est quelque peu sacrilège, en regard de cet éventail d'images et d'actions positives de s'interroger sur les échecs de la souveraine. Et pourtant...

Son peuple lui a pardonné l'éloignement prolongé de la vie publique qui lui fit sacrifier certains de ses devoirs à une douleur certes respectable. Nous avons vu les témoins les plus favorables à la monarchie regretter pourtant un comportement de nature à porter atteinte au patrimoine dont elle était la gardienne : la Couronne elle-même. Le pardon de son peuple semble être allé à une souveraine que l'âge avait entourée d'un halo nouveau et dont la présence maternelle rassurait sans risque. On a davantage semblé adorer ce qu'elle incarnait que ce qu'elle était.

Pétrie des leçons de son époux, elle n'a pas su donner au prince de Galles la formation et l'affection dont il aurait eu besoin et elle est certainement responsable des jugements inquiets d'un Gladstone, dans les années 1870, sur l'avenir du système une fois elle-même disparue. Au major Howard Elphinstone, attaché à sa Maison, elle a révélé combien son fils la décevait : « Avec le prince de Galles, on doit se préparer à affronter un caractère des plus malheureux, et faire face à son incapacité à se concentrer et à des qualités mentales défectueuses [15] ». Dans son enfance, privé de compagnons de son âge, il se rabat sur des loisirs sportifs : l'équitation, le croquet.

Ennuyé par ses maîtres, tancé par sa mère, il ne rêve qu'évasion et exercices militaires lointains. Devenu adulte, il fréquente le moins possible les résidences chères à Victoria, se tient à Marlborough House à Londres ou à Sandringham dans le Norfolk, qu'on lui avait offert en 1861, y recherche joyeuse compagnie, joue beaucoup, fréquente volontiers le beau sexe. Et qu'aurait-il fait d'autre, puisque, avec une totale obstination, Victoria lui refusait la moindre responsabilité autre que de représentation ? Il s'endette beaucoup, malgré un revenu annuel de plus de cent mille livres. Époux empressé, père de famille satisfait de ses enfants et fort affecté quand il perd son fils aîné en 1891, il ne voit aucune contradiction entre ces rôles et sa course effrénée aux plaisirs. Sa mère ne le comprend pas et n'envisage pas même la possibilité d'une abdication anticipée en sa faveur. Ce fut miracle que le roi Édouard VII révélât des qualités insoupçonnées de la Cour auparavant. Et pourtant, son entourage, si déplaisant par principe à la reine, s'ouvrait à des hommes de qualité, un Joseph Chamberlain, un Charles Dilke ; le prince avait ses amis juifs, ainsi le banquier Ernest Cassel, et il refusait d'embrasser des préjugés de race ou de religion auxquels sa mère avait tant de peine à se soustraire, il demeurait en relations avec d'anciennes maîtresses aussi intelligentes que séduisantes, telle lady Randolph Churchill, et s'était à plusieurs reprises entretenu avec le jeune Winston Churchill dont il avait lu avec intérêt les récits de guerre[16]. Sa maîtresse du moment, à la mort de Victoria, Mrs George Keppel passait pour particulièrement brillante.

Quand il monte sur le trône, il est âgé de soixante ans et il inaugure un règne où, à l'image de ce qu'il bouleverse dans les intérieurs chers à sa mère, il renie ce qu'elle avait adoré, se refuse à toute bigoterie religieuse, continue d'aimer les plaisirs. Mais il révèle aussi les qualités d'un grand roi, qui, en partie, est responsable du tournant majeur de la politique étrangère britannique vers une Entente cordiale avec l'ancien ennemi héréditaire français. Et, au lendemain de la Grande Guerre, lorsque, nostalgiques, tous les belligérants regardent vers le passé comme vers l'âge d'or perdu, une « Belle Époque », c'est vers l'âge édouardien que se tournent les Britanniques, et ils ne songent pas un seul instant à pleurer les années de la fin du règne de Victoria, dont on a même tendance à faire l'incarnation d'un âge d'hypocrisie sociale et morale.

L'échec de la reine à former son fils et, plus tard, à discerner ses qualités et à les utiliser crée dès lors, aux yeux de l'historien, l'impression qu'avec sa mort, c'est une formidable chappe de dissimulations, d'ennui et de désuétude, qui a été soulevée.

Nous avons aussi dit combien la reine, pas plus que le prince Albert d'ailleurs, n'a, de toute sa vie, été attentive aux immenses développements intellectuels et spirituels, aux mouvements novateurs de l'art et de la littérature. Lui faire gloire de l'éclat des Arts et des Lettres britanniques, c'est, encore une fois, incarner en elle des réalités qui lui demeurèrent largement étrangères. Il serait pourtant injuste de lui refuser une honnête curiosité envers la nouveauté, en particulier, nous l'avons vu à propos de Wagner, lorsqu'il s'agit d'œuvres musicales : tous ses contemporains de l'élite n'ont pas fait preuve d'une égale acceptation de l'originalité.

Conclusions : les nuances d'un bilan

Dans un ouvrage fort critique envers son héros, Robert Rhodes James avait voulu faire de Churchill non pas un grand homme d'État et un géant de son temps, mais le politicien de tous les échecs[17]. L'exercice est facile et bute évidemment, dans ce cas, sur les irremplaçables accomplissements de la Seconde Guerre mondiale. Il est tout aussi aisé de prendre le contre-pied de toute une tradition historico-hagiographique et de ne retenir de Victoria que ses failles, ses défauts et ses limites. Et c'est précisément la raison pour laquelle il est sans doute plus important de reconnaître ce qu'elle a représenté aux yeux de son peuple et comment elle a redonné une nouvelle jeunesse au mythe monarchique que de scruter toutes les arcanes d'une individualité que son rang vouait à devenir prestigieuse.

Admirer ou rabaisser Victoria, c'est en fait prendre position sur une époque et constater qu'elle fut également pleine de contradictions, âge d'immenses progrès comme d'abominables maux sociaux, temps de la grandeur, mais au prix de l'asservissement de bien des peuples. L'historien ne doit pas être un juge et poser les apports positifs sur un plateau pour voir si le fléau de la balance s'inclinera ou non vers le plateau des excès condamnables. Il doit prendre acte de la place de Victoria dans la mémoire collective, il n'a pas à décerner des éloges ou à distribuer des anathèmes !

Tout au plus, il lui est permis de s'extasier devant l'aisance de la jeune reine à son avènement, de s'étonner de sa prétention à juger les hommes d'État du début du règne à l'aune de leur capacité à la flatter, d'admirer la fraîcheur de son « coup de foudre » pour Albert. Il la voit ensuite, mère féconde et peu enthousiaste de l'être, s'appuyer sur un époux dont le sérieux et l'intelligence lui valent un équilibre précieux. Il ne suivra pas facilement ceux qui attachent plus qu'une facilité sémantique à l'expression « victorienne » ou « albertienne » accolée à la morale du temps – qu'Albert ait fait de la Cour un modèle d'éthique ennuyeuse n'est pas niable. Mais depuis un siècle déjà, la haute société évoluait vers un puritanisme moral conforme aux principes bourgeois, au point d'enlever aux « bâtards » des grandes familles leurs chances d'ascension sociale. La famille royale est devenue un modèle en faisant sienne l'éthique à la mode. Qu'à partir de son deuil, le comportement de la souveraine soit devenu quelque peu « erratique », qu'il ait mis en danger l'institution monarchique sont des faits avérés. Et la sauvegarde de la monarchie prouve surtout que son effacement, au temps de la primauté du système parlementaire, était tel qu'au prix du secret de rigueur il était possible de la considérer comme la moins mauvaise des républiques...

Les retours d'activité d'une reine vieillissante ont heureusement coïncidé avec les attentes d'une société en péril. L'icône victorienne a alors effectivement garanti la pérennité du régime. Les jugements de la postérité ont fait le reste. Et Victoria, en ne réussissant pas à briser les qualités du prince de Galles, a au moins laissé un héritier digne d'assumer le plus prestigieux des fardeaux.

NOTES

INTRODUCTION
Le temps victorien

1. In *The English Constitution.*
2. In *Victoria, Le Pouvoir partagé,* Paris, Flammarion, 1989.

CHAPITRE PREMIER
L'héritière et son héritage
1837

1. Marina Warner, *Queen Victoria's Sketchbook,* Londres, Mac-Millan, 1979, 224 p., constitue un recueil d'extraits fort bien choisis et commentés de l'« œuvre » de Victoria.
2. Nous renvoyons ici aux excellentes et récentes mises au point de Christian Civardi, *L'Écosse depuis 1528,* Paris, Ophrys, 1998.
3. Parmi bien des biographes, citons à cet endroit Cecil Woodham-Smith, *Queen Victoria, Her Life and Times, 1819-1861,* Londres, Hamish Hamilton, 1972, p. 139 *sq.*
4. Sur ces luttes, notre *Angleterre des révolutions,* Paris, A. Colin, 1973.
5. Cf. John Cannon, *Aristocratic Century, The Peerage of eighteenth-century England,* Cambridge University Press, 1984, 193 p.
6. D'une immense bibliographie, on retiendra quelques titres généraux récents : outre notre *Religion et Société en Angleterre de la réforme à nos jours,* Paris, PUF, 1978, d'où nous tirons nombre des informations de ce paragraphe, l'ouvrage collectif sous la direction

de H. McLeod, St. Mews et Chr., 1997, chap. I-IV, p. 17-146, et une bibliographie à jour à la date de publication, p. 371-379.

7. Cf. la très suggestive étude de Christopher Hill, trad. fr. : *Le Monde à l'envers*, Paris, Payot, 1977.

8. Eugène Rendu, *De l'instruction primaire à Londres*, Paris, Hachette, 1853, p. x-xx.

9. Et ce jusqu'au rétablissement des diocèses et d'une hiérarchie épiscopale par le pape Pie IX en 1850.

10. Nous renvoyons ici à la thèse de doctorat dactylographiée de Mme Anne Lobo sur les élites irlandaises de 1801 à 1829, université de Caen, octobre 1998.

11. Cf. ses deux remarquables synthèses : *The Vital Century, England's Developping Economy, 1714-1815,* et *Albion's, People, English Society, 1714-1815,* Londres, Longman, 1992.

12. *Histoire d'Angleterre,* trad. fr., Paris, Montégut, 1854, t. I, p. 306-308.

12. Dans ces chiffres, l'Irlande demeure considérée comme un tout et sa population totale est ajoutée à celle de la Grande-Bretagne.

14. Sur ces divers points, notre *Révolution industrielle en Grande-Bretagne,* Paris, A. Colin, 2e éd. 1992, chap. IV et VI.

15. Sur certains des points de ce paragraphe, nous nous référons à la thèse de l'université de Paris d'Ethel Jones, *Les Voyageurs français en Angleterre de 1815 à 1830,* Paris, De Boccard, 1930, 346 p.

CHAPITRE II
Le temps de tous les dangers
1837-1850

1. Lettre du 27 juin 1837, extr.
2. Lettre du 12 juillet 1837, extr.
3. Lettre d'Ostende, 21.09.1839.
4. Souligné par la reine elle-même, 28.6.1838.
5. *The Greville Memoirs 1814-1860*, édités par Strachey et Fulford, IV, 93.
6. Sur les loisirs de Victoria, Alan Hardy, *Queen Victoria was amused*, Londres, Murray, 1976 ; sur la littérature de l'époque, nous suivons l'excellent guidage de Sylvère Monod, *Histoire de la littérature anglaise de Victoria à Élisabeth*, Paris, A. Colin, coll. « U », 1970.
7. Lytton Strachey, *Queen Victoria*, Londres, 1921, Penguin Books, 1978, p. 62-63.
8. Léopold à Victoria, Neuilly, 12 juillet 1838.
9. Mémorandum d'Anson du 15.01.1841.

NOTES DU CHAPITRE II

10. Voir de Peter Gay, *The Bourgeois Experience from Victoria to Freud.* Vol. I : *Education of the Senses*, 1984 ; vol. II, *The Tender Passion*, New York, W.W. Norton and Co, 1986.
11. Flora Tristan, *Promenades dans Londres*, 1840, 2e édition remaniée 1842, rééd. F. Bédarida, Paris, Maspero, 1978, p. 92-93.
12. Toutes expressions dans sa lettre de Bruxelles du 4 février 1840.
13. Conversation Melbourne-Stockmar, 28 mai 1840, mémorandum cité par Jacques Bardoux, *La Reine Victoria*, 1907, I, p. 336-337.
14. Mémorandum d'Anson, Windsor, 5 mai 1841.
15. *Ibid.*, reproduit *in* Jacques Bardoux, *op. cit.*, I, p. 444-445.
16. Patricia Branca, *Middle-Class Women in the Victorian Hame*, Londres, Croom Helm, 1975, 2e éd. 1977, p. 84-85.
17. Sur le rôle parental comme sur les loisirs de la famille royale, Alan Hardy, *Queen Victoria was amused, op. cit.*
18. *Ibid.*
19. Mémorandum d'Anson au prince Albert, Windsor, 4 mai 1841.
20. Reproduit *in* Jacques Bardoux, *op. cit.,* I, p. 407 *sq.*
21. Mémorandum d'Anson, cité par J. Bardoux, *op. cit.,* p. 428 *sq.*
22. Lettre de Victoria à Léopold du 31 mai 1841 ; lettre de Léopold à Victoria du même jour.
23. *Histoire du peuple anglais au xixe siècle*, t. III, *Le Milieu du siècle, 1841/1852,* Paris, Hachette, 1946, éd. corrigée 1974, p. 11.
24. Sur ces points, on pourra se reporter à la version condensée par leur auteur de ses deux biographies de Peel, *in* Norman Gash, *Peel,* Londres, Longman, 1976.
25. *The Condition of the English Working-Class* (1re éd. en allemand, 1845, 1re trad. en angl., 1893).
26. Cf. E.P. Thompson, *The Making of the English Working Class,* 1965 ; Penguin Books, 1969.
27. Sur Cobden, la biographie utile de Wendy Hinde, *Richard Cobden, A Victorian Outsider,* Yale University Press, 1987.
28. *Histoire du peuple anglais, op. cit.*, t. III, *Le Milieu du siècle, 1841/1852,* p. 96.
29. Rappelons l'excellente édition critique par François Bédarida, Paris, Maspero, 1978 ; les passages cités sont extraits de cette édition, p. 84.
30. Peterloo (St. Peter) est le nom donné par dérision à un lieu proche de Manchester où une foule radicale pacifique, composée en grande partie de femmes et d'enfants, avait, en 1819, été chargée par la milice locale, au prix de nombreux morts et blessés ; ce « mas-

sacre » constitue l'un des grands mythes de l'histoire ouvrière anglaise.

CHAPITRE III
La décade prodigieuse
1851-1861

1. On pourra partir de notre contribution à *Londres, 1851-1901*, sous la direction de Monica Charlot et Roland Marx, Paris, Autrement, 1990, « Pleins feux sur la Grandeur », p. 22-37.

2. La mise sur pied du projet et le rôle éminent et constant d'Albert ont été fort bien analysés dans un excellent chapitre, « Master Mason (1849-1851) » de la biographie de Stanley Weintraub, *Albert, Uncrowned King*, Londres, Murray, 1997, p. 213-244.

3. Journal privé, 1.05.1851.

4. Dans la suite de sa lettre du 3 mai.

5. Où il subsistera, avec ses salles de congrès et ses espaces de loisirs, jusqu'à un incendie fatal en 1937.

6. Nous utilisons ici l'édition de 1874, p. 254-255.

7. Coll. « The World's Classics », n° 330.

8. *Op. cit.*, p. 69-70.

9. Cité par A. Craven, *Lord Palmerston. Sa correspondance intime*, t. II, *1848-1865*, Paris, 1879, p. 233.

10. « The language of patriotism », *in* Raphael Samuel (ed.), *Patriotism, The making and unmaking of British national identity*, vol. I, Londres, Routledge, 1989, p. 57-89.

11. *Op. cit.*, p. 66.

12. *Ibid.*, p. 66-67.

13. *Ibid.*, p. 74.

14. *Ibid.*, p. 10 *sq.*

15. Mémorandum, Windsor, 31.01.1855.

16. Stanley Weintraub, *Albert, Uncrowned King, op. cit.*

17. Détails in *ibid.*, p. 324-326 et 344 *sq.*

18. Jean-Pierre Navailles et Robin Buss, *Édouard VII, le prince charmeur*, Paris, Payot, 1999, p. 20 *sq.*

19. Victoria au roi des Belges, 26.10.1852.

20. Victoria à Léopold, 23.11.1852.

21. Citée, n. 14.

22. Paul Kennedy, *The Rise and Fall of the Great Powers*, Londres, Fontana Press, 1989, p. 196 *sq.* ; voir aussi l'étude de Geoffrey Best, *War and Society in Revolutionary Europe, 1770-1870*, Londres, Fontana Press, 1992, d'où sont tirées plusieurs notations et comparaisons.

23. *In* G.P. Gooch éd., *The Later Correspondance of Lord John Russell, 1840-1878*, Londres, 1925, II, p. 160-161.
24. Jacques Bardoux, *La Reine Victoria*, 1907, III, p. 266, n. 1.
25. Wendy Hinde, *Richard Cobden, A Victorian Outsider*, Yale University Press, 1987, en particulier p. 250-256.
26. *Ibid.*, p. 250.
27. *Ibid.*, p. 256. Trad. : *Et après – et après encore quoi ?*
28. Richard Shannon, *Gladstone*, I, *1809-1865*, Londres, Methuen, 1984.
29. *In* Kathryn Tidrick, *Empire and the English Character*, Londres, Tauris, 1990, p. 17-18.
30. Publié à Paris en 1866 en trois volumes ; II, p. 91-93, 20.06.1862.
31. Sur ces points, les belles pages de Jean-Pierre Navailles dans sa *Famille ouvrière dans l'Angleterre victorienne : Des regards aux mentalités,* Champ Vallon, Paris, 1983, p. 42-48.
32. Sur ces points, Monica Charlot et Roland Marx, *La Société victorienne*, Paris, A. Colin, 1978, chap. III et IV.
33. Aux remarques de Jean-Pierre Navailles, *op. cit.*, on ajoutera celles, fort pertinentes, de Suzanne Baudemont, *L'Histoire et la légende dans l'école élémentaire victorienne (1862-1901)*, Paris, Klincksieck, 1980.
34. Sur tous ces points, John Wigley, *The Rise and Fall of the Victorian Sunday,* Manchester University Press, 1980.
35. Élie Halévy, t. III, *Histoire du peuple anglais au XIXe siècle, Le Milieu du siècle, 1841/1852*, Paris, Hachette, 1946, p. 371-378.
36. *Op. cit.*, p. 375 : témoignage de Léon Faucher, *Études sur l'Angleterre*, 1845, I, p. 351-352.
37. Nous renvoyons ici à l'excellente histoire de la résidence royale par Christopher Hibbert, *The Court at Windsor, A Domestic History*, Londres, Longman, 1964, chap. V : « Victorians », p. 185 *sq.*
38. *Op. cit.*, p. 228-229.
39. Alan Hardy, *Queen Victoria was amused*, Londres, Murray, 1976, p. 68.
40. Stanley Weintraub, *Albert, Uncrowned King, op. cit.*, p. 270.
41. Dans ce qui ne peut être ici qu'un rapide résumé, on trouvera l'invitation à se référer à quelques ouvrages essentiels, dont celui de D. Bruckmuller-Genlot, *Les Préraphaélites (1848-1884)*, Paris, A. Colin, 1994, et, plus simple, mais très utile, l'utile vulgarisation de Timothy Hilton, *The Preraphaelites*, Londres, Thames and Hudson 1970, rééd. 1991. On pourra aussi consulter le catalogue de l'exposition Burne-Jones, musée d'Orsay, 1999.
42. Arts Council of Great Britain, *Greet Victorian Pictures*, 1978 : expositions itinérantes à Leeds, Leicester, Bristol et à la Royal Academy de Londres.

43. *Op. cit.*, p. 169 *sq.*
44. Lettres de Peel à Victoria, 27 et 31 mai 1842.
45. On renverra ici à l'excellente introduction que constitue, par Sylvère Monod, *Histoire de la littérature anglaise,* Paris, A. Colin, 1970.
46. Sur ces points, Stanley Weintraub, *op. cit.,* p. 342-343.
47. J.B. Priestley, *Victoria's Heyday,* Londres, Heinemann, 1972, Penguin Books, 1974 ; cette dernière édition p. 285.

CHAPITRE IV
Deuil et assoupissement
1861-1886

1. Matthew Arnold, philosophe, moraliste, inspecteur des Écoles, auteur en 1868 de *Culture and Anarchy.*
2. « Puisse chaque journée, chaque année paraître meilleures que les précédentes, qu'elles n'apportent ni souffrance, ni trouble, ni peur. »
3. Sur les Victoriens et la mort, mes remarques dans *Jack L'Éventreur et les fantasmes victoriens*, Bruxelles, Complexe, 1987, p. 51-56.
4. T.H. Hollingsworth, « A Demographic Study of the British Ducal Families », *Population Studies*, XI, 1, 1957, p. 4-26.
5. Cité par Marina Warner, *Queen Victoria's Sketchbook*, Londres, MacMillan, 1977, p. 164-165.
6. Les étapes de la maladie ont été parfaitement décrites par Stanley Weintraub, *Albert, Uncrowned King,* Londres, Murray, 1997, p. 405-431 ; nous nous intéresserons ici à l'immensité du deuil de la reine.
7. Sur Disraeli et Victoria, l'excellente biographie de Robert Blake, *Disraeli*, Londres, Methuen, University Press, 1969 (rééd. de l'ouvrage publié en 1966) ; sur ce qui suit, p. 430-431.
8. « Queen Victoria and the Constitution », in *Essays in English History*, rééd. Pelican Books, 1976, p. 62-66.
9. Richard Shannon, *Gladstone*, Londres, Methuen, 1982, p. 450 *sq.*
10. *Ibid.,* p. 491.
11. Cf. Suzanne Baudemont, *L'Histoire et la légende dans l'école élémentaire victorienne (1862-1901)*, Paris, Klincksieck, 1980, p. 184-185.
12. *Ibid.,* p. 185.
13. Christian Civardi, *L'Écosse depuis 1528*, Paris, Ophrys, 1998, p. 178.

NOTES DU CHAPITRE IV

14. Je dois cette référence à l'ouvrage de Jean-Pierre Navailles et Robin Buss, *Édouard VII, le prince charmeur*, Paris, Payot, 1999, p. 187-188, n. 1.
15. Marina Warner, dans son *Queen Victoria's Sketchbook, op. cit.*, p. 87, a reproduit quelques-unes de ces esquisses.
16. *Ibid.*, p. 198-201, avec la reproduction du portrait peint par Swoboda.
17. Paul Robert, *Dictionnaire de la langue française*, nombreuses éd. et rééd.
18. Richard Hough, *Advice to a Grand-Daughter, Letters from Queen Victoria to Princess Victoria of Hesse*, Londres, Heinemann, rééd. pour Readers Union, Newton Abbott, 1976. Cf. aussi, *infra*, le tableau généalogique de la famille « européenne » de Victoria.
19. Lettre datée de Windsor, le 9 décembre 1885 ; *cf.* Richard Hough, *op. cit.*, p. 79 et n. 2.
20. Les détails qui suivent sont empruntés à la récente biographie que Jean-Pierre Navailles et Robin Buss ont consacrée à *Édouard VII, op. cit.*, p. 42-43.
21. *Lettres sur l'Angleterre*, t. II, 1866, p. 414.
22. Frank Hardie, *The Political Influence of the British Monarchy, 1868-1952*, Londres, Batsford, 1970, p. 42.
23. R. Shannon, *Gladstone*, I, *op. cit.*, p. 492-493.
24. Paul Kennedy, *The Rise of the Anglo-German Antagonism, 1860-1914*, Londres, Allen & Unwin, 1980, p. 16.
25. *Ibid.*, chap. II.
26. *Ibid.*, p. 35.
27. *Fortnightly Review*, new ser. XI, p. 632-641, extraits.
28. Ch. Bradlaugh, *The Impeachment of the House of Brunswick*, 6^e ed., 1880.
29. *The Economist*, July 22 1871, XXIX, p. 871-872.
30. Richard Shannon, *The Age of Disraeli*, Londres, Longman, 1992, p. 276-278.
31. James Bentley, *Ritualism and Politics in Victorian Britain, The Attempt to Legislate for Belief,* Oxford University Press, 1978.
32. Sur tous ces points, voir la déjà ancienne mise au point d'Asa Briggs, *Victorian People*, Penguin Books, 1954, p. 272-303, et notre *Naissance et triomphe de la démocratie britannique*, Paris, PUF, coll. « Dossiers Clio », 1973.
33. Lord Acton, *Letters to Mary Gladstone*, 1904.
34. Corinne Comstock Weston, « The Royal Mediation in 1884 », *The English Historical Review*, avril 1967, p. 296-322.
35. In *Letters of Queen Victoria*, 2nd series, III, p. 80-81, 22 avril 1880.
36. Lettre à Granville, 17 septembre 1882, *ibid.*
37. Nous reprendrons parfois ici, en les adaptant et en les complé-

NOTES DU CHAPITRE IV

tant, certaines des indications inscrites dans le chapitre XIV de notre *Histoire de l'Angleterre*, Paris, Fayard, 1993.

38. Le premier, réalisé au temps de la conquête normande et ainsi baptisé en relation avec l'image du Grand Livre de comptes divin avant le Jugement dernier, avait été un recensement des terres et des hommes de l'Angleterre de Guillaume Ier.

39. Utile mise au point d'Éric C. Midwinter, *Victorian Social Reform*, Londres, Longman, 1968, 6e éd., 1974, 112 p.

40. *Eighth Annual Report of the Charity Organisation Society*, 1876, appendix IV.

41. Majuscules et italiques sont conformes au texte de l'auteur; trad. R. Marx; extraits de l'introduction et de la conclusion.

42. Détails *in* Richard Davis, *The English Rothschilds*, Londres, Collins, 1983, p. 196 *sq.*

43. Sur l'Armée du Salut à l'époque victorienne et sur les réactions de la souveraine, K.S. Inglis, *Churches and the Working Classes in Victorian England*, Londres, Routledge, 1963, 2e éd., 1974, chap. V, « The Salvation Army », p. 175-214.

44. Ce développement suit de près les analyses conduites dans notre ouvrage *De l'Empire au Commonwealth,* Paris, Ophrys, 1994.

45. Cité par Richard Gott, « Little Englanders », *in* R. Samuel, *Patriotism*, vol. I, Londres, Routledge, 1989, p. 99.

46. Lire Suzanne Baudemont, *L'Histoire et la légende dans l'école élémentaire victorienne, 1862-1901, op. cit.*

47. J.R. Seeley, *The Expansion of England,* 1883, éd. Tauchnitz, Leipzig, 1884, extraits des p. 306-519, trad. R. Maroc.

48. Sur la période en général, sur Chamberlain en particulier, T.R. Gourvish and Alan O'Day (ed.), *Later Victorian Britain, 1867-1900,* Londres, MacMillan, 1988, rééd. 1990 : *cf.,* par exemple, Roland Quinault, « Joseph Chamberlain : a Reassessment », p. 69-92. Voir l'importante et très récente biographie de Peter Marsh, *Joseph Chamberlain : Entrepreneur in Politics*, Yale University Press, 1994, 725 p.

49. M.E. Chamberlain, *The Scramble for Africa*, Londres, Longman, 1974, 163 p.

50. *Histoire de l'Inde moderne, 1480-1950,* Paris, Fayard, 1994, chap. XIX, « L'État colonial et la société indienne (1858-1914) », p. 415 *sq.*

51. Nora Wang, *L'Asie orientale du milieu du XIXe siècle à nos jours,* Paris, A. Colin, 1993, chap. III à VI.

52. *Queen's Journal,* Buckingham Palace, 4 mai 1886.

53. D'origine allemande, fondateur, à Oxford, dans les années 1870, des études sur les textes sacrés de l'Inde qu'il avait su rassembler, comprendre et traduire.

NOTES DU CHAPITRE V

Chapitre v
La construction de l'icône victorienne
1887-1889

1. John M. MacKenzie, *Imperialism and Popular Culture*, Manchester University Press, 1986, p. 3.
2. L'arrière-petit-neveu de Yorke, Victor Mallet, dans des Mémoires publiés en 1968, donne cette interprétation qu'il aurait tenue de son grand-oncle ; *cf.* Alan Hardy, *Queen Victoria was amused*, Londres, Murray, 1976, p. 7 *sq.*
3. In A.E. Housman, *A Shropshire Lao*, 1896.
4. Bonnes indications biographiques récentes *in* David Cannadine, *The Decline and Fall of the British Aristocracy*, Yale University Press, 1990, p. 224-225.
5. Sur la piété filiale de Winston Churchill, nous renvoyons à notre *Churchill. Les jeunes années*, Paris, Autrement, 2000. On voudra bien noter que cet ouvrage tout comme le présent manuscrit étaient achevés avant que nous ayons pu prendre connaissance de la biographie de Winston Churchill par François Bédarida, publiée par les éditions Fayard en octobre 1999.
6. Lettre à lady John Manners, citée par R. Blake, *The Conservative Party from Peel to Churchill*, Londres, Fontana Press, 1972, p. 154.
7. Il souffrait depuis plus de dix ans de la syphilis, avec des accès critiques qui, à partir de 1880, provoquèrent des douleurs de plus en plus graves.
8. Nous suivons ici les comptes rendus de séance faits à Victoria par Smith.
9. David Cannadine, *op. cit.*, p. 223-224.
10. R. Blake, *op. cit.*, p. 131-134.
11. Sur bien des points évoqués dans ce paragraphe, nous nous référons à l'ouvrage publié sous la direction de John M. MacKenzie, *op. cit.*, véritable mine d'analyses originales et dont on ne saurait trop recommander la lecture.
12. Freda Harcourt, « Disraeli's Imperialism, a question of timing 1866-1868 », *Historical Journal*, 1980, p. 87-109.
13. Cité par John M. MacKenzie, *op. cit.*, p. 6.
14. Penny Summerfield, « Patriotism and Empire Music hall Entertainment, 1870-1914 », in *ibid.*, p. 17-48.
15. Winston Churchill, *op. cit.*, I, p. 269.
16. François Bédarida, *Will Thorne, la voie anglaise du socialisme*, Paris, Fayard, coll. « Les inconnus de l'Histoire », 1987.
17. *Ibid.*, p. 79 *sq.*
18. Nous renvoyons encore une fois à notre *Jack l'Éventreur et les fantasmes victoriens*, Bruxelles, Complexe, 1987.

19. Rappelons que la « première lecture » *(first reading)* correspond au simple dépôt d'un projet, le premier vote décisif intervenant en seconde lecture *(second reading)* après un débat de fond.

CHAPITRE VI
La fin du règne
1890-1900

1. « Mort et funérailles de la reine Victoria », in *Londres, 1851-1901*, sous la direction de Monica Charlot et Roland Marx, Paris, Autrement, 1990, p. 220.

2. Nous ne partageons pas ici l'opinion d'Anka Muhlstein, *Victoria : portrait de la reine en jeune fille triste, en épouse comblée, en souveraine triomphante, en mère castratrice*, Paris, Gallimard, 1978, p. 176-177, qui, partant du même échange épistolaire, admirait la lettre de la souveraine « modèle de tact et de fermeté » et croit percevoir dans la correspondance de Victoria avec « ce gamin d'empereur » la preuve de sa grande confiance en sa fermeté.

3. P.J. Cain et A.J. Hopkins, *British Imperialism and Expansion, 1688-1914*, Londres, Longman, 1993, p. 134 *sq.*

4. Sur l'épisode, Richard Davis, *The English Rothschilds*, Londres, Collins, 1983, p. 178 *sq.*

5. Dont la correspondance et les papiers privés ont été rassemblés par son fils, sir Frederick Ponsonby, *Sidelights on Queen Victoria*, Londres, MacMillan, 1930 ; *cf.* chap. x, « Mr Gladstone's Retirement, 1894 », p. 280-297.

6. Excellents développements dans Robert Rhodes James, *The British Revolution, British Politics 1880-1939*, p. 143 *sq.* ; sur la validité et la qualité des jugements du jeune Winston Churchill, âgé de vingt ans en 1894, voir notre *Churchill*, Paris, Autrement, 2000.

7. Élie Halévy, *Histoire du peuple anglais du XIXe siècle*, Paris, Hachette, p. 20 *sq.*

8. Nombreuses précisions dans l'ouvrage de David Cannadine, *The Decline and Fall of the British Aristocracy*, Yale University Press, 1990, chap. v.

9. *Victoria, An Intimate Biography,* New York, Dutton, 1987, p. 597-603.

10. *Plays Pleasant and Unpleasant*, New York, 1898, II – « The Man of Destiny », p. 334-336.

11. La citation de Stanley comme la précédente de G.B. Shaw, *in* Lance E. Davis & Robert A. Huttenbach, *Mammon and the Pursuit of Empire*, Cambridge University Press, 2e éd., 1987, p. 6.

12. Reproduction de la caricature par Stanley Weintraub, *Albert, Uncrowned King*, Londres, Murray, 1997, p. 616.

NOTES DE LA CONCLUSION

13. Nous suivrons ici très souvent Vladimir Halpérin, *Lord Milner et l'évolution de l'impérialisme britannique*, Paris, PUF, 1950.
14. Cité par Robert Rhodes James, *The British Revolution, op. cit.*, p. 25. Milner meurt en 1925.
15. John M. MacKenzie, *Propaganda and Empire, The Manipulation of British Public Opinion, 1880-1960*, Manchester University Press, 1984, rééd. 1990.
16. L'étude de Suzanne Baudemont, *L'Histoire et la légende dans l'école élémentaire victorienne (1862-1901)*, Paris, Klincksieck, 1980, 223 p., est malheureusement ignorée de John M. MacKenzie.
17. Sur la crise, l'excellent compte rendu de Paul Hayes, *The Twentieth Century, 1880-1939*, « Modern British Policy », Londres, Black, 1978, p. 76-78.
18. L'annonce de la délivrance de Mafeking, le 17 mai 1900, après sept mois de siège, provoqua à Londres de tels débordements de foule qu'on forgea l'expression de « *mafficking* » pour définir les actes irresponsables d'une foule surexcitée.
19. Cet extrait a été cité dans sa version anglaise par V.G. Kiernan, « High Imperial Noon », in *The Long March of Everyman*, Theo Barker (ed.), Londres, Penguin Books, 1978, p. 134.
20. Élie Halévy, *Histoire du peuple anglais au xixe siècle, Épilogue*, I, *op. cit.*, p. 102 ; il mentionne en particulier le discours de R.W. Perks, wesleyen impérialiste proche de lord Rosebery lors d'un dîner de l'Imperial Liberal Council du 12 novembre 1900.
21. Nora Wang, *L'Asie orientale du milieu du xixe siècle à nos jours*, Paris, A. Colin, 1993, chap. III à VI. Les citations entre guillemets sont tirées de cet ouvrage.
22. Sur ce qui suit, voir Roland Marx, *La Grande-Bretagne et le monde au xxe siècle*, Paris, Masson, 1986, p. 15-49.
23. Robert Rhodes James, *The British Revolution, op. cit.*, p. 201.
24. *Life with Queen Victoria : Marie Mallet's Letters from Court, 1887-1901*, éd. par Victor Mallet, 1968.
25. Sur l'aventure du *Maine*, voir notre *Churchill, op. cit.*
26. *The Review of Reviews,* april 1900, « The Progress of the World », 319, p. 1-2.

Conclusion
La reine morte... et toujours vivante
1901 et après

1. Gertrude Himmelfarb, *The De-Moralization of Society, From Victoria Virtues to Modern Values*, New York, Vintage Books, 1996.

NOTES DE LA CONCLUSION

2. Rapporté par Lytton Strachey, *Queen Victoria*, Penguin Books, 1978, p. 235, d'après « une source privée ».
3. Élie Halévy, *Histoire du peuple anglais, op. cit.*, « Épilogue », I, p. 46 et 113.
4. John Galsworthy, *La Saga des Forsyte*, II, « Aux Aguets », trad. R. Pruvost, Paris, Calmann-Lévy ; *cf.* notre *Société victorienne*, Paris, A. Colin, 1978, p. 11.
5. Nous suivrons souvent ici le magnifique récit de Monica Charlot, in *Londres, 1851-1901*, Paris, Autrement, 1990, chapitre cité.
6. Sur l'attitude d'Édouard VII, les excellentes notations de Jean-Pierre Navailles et Robin Buss, *Édouard VII, le prince charmeur*, Paris, Payot, 1999, p. 104-105 et 106-112.
7. *In* Monica Charlot et Roland Marx, *La Société victorienne, op. cit.*, p. 202-206.
8. Keith Robbins, *Nineteenth Century Britains, England, Scotland and Wales – The Making of a Nation*, Oxford University Press, 1989, p. 172-174.
9. Sur ces points, les excellentes remarques de Christian Civardi dans son riche petit volume : *L'Écosse depuis 1528*, Paris, Ophrys, 1998.
10. « The Debate over Women, Ruskin vs Mill », *in* Martha Vicinus (ed.), *Suffer and Be Still, Women in the Victorian Age*, Indiana University Press, 1972, Midland Book, 1973, p. 121-154.
11. Marina Warner, *Queen Victoria's Sketchbook*, Londres, MacMillan, 1979, « épilogue ». Nous lui emprunterons certaines de ses remarques.
12. Je suis redevable de nombre des données exposées dans ce paragraphe à l'ouvrage pionnier de John M. MacKenzie, *Propaganda and Empire, The Manipulation of British Public Opinion, 1880-1960*, Manchester University Press, 1984, rééd. 1990.
13. Lire les remarques de John M. MacKenzie, *in* « In Touch with the Infinite », in *Imperialisme and Popular Culture*, J. MacKenzie (ed.), Manchester University Press, 1986, p. 165-187.
14. Nous renvoyons à notre annexe bibliographique.
15. Cité par Christopher Hibbert, *The Court at Windsor*, Londres, Longman, 1964, p. 234. Nous le suivrons à plusieurs reprises dans ce paragraphe.
16. Voir notre *Churchill, les Jeunes années*, Paris, Autrement, 2000.
17. Robert Rhodes James, *Churchill, A Study in Failure*.

SOURCES ET BIBLIOGRAPHIE

Avertissement au lecteur

Cette rubrique a tenu, traditionnellement et justement, dans les biographies publiées par les éditions Fayard, une place considérable. Quelques explications s'imposent donc pour justifier sa relative concision dans cet ouvrage.

Même si, fort heureusement, la « galaxie Gutenberg » a de très beaux jours devant elle et si tout lecteur d'un ouvrage scientifique ou d'agrément apprécie l'avantage de tourner les pages, de revenir en arrière pour se reporter rapidement au passage qui l'avait interrogé, le chercheur en vient déjà à ne plus se satisfaire de devoir compulser de longues listes d'ouvrages de référence quand l'accès aisé par Internet aux plus grandes collections mondiales lui garantit une information quasi immédiate, classée, et, surtout, mise à jour.

J'ai pu ainsi faire procéder[1] au dépouillement, dans les catalogues de la bibliothèque du Congrès et de la British Library, de tout ce qui, depuis 1986, avait été publié, ayant trait à la reine Victoria. La liste en est impressionnante, la qualité des publications et leur pertinence inégales, mais je me mettais ainsi à l'abri d'un oubli bibliographique impardonnable... Quelques résultats de cette enquête sont des plus édifiants :

– un libraire américain sur *net* propose les biographies dont il souligne qu'elles furent des succès de librairie au cours de ces années ; dix-sept titres sont relatifs à Victoria dont l'un, il est

---

1. Et remercie vivement Lucienne Germain, de l'université de Paris-VII, de l'aide qu'elle a bien voulu m'apporter.

SOURCES ET BIBLIOGRAPHIE

vrai, sans doute prometteur, sous la plume de Christopher Hibbert, ne devrait être publié qu'en 2000. Les goûts du public se portent curieusement sur des ouvrages pourtant anciens, même s'ils furent de la plus haute qualité, et Lytton Strachey l'emporte haut la main, en compagnie de la reine elle-même dont on ne se lasse pas de lire la correspondance sous diverses formes abrégées, non plus que ses *Leaves* écossais ; sans doute stimulés par quelque nostagie, nombre de lecteurs s'intéressent aux voyages touristiques de Victoria, par exemple en Suisse. Au seizième rang, on trouvera, publié en *paperback* en 1993, le seul ouvrage un peu neuf, l'étude de Dorothy Thompson, sous le titre lapidaire, choisi non sans intention : *Victoria, the Monarch and Gender*, la seule mention de la femme et du féminisme lui garantissant une bonne place sur les rayons de vente aux États-Unis ! Quelques beaux titres, le prince Albert de Stanley-Weintraub, et le toujours stimulant *Queen Victoria* d'Elizabeth Longford, consolent difficilement de l'omission de tant d'ouvrages récents et utiles !

– La British Library n'a pas acquis moins de deux cent quatre-vingt-seize ouvrages, tous nouveaux, qui, de près ou de loin, concernent la reine Victoria. On n'ignorera rien, si on le désire, des vêtements portés par la souveraine et son entourage, on lira le témoignage, certes important, du médecin privé de Victoria, sir James Reid, dont la biographie a été publiée en 1996 par sir James Ask ; on ne manquera pas les innombrables rééditions, sous toutes les formes, y compris de lecture par cassettes, de Lytton Strachey, décidément « inusable », mais on découvrira aussi quelques trésors (comme l'étude de Richard Williams, *The Contentious Crown, public discussion on the British Monarchy in the reign of Queen Victoria* (Aldershot Ashgate, 1997) ; on apprendra que le centenaire du jubilé de diamant de 1897 a donné lieu à quelques réminiscences. Et on se persuadera qu'à choisir les bonnes « entrées », on disposera de renseignements de qualité... y compris sur la littérature de jeunesse dont le succès démontre bien que « Victoria est toujours vivante » !

– La Library of Congress apporte la somme impressionnante de quelque deux cent quarante-huit acquisitions, au cours des seules treize années considérées, touchant Victoria, de près ou de loin. Au chercheur soucieux de précisions, elle apporte de surcroît des analyses succinctes immédiates et, à l'inquiet légitime de références impeccables, des renseignements plus détaillés que son émule britannique. Cela dit, ses achats concernent aussi bien des titres anciens et des rééditions, dont l'inévitable

Lytton Strachey, mis à proprement parler à toutes les sauces, y compris une édition illustrée fort heureusement précédée d'une introduction de Michael Holroyd (New York, Weidenfeld & Nicolson, 1988), mais aussi une contraction par les éditions du Readers' Digest! Dorothy Thompson, on le découvre à cette occasion, avait bien accepté le sous-titre « Gender and Power » accolé à son *Victoria* dans la première édition par le britannique Virago Press, mais on rendra hommage au premier éditeur américain, Pantheon Books (1990), qui avait plus sagement choisi *Queen Victoria : the woman, the monarchy and the people*! On sourira de quelques naiseries, comme la tentative de Don Nardo en 1999 de réunir dans un opuscule de 112 pages les « femmes qui ont dirigé le monde », asssociant à Victoria Cléopâtre et Golda Meir! Mais on prendra avec curiosité conscience de la « prise » des paroles et écrits de Victoria en apprenant l'enregistrement, en 1983, d'« Une soirée avec la reine Victoria » *(An Evening with Queen Victoria)*, deux cassettes audio comportant des extraits musicaux qu'elle aimait et la lecture de certains de ses écrits. Si entourage et famille continuent de susciter nombre de publications, on ne sera pas insensible à l'ouvrage de Hannah Pakula, *An Uncommon Woman : the Empress Frederick, daughter of Queen Victoria* (New York, Simon and Schuster, 1995), qui pose bien des problèmes sur Vicky, sur son mari, le Kronprinz puis empereur, sur Guillaume II, leur fils, et sur les relations germano-britanniques.

Étendre la recherche aux domaines des mentalités, de la sexualité, de la vie économique, des affaires extérieures aurait conduit à d'autres listes, révélatrices de réalités comme de rêves. La prolonger sur d'autres périodes historiques aurait conduit à d'autres et faciles informations.

Le souligner ne signifie pas dédaigner ce qui a été publié et qui accompagne en général tout ouvrage scientifique mentionné dans nos références. Qu'on songe pourtant que le seul et commode manuel d'Eric J. Evans, *The Forging of the Modern State-Early Industrial Britain, 1783-1870* (Longman 1983), comporte (p. 433-441) pas moins de deux cent quatre-vingt-deux entrées parfaitement classées et que le tome qui lui fait suite dans la collection, *The Eclipse of a Great Power, 1870-1992*, permet à Keith Robbins, à la date de 1994, d'en ajouter trois cents (p. 444-455). Cependant que, sous les auspices de la Royal Historical Society, est publiée chaque année *The Annual Bbibliography o f British and Irish History*.

Le point de vue adopté dans cette biographie de la reine Victoria privilégie davantage le milieu dans lequel elle a vécu et a eu l'illusion de pouvoir agir sur l'événement que les moments les plus importants de sa vie privée, de ses loisirs, de ses emportements. L'époque dite « victorienne » compte autant à nos yeux que le personnage qui en a été l'incarnation. Mais, du même coup, la liste des ouvrages de référence risquait de s'allonger démesurément, à l'aune des questions si diverses que les historiens d'aujourd'hui soulèvent sur un siècle fascinant : posant au passé « les bonnes questions » auxquelles n'avaient pas même songé les premiers biographes de la reine et de son temps, attentifs aux changements du monde matériel, mais aussi des mentalités, des relations intrafamiliales, de la place et de la lutte des femmes pour leur émancipation, recherchant avec des méthodes mathématiques inédites ce qu'avaient pu signifier, dans leur réalité, les soubresauts économiques d'une époque, et leur portée sur le succès de thèses révolutionnaires ou/et expansionnistes, attentifs aux grands phénomènes de la sociologie urbaine, ouverts à de nouvelles interrogations sur la foi et la pratique religieuses, les seules trente à quarante années écoulées ont souvent complètement révisé l'approche traditionnelle des phénomènes. Bien moins évidemment dans le domaine de la vie de l'État et des relations diplomatiques proprement dites, que dans d'autres : nous avons assez fait référence au travail inégalé d'Élie Halévy sur « le peuple anglais au XIXe siècle » pour ne pas requérir d'autres exemple.

Chaque fois que cela nous a paru nécessaire, nous avons, dans nos notes, comme dans le texte, tenté d'apporter au lecteur références et commentaires. Mais il n'était pas envisageable de refaire, à notre échelle, l'admirable travail de recension bibliographique mené en Grande-Bretagne, entre autres, par H.J. Hanham, *Bibliography of British History,1851-1914* (Oxford, 1976), et, un peu plus tôt, par J.L. Altholz, *Victorian England, 1837-1901* (Cambridge, 1970).

Nous avons donc choisi, après une esquisse des sources majeures, de signaler quelques ouvrages de base qui, grâce à leur propre bibliographie, aideront le chercheur professionnel ou amateur à poser... à son ordinateur les bonnes questions.

Les sources relatives à Victoria

Même si certaines ont été citées en notes, nous mentionnerons les plus importantes.

La Correspondance de la reine Victoria a fait l'objet de trois séries successives d'éditions, chaque fois soigneusement expurgées, dont la première, portant sur les années 1837-1861, a été publiée à Londres (John Murray, 1907) et a été l'objet d'une traduction française par Jacques Bardoux, citée dans nos notes. La deuxième série, les années 1862-1885, également en trois volumes, a été publiée en 1926, la dernière, toujours en trois volumes, couvre la période 1886-1901 et a été publiée en 1932. L'ensemble ne se limite pas aux lettres proprement dites, mais inclut des extraits du Journal privé de la reine et des mémorandums qui lui sont adressés.

Le journal privé que Victoria a tenu avec constance, de l'âge de quatorze ans à quelques jours de sa mort, a fait l'objet d'une compilation de valeur inégale, publiée pour la période 1832-1840 par lord Esher, *The Girlhood of Queen Victoria* (1912). Et bien d'autres publications partielles ont été tentées, sans être toujours originales, mais qu'on a parfois compulsées avec profit.

L'ensemble, même volontairement mutilé par la famille royale, est d'un intérêt inestimable, il a fait l'objet de compilations partielles et certains chercheurs, dûment autorisés et censurés, ont pu et peuvent avoir accès aux archives de Windsor et à des pièces originales complémentaires. La correspondance de la souveraine avec sa nombreuse parentèle européenne, celle, privilégiée et souvent mentionnée, avec sa petite-fille Victoria, valent au chercheur de trouver des trésors, dont certains dispersés dans les collections princières ou publiques de toute l'Europe.

Victoria elle-même, dans les ciconstances évoquées dans notre ouvrage, a publié en 1868 *Leaves from the Journal of our Life in the Highlands*, et, en 1884, *More Leaves from the Journal of a Life in the Highlands,* et nous avons consacré des passages particuliers à son *Sketchbook* et à l'ensemble des aquarelles et dessins qu'elle a légués à la postérité.

Nombre de membres de l'entourage de la reine ont laissé des souvenirs ou des notations de grande valeur, parfois objets de scandale à l'image des Mémoires de Greville, 1814-1860 (extraits en 1874, publication complète des *Greville Memoirs* par Lytton Strachey & Roger Fulford, 1938).

Secrétaire privé de la reine de 1870 à 1895, sir Henry Ponsonby a laissé des textes que la piété de son fils a permis de publier et dont nous avons fait un grand usage. Il est l'un, parmi d'autres moins loyaux, ainsi le comte de Clarendon, qui contribuent à constituer un énorme ensemble documentaire qui ne va pas sans poser à l'historien bien des interrogations, mais a valu aux auteurs friands de décrire la vie intime de la souveraine, matière particulièrement ample et parfois croustillante... Ce type d'histoire « historisante » ne cesse pas, d'ailleurs, d'être alimentée par des « découvertes » plus ou moins opportunes, et à présent rapidement médiatisées, de telles liasses de correspondance de Victoria, le cas John Brown récemment évoqué, en 1999, par des « découvreurs » avides de scandales posthumes !

QUELQUES OUVRAGES RÉCENTS ET UTILES SUR LA REINE,
LA FAMILLE ROYALE, LE MONDE POLITIQUE

Monica Charlot, *Victoria, le pouvoir partagé*, Paris, Flammarion, 1989, trad. angl. 1991 ; excellent récit qui s'interrompt avec la mort du prince Albert.

Giles St. Aubyn, *Queen Victoria, A Portrait*, Londres, Sinclair-Stevenson, 1991, vues pénétrantes et analyses de premier ordre.

Stanley Weintraub, *Victoria, An Intimate Biography*, New York, Dutton, 1987, complété en 1997 par *Uncrowned King, The Life of Prince Albert*, New York, The Free Press, l'un et l'autre ouvrages reposant sur une documentation très riche qu'on aurait parfois souhaitée autrement orientée dans le premier cas et moins péremptoire dans le second.

Et on aura garde d'ignorer la remarquable synthèse de Dorothy Marshall, *The Life and Times of Victoria*, Londres, Weidenfeld & Nicolson, 1972.

Christopher Hibbert, *The Court at Windsor, A Domestic History*, Londres, Longmans, 1964, est important, même s'il ne consacre que les pages 185 à 233 au temps victorien.

Très évidemment, presque tous les hommes d'État importants de ce temps ont bénéficié de biographies dont l'apport à la connaissance du mécanisme constitutionnel et des grands enjeux de la vie publique renouvelle souvent les perspectives. À titre d'exemple, le récent Richard Shannon, *The Age of Disraeli, 1868-1881 : The Rise of Tory Democracy,* Londres, Longman 1992, « A History of the Conservative Party », est particulièrement éclairant... comme le sont les autres titres de la série, qui concernent les grands leaders conservateurs au temps de Victoria.

Nos notes de références font mention de bien d'autres ouvrages de qualité que l'on trouvera en leur place.

SOURCES ET BIBLIOGRAPHIE

Quelques titres utiles pour la connaissance du temps victorien

Nous avons déjà souligné qu'il ne pouvait s'agir ici que d'une simple sélection.

Ouvrages généraux

Kenneth Morgan, *Histoire de la Grande-Bretagne,* trad. fr. Paris, A. Colin, 1985.

Roland Marx, *Histoire de l'Angleterre*, Paris, Fayard, 1993, et les deux manuels Longman d'Eric J. Evans, *The Forging of the Modern State, 1783-1870*, 1983 et de Keith Robbins, *The Eclipse of a Great Power, Modern Britain, 1870-1992* 1994, en tous points excellents.

Le tout à compléter par des instruments de travail, véritables mines de chronologies, de statistiques, etc. :

Chris Cook & John Stevenson, *The Longman Handbook of British History, 1714-1987,* 2e éd. 1988, et les très commodes mises au point dans la collection « Mastering » (MacMillan Master Series) (*Mastering Modern British History*, *Mastering Economic and Social History*) pour la période 1700-1986.

Sur la période victorienne

G. Bonifas et M. Faraut, *Pouvoir, classes et nation en Grande-Bretagne au xixe siècle*, Masson, 1994.

M. Charlot et R. Marx, *La Société victorienne*, Paris, A. Colin, 1978.

Roland Marx, *De l'Empire au Commonwealth, 1850-1994*, Ophrys, 1995,

et les très stimulants :

E.J. Hobsbawm, *L'Ère du Capital* et *L'Ère des Empires*, 2 vol. en trad. fr., Fayard, 1978 et 1989, resp. 468 et 495 p., sur la période 1848-1914 dans le monde, mais avec de très nombreux exemples britanniques.

**Sur l'Empire (et ses fondements économiques),
dont l'importance est primordiale aux yeux des Victoriens,
souveraine incluse**

À mon ouvrage déjà mentionné, ajouter l'exceptionnel travail de P.J. Cain et A.G. Hopkins, *British Imperialism, I-1688-1914 ; II-1914-1990*, 2 vol., Longman, 1993, apports très nouveaux (qui ont l'avantage de placer le problème sous tous ses angles, y compris l'existence d'un Empire « informel »).

Ronald Hyam, *Britain's Imperial Century, 1815-1914*, nouvelle éd. révisée, MacMillan, 1993, ainsi que son *Empire and Sexuality, The British Experience*, Manchester University Press, 1991, et, sur quelques points particulièrement importants ;

G.C.E. Eldridge, *Victorian Imperialism*, Hodder and Stoughton, 1978, tout à fait essentiel.

J.M. MacKenzie, *Propaganda and Empire : The Manipulation of British Public Opinion 1880-1960*, Londres, 1984, et *Imperialism and Popular Culture*, Manchester University Press, 1986, éd. Pb, 1992.

Richard Shannon, *The Crisis of Imperialism, 1865-1915*, Paladin, 1974.

Kathryn Tidrick, *Empire and the English Character*, Londres, Tauris, 1992.

Sur des régions bien déterminées :
C. Markovits (sous la dir. de), *Histoire de l'Inde moderne, 1480-1950*, Fayard, 1994, est la plus heureuse des introductions pour le lecteur français, à compléter par S. Sarkar, *Modern India, 1885-1947*, Londres, rééd. 1989.

M.E. Chamberlain, *The Scramble for Africa*, Longman, 1974.

Thomas Pakenham, *The Scramble for Africa, 1876-1912*, Londres, Weidenfeld and Nicolson, 1991 ; Abacus Paperback 1992, rééd. 1993 et 1994 est fondamental (en le complétant par Antoine Bullier, *Partition et Répartition : Afrique du Sud, Histoire d'une stratégie ethnique (1880-1980)*, Paris, Didier Érudition, 1988.

Leonard Thompson et Monica Wilson (ed.), *The Oxford History of South Africa*, Oxford, Clarendon Press, constitue une publication collective qui fait autorité.

A.N. Porter (ed.), *Atlas of British Overseas Expansion*, Londres, Routledge, 1991, est l'un des plus originaux efforts récents de cartographie des aspects les plus divers de l'expansion britannique et ses cartes, avec le commentaire excellent qui les accompagne, seront d'une immense utilité pour le spécialiste.

Sur les relations extérieures

Objet également important aux yeux de Victoria, la question mérite quelques précisions spéciales :

Partir du toujours utile et déjà classique K. Bourne, *The Foreign Policiy of Victorian England, 1830-1902*, 1975, et de A.J.P. Taylor, *The Struggle for Mastery in Europe, 1789-1918*, 1954.

SOURCES ET BIBLIOGRAPHIE

À compléter, pour la fin du règne, par l'excellent Paul Hayes, *The Twentieth Century, 1880-1939*, Londres, Black, 1978 et Roland Marx, *La Grande-Bretagne et le monde au XXe siècle* (depuis 1895), Masson, 1987.

Apports particulièrement précieux dans :
Paul Kennedy, *The Rise and Fall of Great Powers*, Londres, Fontana, 1989, trad. fr. Paris, Payot, 1989, mais aussi *The Realities Behind Diplomacy, Background Influences on British External Policy, 1865-1980*, Londres, Fontana, 1980, à compléter par son histoire de la suprématie navale britannique : *The Rise and Fall of British Naval Mastery*, Londres, MacMillan, 1976, 2e éd. 1983, et son ouvrage magistral : *The Rise of Anglo-German Antagonism, 1860-1914*, Londres, Allen & Unwin, 1980.

Sur l'économie et la société
Notre choix étant entre le démesuré et le dérisoire, et compte tenu de nos remarques initiales, nous nous contenterons de :
R. Floud and Donald McCloskey, *The Economic History of Britain, 2.-1860 to the 1970s*, CUP 1981 (chef-d'œuvre économétrique), et, en français, moins ambitieux, mais utile :
Richard Farnetti, *L'Économie britannique de 1873 à nos jours*, Paris, A. Colin, 1994.

Partir surtout de
François Crouzet : *L'Économie de la Grande-Bretagne victorienne*, Paris, Sedes, 1978, et le stimulant recueil de ses contributions à bien des aspects du développement économique et des relations économiques internationales aux époques moderne et contemporaine : *De la supériorité de l'Angleterre sur la France, L'économique et l'imaginaire, XVIIe-XXe siècles,* Paris, Perrin, 1985.

CHRONOLOGIE
ET ANNEXES DIVERSES

Compte tenu du plan chronologique adopté pour l'ouvrage, la partie « chronologie » proprement dite comportera un rappel des principaux tournants de la vie de reine Victoria et un bref résumé des principaux événements généraux survenus pendant la période.

Les annexes sont destinées à enrichir de certains tableaux et comparaisons chiffrées les faits rapportés au cours de nos chapitres.

	Victoria	Faits généraux de l'histoire britannique
1815		Wellington inflige à Napoléon, retour de l'île d'Elbe, la défaite de Waterloo Congrès de Vienne, Quadruple Alliance des grands vainqueurs; Sainte-Alliance
1816		Début de la dépression agricole. Cobbett lance l'édition à bon marché du *Political Register*
1817-1819		Grande agitation radicale
1819	24 mai : Naissance de Victoria	Le « massacre de Peterloo »
1820	Mort de son père, le duc de Kent; mort de George III et avènement de l'ancien régent George IV	George IV devient roi d'Angleterre
1824	Mme de Lehzen gouvernante, puis confidente de Victoria jusqu'à la crise de 1842	
1825		Vote d'une loi sur les associations
1828		Émancipation des non-conformistes

CHRONOLOGIE

1829		Émancipation des catholiques
1830	Mort de George IV, avènement de Guillaume IV	Guillaume IV devient roi d'Angleterre
1830-1850		Deuxième âge de la révolution industrielle : les chemins de fer et la métallurgie
1832		Première réforme électorale
1833		Première loi efficace sur le travail dans les usines des femmes et des enfants
		Fondation de la première fédération syndicale nationale
1834		La nouvelle Loi des pauvres veut développer les *workhouses*
1835		Loi sur les municipalités
1836	Première rencontre avec Albert de Saxe-Cobourg	Naissance de la dénomination de « conservateurs »
1837	Mort de Guillaume IV 20 juin 1837 : Victoria, reine	Victoria devient reine d'Angleterre
		Rédaction des Six Exigences de la future Charte du peuple
1838-1848		Développement du mouvement chartiste ; il achève de mourir vers 1856
1838	Couronnement de Victoria	
1839	Crise politique et maintien au pouvoir du « mentor » de Victoria, lord Melbourne Deuxième visite d'Albert – Victoria lui propose le mariage	
1840	10 février : Mariage royal Naissance de la princesse royale Victoria (Vicky)	
1841	Sir Robert Peel, Premier ministre Naissance d'Albert-Édouard, prince de Galles	

CHRONOLOGIE

1842		Loi sur le travail des femmes et des enfants dans les mines
1843	Achat d'Osborne	
1846		Victoire du libre-échange grâce à Robert Peel
1847	Achat de Balmoral	Naissance de la dénomination de « libéraux » Loi sur la journée de dix heures
1851	La Grande Exposition ; John Brown entre au service de la reine	Le recensement démontre qu'il y a une majorité de citadins en Angleterre et dans le Pays de Galles ; un recensement religieux démontre l'ampleur de la déchristianisation dans les villes
1854-1856	Guerre de Crimée et Entente cordiale (Napoléon III en Angleterre, Victoria à Paris en 1855)	
1857	La Grande Mutinerie en Inde mène à son transfert à la Couronne l'année suivante	
1860-1870		L'Angleterre est l'« atelier du monde »
1860		Première application du principe du concours pour le recrutement des fonctionnaires, définitivement adopté en 1870
1861	La mort du prince Albert le 14 décembre marque la grande coupure du règne	
1863	Mariage du prince de Galles à Windsor	
1864		Fondation à Londres de la Première Internationale
1865		Mort de Palmerston
1867		La deuxième réforme électorale

		Publication de la première édition de l'*English Constitution* de Walter Bagehot
		Naissance de l'Union nationale conservatrice
1868 et 1884	Publication d'albums relatant la vie de Victoria en Écosse et illustrés par ses aquarelles	
1868		Première session du *Trade Union Congress*
1870		L'*Education Act* prévoit l'obligation de l'instruction primaire
1872		Adoption du secret du vote
		Disraeli définit les missions du conservatisme moderne
1873-1895		La « Grande Dépression » met fin à la primauté économique du Royaume-Uni
1876	Victoria, impératrice des Indes	Victoria devient impératrice des Indes
1877		Naissance de la Fédération nationale libérale
1881		H.M. Hyndman révèle le marxisme aux Britanniques
1883-1884	Mort de John Brown	
1883-1900	Série de voyages sur le Continent (Riviéra, Alpes, Biarritz, Toscane, et, de plus en plus, Nice et Grasse)	
1883		La Social Democratic Federation remplace la Democratic Federation fondée en 1881 et devient le premier parti socialiste anglais
1884-1885		Troisième réforme électorale
		Randolph Churchill développe ses thèses sur le toryisme démocratique ; il lance la Primrose League impérialiste
1886		Échec du premier projet de *Home Rule* pour l'Irlande
1887	Le jubilé d'or	Première conférence coloniale

CHRONOLOGIE

1888		Création des conseils de comté élus
1888-1889		Le courant néo-unioniste pousse les syndicats vers des positions socialisantes
1889		Les *Fabian Essays* définissent la démocratie socialiste selon la Société fabienne
1893		J. Keir Hardie fonde l'*Independent Labour Party*
1894		Organisation de conseils élus de districts et de paroisses
1896		Le *Daily Mail* ouvre l'ère de la presse populaire à sensation et bon marché
1897	Le jubilé de diamant	
1898	La bataille d'Omdurman ouvre la perspective d'un empire africain du Cap au Caire; Fachoda	
1899-1902		La guerre des Boers
1899	Début de la guerre des Boers	
1900	Victoria en Irlande. La reine participe à la liesse de la délivrance de Maferking	Fondation du *Labour Representation Committee*, première ébauche du mouvement travailliste
1901	22 janvier : mort de Victoria	Édouard VII devient roi d'Angleterre

LISTE DES PREMIERS MINISTRES BRITANNIQUES
1828-1901

1828	22 janv.	Duc de Wellington
1830	22 nov.	Comte Grey
1834	16 juillet	Vicomte Melbourne
1834	17 nov.	Duc de Wellington
1834	10 déc.	Sir Robert Peel
1835	18 avril	Vicomte Melbourne
1837	20 juin	Vicomte Melbourne (maintenu à l'accession de la reine Victoria)
1841	30 août	Sir Robert Peel
1846	30 juin	Lord John Russell (comte Russell)
1852	23 février	Comte de Derby
1852	19 déc.	Comte d'Aberdeen
1855	6 fév.	Vicomte Palmerston
1858	20 fév.	Comte de Derby
1859	12 juin	Vicomte Palmerston
1865	29 oct.	Comte Russell
1866	28 juin	Comte de Derby
1868	27 fév.	Benjamin Disraeli (comte de Beaconsfield)
1868	3 déc.	William Ewart Gladstone
1874	20 fév.	Benjamin Disraeli (comte de Beaconsfield)
1880	23 avril	William Ewart Gladstone
1885	23 juin	Marquis de Salisbury
1886	1er fév.	William Ewart Gladstone
1886	25 juin	Marquis de Salisbury
1892	15 août	William Ewart Gladstone
1894	5 mars	Comte de Rosebery (comte de Midlothian)
1895	25 juin	Marquis de Salisbury

LISTE DES MINISTRES DES AFFAIRES ÉTRANGÈRES, 1835-1901

LISTE DES MINISTRES DES AFFAIRES ÉTRANGÈRES
1835-1901

1835	18 avril	Vicomte Palmerston
1841	2 sept.	Comte de Aberdeen
1846	6 juillet	Vicomte Palmerston
1851	26 déc.	Comte Granville
1852	27 fév.	Comte de Malmesbury
1852	28 déc.	Lord John Russell (comte Russell)
1853	21 fév.	Comte de Clarendon
1858	26 fév.	Comte de Malmesbury
1859	18 juin	Lord John Russell (comte Russell)
1865	3 nov.	Comte de Clarendon
1866	6 juillet	Lord Stanley (comte de Derby)
1868	9 déc.	Comte de Clarendon
1870	6 juillet	Comte Granville
1874	21 fév.	Comte de Derby
1878	2 avril	Marquis de Salisbury
1880	28 avril	Comte Granville
1885	24 juin	Marquis de Salisbury
1886	6 fév.	Lord Rosebery (comte de Midlothian)
1886	3 août	Comte de Iddesleigh
1887	14 janv.	Marquis de Salisbury
1892	18 août	Lord Rosebery (comte de Midlothian)
1894	11 mars	Comte de Kimberley
1895	29 juin	Marquis de Salisbury
1900	12 nov.	Marquis de Lansdowne

LA DÉCHRISTIANISATION EN ANGLETERRE ET AU PAYS DE GALLES SELON LE RECENSEMENT RELIGIEUX DE 1851

Organisations religieuses	Places de culte	Nombre de sièges	Matin	Après-midi	Soir
Church of England	14,077	4,922,412	2,371,732	1,764,641	803,141
Presbyterians	160	83,863	46,744	9,236	23,084
Congregationalists	3,244	1,002,507	515,071	228,060	448,847
Baptists	2,789	705,663	353,061	219,407	337,614
Wesleyans	6,579	1,361,443	482,753	376,202	654,349
New Connection Methodists	297	91,716	36,428	22,391	39,222
Primitive Methodists	2,871	369,216	98,001	172,684	229,646
Bible Christians	482	60,341	14,655	24,002	34,038
Wesleyan Meth. Association	419	90,789	31,922	20,888	40,170
Wesleyan Reformers	339	57,126	30,018	15,841	44,286
Quakers	371	89,551	14,016	6,458	1,459
Unitarians	229	63,770	27,612	8,610	12,406
Calvanistic Methodists	828	198,242	79,728	59,140	125,224
Catholics	570	164,664	240,792	51,406	73,232
Total	34,467	9,467,738	4,428,338	3,030,280	2,960,772

SOURCE : « Report on the 1851 Census of Religious Worship », *Parliamentary Papers* (1852-1853), LXXXIX, Table A, pp. CLXXVIII-CLXXIX.

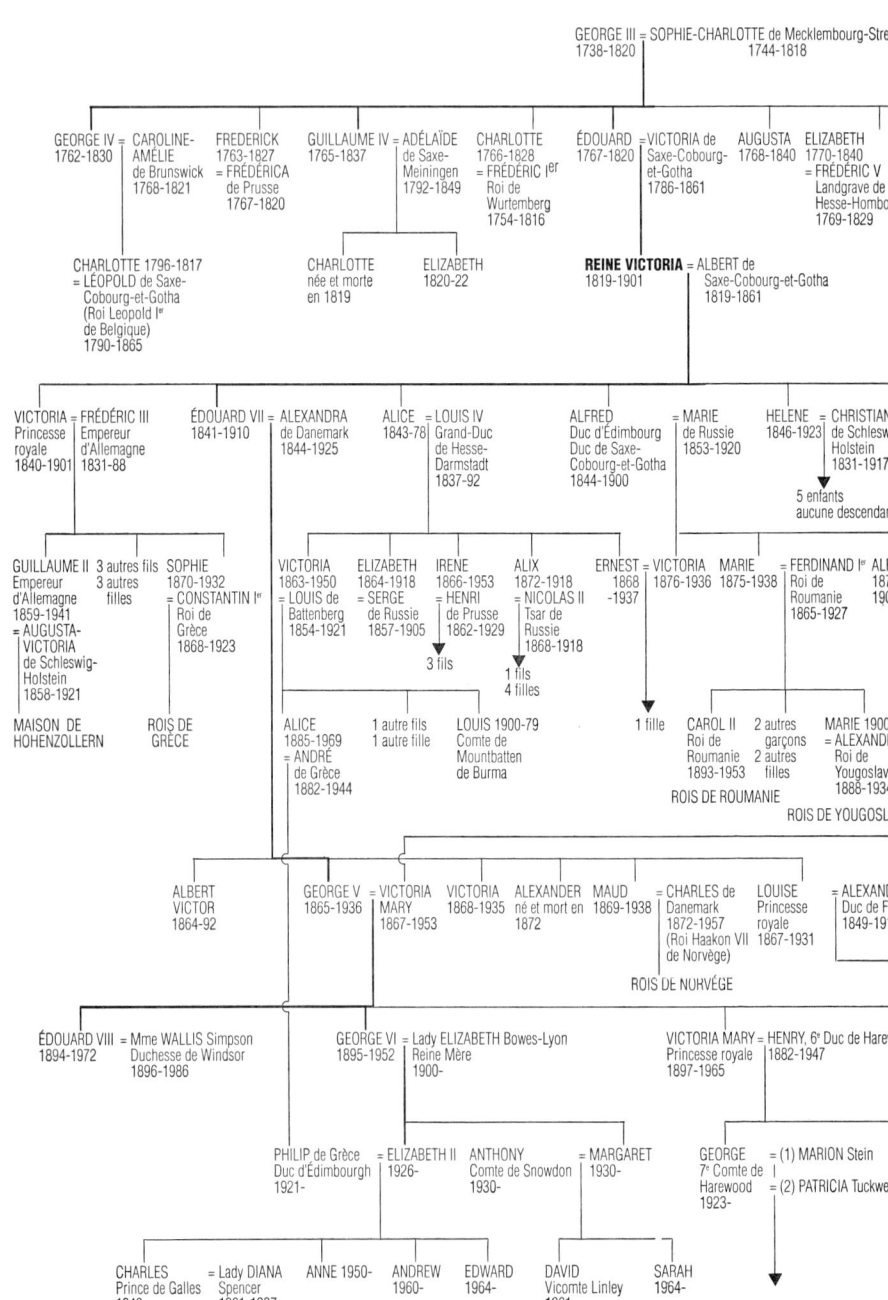

LA FAMILLE ROYALE BRITANNIQUE ET SES RAPPORTS AVEC LES FAMILLES ROYALES D'EUROPE, 1738-1981

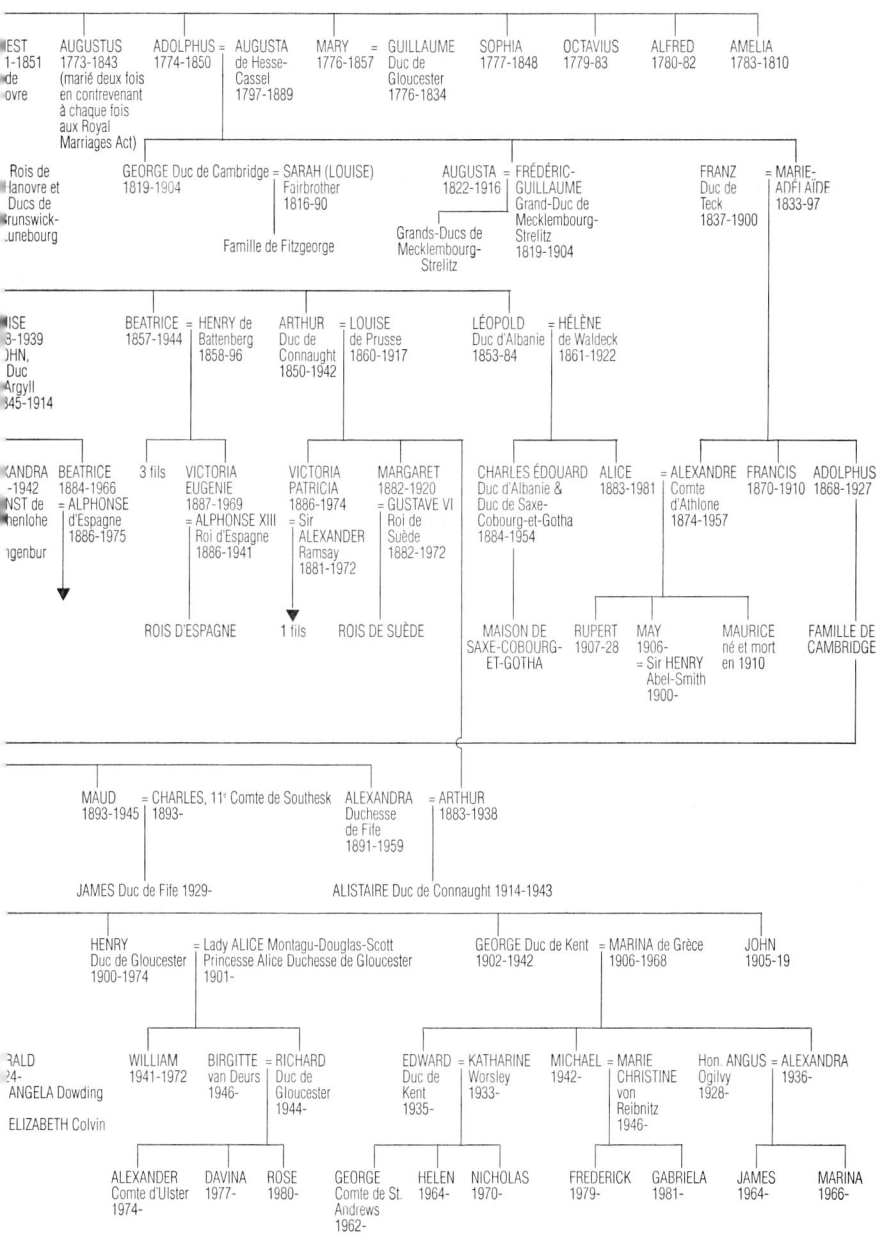

Index des noms de personnes

Aberdare (lord) : 335.
Aberdeen (George Hamilton Gordon, comte d') : 97, 147-149, 151, 153, 159, 179, 206.
Acton (lord) : 275.
Albani : 341.
Albert (prince de Saxe-Cobourg et Gotha, prince consort) : 9, 10, 12, 17, 19, 26, 63, 66, 74-85, 87, 88, 91, 92, 95-97, 109, 110, 112, 116, 120, 122-126, 128, 129, 132-135, 139, 140, 145, 149-156, 162, 169, 174, 177, 197, 214-218, 220, 222, 225, 228-232, 234-241, 244, 247, 253, 254, 259, 288, 293, 309, 341, 451, 457, 460, 461, 474, 479-480.
Alexandra (princesse) : 253.
Alexandre II, tsar : 172, 249.
Allen (Charles Grant) : 466.
Allsop (Henry, devenu baron Hindlip) : 394.
Amélie, reine du Portugal : 348.
Anson (George) : 76, 79, 81, 82, 90-93, 95, 96.
Arch (Joseph) : 292.
Arne (Thomas) : 352.
Arnold (Matthew) : 57, 218, 221.

Arthur (prince, duc de Connaught) : 83, 248, 264, 340, 409, 452, 457, 468.
Asquith (Herbert Henry) : 420, 422, 438.
Attlee (Clement) : 371.
Attwood : 54.
Auckland (lord) : 184.
Augusta (grand-mère de Marie de Mecklembourg-Strelitz) : 408.
Auguste, empereur : 11.
Aumale (duc d') : 234.
Bacon (Francis) : 276.
Bade (Fritz de) : 249.
Bagehot (Walter) : 8, 10, 26, 136-139, 146, 147, 154, 263, 264, 299, 388, 395, 403, 459, 460.
Balfour (Arthur James) : 331, 358, 401, 453, 459.
Banks (J.A.) : 55.
Baring (Alexandre, baron Ashburton) : 30, 91, 94, 282, 421-422.
Baring (Evelyn) : 420.
Baring (Hariett) : 32.
Barnum (Phineas, Taylor) : 84
Barrie (J.M.) : 240
Bartley (George) : 401.
Bass (Michael) : 394.
Bathurst (G.) : 128.

INDEX DES NOMS DE PERSONNES

Battenberg (Alexandre, prince de) : 36.
Battenberg (famille, devenue Mountbatten) : 467, 249.
Battenberg (Louis, prince de) : 250.
Bavière (prince Louis de, dit « Willy ») : 254, 348.
Baxter (R.Dudley) : 55, 298.
Béatrice (princesse de Battenberg) : 83, 411.
Becker (Lydia) : 463.
Bedford (famille de) : 303.
Bedford (duchesse de) : 340.
Bedford (Francis Hastings Russel, duc de) : 294.
Beecher-Stowe (Hariett) : 214.
Beeton (Isabella) : 295.
Benson (Edward White, archevêque de Cantorbéry) : 368.
Bentham (Jeremy) : 58.
Bentinck (lord) : 183.
Bérard (Victor) : 412, 426.
Besant (Annie) : 305, 463.
Besant (Walter) : 311, 347.
Beveridge (lord William Henry) : 306.
Bismarck (Otto von) : 256, 258, 284.
Blake (Robert) : 363.
Blanc (Louis) : 133, 196, 253.
Blanchard (Gerrold) : 301.
Blunt (sir Wilfrid) : 453.
Bonaparte (famille) :158.
Bonaparte (Louis-Napoléon) : 144, 160, 161.
Booth (Charles) : 295, 303, 304.
Booth (William) : 313, 319, 324.
Borthwick (Algernon) : 395.
Bossuet (Jacques Bénigne) : 276.
Botha (général Louis) : 432.
Bourbon (famille) : 8.
Bradlaugh (Charles) : 261, 305, 361.

Bright (Richard) : 160, 179.
Brontë (sœurs) : 218.
Brougham (lord Henry) : 196.
Brown (Ford Madox) : 215.
Brown (John) : 223, 240-245, 247, 343, 344, 458.
Browning (Robert) : 218.
Bruke : 279.
Brummel (George) : 22.
Buccleuch (duc de) : 294.
Buchanan (James) : 304.
Buckingham (duc de) : 105.
Buller (général sir Redvers) : 432.
Buller (sir R.B.) : 447.
Bülow (Gabrielle von) : 20.
Bülow (Heinrich von) : 20.
Burke (Edmund) : 25, 27, 28, 328.
Burns (John) : 321, 322, 376, 393.
Burton (Decimus) : 48.
Butler (Josephine) : 463.
Buxsh (Mohammed) : 245.
Byron (lord George Gordon) : 57.
Cairns (lord) : 277.
Cambon (Paul) : 410.
Cambridge (George, duc de) : 23, 134, 168, 169, 348, 399.
Campbell (lord Chancelier) : 205, 206.
Campbell-Bannerman (sir Henry) : 416, 429.
Canning (Charles George) : 186, 187, 191-193, 233.
Canrobert (général François Certain) : 214.
Cardigan (lord) : 170.
Carlile (Richard) : 39.
Carlos (roi du Portugal) : 348.
Carlyle (Thomas) : 199, 275.
Caroline (princesse de Brunswick) : 22, 23.
Carpenter (Edward) : 416.
Carrington (lord) : 324, 394.
Cassel (Ernest) : 478.
Cavendish (lord Frederick) : 279.

INDEX DES NOMS DE PERSONNES

César (Jules) : 41.
Chadwick (Edwin) : 307.
Chamberlain (famille) : 331.
Chamberlain (Houston Stewart) : 326.
Chamberlain (Joseph) : 278, 281, 305, 331, 333, 337, 361, 383, 384, 386, 392, 401, 415, 418, 419, 422, 427, 437, 439, 440, 478.
Charles de Leiningen (demi-frère de Victoria) : 228.
Charles Ier, roi d'Angleterre : 27.
Charles II, roi d'Angleterre : 28.
Charlot (Monica) : 12, 225, 389, 457, 459.
Charlotte (princesse d'Angleterre, fille de George IV) : 22, 23.
Chateaubriand (François René, vicomte de) : 57.
Chesney : 258.
Chevalier (Michel) : 289.
Childers : 322.
Christian Victor (petit-fils de Victoria) : 452.
Churchill (Jack) : 444.
Churchill (Jennie) : 359, 478.
Churchill (Lady Jane) : 452.
Churchill (lord Randolph) : 278, 330, 357-362, 375, 383, 399, 420, 444.
Churchill (sir Winston Leonard Spencer) : 357, 358, 375, 397, 398, 420, 427, 430, 432, 444, 478, 479.
Clarence (Guillaume, duc de) : 23, 24, 378.
Clarendon (lord George Villiers, comte de) : 31, 91, 162, 173, 174, 256, 257.
Clark (sir James) : 229.
Clive : 189.

Cobden (Richard) : 102, 103, 106, 109, 115, 165, 169, 178, 179, 191, 289, 432.
Coleridge (Samuel Taylor) : 57.
Colquhoun (Patrick) : 55.
Conroy (sir John) : 18, 19.
Conyngham (lord) : 15.
Cooper : 118.
Cowley (lord Henry Wellesley, comte) : 161.
Cowper (comtesse Katie) : 464.
Crawford (Marion) : 411.
Creighton (Louise) : 464.
Crockett (S.R.) : 240.
Cromer (baron) : 420, 422.
Cromwell (Oliver) : 27, 28, 41, 276, 399.
Cross (Richard Assheton) : 310.
Cumberland (Ernest Auguste, duc de) : 23.
Cunningham (Hugh) : 142.
Curzon (George Nathaniel) : 423, 427.
Cutts (miss) : 38.
Dalhousie (lord) : 170, 184, 186, 192.
Darwin (Charles) : 219, 325, 326.
Davidson (Randall, doyen de Windsor) : 244, 366-368.
Delane (John T.) : 180.
Delcassé (Théophile) : 427.
Dennison (Edward) : 311.
Derby (lord Edward Stanley, comte de) : 147-149, 153, 162, 169, 192, 194, 201, 213.
Devonshire (duc de) : 294, 401.
Devonshire (famille) : 470.
Dickens (Charles) : 70, 198, 218, 302.
Digby (sir Matthew) : 126.
Dilke (Charles) : 478.
Disraeli (Benjamin, comte de Beaconsfield) : 41, 56, 149, 150, 187, 188, 190, 194, 218, 234,

INDEX DES NOMS DE PERSONNES

235, 237, 247, 254, 257, 258, 262, 263, 265, 266, 269, 271, 273, 274, 278, 281, 282, 292, 294, 299, 310, 324, 330, 331, 356, 362, 363, 368, 371, 394, 470.
Don Pacifico : 141, 142, 165.
Doré (Gustave) : 301.
Drayton (Michael) : 446.
Dreyfus (Alfred) : 409, 410.
Drummond (secrétaire de Victoria) : 106.
Dufferin (lord) : 421.
Dumas (Alexandre) : 18.
Dunant (Henri) : 177.
Duncannon (vicomte) : 31.
Durham (lord) : 88.
Édimbourg (Alfred, prince de Saxe-Cobourg, duc d') : 83, 228, 408, 409, 452, 468, 476.
Édouard VII, roi d'Angleterre : 82, 83, 129, 155, 178, 253, 258, 259, 340, 341, 409, 429, 452, 457-459, 467, 476, 478. Voir aussi Galles (Albert-Édouard, prince de).
Édouard VIII, roi d'Angleterre : 467.
Edwardes (Herbert) : 185.
Egerton (lady Francis) : 71.
Eliot (George) : 218.
Élisabeth Ire, reine d'Angleterre : 8, 14, 53, 181, 329, 356, 357, 463, 476.
Élisabeth II, reine d'Angleterre : 476.
Ella (petite-fille de Victoria) : 249, 250.
Elphinstone (Major Howard) : 477.
Engels (Friedrich) : 53, 64, 100, 323.
Ernest Augustus, roi de Hanovre : 80.
Esterhazy (prince) : 410.

Eugénie, impératrice des Français : 291.
Evans (Thomas) : 212.
Fawcett (Millicent Garrett) : 463, 464.
Fédore (demi-sœur de Victoria) : 17.
Fiske (John) : 326.
Fitzherbert (Mrs) : 22.
Floud (R.) : 316.
Forster (E.M.) : 296, 438.
Fowke (Francis) : 133, 134, 238.
Fox (J.W.) : 107.
François-Joseph, empereur d'Autriche : 129.
Fraser (James, évêque) : 272.
Frédéric II de Prusse : 7, 21.
Frédéric-Guillaume IV, roi de Prusse : 154, 159, 160.
Frith (William P.) : 217.
Fritzie (fils de Alice) : 247.
Frost (John) : 117.
Frost (William Edouard) : 217, 218.
Froude (James Anthony) : 329, 438.
Gallagher (James) : 335.
Galles (Albert Édouard, dit « Bertie », prince de) : 82, 83, 129, 155, 178, 253, 258, 259, 340, 341, 409, 452, 457, 476.
Galsworthy (John) : 430, 455.
Gaskell (Mrs) : 218.
Gaulle (Charles de) : 8.
Gay (Peter) : 449.
George (David Lloyd) : 415, 429
George III, roi d'Angleterre : 11, 21, 80, 137.
George IV, roi d'Angleterre : 18, 22, 23, 24, 48, 92, 461.
George V, roi d'Angleterre : 459, 467, 473.
Gladstone (Catherine) : 256.
Gladstone (Mary) : 275.

INDEX DES NOMS DE PERSONNES

Gladstone (William) : 26, 45, 138, 150, 151, 179, 180, 198, 213, 234-236, 254, 256-259, 271, 273, 275, 277, 279-285, 288, 296, 321-324, 354, 360, 361, 364, 365, 370, 375, 382-389, 394-398, 412, 419, 421, 428, 477.
Gloucester (Mary, duchesse de) : 128, 204.
Goldie (George Taubman) : 335.
Gordon (Charles) : 36, 283, 332, 336, 421, 475.
Goschen (George Joachim) : 384, 385, 401, 422, 427, 453.
Gounod (Charles) : 411.
Graham (James) : 117, 118.
Granville (George Leveson Gower, comte) : 134, 145, 258, 282, 285.
Green (J.R.) : 330.
Greville (lord Charles) : 20, 69, 70, 71, 469.
Grey (comte Edward) : 136, 420, 426, 428, 438.
Grotius (Hugo de Groot, dit) : 276.
Guillaume II, empereur d'Allemagne : 155, 250, 256, 390, 407, 429, 452, 457.
Guillaume le Conquérant, roi d'Angleterre : 59.
Guillaume IV, roi d'Angleterre : 11, 15, 18, 19, 24, 48, 72, 347.
Guiness (famille) : 394.
Guiness (sir Edward, devenu Ardilaun) : 394.
Guizot (François) : 449.
Gutenberg (Johannes Gensfleisch, dit) : 449.
Habsbourg (famille) : 116.
Haendel (George Friedrich) : 349.
Halévy (Élie) : 94, 107, 109, 209, 210, 401, 412, 453.
Hallam (Arthur Henry) : 226.

Halpérin (V.) : 422.
Hamilton (Eddie) : 323.
Hanovre (famille de) : 21, 353.
Harcourt (lord William) : 397, 399, 422.
Hardinge (vicomte) : 168, 169, 205.
Hardwicke (comte de) : 344.
Hardy (Alan) : 84.
Hardy (Thomas) : 466.
Harney : 112.
Harrington (James) : 329.
Harrison (Frédéric) : 259.
Hartington (lord) : 283, 359, 361, 385, 386.
Hawaï (reine de) : 348.
Hélène (fille de Victoria) : 83.
Hesse (princesse Alix de [tsarine Alexandra], petite-fille de Victoria) : 252, 348.
Hesse (Ludwig de) : 247.
Hesse (princesse Alice, duchesse de, deuxième fille de Victoria) : 83, 228, 246-248.
Hesse (Victoria de, petite-fille de Victoria) : 243, 246, 249, 250, 280, 287, 408, 446.
Hesse-Cassel (Augusta de) : 23.
Hill (Octavia) : 308, 309.
Hilliard (W.E.) : 197.
Himmelfarb (Gertrude) : 449.
Hobson (J.A.) : 371, 415.
Hobson (J.E.) : 414.
Holkar (maharadjah d'Indor) : 351.
Holland (docteur) : 229.
Hunt (G.W.) : 372.
Hunt (William Holman) : 215, 216.
Hyndman (Henry Mayers) : 320, 376, 393, 417, 430.
Irène (petite-fille de Victoria) : 250.
Iveagh (lord) : 394.
Jack l'Éventreur : 378, 379, 382.
Jackson (Coverly) : 185.

INDEX DES NOMS DE PERSONNES

Jacques Ier, roi d'Angleterre : 362.
Jacques II, roi d'Angleterre : 353
James (Robert Rhodes) : 397, 440, 479.
Jameson : 428.
Jefferson (Thomas) : 276.
Jenner (docteur) : 229.
Jennings (J.H.) : 372.
Jersey (Lady) : 349.
Jones (Ernest) : 112.
Karim (Abdul) : 245.
Keble : 43.
Keir Hardie (James) : 376, 393, 417, 430.
Kennedy (Paul) : 166.
Kent (Édouard, duc de) : 18, 23, 24, 230.
Kent (Victoire, duchesse de) : 18, 19, 68, 225, 227, 248.
Keppel (Alice) : 478.
Kimberley (John Wodehouse, comte de) : 397.
Kingsley (Charles) : 116, 218.
Kipling (Rudyard) : 406, 425, 444.
Kitchener (lord Horatio Herbert) : 427, 428, 432.
Komatzu, prince japonais : 348.
Korda (Alexandre) : 475.
Korda (Zoltan) : 475.
Kossuth (Lajos) : 143, 144.
Koutch (Rao de) : 351.
Krüger (Paul) : 390, 429
Labouchère (Henry) : 91, 125, 360, 361.
Lamartine (Alphonse de) : 58, 114.
Landseer (Edwin) : 217, 226.
Lansdowne (Henry Thomas Petty Fitzmaurice, marquis de) : 31, 396, 401.
Laurier (Wilfried) : 439, 440.
Lawrence (Henry) : 185, 187.
Lawrence (John) : 185.
Lebrun (Albert) : 8.
Ledru-Rollin (Alexandre) : 64.

Lehzen (baronne Louise de) : 17, 81, 82.
Leiningen (Victoria, princesse de) : 23.
Lénine (Vladimir Ilitch Oulianov, dit) : 414.
Léon XIII (pape) : 203, 471.
Léopold (roi des Belges) : 10, 19, 26, 65-67, 69, 74-76, 78-80, 86, 88-90, 92, 96, 97, 105, 110, 121, 127, 129, 132, 142, 148, 151, 157, 159, 161-163, 174, 333.
Léopold (prince, duc d'Albany) : 83, 243, 344.
Lieven (comte de) : 66.
Lieven (princesse de) : 66.
Lindon : 369.
Locke (John) : 112.
London (John Griffith London, dit Jack) : 379.
Loubet (Émile), président de la République française : 410
Louis XIV, roi de France : 7, 11, 97, 199, 329, 353, 389.
Louis XVI, roi de France : 22.
Louis-Philippe, roi des Français : 86, 89, 119, 164, 234
Louischen (nièce de Victoria) : 409.
Louise (princesse, duchesse d'Argyll) : 83, 409.
Louise, reine des Belges : 19, 65.
Lovett : 115, 116.
Lugard (Frederick) : 423.
Lully (Jean-Baptiste) : 353.
Luxembourg (grand-duc de) : 471.
Lyell (Charles) : 219.
Lytton (lord Edward Bulwer) : 70, 339.
Macaulay (Thomas B.) : 128, 219.
MacKenzie (John M.) : 424, 473.
Mackinnon (sir William) : 336.
MacLaren (Ian) : 240.
MacLean (Roderick) : 280.

INDEX DES NOMS DE PERSONNES

Madison (F.) : 415.
Mahan (amiral) : 327.
Mahdi (Mohammed Ahmed, dit le) : 359, 427.
Maintenon (Françoise d'Aubigné, marquise de) : 353.
Mallet (Bernard) : 344.
Mallet (Marie) : 409, 411, 443.
Malmesbury (lord James Harris, comte) : 161.
Malthus (Thomas) : 50, 51, 58.
Mangles : 188.
Mann (Horace) : 208.
Manning (cardinal) : 377.
Margaret (fille de Vicky) : 246.
Marie (impératrice) : 249.
Marie Adeanne (nièce d'Alexander Yorke) : 344.
Markovits (Claude) : 339.
Marlborough (duc de) : 358.
Martin (Mrs) : 463.
Martin (Théodore) : 462.
Marx (Eleanor) : 463.
Marx (Karl) : 64, 187, 205, 312, 320
Matthews (Henry) : 380, 381.
Mayhew : 301.
Mazzini (Giuseppe) : 114.
McCloskey : 316.
Mearns (Andrew) : 302, 317, 318.
Meath (comte de) : 474.
Mecklembourg-Strelitz (Marie de) : 408.
Méhémet-Ali, roi d'Égypte : 89.
Meiji, empereur du Japon : 434.
Melbourne (lady) : 69, 88, 241.
Melbourne (William Lamb, vicomte) : 15, 26, 31, 34, 68-71, 73-76, 79, 81, 89-95, 103-106, 118, 119.
Mendelssohn (Félix) : 461.
Mercklembourg (grand-duc Frédéric-François II de) : 243.

Metternich-Winebourg (Klemens von) : 8, 116, 121, 427.
Mill (John Stuart) : 36, 192, 463, 465.
Millais (John Everett) : 215, 216, 398.
Millet (Kate) : 465.
Milner (Alfred) : 420-423.
Milner (Arthur) : 420, 429.
Minto (comte de) : 31.
Monck (général) : 28.
Monroe (James) : 436.
Montesquieu (Charles de Secondat, baron de) : 276.
More (Thomas) : 276.
Morley (John) : 429.
Morris (Lewis) : 473, 474.
Morris (William) : 57, 320, 322, 323.
Müller (Max) : 341.
Mulready : 217.
Napier (amiral) : 167, 184.
Napoleon Ier Bonaparte, empereur des Français : 7, 27, 276, 329.
Napoléon III, empereur des Français : 161-163, 173, 212, 257, 289.
Nash : 48.
Nassau William Senior : 53.
Naylor-Leyland : 399.
Nehru (Jawaharlāl) :189.
Nelson (Horatio) : 48.
Newcastle (duc de) : 177, 296.
Newman (John Henry) : 43, 44, 203, 271.
Nicholson (William) : 287.
Nicolas Ier, tsar : 66, 157-159, 161, 172, 252.
Nied (John Camden) : 85.
Nightingale (Florence) : 177.
Norfolk (duc de) : 73.
Normanby (marquis de) : 31, 144.
Northcote (Stafford) : 277.
O'Connor (Arthur) : 241.

INDEX DES NOMS DE PERSONNES

O'Connor (Feargus) : 115, 116.
Oastler (Richard) : 42.
Orange (Guillaume d') : 59.
Orléans (Antoine d') : 348.
Orléans (famille d') : 162.
Orr (A. Sutherland) : 464.
Owen (Robert) : 38, 101, 202, 305.
Paine (Thomas) : 39.
Palmerston (lord Henry John Temple, vicomte) : 26, 31, 63, 67, 68, 70, 89, 90, 94, 121, 139, 140-149, 151, 153, 161, 165, 168, 169, 171-173, 180, 186, 187, 192, 201, 204, 223, 229, 233, 235-237, 254-256, 270, 271, 273, 291.
Parnell (Charles) : 278, 279.
Partridge (John) : 87.
Pascal (Blaise) : 276.
Paul (R.W.) : 472.
Paxton (Joseph) : 125.
Pedro V, roi du Portugal : 228.
Peel (sir Robert) : 24, 26, 34, 69, 88, 90, 91, 93-98, 103-106, 108-111, 117, 118, 141, 217, 274.
Pelling (Henry) : 432.
Peters (Karl) : 335.
Phillips (M.T.) : 117.
Pitt (William « le Jeune ») : 21, 59, 276, 398.
Place (Francis) : 115, 305.
Plantagenet (famille) : 47.
Ponsonby (Frederick) : 411.
Ponsonby (sir Henry) : 285-287, 385, 396, 397, 470.
Pope (Alexander) : 223.
Portland (famille) : 470.
Priestley (Joseph B.) : 220.
Prusse (prince Frédéric de) : 250.
Prusse (prince Henri de) : 250, 251, 348.
Puccini (Giacomo) : 411.
Pusey (Edward Bouverie) : 43, 203.

Quinault (Roland) : 331.
Raglan (lord James Henry Somerset, baron) : 174
Raphaël : 216.
Rendu (Eugène) : 38.
Revelstoke : 394.
Rhodes (Cecil) : 334, 337, 415, 428, 433.
Ribblesdale (lord) : 242.
Ricardo (David) : 58.
Richmond (duc de) : 73, 277.
Robbins (Keith) : 460, 461.
Roberts (général) : 197.
Roberts (Henry) : 197.
Robinson : 335.
Rodolphe (archiduc d'Autriche) : 348.
Rolle (lord John) : 74.
Romanes (George J.) : 464.
Roosevelt (Theodore) : 426.
Rosebery (lord) : 324, 346, 354, 355-357, 389, 394, 397, 399, 400, 412, 419, 422, 428, 438.
Rossetti (Christina) : 216.
Rossetti (Gabriel Charles Dante) : 215, 216.
Rothschild (Hannah de) : 398.
Rothschild (Lionel de) : 324, 394.
Rothschild (Nathaniel de) : 323, 324, 337, 394.
Rotschild (famille) : 41.
Rowntree (Seebohm) : 303, 304.
Rule (John) : 46.
Ruskin (John) : 199, 215, 465.
Russel (lord John) : 104, 196, 256.
Rutherford (Mark) : 466.
Saheb (Nana) : 186.
Saint-Laurent (Julie de) : 23.
Salisbury (Robert Arthur Talbot Gascoyne-Cecil, marquis de) : 213, 266, 271, 276, 277, 284, 330, 337, 348, 351, 358-360, 362, 364-369, 380, 381, 384, 385, 389, 390, 394, 396, 400-

402, 409, 410, 419, 427, 436-438,
Salt (Titus) : 200.
Saxe-Cobourg-et-Gotha (Ernest prince de) : 19.
Saxe-Cobourg-et-Gotha (famille de) : 154, 249, 467.
Saxe-Meiningen (Adélaïde, princesse de) : 23, 24, 72.
Saxe-Weimar (Édouard de) : 174.
Saxe-Weimar (grand-duc de) : 471.
Schiller (Friedrich von) : 254.
Schleswig-Holstein (duc de) : 253.
Scott (George Gilbert) : 135, 237, 239.
Scott (Walter) : 18, 58, 461.
Seeley (J.A.) : 327, 329, 438.
Seeley (J.R.) : 268.
Serge (grand-duc) : 249, 250.
Shaftesbury (lord) : 197, 309.
Shakespeare (William) : 58.
Shaw (George Bernard) : 323, 417, 428, 430.
Sheard : 142.
Siam (prince de) : 348.
Siddal (Élisabeth) : 216.
Simon (John) : 307.
Simpson (docteur) : 83.
Singh (sir Partar) : 351, 352.
Smiles (Samuel) : 238, 296, 304.
Smith (Adam) : 58, 292.
Smith (Clement) : 443.
Smith (Godwin) : 325
Smith (William H.) : 85, 348, 350, 360-362.
Smuts (Jan-Christian) : 432.
Spencer (lord John) : 279.
Spencer (Herbert) : 326.
Stanley (lord) : 110, 196, 256, 257, 417.
Stead (William) : 422, 444, 447.
Stendhal (Henri Beyle, dit) : 58.
Stephens (Rayner) : 115.

Stockmar (Christian Friedrich) : 66, 75, 81, 95, 97.
Storey : 361, 362.
Strachey (Giles Lytton) : 70, 213, 452.
Strauss (Johann) : 71.
Strong (Josiah) : 326.
Strutt (Edward) : 30.
Strutt (John) : 293.
Stuart (famille) : 47, 242, 462.
Stuart (Leslie) : 373.
Suède (Charles de) : 250.
Suède (Christine de) : 219.
Sullivan (Arthur) : 473.
Summerfield (Penny) : 371.
Sussex (duc de) : 23.
Sutherland (duc de) : 294.
Swain : 266.
Swoboda (Rudolph) : 245.
Taglioni (Marie) : 468.
Taine (Hippolyte) : 134, 295.
Tait (archevêque de Cantorbéry) : 271, 273, 368, 369.
Talleyrand-Périgord (Charles Maurice de) : 74.
Taylor (A.J.P.) : 235.
Taylor (Robert) : 39.
Teck (famille) : 248.
Tennyson (lord Alfred) : 218, 226, 236, 238, 462.
Thackeray (William Makepeace) : 130, 218.
Thatcher (Margaret) : 238, 476.
Thiers (Adolphe) : 89.
Thompson (E.P.) : 55.
Thomson (James) : 352.
Thorne (Will) : 376, 377.
Thorold (docteur) : 367.
Thumb (Tom) : 84.
Thynne (lord Henry) : 32.
Tillett (Ben) : 377.
Tirpitz (amiral von) : 407.
Tone (Wolfe, avocat) : 28.
Torrens : 309.

INDEX DES NOMS DE PERSONNES

Toynbee (Arnold) : 422.
Trevelyan (G.O.) : 386.
Tristan (Flora) : 80, 113.
Trollope (Anthony) : 218.
Tudor (famille) : 47.
Turner (William) : 215.
Tweedmouth : 394.
Verley (Julia) : 463.
Vicky (princesse) : 82, 83, 129, 154, 178, 223, 225, 227, 246, 250-252, 284, 346, 348, 409, 452.
Vigny (Alfred de) : 58.
Vincent (Henry) : 115, 117.
Vitzthum (comte) : 234.
Voltaire (François Marie Arouet, dit) : 292.
Wagner (Richard) : 411, 479.
Waldeck-Rousseau (René) : 410.
Walewski (Alexandre Florian, comte) : 162.
Walpole (Robert) : 24.
Warner (Marina) : 468.
Warren (sir Charles) : 380.
Watson (docteur Thomas) : 229.
Watson (John) : 240.
Webb (Sidney) : 323.
Weintraub (Stanley) : 150, 151, 217, 410.

Wellesley (Gerald, doyen de Windsor) : 237.
Wellington (duc de) : 24, 59, 120, 129, 161, 168, 174.
Wells (Henry George) : 323.
Wesley (John) : 40.
Westcott (chanoine) : 367.
Westminster (duc de) : 214.
Westminster (marquis de) : 107.
Wheeler (général) : 186, 188.
Whol (Anthony) : 302.
Wilberforce (Samuel, évêque d'Oxford) : 219, 273
Williams (E.E.) : 413.
Williams (Mrs.) : 234.
Williams (Zephaniah) : 117.
Windsor (famille) : 467, 476.
Wingfield-Stratford : 371.
Winterhalter (Franz Xaver) : 217
Wiseman (cardinal) : 203.
Wollestonecraft (Mary) : 463.
Wordsworth (William) : 46, 57.
Wyndham : 453.
York (Frédéric, duc d') : 23, 24.
Yorke (Alexander, dit « Alick ») : 344.
Young (Frederic) : 437.

TABLE DES MATIÈRES

INTRODUCTION

Le temps victorien   7

CHAPITRE PREMIER
L'héritière et son héritage, 1837

La princesse inconnue	16
La parentèle douteuse	21
Le trône	25
Le milieu aristocratique	30
La gardienne du temple	37
Les pressions du « pays réel »	46
Crise culturelle et dualité des cultures	56
Grandeur et puissance du royaume	59

CHAPITRE II
Le temps de tous les dangers, 1837-1850

L'apprentissage d'un métier   65

La griserie des débuts, 65. – *Les étapes d'un bonheur : du couronnement au mariage*, 72. – Les cérémonies du sacre, 72. – L'élection d'un époux et la fondation d'un ménage, 74. – Le couple royal à la recherche de son équilibre, 78. – *Le métier de reine*, 86. – L'apprentissage d'un comportement, 86. – L'apprentissage de la prudence constitutionnelle, 90.

Les grands enjeux de la période
et le rôle de la monarchie 98

> *Essor du capitalisme et misère*, 99. – *Le mouvement libre-échangiste*, 102. – *Le mouvement chartiste*, 112.

Chapitre III
La décade prodigieuse, 1851-1861

La stabilisation de la monarchie 124

> *D'une exposition à l'autre*, 124. – L'Exposition universelle de Londres, 1851, 124. – L'Exposition de 1862, 132. – *L'équilibre politique*, 135. – La théorie du pouvoir, 135. – La pratique de l'exécutif, 139. – Conjoncture politique et interventions monarchiques, 149. – Le problème du prince consort, 151. – *La popularité de la famille royale,* 154.

La grandeur du royaume 156

> *Un domaine privilégié de la souveraine*, 156. – *La nouvelle Entente cordiale*, 160. – *La gloire extérieure... à petit prix*, 165. – L'éclat de la victoire en Europe, 171. – Un succès limité, 171. – Un coût humain amer, 174. – La monarchie en phase avec la nation, 178. – *Extension et préservation de l'Empire*, 181. – L'élan colonial, 181. – L'annexion de l'Inde à la Couronne, 182. – La saisie de la perle de la Couronne. La nature du joyau, 183. – La Grande Mutinerie, 185. – De la réflexion à la recherche de solutions nouvelles, 188. – Victoria et le passage de l'Inde à sa Couronne, 192.

Prospérité et ébranlement des valeurs 195

> *La difficile coexistence des « deux nations »*, 196. – *La crise des valeurs et l'ébranlement du pilier religieux de l'ordre*, 202. – Les querelles superficielles, 203. – Le choc du recensement de 1851, 207. – *La fête malgré tout!*, 211. – *L'apogée d'un règne?*, 220.

Chapitre IV
Deuil et assoupissement, 1861-1886

Le temps du deuil et du retrait 222

> *Le deuil et le culte du héros mort*, 223. – La mort soudain présente, 223. – *Les sujets de Victoria et son deuil*, 234. – *Des lieux*

TABLE DES MATIÈRES

pour la mémoire, 238. – « *Madame Brown ?* », 240. – *La matrone*, 245.

La crise de l'institution monarchique 252

La Couronne en question, 252. – *L'Empire à la rescousse*, 265. – *Les maladresses de la Couronne*, 269. – *La marche à la démocratie*, 274. – *Les réveils et le sens des réalités*, 281. – *Le touche-à-tout sentimental*, 285.

Le pays réel au temps du deuil 288

La période faste : l'atelier du monde et la foi dans le progrès, 288. – *Les « grandes espérances » sociales*, 292. – *La crise et la fin des grandes illusions*, 314. – *L'idéologie impérialiste*, 325. – *Les directions de l'action*, 332. – *L'Empire et le sursaut de la monarchie*, 339.

Chapitre V
La construction de l'icône victorienne, 1887-1889

La nouvelle Victoria, 343. – *Le nouveau loyalisme monarchique et ses « grands prêtres »*, 353. – *Le nouveau patriotisme monarchique*, 370. – *Grands dangers et grands tumultes*, 374. – *La désespérance des pauvres*, 375. – *La peur du crime*, 378. – *L'agitation irlandaise*, 382.

Chapitre VI
La fin du règne, 1890-1900

La démocratie couronnée 391

La nouvelle classe politique, 391. – *L'exécutif*, 395. – *Le jubilé de diamant et l'affirmation du rôle monarchique*, 402. – *Victoria et la saveur des vieux jours*, 407.

Triomphe de l'impérialisme et gloire de l'Empire 412

Vers un panbritannisme ?, 413. – *L'adhésion de l'opinion*, 424. – *De l'idéologie à la guerre*, 426. – *Les autres champs d'expansion*, 433. – *La défense de l'Empire mondial*, 436. – *Victoria, pilier de l'impérialisme : son « réveil » de 1900*, 443.

TABLE DES MATIÈRES

CONCLUSION
La reine morte... et toujours vivante
1901 et après

La mort de Victoria, 450. – *Les legs de la souveraine*, 458. – *L'héritage de l'artiste et de l'écrivain*, 468. – *L'image de la reine après sa mort*, 469. – *Toujours vivante*, 474. – *Les « ratés » de Victoria*, 477. – *Conclusions : les nuances d'un bilan*, 479.

Notes	485
Sources et bibliographie	497
Chronologie	511
Annexes diverses	
Liste des Premiers ministres britanniques, 1828-1901	517
Liste des ministres des Affaires étrangères, 1835-1901	519
La déchristianisation en Angleterre et au Pays de Galles selon le recensement religieux de 1851	521
Généalogie	522-523
Index des noms de personnes	525

Achevé d'imprimer en janvier 2000
sur presse Cameron
par Bussière Camedan Imprimeries
à Saint-Amand-Montrond (Cher)
pour le compte des éditions Fayard
à la librairie Arthème Fayard
75, rue des Saints-Pères, 75006 Paris

35-65-0738-01/1

Dépôt légal : février 2000.
N° d'Édition : 814. N° d'Impression : 380/4.

Imprimé en France

ISBN : 2-213-60538-6